제2판

아동권리와 복지

한미현 · 문혁준 · 강희경 · 공인숙 · 박보경 · 안선희 · 안효진
양성은 · 이경열 · 이경옥 · 이진숙 · 천희영 · 조한숙

창지사

머리말

1970년 전체 인구의 51.9%를 차지하던 우리나라 아동(0~만 18세 미만) 인구는 2010년 23%로 가파르게 줄더니, 2019년에는 15%에 불과했다. 이는 출산율의 감소에 기인하는데, 2020년 세계인구현황보고서에 따르면 한국의 출산율이 조사대상 198개국 중 198위로 최하위를 기록했다. 1970년 4.53명이던 합계출산율이 지속적으로 줄어, 2019년에는 0.92명으로 채 1명도 되지 않는 상태이다. 하지만 부모 등 성인으로부터 학대를 받는 아동은 해마다 늘고 있으며, 실종 아동과 아동급식 대상자 또한 여전히 늘고 있다. 복지사각지대에 방치된 빈곤아동도 상당하며, 일반가정의 아동이라고 해서 안전한 것은 아니다. 학업과 성적경쟁에 내몰리면서 아동기에 누려야 할 기본적인 삶과 권리를 누리지 못하고 놀 시간도 제대로 갖지 못하는 현실이다. 이를 반영하듯, 우리나라 아동·청소년의 주관적 행복지수는 OECD 꼴찌라고 밝혀졌다.

이에 보건복지부는 1957년 방정환 선생의 정신을 기려, 정부가 '어린이헌장'을 제정하고 1988년 이를 개정한 이후 처음으로 아동의 권리와 성인의 책임을 규정한 '아동권리헌장'을 선포하였다. 헌장에는 보살핌을 받을 권리, 보호받을 권리, 차별받지 않을 권리, 지원받을 권리, 알 권리, 교육받을 권리, 참여할 권리, 존중받을 권리 등이 포함되었다.

이러한 시점에서 아동권리와 복지 교과목은 영유아교사를 준비하는 학습자가 반드시 수강해야 하는 필수과목이다. 이 교과목에서는 아동권리와 복지에 관한 이론과 제도 및 구체적인 실천방법 등의 내용을 체계적으로 다루고 있다.

본 서는 대학에서 아동학, 유아교육학, 보육학, 아동복지학, 심리학, 사회복지학을 전공하는 학부생이 교재로 사용할 뿐만 아니라 현장에서 아동의 권리와 복지를 이해하고자 하는 일반인에게 유용한 지침서로 사용할 수 있도록 계획하였다.

아동권리와 복지 교과목에서 다루어야 할 내용은 많지만 한 학기 강의계획에 맞춰 12장으로 목차를 구성하였으며, 13명의 저자가 공동으로 집필하였다. 저자는 백

석대학교 한미현 교수, 가톨릭대학교 문혁준 교수, 서일대학교 강희경 교수, 순천대학교 공인숙 교수, 경민대학교 박보경 교수, 경희대학교 안선희 교수, 인천대학교 안효진 교수, 인하대학교 양성은 교수, 포항대학교 이경열 교수, 덕성여자대학교 이경옥 교수, 전북대학교 이진숙 교수, 고신대학교 천희영 교수, 칼빈대학교 조한숙 교수이다.

본서의 내용은 우선 1부의 아동권리와 복지에 관한 기본 개념이나 역사 등의 아동권리와 복지의 이해부터, 대상별로 구체적인 내용을 다루는 2부의 아동복지의 실천 영역과 아동복지의 미래를 다루는 3부로 이루어져 있다. 구체적으로 1장에서는 아동권리와 복지의 기초를 다루었고, 2장에서는 사회변화에 따른 아동복지라는 주제로 아동복지의 역사적 변화를 고찰하였다. 3장에서는 아동복지 정책과 행정을, 4장에서는 아동복지의 실천 방법을 제시하였다. 5장부터 11장까지는 아동복지의 실천 영역을 대상별로 구체적으로 다루었다. 즉, 5장은 보육아동을 중심으로 보육사업을, 6장에서는 최근의 다양한 가족 유형이나 환경에 따른 아동복지실천을 다루었다. 7장에서는 장애아동을, 8장에서는 빈곤아동을 위한 복지사업을 제시하였다. 9장에서는 학대아동을 돕기 위한 복지사업을 제시하였고, 10장에서는 시설아동을, 11장에서는 입양 및 가정위탁보호아동을 위한 아동복지사업을 소개하였다. 마지막으로 12장에서는 아동권리와 복지의 과제와 전망이란 주제로 현재 우리나라 아동권리와 복지의 문제점을 살펴보고 향후 개선방향을 제안하였다.

넘치는 의욕과 열정으로 시작하였으나 집필 후의 소감은 항상 아쉬움이 남는다. 앞으로 부족한 부분을 보완해 나갈 것을 약속드리며, 기탄없는 비판과 충고를 부탁드린다.

끝으로 출판을 맡아 수고해 준 창지사의 노고에 진심으로 감사드린다.

2020년 8월

저자 일동

차 례

CHAPTER 04 아동복지실천 방법

/PART/ 2 아동복지실천 영역

CHAPTER 05 보육아동을 위한 아동복지실천

CHAPTER 06 다양한 가족의 아동을 위한 아동복지실천

CHAPTER 07 장애아동을 위한 아동복지실천

/PART/ 3 아동권리와 복지의 미래

CHAPTER 12 아동권리와 복지의 과제와 전망

/PART/ 1

아동권리와 복지의 이해

1

CHAPTER

아동권리와 복지의 기초

본 장은 아동권리와 복지를 이해하기 위한 기초적 개념을 파악하는 데 목적이 있다. 먼저 아동권리와 복지의 토대가 되는 아동의 정의와 아동복지의 개념에 대해 살펴본다. 둘째, 오늘날 아동복지 이념의 기초라 할 수 있는 아동권리의 개념에 대해 살펴본다. 구체적으로 아동권리사상의 발달과정, 국제아동권리협약의 주요 내용 및 우리나라 아동권리의 동향을 살펴본다. 또한 아동복지실천에 있어서 기본이 되는 요소와 아동복지서비스 제공 시 고려해야 할 기본 원칙에 대해 알아보고, 마지막으로 아동복지서비스의 대상과 제공되는 서비스 유형을 서비스 제공 장소, 기능에 따라 나누어 살펴보기로 한다.

1 아동복지의 개념

아동복지는 복지실천의 대상을 아동으로 한다는 점에서 아동에 대한 이해가 선행되어야 한다. 시대적으로 변화해 온 아동에 대한 관점 및 연령 기준을 중심으로 아동의 정의에 대해 살펴본 뒤 아동복지의 개념에 다루기로 한다.

1) 아동의 정의

(1) 아동에 대한 관점

현대사회에서 아동은 건전한 성인으로 성장하기 위하여 안전한 환경에서 보호받으며 적절한 교육이 필요한 존재로 받아들여지고 있다. 아동이 안전한 환경에서 사랑과 보호를 받으면서 좋은 교육을 받아야 한다고 생각하게 된 이면에는 아동이 성인과 구분되는 특성을 지닌 존재라는 인식이 있다(윤혜미·김혜래·신영화, 2005). 현대사회에서 일반적으로 받아들여지고 있는 아동에 대한 관점은 역사적으로 보면 지극히 최근의 관점으로서, Ariès는 19세기에 이르러서야 인류는 '아동의 시기'를 발견했다고 표현하고 있다. 고대사회에서는 아동을 대를 잇기 위한 수단이나 노동의 도구로 인식하였고, 중세에는 아동을 성인의 축소판으로 생각하고 엄격한 훈육을 통해 양육해야 한다고 보았다. 17세기 이후 루소, 코메니우스, 프뢰벨과 같은 교육사상가의 영향으로 아동이 성인과 구분되는 독자적인 인격체로 인식되기 시작했으며, 현대에 이르러서야 아동이 독립적인 인격을 가진 권리 주체로서 인식되기에 이르렀다.

오늘날 아동은 신체·인지·정서·사회적 측면에서 변화하고 발달해 가는 존재로, 의식주를 포함한 생존과 전인적 발달을 위해 부모를 포함한 성인의 보호가 필요하고, 독립된 인격을 지닌 권리 주체로 각 개인의 개별적 특성을 지닌 존재로 인식되고 있다. 즉, 현대적 관점에서 아동은 ① 발달하는 존재로서의 아동, ② 전인으로서의 아동, ③ 독립적인 인격체로서 권리 주체인 아동, ④ 독자적 존재로서의 아동으로 개념화되고 있다(조성연·이정희·천희영·심미경·황혜정·나종혜, 2005).

이처럼 아동에 대한 인식은 시대와 사회에 따라 변화해 왔음을 알 수 있다. 특히 권리주체로서의 아동에 대한 관점은 20세기 후반 아동의 권리에 대한 국제협약에 근거한 국제사회의 노력에 힘입어 더욱 강조되고 있다.

(2) 연령 구분

성인과 구분되는 독특한 시기로서의 아동에 대한 관점에 따라 오늘날의 아동은 연령적으로 좀 더 세분화되어 구분되고 있다. 우리 사회에서는 유아, 아동, 아이, 어린이, 소년, 청소년, 십대 등 다양한 용어들이 혼재되어 사용되고 있는데, 사전적 의미에서 아동은 '어린이', '아이'라고도 하며 연령적으로는 12세 이하인 사람, 흔히 십대로 불리는 청소년은 어른과 어린이의 중간 시기로 13세에서 18세 사이의 사람을 칭하고 있다. 청소년은 통상 중학교와 고등학교에 다니는 시기에 해당된다. 학문적 관점인 인간의 전 생애 발달을 다루는 발달심리학에서는 인간의 발달단계를 각 연령시기별 발달특성에 따라 구분하고 있으나 학자마다 차이가 있다. 아동의 발달단계를 구분하는 것이 단순하지는 않으나 공통적으로 태내기(수정 이후~출생), 영아기(0~2세), 유아기(2~6세), 아동기(6~12세), 청(소)년기(12~20세)로 구분하고 있다(정옥분, 2005; 조복희, 2008; 조성연 외, 2005).

법적 관점에서는 그 법의 목적과 취지에 따라 다양한 호칭과 연령 범위가 제시되고 있다. 정책대상으로서 아동과 청소년에 대한 개념 정의는 해당 법률이 지향하는 목적에 따라 대상을 범주화하는 측면에서 연령을 규정하기 때문이다(보건복지가족부, 2009a). 아동 관련 국내법을 중심으로 살펴보면, 우리나라 아동복지의 기본법인 「아동복지법」(제2조)에서는 한 인간으로서 근로·자립할 수 있는 시기까지를 고려하여 "아동이라 함은 18세 미만의 자를 말한다"고 정의하고 있다. 아동복지법을 비롯하여 「입양 특례법」, 「한부모가족지원법」, 「국민기초생활보장법」 또한 아동의 연령을 18세 미만으로 규정하고 있다. 그러나 「영유아보육법」과 「모자보건법」은 6세 미만의 아동을 '영유아'로, 「유아교육법」은 3세부터 초등학교 취학 전까지의 아동을 '유아'로 규정하고 있어 6세 이전의 특정 시기를 '영유아'로 구분하고 있다. 청소년 관련법을 중심으로 보면, 「청소년보호법」은 19세 미만의 자를 '청소년'으로 정의하고 유해매체·약물 등 유해환경으로부터의 보호대상으로 정하고 있으며, 「청소년기본법」은 9세 이상 24세 이하를 '청소년'으로 규정하고 있어 18세 미만으로 규정된 '아동'과 일부 연령 범위가 중복되고 있다. 「아동·청소년의 성보호에 관한 법률」에서는 19세 미만의 자에 대해 '아동·청소년'라는 용어를 사용하고 있다.

〈표 1-1〉 국내법상 아동의 연령

관련법	호칭 및 연령
아동복지법	아동(18세 미만)
영유아보육법	영유아(6세 미만)
유아교육법	유아(3세부터 취학 전)
모자보건법	영유아(6세 미만)
한부모가족지원법	아동(18세 미만, 취학 중인 경우 22세 미만)
국민기초생활보장법	아동(18세 미만)
청소년기본법, 청소년복지지원법	청소년(9세 이상 24세 이하)
청소년보호법	청소년(19세 미만)
아동·청소년의 성보호에 관한 법률	아동·청소년(19세 미만)
소년법	소년(19세 미만)
근로기준법	소년/연소자(18세 미만)
민법	미성년자(20세 미만)

출처 : 국가법령정보센터(2013), http://law.go.kr/main.html.

한편 우리나라 「민법」에서는 '만 20세 미만의 자'를 '미성년자'(未成年者)로 규정하고 미성년자의 법적 권리 행사를 일부 제한하고 있으며, 「근로기준법」에서는 15세 미만 자에 대한 취업을 금지하고 18세 미만 자에 대해서는 유해·위험업종의 취업을 제한하여 아동을 노동으로부터 보호하고 있다. 「소년법」에서는 '19세 미만의 자'를 '소년'(少年)으로 규정하고 소년범에 대해 처벌보다는 교정과 선도를 통한 사회복귀에 주력하고 있으며, 「형법」은 14세 미만을 '형사미성년'으로 보고 있다.

이처럼 우리나라 아동관련법은 각 법의 취지에 따라 영유아, 아동, 청소년, 미성년자, 소년 등 다양한 호칭을 사용하고 있으며 연령 범위 역시 약간씩 다르게 나타나고 있다. 그러나 유엔 아동권리협약(제1조)에서 '아동'이란, 스스로 자신을 책임질 수 있는 성인이 되지 않은 시기까지를 고려하여 18세 미만의 자로 규정하고 있고, 아동복지법 역시 18세 미만을 아동으로 정하고 있어 아동복지의 대상은 일반적으로 18세 미만으로 보는 경향이다. 따라서 이 책에서 아동이란 신체적·정서적·인지적으로 발달과정에 있으며 전인적인 존재이자 고유의 인격을 가진 권리의 주체로서, 연령적으로는 18세 미만의 자를 의미한다.

2) 아동복지의 개념

복지를 뜻하는 'welfare'는 잘(well) 지내다, 잘 살아가다(fare)의 합성어이므로 편안히 잘 지내는 상태를 의미한다. 복지(福祉)의 사전적 의미는 '사람들이 건강하고 편안하고 행복하게 살 수 있게 갖추어진 사회환경'이고, 복지사업이란 국민의 생활상의 행복을 늘려 나가기 위해서 하는 모든 사업을 지칭한다. 따라서 '아동'과 '복지'의 합성어로서 아동복지를 이해해 보면, 아동이 편안하고 행복하게 잘 지내는 상태 혹은 그러한 삶이 가능하도록 구비된 환경으로 볼 수 있다.

사전적 의미에서 아동복지는 "빈곤으로 인한 고통이나 정상적인 부모의 보호 또는 관심의 결핍으로 인해 고통 받는 아동들의 육체적·사회적·심리적 복지에 관련된 봉사활동 및 제도"(브리태니커 온라인, 2012)로 정의되고 있다.

아동복지에 대한 개념은 학자에 따라 조금씩 다르게 제시되고 있다. Kadushin과 Martin(1988)은 "협의의 아동복지란 특수한 욕구를 가진 아동과 가족을 대상으로 사회복지기관을 비롯한 특정기관에서 제공하는 서비스를 의미하며, 광의의 아동복지란 모든 아동의 행복을 위해 그들의 신체적·사회적·심리적 발달을 도모하고 촉진하기 위한 모든 대책"이라고 정의하였다. 국내학자들은 "특수아동과 일반아동을 대상으로 모든 아동이 가족 및 사회의 일원으로서 신체적·정신적 및 사회적으로 건전하게 성장·발달할 수 있도록 지역사회나 아동복지 분야에 있는 공·사단체, 기관들이 협력하여 아동의 권리에 필요한 사업을 계획하고 실행에 옮기는 조직적 활동"(성영혜·김연진, 2002), "모든 아동과 그들의 가족이 지닌 욕구와 문제를 해결하고 행복한 생활을 할 수 있도록 공·사단체 및 국가에 의해 이루어지는 일련의 계획적이고 조직적인 활동을 포함한 제도"(한성심·송주미, 2003)라고 정의하였다.

법적 측면에서 아동복지에 대한 개념은 「아동복지법」에 규정되어 있다. 즉, "이 법은 아동이 건강하게 출생하여 행복하고 안전하게 자라나도록 그 복지를 보장함을 목적으로 하고 있다"(아동복지법 제1조)라고 규정하여 요보호아동뿐만 아니라 모든 아동의 안녕과 복지를 제도적으로 보장하고 있다.

과거의 아동복지는 주로 기아·미아, 비행이나 가출아동, 빈곤이나 학대, 해체가정의 아동 등 구조적·기능적으로 부적절한 가정환경에 처한 아동이나 신체·정서·행동적 장애를 지닌 아동 등 요보호아동을 위한 복지활동이 주를 이루었다. 그러나 복지에 대한 국가 책임을 강조하는 추세와 함께 아동복지에 대한 사회와 국가의 역할 강화 및 권리주체로서의 아동에 대한 인식이 강조되고 있다. 따라서 아동복지의 개념 역시 과거의 제한적·협의의 의미보다 아동의 전인적 발달과 삶의 질 향상을 도모하는 포괄적이고 적극적인 의미로 받아들여지고 있다. 이러한 맥락에서 아동복지란 "모든 아동과 그 가족을 대상으로, 국가 및 다양한 아동복지주체들이 상호 협력하여 아동의 건강한 성장·발달과 삶의 질 향상을 위해 수행하는 총체적 활동"이라 할 수 있다.

2 아동의 권리와 아동복지

근대 이후 선구적인 교육사상가의 영향 및 20세기 초 이루어진 아동발달에 관한 과학적 연구에 힘입어 아동에 대한 관점은 새로운 양상을 띠게 되었다. Ellen Key가 "20세기는 아동의 세기이다"라고 지적했듯이, 20세기에 들어서 아동에 대한 새로운 인식과 국가적 관심이 증대되었다. 아래에서는 20세기에 들어 아동을 권리의 주체로 인식하게 되기까지의 발달 과정을 살펴본 뒤, 아동권리협약의 주요 내용을 중심으로 아동의 권리에 대해 살펴보기로 한다.

1) 아동권리의 개념

유아교육사전(한국유아교육학회 편, 1996)에 의하면 "권리란 ① 자기의 의지를 자유로이 행사할 수 있는 능력 혹은 자격을 말한다. ② 법에 의하며 보호되는 것으로 이익에 관하여 인정되는 힘의 범위를 말한다고도 할 수 있다. 윤리학적으로는 주장이나 요구의 합리적 필연성, 즉 법칙에 준하는 것임을 뜻하며, 법률적으로는 법에 의해서 인정된 타인에 대한 자신의 요구를 뜻한다"고 하고 있으며, 국어사전에서는 "어떤 일을 행하거나 타인에 의하여 당연히 요구할 수 있는 힘이나 자격"이라고 정의하고 있다.

권리란 아동들의 욕구와 관심을 인정하고 충족해주는 사회적 표명이다. 즉, 아동의 제반 욕구가 사회에 의하여 인식되고 주장될 때 권리라는 말로 대체할 수 있으며, 권리의 본질적 요소를 파악할 수 있게 된다(장인협·오정수, 2002).

아동권리의 개념 정의는 아동이 인간으로서 누려야 할 기본적인 제 권리를 총칭하는 것으로 성인의 권리와 많은 공통점을 가지고 있으면서도 아동의 특성상 성인의 권리와 차이가 있다. 아동의 자격으로서 승인되는 아동고유의 권리라는 것은 정신적·신체적 요구, 즉 아동이 전인으로 성장하는 것을 목적으로 하여 생존을 확보하는 것을 법적으로 승인하는 것이다(황성기, 1994). 즉, 작은 사람인 아동이 세상에서 성장, 발달하는 데 차별 없이 살아갈 권리를 말한다.

따라서 아동의 권리를 이해하는 데는 미숙하고 보호받는 존재가 아닌 능동적인 주체로서의 아동에 대한 이해뿐만 아니라 권리의 명확한 이해가 필요하다.

아동권리의 종류와 내용을 구체적으로 살펴보면 〈표 1-2〉와 같다.

〈표 1-2〉 아동권리의 종류와 내용

종류	내용
생존권	인간의 생명은 존중되어야 하고, 그 생명활동이 유지되어야 한다. 누구나 세상에 태어날 때 생존권을 가지고 태어나며 아동을 포함한 모든 사람이 그러하다. 장애를 가진 아동과 발달이 지체된 아동도 예외가 아니다.
성장 발달권	아동은 성인과 달리 신체적으로 성장하고 정신적으로 발달해야 할 과업이자 권리를 가지고 있다. 식품을 통해서 음식을 섭취하여 신체를 발달시키고, 지적 자극을 받아들여서 정신적 발달을 도모해야 한다. 아동에게 성장발달은 자연스러운 생명활동이자 발달과업이다. 따라서 아동에게 성장발달을 금지하는 것은 생명에 손상을 입히는 것이나 다를 바 없는 가해행위이다.

종류	내용
시민권과 자유권	성인이 사회의 시민으로서 자유롭게 의사결정을 할 권리가 있는 것처럼 아동도 사회의 미래 시민으로서 자유롭게 자신의 의견을 제시하고 자기 미래를 결정할 권리가 있다. 아동은 때로는 부모의 부당한 친권행사에 대해서도 자신의 성장과 행복을 추구할 권리를 가진다. 따라서 아동과 관련된 사항은 아동 자신의 행복을 최우선 조건으로 하여 결정되어야 한다.
양육 보장권	성인과 달리 스스로를 보호할 수 없는 아동은 성장할 때까지 안전하게 양육될 권리를 가진다. 양육보장권은 아동의 발달에 적합한 가정환경을 보장받아야 할 권리를 말한다. 따라서 부모로부터의 방임이나 학대와 같이 가정환경이 아동의 발달에 부적합한 경우에 대리보호자에 의해 건강한 대리환경에서 보호받을 권리가 있다.
복지권	아동이 신체와 정신을 건강하게 발달시키고 타고난 신체와 지적 능력을 개발하여 행복하게 살기 위해서는 타고난 능력이나 상태와 상관없이 기초 보건을 유지하고 자신의 복리를 보장받는 복지권이 필요하다. 특히 정상아가 아닌 경우에는 그 장애를 극복하도록, 그리고 박탈가정에서 태어난 경우에는 그 환경의 문제를 극복하도록 사회가 지원해 주어야 한다.
교육권 및 문화향유권	아동은 잠재된 능력을 개발하기 위해서 교육받을 권리가 있다. 특히 사회에서 직업을 가지고 생활을 영위할 수 있는 기본 능력을 준비하는 교육과정이 제공되어야 한다. 아동에게는 초·중·고 정기교육이 의무적으로 제공되는데, 이는 어디까지나 국가의 경제사정에 의존한다. 우리나라는 초·중 9년 과정을 의무교육으로 정하고 있으며, 2013년부터 0세부터 5세아 무상보육이 실시되고 있다.
특별보호권	아동은 어떠한 상황에서든 특별히 안전하게 보호받을 권리가 있다. 천재지변과 같은 재난, 전쟁, 자연재해 등 위기상황에서 아동은 최우선으로 보호되어야 한다. 특별보호권은 정상아동이나 특수아동에 관계없이 주어지는 동일한 권리이다.

2) 아동권리의 발달

아동이 성인의 축소판이나 소유물이 아니라 개인차를 가진 독자적 인격체로서 무한한 잠재력을 가진 존재라는 인식은, 20세기의 아동-가족-국가 간 관계에 대한 인식의 재정립 및 아동의 독자적 인격성 인정과 인격적 존재로서의 아동권리에 대한 논의가 발달되는 계기가 되었다(이양희, 2004). 아동에 대한 새로운 인식은 아동권리에 관한 국제사회 논의의 출발점이 되었으며, 아동에 대한 수동적인 보호차원에서 벗어나 적극적이고 능동적으로 아동의 권리를 인정하는 사상으로 발전하였다.

1922년 성문화된 「아동권리선언」은 아동의 신체적·도덕적·정서적 발달을 돕는 것을 국가적 의무로 규정하였으며, 이어 1924년 국제연맹은 전문과 5개조로 구성된 「아동의 권리에 관한 제네바선언」을 채택하였다. 1947년 국제연합은 2개 원칙을 추가하여 최종적으로 7개항의 아동권리조항을 국제사회에 선언하였다. 그러나 이것은 실제적 의미보다는 선언적인 의미에 제한된 것이었다.

이후 국제연합은 아동의 특별한 요구를 다루는 별도의 선언이 필요하다는 입장에서 10개항으로 구성된 「아동권리선언」(1959)을 발표하였는데, 이는 각국의 아동복지의 기본 사상이 된 것으로 평가되고 있다. 이 선언의 주요 내용은 차별받지 않을 권리, 건전한 성장, 이름과 국적취득권, 적절한 영양·주거·의료 혜택을 받을 권리, 심신장애아의 특수교육과 보호, 애정과 도덕적·물질적으로 보장이 되는 환경에서 양육될 권리, 의무교육과 여가, 우선적 보호, 학대·방임·고용으로부터 보호받을 권리 등으로 구성되어 있다.

20년이 흐른 1979년, 유엔은 '세계 아동의 해'를 맞아 아동권리협약 초안을 준비하고 약 10년간의 협의 끝에 1989년 유엔총회에서 「아동권리협약」을 채택하였다. 1989년 11월 유엔총회는 만장일치로 유엔 아동권리협약(Convention on the Rights of the Child : CRC)을 통과시켜, 1년 후인 1990년 9월에 20개국 이상의 비준을 받아 국제법으로 공포되었다. 같은 해 9월 뉴욕에서 '아동을 위한 세계정상회담'(1990)을 개최하여 '1990년대 아동의 생존, 보호, 발달을 위한 세계선언'과 '국가 행동계획'을 만장일치로 채택함으로써 아동권리에 관한 국제협약 내용이 실행되기에 이르렀다(유니세프한국위원회 홈페이지, 2012).

유엔 아동권리협약은 전 세계적으로 가장 많은 국가의 비준을 받은 국제법으로, 협약을 비준한 당사국은 협약의 내용을 이행해야 할 의무를 진다. 또한 협약의 이행과 관련된 내용에 대해서 협약 비준 후 2년 내, 그 이후에는 매 5년마다 국가보고서를 제출해야 하며 유엔 아동권리위원회는 보고서를 심의하고 그에 대한 제안 및 권고를 할 수 있다.

3) 유엔 아동권리협약

(1) 유엔 아동권리협약의 주요 내용

유엔 아동권리협약은 18세 미만의 모든 아동을 권리의 주체로 인정한 세계 최초의 국제규범으로, 오늘날 아동의 보호와 존중을 실현하는 이념적 토대가 되고 있다. 즉, 아동은 인간으로서 가지는 기본적 권리와 더불어 이 시기의 발달 특성에 적합하게 성인의 보호와 배려를 받을 권리를 가진 존재로 받아들여지고 있다.

아동권리협약은 전문, 제3부 총 54개 조문으로 구성되어 있다. 전문은 인간의 존엄과 가치, 평등권 등 인간의 기본적 인권을 확인하면서, 아동이 특별한 보호와 원조를 받을 권리를 가진 주체임을 명시하고, 아동의 보호에 대한 가족의 일차적 책임을 강조하였다. 또한 출생 전후 아동의 법적 보호, 아동이 속한 사회의 문화적 가치의 존중, 아동의 권리를 지키기 위한 국제사회의 협력을 강조하였다.

조문 54개조는 실질적 규정인 제1부(제1조~제41조)와 이행에 관한 2부(제42조~제45조) 그리고 부칙인 3부(제46조~제54조)로 구성되어 있다. 유엔 아동권리위원회는 협약 조항에 대한 이해와 심의가 용이하도록 8개의 분류 기준에 따라 조항을 나누어 분류하였고, 이 분류 기준에 따라 국가 보고서를 작성하도록 하였다. 이는 ① 협약 이행을 위한 일반조치, ② 아동의 정의, ③ 일반원칙, ④ 시민적 권리와 자유, ⑤ 가정환경 및 대리보호, ⑥ 기초보건 및 복지, ⑦ 교육, 여가 및 문화적 활동, ⑧ 특별보호조치를 포함한다. 〈표 1-3〉은 아동권리의 주요 내용이다.

〈표 1-3〉 유엔 아동권리협약의 주요 내용

분 류	내 용
시민권과 자유	• 이름과 국적을 가질 권리(제7조) • 신분을 보존할 수 있는 권리(제8조) • 표현 자유의 권리(제13조) • 사상, 양심, 종교 자유의 권리(제14조) • 결사와 집회 자유의 권리(제15조) • 사생활 보호의 권리(제16조) • 정보접근법(제17조) • 고문 및 기타 비인도적 취급을 받지 않을 권리(제37조 1항)

분 류	내 용
가정환경 및 대리보호	• 부모의 지도와 책임을 받을 권리(제5조 및 제18조 제1, 2항) • 부모로부터의 분리가 가능한 권리(제9조) • 가족의 재결합(제10조) • 아동을 위한 양육비 회수(제27조 제4항) • 입양(제21조) • 불법 해외이송 및 미귀환(제11조) • 아동학대·유기 및 신체적·심리적 회복과 사회복귀(제39조) • 양육 및 보호기관에 대한 심사(제25조)
기초보건 및 복지	• 생존 및 발달(제6조 제2항) • 보건서비스를 받을 권리(제24조) • 장애아동의 권리(제23조) • 사회보장 및 아동보호시설에 대한 권리(제26조 및 제18조 제3항) • 생활수준에 대한 권리(제27조 제1, 2항)
교육, 여가 및 문화적 활동	• 교육을 받을 권리(제28조) • 교육목표에 대한 권리(제29조) • 여가, 오락 활동 및 문화적 활동에 대한 권리(제31조)
특별보호 조치	• 소년형사행정(제40조), 난민아동(제22조), 전쟁 시의 아동(제32조) 등 위급한 상황에 처한 아동의 보호, 자유가 박탈된 아동(제37조 제2, 3, 4항), 아동에 대한 사형 및 종신형 금지(제37조 제1항), 사회복귀지원(제39조) • 아동의 노동력 착취(제32조), 마약(제33조), 성적 착취와 학대(제34조), 기타 형태의 착취(제36조) 등 특별보호조치에 대한 권리

(2) 일반 원칙

아동권리협약의 토대를 이루는 기본 가치를 일반 원칙이라고 하는데, 일반원칙에는 무차별의 원칙, 아동의 최선의 이익 원칙, 아동의 생명존중과 발달보장, 아동의 의사존중의 원칙 등 4가지 원칙이 포함된다.

① 무차별의 원칙 : 모든 아동은 자신이나 부모의 어떠한 조건에 상관없이 차별받지 않고 그들의 권리를 누릴 수 있어야 한다는 것이다. 예를 들어, 아동의 장애나 부모의 국적·인종의 차이로 인해서 어떠한 종류의 차별도 받지 않아야 하며 동등하게 생존·보호·발달·참여권을 보장받아야 함을 의미한다.

② 아동의 최선의 이익 원칙 : 이 기준은 협약의 최고 원칙으로 간주된다. '최선의 이익의 원칙'은 아동의 이익과 부모의 사생활의 이익, 혹은 국가당국의 편의 등과 충돌할 때 적용될 수 있다(김승권, 2007; 김승훈, 2009). 여기서 '최

선의 이익'이란 의사결정권자가 아동의 이익에 관한 어떤 결정을 함에 있어서 아동의 권리보호와 그들의 복지증진을 고려해야 함을 의미한다.

③ 생명존중과 발달보장의 원칙 : 이 원칙은 아동 고유의 생명권을 인정하고, 아동의 생존과 발달을 위해서 최선의 환경을 제공해야 한다는 것이다. 모유수유와 영아에 대한 예방접종, 조기 선별검사와 개입 등이 그 예가 될 수 있다.

④ 아동의 의사존중의 원칙 : 이 원칙은 아동이 자신의 모든 문제에 대해서 의견표명을 할 수 있어야 한다는 것으로, 아동의 자기결정권, 참여권을 의미한다. 예컨대, 아동이 진로 선택과 같은 자기 삶의 중요한 결정을 할 수 있어야 하며, 어린 유아에게 다양한 상황에서 선택할 수 있고 자기 생각을 충분히 표현할 수 있는 기회를 제공하는 것이다.

〈표 1-4〉 유엔 아동권리협약의 일반 원칙

분 류	내 용
① 무차별의 원칙	당사국은 아동 또는 그 부모/후견인의 인종, 피부색, 성별, 언어, 종교, 정치적 의견, 민족·인종·사회적 출신, 재산, 무능력, 출생, 신분에 관계없이 그리고 어떠한 종류의 차별함이 없이 협약에 규정된 권리를 존중하고 각 아동에게 보장해야 한다(협약 제2조).
② 아동의 최선의 이익 원칙	아동에 관한 모든 활동에 있어서 아동의 최선의 이익이 최우선적으로 고려되어야 한다(협약 제3조).
③ 생명존중과 발달 보장의 원칙	모든 아동은 고유의 생명권을 가지고 있으며, 당사국은 가능한 최대한도로 아동의 생존과 발달을 보장해야 한다(협약 제6조).
④ 아동의 의사존중의 원칙	당사국은 자신의 견해를 형성할 능력이 있는 아동에 대하여 본인에게 영향을 미치는 모든 문제에 있어서 자신의 견해를 자유롭게 표현할 권리를 보장하며, 아동의 견해에 대해서 아동의 연령과 성숙 정도에 따라 정당한 비중이 부여되어야 한다(협약 제12조).

(3) 자유권적 권리와 사회권적 권리

유엔 아동권리협약의 내용에는 일반원칙에 기초하여 자유권적 권리와 사회권적 권리에 관한 내용을 포함하고 있다. 유엔 아동권리협약의 전문은 부록에 제시하였다.

① 자유권적 권리

가. 성명권과 국적취득권의 권리(국제협약 제7조)

아동은 출생 후 즉시 등록되어야 하며, 출생 시부터 성명권과 국적취득권을 가지며, 가능한 한 자신의 부모를 알고 부모에 의하여 양육받을 권리를 가진다.

나. 신분보존의 권리(국제협약 제8조)

당사국은 위법한 간섭을 받음이 없이 국적, 성명 및 가족관계를 포함하여 법률에 의하여 안정된 신분을 보존할 수 있는 권리를 존중한다.

다. 표현의 자유(국제협약 제13조)

아동은 표현의 자유를 갖는다. 이 권리는 구두, 필기 또는 인쇄, 예술의 형태 또는 아동이 선택하는 기타의 매체를 통하여 모든 종류의 정보와 사상을 국경에 관계없이 추구하고 접수하며 전달하는 자유를 포함한다.

라. 사상, 양심, 종교의 자유(국제협약 제14조)

당사국은 아동의 사상, 양심 및 종교의 자유에 대한 권리를 존중해야 한다.

마. 결사와 집회의 자유(국제협약 제15조)

당사국은 아동의 결사를 자유와 평화적 집회의 자유에 대한 권리를 인정한다.

바. 사생활의 보호(국제협약 제16조)

어떠한 아동도 사생활, 가족, 가정 또는 통신에 대하여 자의적이거나 위법적인 간섭을 받지 아니하며 또한 명예나 신망에 대한 위법적인 공격을 받지 아니한다.

사. 정보접근법(국제협약 제17조)

당사국은 대중매체가 수행하는 중요한 기능을 인정하며, 아동이 다양한 국내적 및 국제적 정보원으로부터의 정보와 자료, 특히 아동의 사회적, 정신적, 도덕적 복지와 신체적, 정신적 건강의 향상을 목적으로 하는 정보와 자료에 대한 접근권을 가지도록 보장하여야 한다.

② 사회권적 권리

가. 정상적 가정생활을 누릴 수 있는 권리(국제협약 제9조)

당사국은 아동이 그의 의사에 반하여 부모로부터 분리되지 아니하도록 보장하여야 한다. 단, 책임 있는 해당 기관이 아동이 그의 부모와 떨어져 있는 것이 그 아동의 최적의 생존을 보장한다고 판단하였을 때 합법적인 절차에 따른 사법심사를 거쳐 이를 실행할 수 있다. 그러나 이러한 경우에도 정상적인 환경 하에서 그들의 부모와의 개인적인 관계 및 접촉을 할 수 있도록 아동의 권리를 존중해야 한다.

나. 사회보장 혜택의 권리(국제협약 제26조)

당사국은 모든 아동에 대해 사회보험을 포함한 사회보장제도의 혜택을 누릴 권리를 인정하고 국법에 위배되지 않는 범위 내에서 이 권리의 충분한 실행을 위해 필요한 방법을 강구해야 한다. 경제적 불안정으로 최소한의 아동의 욕구가 충족되지 않을 경우 아동의 신체적, 지적, 정서적 발달에 장애를 초래하게 된다. 사회보장은 돌발적인 경제적 불안에 대한 대비책으로 제도적 장치를 마련하여 아동의 권리를 보장하는 것이다.

다. 보건과 의료적 서비스를 받을 권리(국제협약 제24조)

당사국은 아동이 최상의 건강상태를 향유할 수 있는 권리 및 질병치료나 건강회복을 촉진할 수 있는 권리를 인정해야 하며, 의료보호제도를 누릴 수 있는 권리를 보장하여야 함을 규정하고 있다. 이러한 권리가 보장됨으로써 아동의 사망률을 감소시킬 수 있으며, 알맞은 영양식과 깨끗한 식사, 공기를 제공하여 질병과 영양실조를 예방할 수 있다. 그리고 임산부에게 적절한 출산 전후의 건강보호를 제공해야 한다.

라. 교육을 받을 권리(국제협약 제28조)

당사국은 아동의 교육받을 권리를 인정하고 동등한 기회균등의 기초 위에서 이 권리가 성공적으로 실행되도록 무료의무교육, 일반교육과 직업교육을 포함한 다양한 형태의 중등교육을 장려하는 조치를 취하도록 규정하고 있다.

마. 적절한 여가, 오락 및 문화적 생활을 누릴 수 있는 권리(국제협약 제11조)

당사국은 아동이 각자의 연령에 적합한 오락 활동이나 놀이에 참여하여 자유롭게 문화생활이나 예술 활동에 참여할 수 있도록 아동에게 휴식과 여가에 대한 권리를 보장해야 한다고 규정하고 있다.

바. 방임이나 학대 및 착취로부터 보호받을 권리(국제협약 제32조)

아동에 대한 경제적 착취 및 아동의 교육에 해가 되거나 위험하다고 판단되는 작업으로부터 또는 아동의 건강과 신체적, 정신적, 도덕적, 사회적 성장을 저해한다고 판단되는 작업으로부터 보호받아야 하는 아동의 권리를 국가가 인정하고, 이의 실행을 위한 사법적, 행정적, 사회적, 교육적 방법을 취해야 함을 규정하고 있다. 또한 제33조에는 마약과 향정신성 물질의 사용으로부터 아동을 보호해야 하며, 제34조는 모든 형태의 성적 착취나 학대로부터 아동을 보호해야 함을 규정하고 있다.

사. 장애아동의 경우 특별한 치료, 교육 및 보호를 받을 권리(국제협약 제23조)

정신적 또는 신체적 장애아동에게도 인간의 존엄성을 보장하여 자립심을 장려하고 공동체 내에서 그 아동의 자발적 참가를 촉진하는 규정을 정하여 완전하고 인간적인 생활을 향유하는 권리를 인정하고, 국가는 이들에게 필요한 지원과 도움을 확대할 것을 고무하고 보장해야 함을 규정하고 있다.

(4) 기본 권리

아동권리협약은 아동을 단순한 보호의 대상이 아닌 권리의 주체로 인식하고 있다. 협약이 보장하고 있는 아동의 권리는 ① 생존권, ② 보호권, ③ 발달권, ④ 참여권 등 4대 권리로 볼 수 있다(유니세프한국위원회 홈페이지, 2012).

문헌에서는 아동권리의 범주를 구체적으로 다음과 같이 설명한다(김호년·김성재·김현정·박윤·양진희, 2011).

① 생존권

아동의 생명을 유지하고 최상의 건강과 의료혜택을 받을 권리이다. 적절한 생활수준을 누리고 안전한 주거지에서 살아 갈 권리, 충분한 영양과 보건서비스를 받을 권리 등 기본적인 삶을 누리는 데 필요한 권리이다.

가. 건강의료의 권리

국가는 아동이 최상의 건강수준을 유지하고 질병의 치료와 회복을 위한 시설을 사용할 수 있는 권리를 가지고 있다는 것을 인정한다. 아동의 건강을 위한 환경오염 방지, 충분한 영양식 및 깨끗한 음료수의 제공 등을 통한 질병 및 영양실조 퇴치를 위한 조치를 해야 한다.

나. 양육지정의 권리

아동이 자기에 대해 취해진 치료나 조치에 대하여 심사를 할 수 있는 권리이다.

다. 사회보장의 권리

아동이 사회보험을 비롯한 사회보장제도의 혜택을 받을 수 있는 권리이다.

라. 생활수준 향유권

아동은 발달에 필요한 영양·의복·주거 등의 생활수준에 대한 권리를 가지고 있다. 이를 확보하는 일차적 책임은 부모에게 있으며, 국가는 그러한 부모의 책임수행을 원조할 책임을 지고 나아가 부모의 이혼 또는 해외거주 등의 경우에는 아동의 양육비를 확보하도록 필요한 조치를 취해야 한다.

② 보호권

아동이 모든 형태의 학대와 방임, 차별, 부당한 처벌과 노동, 성폭력 등 유해한 것들로부터 보호받을 권리를 말한다.

가. 모든 아동이 보호받을 권리

부모의 폭력, 학대, 방임, 착취로부터 보호받을 권리, 마약, 향정신성 약으로부터 보호받을 권리, 성적 착취, 학대로부터 보호받을 권리, 유괴, 매매, 거래를 방지받을 권리, 모든 형태의 착취로부터 보호받을 권리, 고문, 사형을 금지 받을 권리, 소년사범에 관련된 권리가 있다.

나. 특별히 곤란한 조건에 있는 아동의 권리

난민아동의 보호받을 권리, 장애아의 권리, 소수자, 원주민 아동의 권리, 무력분쟁 시 아동의 보호를 받을 권리, 피해아동이 사회에 복귀할 권리가 있다.

③ 발달권

아동이 잠재력을 발휘하는 데 필요한 권리다. 교육, 여가, 문화생활을 누리고, 정보를 얻으며, 양심과 종교의 자유를 누릴 권리 등이 포함된다.

가. 부모를 알 권리

아동이 출생과 더불어 곧 등록되고, 이름을 가지고, 국적을 취득하고, 부모를 알고, 어버이에 의해 양육될 권리이다.

나. 정체성의 보전권

아동이 위법한 간섭을 받지 않고 국적, 성명 및 가족관계를 포함하여 법률에 인정된 정체성을 보존할 수 있는 권리이다.

다. 부모로부터 분리되지 않을 권리

부모로부터 분리가 아동 최상의 이익을 위하여 필요하다고 결정되는 경우 외에는 아동이 그의 의사에 반하여 부모로부터 분리되지 않도록 국가로부터 보장받을 수 있는 권리이다.

라. 가족 재회 시 출입국이 자유로울 권리

국경을 넘어서 친자가 분리되고 있는 경우 양친이 다른 나라에 거주하고 있을 때 부모와 접촉할 수 있는 권리이다.

마. 국외 불법이송을 금지 받을 권리

아동은 불법으로 국외 이송되거나 강제 송출된 경우 송환받아야 한다는 권리이다.

바. 부모에게 일차적으로 양육 받을 권리

아동의 최선의 이익이 고려된 상태에서 부모가 아동의 양육책임을 다할 수 있도록 국가가 그 조건을 정비해 주어야 한다.

사. 대체적으로 양호를 받을 권리

가정환경을 박탈당하고 자기의 가정에 머무르는 것이 용인될 수 없는 경우 국가에 의한 보호와 원조를 받을 권리이다.

아. 양자결연을 받을 권리

양자결연을 할 수밖에 없는 아동의 경우 신중한 절차를 거쳐 이루어져야 하며, 특히 국제 양자결연은 대체적으로 인정되고 국내 양자결연과 동등한 것이 되어야 한다.

자. 교육받을 권리

초등교육을 무상의무교육으로 받을 권리를 포함하여 기회균등의 원칙에 입각하여 중·고등교육을 받을 기회와 학습권까지도 가질 수 있는 권리이다.

차. 휴식권, 여가권, 문화참가권

휴식과 여가를 즐기고 자신의 연령에 적합한 놀이와 오락 활동에 참여하며 문화생활과 예술에 자유롭게 참여할 수 있는 권리이다.

④ 참여권

아동이 자신과 나라와 지역사회 활동에 적극적으로 참여할 수 있는 권리이다. 자기 의견을 표현하고, 자신의 삶에 영향을 주는 문제에 대해 발언하고 존중받을 권리, 단체 가입이나 평화적인 집회에 참여할 수 있는 권리가 포함된다.

가. 생활참여권

- 의견표명권 : 자신의 견해를 형성할 능력이 있는 아동은 본인에게 영향을 미치는 모든 문제에 있어서 자신의 견해를 자유롭게 표현할 권리이다.

- 사생활·통신·명예를 보호받을 권리 : 어떠한 아동도 사생활, 가족 또는 통신, 명예나 신앙에 대한 간섭 또는 비난으로부터 법의 보호를 받을 권리이다.

나. 사회참여권

- 표현·정보의 자유, 사상·양심·종교의 자유, 결사·집회의 자유이다.
- 정보접근성 : 정보와 자료에 대한 접근의 권리이다.

4) 우리나라의 아동권리

(1) 소파 방정환과 아동권리공약

유럽에서 아동권리에 대한 관심이 시작된 1920년 초와 비슷한 시기에 우리나라에서는 소파 방정환을 중심으로 소년운동이 일어났는데, 이는 전통적인 가부장적 질서 속에서 억압받고 소외당해 온 아동들에게 권리를 찾아 주자는 아동권리운동으로 볼 수 있다(이재연, 1999). 일제 강점기의 어두운 시대 상황 속에서 소파 방정환은 나라의 희망을 어린이로부터 찾고 어린이에게 꿈과 희망을 주고자 노력하였다. 1923년 5월 1일 어린이날 기념식장에서 아동권리공약을 선포하고 어린이를 인격적으로 대우하고 어린이에 대한 노동을 폐지하며 어린이가 배우고 놀 수 있는 환경을 제공할 것을 주장하였다. 아동권리공약 3장은 「아동권리에 관한 제네바선언」(1924)보다 1년 앞서 선언된, 최초의 아동권리선언으로서 의의가 있다.

아동권리공약 3장

- 어린이를 재래의 윤리적 압박으로부터 해방하여 그들에 대한 완전한 인격적 예우를 허하라.
- 어린이를 재래의 경제적 압박으로부터 해방하여 만 14세 이하의 그들에 대한 무상 또는 유상의 노동을 폐하라.
- 어린이에게 그들이 고요히 배우고 즐거이 놀 만한 각양의 가정 또는 사회적 시설을 행하라.

(2) 대한민국 어린이헌장의 제정

어린이헌장(1957. 5. 5.)은 아동권리공약 3장, 아동권리에 관한 제네바선언 등의 내용을 종합하여 9개 조항으로 제정되었다가 1988년에 11개 조항으로 개정되었다. 전문과 11개 조항으로 구성된 어린이헌장은 무차별의 원칙과 인간의 존엄성에 기초하여 가정에서의 보호, 영양, 교육, 문화, 놀이와 오락, 학대와 노동으로부터의 보호, 장애아동의 보호 등에 대한 권리가 명시되어 있다. 어린이헌장은 소파 방정환의 정신이 그대로 반영된 것이기는 하지만 선언적인 의미에 그치는 한계가 있다. 한편 청소년이 누려야 할 기본적 권리와 책임에 대해서는 「청소년헌장」(1990년 제정, 1998년 개정)에 제시되어 있다. 「청소년헌장」[1)]은 청소년의 주체적인 삶과 자율적인 참여를 보장하여 기성세대와 함께 만들어 가는 21세기 공존의 원리를 제시하였다.

대한민국 어린이헌장

대한민국 어린이헌장은 어린이날의 참뜻을 바탕으로 하며 모든 어린이가 차별 없이 인간으로서의 존엄성을 지니고, 나라의 앞날을 이어나갈 새 사람으로 존중되며, 바르고 아름답게 씩씩하게 자라도록 함을 길잡이로 삼는다.

1. 어린이는 건전하게 태어나 따뜻한 가정에서 사랑 속에 자라야 한다.
2. 어린이는 고른 영양을 취하고, 질병의 예방과 치료를 받으며, 맑고 깨끗한 환경에서 살아야 한다.
3. 어린이는 좋은 교육시설에서 개인의 능력과 소질에 따라 교육을 받아야 한다.
4. 어린이는 빛나는 우리 문화를 이어받아, 새롭게 창조하고 널리 펴 나가는 힘을 길러야 한다.
5. 어린이는 즐겁고 유익한 놀이와 오락을 위한 시설과 공간을 제공받아야 한다.
6. 어린이는 예절과 질서를 지키며, 한겨레로서 서로 돕고, 스스로를 이기며 책임을 다하는 민주시민으로 자라야 한다.
7. 어린이는 자연과 예술을 사랑하고 과학을 탐구하는 마음과 태도를 길러야 한다.
8. 어린이는 해로운 사회 환경과 위험으로부터 먼저 보호되어야 한다.
9. 어린이는 학대를 받거나 버림을 당해서는 안 되고, 나쁜 일과 힘겨운 노동에 이용되지 말아야 한다.

---

1) 청소년헌장에 포함된 청소년의 권리는 생존의 보장과 성장의 권리, 차별받지 않을 권리, 폭력으로부터 보호받을 권리, 사적인 삶의 권리, 생각과 느낌의 권리, 모임활동의 권리, 배움의 권리, 일과 직업의 권리, 문화예술활동의 권리, 정보접근의 권리, 민주적 참여의 권리 등이다.

10. 몸이나 마음에 장애를 가진 어린이는 필요한 교육과 치료를 받아야 하고, 빗나간 어린이는 선도되어야 한다.
11. 어린이는 우리의 내일이며 소망이다. 나라의 앞날을 짊어질 한국인으로, 인류의 평화에 이바지 할 수 있는 세계인으로 자라야 한다.

청소년헌장

청소년은 자기 삶의 주인이다. 청소년은 인격체로서 존중받을 권리와 시민으로서 미래를 열어갈 권리를 가진다. 청소년은 스스로 생각하고 선택하며 활동하는 삶의 주체로서 자율과 참여의 기회를 누린다. 청소년은 생명의 가치를 존중하며 정의로운 공동체의 성원으로 책임 있는 삶을 살아간다. 가정, 학교, 사회 그리고 국가는 위의 정신에 따라 청소년의 인간다운 삶을 보장하고 청소년 스스로 행복을 가꾸며 살아갈 수 있도록 여건과 환경을 조성한다.

[청소년의 권리]

1. 청소년은 생존에 필요한 기본적인 영양·주거·의료·교육 등을 보장받아 정신적·신체적으로 균형 있게 성장할 권리를 가진다.
1. 청소년은 출신·성별·종교·학력·연령·지역 등의 차이와 신체적·정신적 장애 등을 이유로 차별받지 않을 권리를 가진다.
1. 청소년은 물리적 폭력뿐만 아니라 공포와 억압을 포함하는 정신적인 폭력으로부터 보호받을 권리를 가진다.
1. 청소년은 사적인 삶의 영역을 침해받지 않을 권리를 가진다.
1. 청소년은 자신의 생각과 느낌을 자유롭게 펼칠 권리를 가진다.
1. 청소년은 자유로운 의사에 따라 건전한 모임을 만들고 올바른 신념에 따라 활동할 권리를 가진다.
1. 청소년은 배움을 통해 진리를 추구하고 자아를 실현해 갈 권리를 가진다.
1. 청소년은 일할 권리와 직업을 선택할 권리를 가진다.
1. 청소년은 여가를 누릴 권리를 가진다.
1. 청소년은 다양한 매체를 통하여 자신의 삶에 필요한 정보에 접근할 권리를 가진다.
1. 청소년은 자신의 삶과 관련된 정책 결정 과정에 민주적 절차에 따라 참여할 권리를 가진다.

[청소년의 책임]

1. 청소년은 자신의 삶을 소중히 여기며 자신이 선택한 삶에 책임을 진다.
1. 청소년은 앞 세대가 물려 준 지혜를 시대에 맞게 되살려 다음 세대에 물려 줄 책임이 있다.
1. 청소년은 가정·학교·사회·국가·인류공동체의 성원으로서 자기와 다른 삶의 방식도 존중할 줄 알아야 한다.
1. 청소년은 삶의 터전인 자연을 소중히 여기고 모든 생명들과 더불어 살아간다.
1. 청소년은 통일시대의 주역으로서 평화롭게 공존하는 방법을 익힌다.

1. 청소년은 남녀평등의 가치를 배우고 이를 모든 생활에서 실천하다.
1. 청소년은 가정에서 책임을 다하며 조화롭고 평등한 가족 문화를 만들어 간다.
1. 청소년은 서로에게 정신적·신체적 폭력을 행사하지 않는다.
1. 청소년은 장애인을 비롯한 소외받기 쉬운 사람들과 더불어 살아간다.

(3) 유엔 아동권리협약 비준과 아동권리

우리나라는 1991년에 「유엔 아동권리협약」에 비준하여 협약 당사국이 되었으며, 동 협약의 규정에 따라 협약 내용을 준수하고 이행사항을 국제사회에 보고할 의무를 지게 되었다. 우리나라는 아동권리협약의 이행사항에 관한 1차, 2차 국가보고서를 제출하였고 2008년에는 3·4차 통합보고서를 제출하였으며, 유엔 아동권리위원회로부터 3·4차 국가이행 보고서까지 심의를 받은 상태이다.

아동권리협약의 비준 이후 우리 사회는 아동 관련 국내법의 제·개정과 정부정책을 통해 아동권리 증진을 위한 노력을 기울여 왔다. 유엔 아동권리위원회의 권고에 따라 정부는 협약의 이념이 국내법에 반영되도록 관련 법을 제·개정하고 협약에서 규정하는 아동의 권리 보장을 증진시켜 왔다. 최근 전면 개정된 아동복지법(2011)은 아동종합실태조사를 바탕으로 아동정책 기본계획을 수립·시행하도록 하는 법적 근거(제11조)를 포함하여 향후 아동복지서비스의 안정적 추진과 효과적인 아동정책수행의 기초를 마련하였다. 또한 인권 관련 법과 제도, 관행의 개선을 목표로 하는 인권정책인 「국가 인권정책기본계획」(1차 2007년, 2차 2011년)에 아동청소년 추진과제를 포함하여 아동의 권리 증진을 도모하고 있다.

현재 아동권리 증진을 위한 정부의 사업으로는 아동청소년 관련 사업 종사자에 대한 맞춤형 권리교육 실시, 유엔 아동권리협약 이행 추진, 아동권리침해에 대한 감시·조사, 아동권리 모니터링센터 및 아동권리 옴부즈퍼슨 운영, 국제적 기준에 맞는 아동권리 정책개발 및 발전방안 모색(보건복지부 홈페이지, 2010) 등이 실시되고 있다.

그러나 아동권리 증진을 위한 노력에도 불구하고 우리 사회의 아동권리 수준이 미흡한 상태이며 많은 개선이 이루어져야 한다는 것이 일반적인 견해이다. 특히 영유아나 장애아, 다문화가정의 아동, 미혼모 등 소외층의 아동에 대한 권리 보장이 미흡하다는 점(이양희, 2012; 이은주, 2012; 황옥경, 2012) 등이 꾸준히 제기되고 있다.

아동이나 청소년에 비해 영유아의 권리가 충분히 인식되지 못하고 있다는 점, 여전히 근절되지 않고 있는 교육현장의 체벌 문제, 미등록 외국인·다문화가정의 아동에 대한 차별, 청소년 노동(아르바이트)에 대한 부당한 대우나 저임금 문제, 장애아나 청소년 미혼모의 교육권 문제 등 다양한 아동권리침해 사례들이 지적되고 있다.

아동의 참여권과 관련해서 유엔 아동권리위원회(2003)는 아동에 대한 전통적 태도로 인해 가정과 학교에서 아동의 견해가 존중되지 못하고 있음을 지적하면서, 아동에게 영향을 미치는 모든 문제에 대해 자유롭게 표현할 권리를 보장하도록 권고한 바 있다(김연우, 2011). 예컨대, 부모의 이혼과정에서 아동의 의사가 충분히 존중되어야 하는 것, 학교 내에서 이루어지는 의사결정과정에서 의견을 표명하거나 참여할 수 있는 절차를 보장하는 것 등이 포함된다. 국가와 아동복지 관련 기관·단체는 아동의 생존권, 발달권, 보호권, 참여권 등 아동의 기본 권리를 침해하는 사례들을 면밀히 파악하고 이를 개선해 나갈 수 있도록 협력해야 한다. 이러한 노력을 통해 아동의 권리가 증진되고 궁극적으로 모든 아동의 행복한 삶이 가능해질 것이다.

3 아동복지의 요소와 원칙

아동복지의 증진을 위해서는 아동의 삶의 질에 관련된 주요 현상에 대한 이해가 선행되어야 한다. 다음은 아동의 권리와 관련하여 아동의 삶에서 충족되어야 할 아동복지의 기본 요소를 알아보고 아동복지실천에 있어서 고려해야 할 기본 원칙에 대해 살펴본다.

1) 아동복지의 요소

(1) 부모와 가정환경

가정은 아동이 태어나 최초로 경험하는 생활환경으로, 아동의 최선의 이익을 위해 아동은 가정에서 부모에 의해서 양육되어야 한다. 아동은 그의 의사에 반하여 부모로부터 분리되지 않아야 하며(협약 9조), 아동이 자신의 부모를 알고 부모에 의해 양육 받을 권리가 있다(협약 7조). 부모와 자녀 간의 상호작용의 질은 전 생애발달에 지속적인 영향을 미치기 때문에 안정된 가정환경과 부모의 적절한 양육·지도는 아동복지의 기본 요소이다. 부모·보호자가 없거나 또는 양육능력이 없을 경우에는 최대한 가정적인 분위기에서 성장할 수 있도록 가정위탁이나 입양서비스를 제공해야 한다.

(2) 물질적 복지

가정의 경제적 여건은 부모뿐만 아니라 아동의 신체, 인지, 정서발달에 직접적인 영향을 미친다. 2009년 아동·청소년 종합실태조사(보건복지가족부, 2009b)에 의하면, 우리나라 아동의 절대 빈곤율은 약 7.8%이며, 전체 아동의 약 4.2%가 가구소득이 최저생계비 100~120%에 있는 차상위가구에서 자라고 있는 것으로 조사되었다. 빈곤은 부적절한 영양과 주거문제, 의료서비스 제한, 아동의 교육기회 감소, 학업부진과 정서·행동문제 등을 초래할 수 있다. 또한 부부갈등과 부정적 양육방식에 영향을 미침으로써 아동에 대한 방임과 폭력 비율을 높일 수 있다. 계층 간 소득격차의 심화에 따라, 빈곤계층 아동에 대한 안전망 구축과 교육을 통한 빈곤세습의 단절에 대한 대책이 중요한 과제로 부상되고 있다.

(3) 건강

아동권리협약 24조는 아동이 최상의 건강을 유지하고 질병치료와 의료서비스를 누릴 수 있는 권리를 보장하고 있다. 모유 수유와 예방 접종률, 아동의 영양·건강상태 등은 아동복지의 주요 지표로 볼 수 있다. 특히 예방접종을 포함한 영유아에 대한 의료서비스는 영유아의 생존과 관련되기에 가장 우선적으로 충족되어야 한다. 영유아에 대한 질병치료 및 관리뿐만 아니라 임신 중 어머니에 대한 보건, 의료서비스 역시 중요하다. 어머니의 건강상태는 아동발달의 위험요소인 저체중아, 미숙아 출생과 밀접한 관련이 있기 때문이다. 특히 취약계층이나 취업 중의 임산부에 대한 보건·의료서비스 제공이 중요하다. 한편 아동의 신체적 건강상태뿐만 아니라 정신적 건강 역시 삶의 질에 주요 요인이므로 아동의 주관적의 삶의 만족도, 행복감 등 정신적 건강에 대한 고려가 중요하다.

(4) 교육

국가는 기회 균등의 기초 위에서 아동의 교육받을 권리를 보장할 의무가 있으며(협약 28조) 모든 국민은 능력에 따라 균등하게 교육을 받을 권리가 있다(헌법 제27조). 모든 아동에게 동등한 교육의 기회가 개방되어야 할 뿐만 아니라, 아동 개인의 흥미·능력·필요에 따라 적절한 교육이 제공되어야 한다. 우리나라의 교육복지 수준은 OECD 국가군 중 높은 수준이나(한국보건사회연구원, 2011), GDP 대비 공교육비의 정부 부담비율은 OECD 평균 이하이다. 또한 청소년 자살 충동의 주요 원인이 성적과 진학문제로 나타나(Statistics Korea, 2010) 과도한 입시 위주 교육 및 경쟁적 교육구조에 대한 대책이 요구된다.

(5) 놀이·여가

아동에게는 교육받을 권리와 함께, 휴식과 여가를 즐기고 연령에 적합한 놀이와 오락 활동에 참여할 수 있는 권리가 보장되어야 한다. 아동권리협약(31조)과 우리나라 어린이헌장, 청소년헌장에서도 놀이와 오락, 문화 활동에 대한 아동의 권리를 명시하고 있다. 아동은 놀이를 통해 환경을 탐색하고 새로운 기술을 습득하며 정서표현의 기회를 갖고 상호작용 능력을 키워 나간다. 아동의 과도한 학업부담과 경쟁적 교육환경은 아동의 '놀 권리'를 심각하게 저해하고 있다.

(6) 안전과 보호

교통사고 등 아동사망사고, 아동학대, 학교폭력 등은 아동의 안전과 생명을 저해하는 주요 요인이다. 아동권리협약은 모든 형태의 성적 착취와 학대로부터 아동을 보호하도록 규정하고 있다(협약 34조). 학대와 폭력 피해 등에 대해서는 사후 서비스뿐만 아니라 안전을 저해하는 위험요인에 대한 사전 예방적 개입이 강조되고 있다. 또한 아동은 성장, 발달 중에 있으므로 유해한 노동 및 착취로부터 보호되어야 한다. 국가는 아동에 대한 경제적 착취나 아동교육에 방해되는 일이나 유해노동으로부터 아동을 보호해야 한다(협약 32조).

한편 장애를 지닌 아동에 대해서는 차별 없이 적절한 보호와 교육, 치료서비스가 제공되도록 규정하고 있다(협약 23조). 이러한 지원은 가능한 한 무상으로, 아동의 교육·훈련·건강관리·재활 등을 효과적으로 이용하고 제공받을 수 있어야 한다. 이처럼 모든 종류의 유해한 환경으로부터 아동의 안전을 보장하고 보호하는 것은 아동복지의 기본 요소라 할 수 있다.

2) 아동복지의 원칙

아동의 복지를 구현하기 위한 정책을 마련하고 서비스를 실천하기 위해서는 아동복지의 기본 원칙에 근거하여 이루어져야 한다. 아동복지의 원칙을 다음과 같이 5가지로 나누어 살펴본다.

(1) 권리와 책임의 원칙

아동복지의 주체는 모든 국민이다. 모든 국민을 구체적으로 언급하면 아동, 부모(보호자), 국가와 지방자치단체 등의 사회인데, 아동복지는 이 세 주체가 각자의 권리와 책임의 확립을 바탕으로 상호작용과 협력 속에서 수행되어야 바람직한 방향으로 나아가게 된다.

① 아동의 권리와 책임

20세기에 들어 아동을 보호의 대상에서 권리의 주체로 인식하게 된 것은 아동에 대한 관점의 변화와 함께 아동복지서비스에도 큰 영향을 미치게 되었다. 아동은 생존과 발달을 위해 의식주를 제공받고 안정된 생활을 누리며, 학대와 착취로부터 보호되고, 교육받을 권리와 함께 놀이활동에 참여하고 자신의 견해를 표현할 권리를 지닌다. 한편 아동은 부모나 사회가 규정한 질서를 지키고 자녀로서 부모의 양육과 보호에 따름으로써 한 사회의 구성원으로서 제 몫을 다하는 성인으로 성장할 수 있다.

② 부모의 권리와 책임

사회변화와 함께 전통적으로 가정 내에서 수행되어 온 많은 기능이 사회화되었음에도 불구하고 아동의 보호 및 육성을 위한 일차적 책임은 부모에게 있다. 부모는 자녀를 양육하고 보호하며 건강한 발달을 도와야 한다. 자녀의 친권자로서 자녀의 삶에 영향을 미치는 중요한 사항들에 대한 의사결정권을 가질 뿐만 아니라 한 사회의 구성원으로서 올바르게 성장하도록 지원할 의무와 책임을 진다. 부모로서의 역할수행에 어려움이 있을 경우 사회적 지원과 개입이 이루어지며, 양육역할에 현저한 문제가 있을 경우에는 아동의 최선의 이익을 위해 부모의 권리가 제한될 수도 있다.

③ 국가와 사회의 권리와 책임

국가는 아동복지정책을 개발하고 대책을 수립할 권리와 책임이 있다. 아동권리협약(18조)에 의하면, 국가는 부모가 양육 책임을 잘 수행할 수 있도록 적절한 지원을 제공하고 아동에게 보호시설을 지정해야 하며 부모의 아동을 보호하기 위해 적절한 조치를 취해야 할 책임이 있다. 국가는 의무교육을 통해 아동의 교육권을 보장하고, 아동에게 술과 담배를 파는 행동을 금지하는 등 유해환경으로부터 아동을 보호하며, 부모가 아동을 학대하는 등 부모로서의 역할에 현저한 문제가 있을 때에는 이들 아동을 위탁가정이나 시설보호를 받도록 조치해야 한다. 아동의 권리에 대한 사회적 인식의 증대와 더불어 아동복지에 대한 국가의 책임과 역할이 증가하였다.

(2) 보편성과 선별성의 원칙

아동복지 원칙에서 중요하게 고려되는 사항이 바로 보편성과 선별성의 원칙이다. 보편성의 원칙이란 전체 아동을 대상으로 급여나 서비스를 제공하는 원칙이다(장인협·오정수, 2001). 즉, 계층·인종·민족·장애 유무·부모 유무 등 아동을 구분하는 모든 조건에 상관없이, 모든 아동에게 동등한 급여와 서비스를 제공하는 것을 말한다. 이 원칙은 사회문제란 불완전하고 불공평한 사회체계에서 기인하는 것으로 개인의 결함이나 잘못에 의해 발생하는 것이 아니라는 기본 관점에서 출발하며, 아동수당, 가족수당, 무상 의무교육 등이 포함된다.

반면 선별주의는 빈곤계층의 아동이나 가장 욕구가 큰 아동들에게 급여나 서비스를 제공하는 원칙으로, 그 성격에 있어서 시혜적·범주적이며, 열등처우의 원칙이 불가피하며 낙인효과에 의한 수치감을 초래할 수 있다(장인협·오정수, 2001). 아동복지에 있어서 선별성의 원칙은 빈곤가정의 자녀, 질병이나 장애, 학대 위험 등과 같은 범주화에 기초하여 보호가 필요한 아동에게 우선적으로 복지서비스를 제공하는 것을 말한다. 선별성의 원칙에 의해 제공되는 급여나 서비스는 문제의 원인이 자발적이든 비자발적이든 간에 개인적인 결함이 있다는 전제하에 문제를 보완하거나 해소하기 위한 최소한의 보호로서, 일시적·보완적·잔여적 성격이 강하다.

(3) 개발적 기능의 원칙

아동복지에서 개발적 기능의 원칙이란 사후대책적인 기능이 주가 되는 아동복지체계에서 나아가 적극적이고 예방적이며 의도적 변화를 가져올 수 있는 개발지향적 아동복지체계를 형성함을 말한다. Kendall(1973)에 의하면, 사회복지의 개발적 기능이란 "목적에서 적극성을 띠고 접근방법에서 포괄성을 가지며 대상 인구의 각 부문에 관여해야 하며, 치료적 혹은 미시적 수준에서 거시적 수준까지 제 복지기능이 관여하는 것"이라 한다(장인협·오정수, 2001, 재인용). 가족을 둘러싼 생태학적 환경의 변화와 이에 따른 아동의 복지욕구를 예측하여 바람직한 변화를 가져올 수 있도록 의도적, 예방적인 차원의 아동복지 정책개발이 이루어지고 시행되어야 함을 의미한다.

(4) 포괄성의 원칙

포괄성의 원칙이란 아동복지를 달성하기 위해서 경제·교육·보건·주택·노동

등 여러 분야의 포괄적인 대책이 아동 관련 정책과 서비스에 수반되어야 함을 말한다. 아동의 신체·정서·인지·사회발달은 각각 분리된 것이 아니라 상호 관련되어 역동적으로 발달하므로 아동의 욕구에 대해 통합적으로 다룰 필요가 있다(공계순·박현선·오승환·이상균·이현주, 2003). 장애아동에게 의료, 교육, 심리, 직업 재활 프로그램과 부모/가족지원 프로그램을 종합적으로 제공하거나 빈곤층 아동에게 교육, 복지, 문화적 차원의 통합적 서비스를 제공하는 사업 등이 그 예라 할 수 있다. 대상 아동의 욕구가 포괄적으로 다루어질 수 있기 위해서는 아동복지 관련 소관부처, 부서 간의 유기적 협조체계가 요구된다.

(5) 전문성의 원칙

아동복지사업은 전문인력과 전문기관에 의해 이루어져야 한다. 아동은 발달단계에 따라 욕구와 사고, 행동상의 차이를 보이며, 특히 급격한 사회변화와 가정환경의 변화 속에서 아동이 갖는 문제 역시 더욱 다양하고 복잡해지는 양상을 보이고 있다. 따라서 아동과 이를 둘러싼 환경에 대한 이해를 토대로 전문적인 지식과 기술을 적용할 수 있는 아동복지 전문가에 의해 아동복지서비스가 계획되고 실천되어야 한다.

4 아동복지의 대상과 분류

가족구조의 변화 및 양육기능의 약화, 아동의 권리에 대한 사회적 책무에 대한 인식이 증가하면서 아동복지서비스의 영역과 대상은 보다 광범위해지고 전문화되고 있다. 아래에서는 아동복지의 대상에 대해 살펴본 후 아동복지서비스의 분류 유형에 대해 알아본다.

1) 아동복지의 대상

아동복지서비스의 수혜 대상은 일반적으로 요보호아동과 일반아동으로 구분되고 있다. 그러나 이것을 명확히 구분하는 데는 어려움이 있다. 왜냐하면 요보호아동이건 일반아동이건 아동은 일정 기간 동안 타인의 도움이 필요하며, 자신의 생존과 생활, 권리를 위한 적극적인 행동을 하는 데 제한이 있으므로 성인의 보호가 절대적으로 필요하기 때문이다.

역사적으로 아동복지의 대상은 특별한 보호와 도움을 필요로 하는 '요보호아동'을 우선으로 하였으나 현재에는 일반아동을 포함한 '모든 아동'을 대상으로 한다. 또한 아동의 생존, 보호, 발달을 위해 부모의 보호와 양육이 필요하기 때문에 부모를 서비스 대상에 포함하게 된다.

(1) 요보호아동

외부로부터 특별한 도움을 필요로 하는 아동으로, 아동 자신이나 아동을 양육하는 보호자의 개인적 문제 혹은 가정환경에 문제가 있는 아동이 포함된다. 법적으로 요보호아동은 "보호자가 없거나 보호자로부터 이탈된 아동 또는 보호자가 아동을 학대하는 경우 등 그 보호자가 아동을 양육하기에 부적당하거나 양육할 능력이 없는 경우의 아동"을 말한다(아동복지법, 2조).

요보호아동을 위한 사업으로는 "일시적 혹은 장기적으로 보호자의 역할이 부재하거나 부적절할 경우"에 제공되는 위탁, 입양, 시설보호, 공동생활가정 서비스와 빈곤가정 및 한부모가정 아동에 지원, 학대아동에 대한 상담·치료·보호서비스 제공 등이 해당된다.

요보호아동은 가정 내에서 적절한 양육기능을 수행하기 어렵거나 병리적인 경우 그리고 아동에게 장애나 어려움이 있는 경우로 나눌 수 있다.

- 부적절한 양육환경의 아동 : 빈곤가정의 아동, 부모의 이혼·사망·질병 등으로 부 혹은 모가 부재하는 가정에서 성장하는 아동으로, 아동의 건강한 성장과 발달에 필요한 자극이 결핍될 가능성이 높다.
- 병리적 양육환경의 아동 : 병리적 가족이란 가족 내 체계가 와해되거나 기능상의 장애가 있는 가정으로, 부부갈등과 폭력에 노출되거나 유기나 방임, 학대받는 아동이 포함된다.

- 장애나 행동문제를 지닌 아동 : 선천적 또는 후천적인 요인으로 인해 신체적·정신적 장애가 있거나 정서·행동적인 문제를 지닌 아동을 말한다.

(2) 일반아동

일반아동은 외부로부터 특별한 도움을 필요로 하지 않는 아동을 말한다. 즉, 아동이 그의 친부모와 가족과 함께 친가정에서 외부의 특별한 도움을 받지 않고도 생활할 수 있는 아동을 말한다(이소희, 2005). 그러나 일반아동이 문제를 경험할 가능성이 전혀 없다는 의미는 아니므로 예방적 차원에서 모든 아동을 위한 복지서비스를 제공할 필요가 있다.

일반아동을 위한 복지사업은 아동의 행복과 사회적응을 위해 심리적·사회적 및 타고난 잠재능력을 육성할 수 있도록 지원하는 제반활동이라 할 수 있다. 일반아동을 위한 사업에는 부모교육 및 가족기능 강화사업, 안전한 사회환경, 아동교육 및 보육사업, 아동수당, 놀이시설 확충 등 다양한 사업이 포함된다.

- 안전한 사회환경 조성 : 유해한 매체 환경에 대한 사회적 감시체계 강화와 유해환경 개선, 아동(성)범죄 예방 및 보호, 아동 안전사고 예방·홍보
- 아동보육·교육, 문화활동 지원 : 보육, 육아지원사업, 취학 전 및 초·중등 무상교육, 방과후 활동지원, 아동·청소년 문화활동 지원 등
- 아동수당 : 국가가 소정의 양육비를 부모에게 지급
- 아동 놀이시설 확충 : 어린이놀이터, 어린이회관, 어린이공원, 청소년캠프장, 체육시설, 유스호스텔 등 확충

2) 아동복지서비스의 분류

아동복지서비스는 일반적으로 서비스가 제공되는 장소, 서비스가 수행하는 주요 기능에 따라 분류되고 있다. 이러한 분류 기준에 따라 각 서비스 내용을 살펴보면 다음과 같다.

(1) 서비스 제공 장소에 의한 분류

재가서비스(in-home service)란 아동이 가족구성원과 함께 생활하면서 필요한 서비스를 제공받는 형태로서, 가정에서의 양육의 중요성이 인식됨에 따라 점차 중시되고 있다. 반면 가정 외 서비스(out-of service)는 아동이 자신의 원가정을 떠나 타인의 가정이나 시설에 거주하면서 서비스를 제공받는 형태이다(장인협·오정수, 2001).

① 재가서비스

가족의 구조적 결손은 없지만 심각한 스트레스나 역기능의 위험요소를 가지고 있을 때, 혹은 한부모가정이나 조손가정과 같이 구조적 결손을 경험하면서 가족기능의 원활한 수행이 어려울 경우에 제공된다. 재가서비스는 원가정의 기능 중 결핍된 부분을 지지하거나 보충해 줌으로써 원가정의 해체를 막아 주는 기능을 수행하며, 아울러 해당 가정의 강점을 지원하여 특정 시점에서의 위기를 극복할 수 있는 자원의 역할을 수행할 수도 있다.

② 가정 외 서비스

아동이 자신의 원가정을 떠나 일정 기간 동안 시설이나 위탁가정 등에서 생활하면서 제공받는 양육 및 보호서비스를 의미한다. 또한 원가정에서 생활하지만 특정시간 동안 가정 밖의 시설에서 양육과 보호를 받는 것 역시 가정 외 서비스에 해당된다. 예컨대, 어머니가 직장에 있는 동안 어린이집에서 아동에 대한 보호, 양육서비스를 제공하는 형태가 포함된다.

(2) 서비스 기능에 의한 분류

아동복지서비스 기능에 따른 분류는 가정의 역할을 중심으로 가정에 대하여 서비스가 어떤 기능을 하는가에 따라 지지적 서비스, 보완적 서비스, 대리적 서비스로 분류된다(Kadushin & Martin, 1988). 이 분류는 아동 양육기능의 1차적 책임은 부모에게 있으며, 부모가 아동양육의 책임을 다하지 못할 때 그 정도에 따라 국가나 사회가 부모의 양육을 보완하거나 대리할 수 있다는 시각을 반영한 것이다.

출처 : Mather & Lager(2000).

[그림 1-1] 연속선상의 아동복지서비스

그러나 [그림 1-1]과 같이 지지적, 보완적, 대리적 아동복지서비스는 부모역할에 대한 '최소 제한'으로부터 '최대 제한'에 이르는 연속선상에 위치하며, 각각의 서비스는 상호 배타적이라기보다는 서로 보완되거나 중복되는 개념으로 볼 수 있다(Mather & Lager, 2000). 예를 들어, 주 부양자에게 가사노동이나 아동돌봄 서비스를 제공하는 것은 부모역할의 일부를 보완해 주는 동시에 부모의 역할기능을 강화하고 지원하는 기능을 수행할 수 있다. 실제로 이러한 서비스가 각 개인이나 가족상황에서 어떻게 활용되느냐에 따라 그 성격이 달라질 수 있는 것이다.

서비스 기능에 따른 아동복지서비스 특성을 이해하기 위해 선행연구(Kadushin & Martin, 1988; Mather & Lager, 2000)의 분류 준거에 따라 나누어 살펴보면 다음과 같다.

첫째, 지지적 서비스(supportive service)는 아동복지서비스의 연속선에서 '최소 제한'에 해당되는 서비스이다. 안전하고 애정적인 가정의 역할을 제공할 수 있는 한 아동발달을 위한 최선의 환경은 가족이며 아동은 자신의 원가족에서 성장해야 한다는 신념에 근거한다. 따라서 지지적 서비스는 아동이 속해 있는 원가정의 구조를 침해하지 않으면서 그 가정의 기능이 원활하게 수행될 수 있도록 지원해 주는 외부의 서비스를 의미한다. 지지적 서비스의 종류로는 ① 사회적 서비스(상담), ② 부모교육, ③ 자조집단 등이 포함된다.

지지적 서비스는 가족체계가 구조적으로 손상되지는 않았지만 지속적인 스트레스에 노출될 경우 제공될 수 있다. 예를 들어, 가정 내 스트레스가 지속될 경우 가족해체와 같은 구조적 결손이 발생할 수 있으므로 이를 예방하기 위해 가족의 강점을 지원하고 강화시키는 것이다. 특별한 욕구와 문제를 지닌 아동에게 의료, 교육, 상담서비스와 같은 적절한 지원을 제공하는 것도 지지적 서비스에 속한다. 지지적 서비스는 부모들이 자신의 역할을 이행할 수 있도록 부모들을 강화하고 지지하는 서비스이지 부모의 책임을 대신하는 것은 아니다.

둘째, 보완적 서비스(supplemental service)는 부모의 보호·양육의 질이 부적절하거나 제한되어 있을 때 이를 보완하기 위해 제공되는 서비스로 부모역할의 일부를 대신한다. 보완적 서비스의 종류에는 ① 소득보완, ② 보육, ③ 홈메이커서비스, ④ 일시돌봄서비스 등이 포함된다. 소득보완은 부모의 실직이나 장애, 사망으로 적정 소득이 상실된 가족에 대한 경제적 지원(공적 부조와 사회보험)으로 가정의 소득을 보완한다는 의미에서 중요한 보완적 서비스이다. 보육서비스는 취업모의 양육 부담을 덜어 준다는 면에서 보완적 서비스에 해당된다. 홈메이커서비스는 아동보호 및 가사노동에 관련된 전통적인 어머니 역할 부재를 보완한다. 예를 들어, 훈련받은 도우미를 도움이 필요한 가정에 파견하여 아동을 가정 내에서 보호할 수 있다(Mather & Lager, 2000). 주 부양자가 가사노동을 수행하기 어렵거나 아동에게 장애가 있어 도움이 필요한 경우 혹은 주 부양자가 입원, 수감되거나 부모의 일시적 부재로 아동을 보호할 수 없는 긴급 상황에서 사용되어 왔다. 공보육·교육 외의 시간이나 부모의 긴급한 사유로 인해 일시적 돌봄이 필요한 가정에 제공되는 아이돌보미서비스, 장애아동의 양육이나 가족문제로 인해 부모의 스트레스가 높을 때 기관에서 일정 기간 아동돌봄서비스를 제공하는 경우도 보완적 서비스에 해당된다.

셋째, 대리적 서비스(substitutive service)는 가장 제한적인 서비스로서 아동복지서비스의 연속선상에서 '최소 제한'의 반대 극단에 위치한다. 부모 역할의 전부가 상실되었을 경우 아동에게 부모를 대신하여 제공하는 서비스를 의미한다. 아동의 원가정이 해체되어 일시적·영구적으로 부모가 아동에게 보호와 양육기능을 수행할 수 없을 때 다른 가정이나 시설이 이 기능을 대신하는 서비스를 제공하는 것이다. 이 서비스는 아동복지서비스의 초기에 주로 사용되었던 방법이다. 아동이 원가족을 떠나 타인의 보호를 받도록 조처하는 것으로 ① 긴급보호, ② 가정위탁, ③ 입양, ④ 지역사회보호, ⑤ 시설보호 등이 포함된다.

2

CHAPTER

사회변화와 아동복지의 발달

아동복지의 발전과정을 살펴보면 공통된 흐름을 발견할 수 있다. 즉, 요보호아동을 중심으로 한 사후대책적인 서비스를 개인이나 종교기관에서 담당해 오다가, 차츰 복지를 아동의 권리로 인식하고 모든 아동을 대상으로 한 보편적 서비스로 전환하고 있다는 것이다. 또한 최근 들어서는 국가의 역할이 더욱 강조되고 있다는 점과 인종, 종교, 정치이념, 경제적 수준 등으로 차별받지 않고 가능한 한 모든 나라의 아동이 그의 복지를 보장받을 수 있도록 하기 위한 국제적 노력이 광범위하게 강구되고 있다는 점이다. 본 장에서는 사회적 보호가 대두하게 된 시대적 배경과 아동복지의 발전과정을 살펴본 후, 현대 한국 사회에서 아동복지사업이 지니는 의의를 아동환경의 변화를 중심으로 살펴보고자 한다.

1 사회변화와 아동

아동은 일반적으로 18세 미만의 정신적·신체적으로 성장 중에 있는 성장기의 인간으로서 생활기반을 부모와의 공동생활에 두고 있으며, 그 생존과 교육을 부모에게 의존하고 있는 존재이다. 아동에 대하여 더 많은 관심과 주의를 기울이게 된 것은 최근이라 부를 수 있는 20세기 전후부터라고 할 수 있다. 산업혁명이 본격화되고 이의 여파로 모든 제도가 급격히 변하게 되어 아동의 양육도 과거의 모습을 유지할 수 없게 되었기 때문이다. Kadushin(1980)은 아동에게 영향을 준 변화의 모습을 몇 가지로 정리하였다.

첫째, 사회의 경제적·정치적 상황의 변화이다. 산업혁명으로 경제적 수준이 향상되어 사회가 요보호아동을 돌볼 여력을 가지게 되었다. 다시 말해 생산층의 인구가 비생산층의 인구를 부양할 정도로 능력이 향상된 것이다. 더욱이 정치의 민주화로 정치지도자가 되기 위해서는 비생산층 인구의 이익에도 관심을 가지지 않을 수 없었다. 또한 아동문제를 감소시킴으로써 사회적 안정을 이루기 위한 정치적 고려가 작용하였다.

둘째, 사회제도의 전문화이다. 역사적으로 오랜 기간 동안 대부분의 사람은 농촌에 살면서 함께 성장하고 서로 친근하게 알고 지냈다. 확대가족, 이웃, 종교기관, 직업집단 내에서 아동문제가 발생하면 상호 원조를 통해서 자체적으로 해결하였다. 그런 사회에서 고아는 있었지만 고아원은 없었다. 그러나 산업화·도시화가 되면서 그러한 아동보호의 기능이 소멸하였으며, 그것을 대신할 새로운 제도의 도입이 필요하게 되었다. 즉, 아동의 사회적 보호를 전적으로 담당할 별도의 제도가 필요하게 된 것이다. 이로써 현대적 의미의 아동복지서비스의 출현이 필요하게 되었다.

셋째, 과학의 발달과 아동기의 발견이다. 과학적인 지식과 기술의 발전으로 근로자의 생산성이 향상되었으며, 아동발달에 관한 과학적인 관심과 연구결과로 아동기의 중요성이 새삼 인식되었다.

넷째, 아동 수의 변화이다. 보건위생, 영양, 환경 등 아동이 성장할 수 있는 조건이 향상됨으로써 아동의 수명이 연장되고 가족계획의 보급으로 적은 수의 아동이 출생하여 생존의 기회가 많아졌다. 이로 인해 고출산·고사망 시기와 비교하여 아동의 가치가 높아졌고 아동에게 더 많은 관심과 애정을 기울이게 되었다.

다섯째, 아동의 지위 변화이다. 아동은 부모에게 예속된 존재일 뿐 한 인간으로서의 법적 지위가 인정되지 않았었다. 부권은 그의 자녀인 아동에게 거의 절대적이었다. 그러나 아동의 권리를 점차적으로 받아들이면서 부모의 권위는 그에 상응하는 책임을 인식하는 방향으로 변화되었다. 국제적으로도 이러한 움직임이 일어나 1924년 국제연맹에서 선포한 아동의 권리헌장, 일명 '제네바 선언'과 1959년 국제연합에 의해서 채택된 '아동권리 선언', 1989년 통과된 '아동의 권리에 관한 국제협약' 등 세계적으로 아동의 권리에 대한 인식이 향상되어 왔다.

이상과 같은 사회적 배경 및 변화로 사회제도로서의 아동복지서비스가 발전되지 않을 수 없었다. 그리고 아동에 대한 관심 영역은 점차 넓어져서 아동을 사회적으로 보호하고자 하는 움직임이 아동노동 제한, 아동학대 금지, 의무교육, 모자보호, 아동헌장 제정, 아동에 관한 법률 제정, 낙태금지에 대한 논쟁, 아동의 건강과 보건위생, 문제아동·비행아동·장애아동에 대한 복지, 국제적인 아동보호운동 등으로까지 확장·발전하게 되었다.

2 아동권리와 복지의 발전과정

아동문제에 대한 관심과 사회적 개입은 아동이 소속된 시대의 지배적 가치, 사상, 가족구조 및 경제구조 등과 밀접하게 관련되어 있다. 각 시대와 사회는 나름대로의 아동관에 따라 아동을 방임, 유기하기도 하고 아동을 위한 복지사업을 전개하기도 한다. 따라서 아동복지의 변천과정을 고찰하기 위해서는 각 시대별로 주도적 가치, 사회적·경제적 환경, 아동에 대한 인식을 검토한 후 아동문제에 대한 개입정도나 복지제도를 살펴보아야 한다.

산업화 이전, 즉 봉건사회가 붕괴되고 산업혁명이 일어나기 이전에는 아동복지에 대한 책임이 거의 부모에게 있었으며, 요보호아동은 뜻있는 개인이나 종교 단체 등에 의해 보호되었다. 그러나 산업화되면서부터 사회구조 및 가치관이 크게 변화되고, 이에 따라 사회 및 국가의 개입 필요성에 대한 인식이 증가되고, 국가적 차원에서 아동복지를 보장하기 위한 대책을 강구하게 되었다.

이에 본 장에서는 산업화 이전의 고대 및 중세사회, 산업화를 기점으로 한 근대사회, 그리고 아동권리에 대한 인식과 노력이 시작된 현대사회로 나누어 아동복지의 발전과정을 논의하고자 한다.

1) 산업화 이전의 아동보호

산업화 이전의 사회에서는 아동의 욕구와 능력이 성인과 별로 다를 게 없다고 생각했다. 따라서 아동의 문제에 대한 사회의 인식은 다른 인구대상층의 문제와 분화되지 않은 상태에 머물렀고, 이는 아동에 대한 열악한 처우로 이어졌다. 산업화 이전의 주요한 사회구조는 장원제도로 대표되는 엄격한 신분계급사회였다. 이러한 사회구조에서 아동은 가장 하찮은 사회적 지위를 차지할 수밖에 없었고, 영주들은 오직 장원제도를 유지하는 데 필요한 노동력과 군사력의 차원에서 아동의 존재에 가치를 부여했을 뿐이었다(장인협·오정수, 1999). 따라서 산업화 이전의 사회에서 일부 상류층의 자제를 제외한 대부분의 아동은 소유물로 취급당했으며, 수세기 동안 대개의 가정에서 가족구성원의 지위는 아버지, 가축, 어머니, 아동의 순으로 아동이 가장 하위로 매겨졌다(Despert, 1965). 17세기 프랑스의 아동에 대해 조사한 연구에 따르면, 당시 아동의 지위는 과도기적인 존재로 완전한 동물도 아니고, 그렇다고 완전한 사람도 아닌 존재로 여겨졌다(Hunt, 1969; Kadushin & Martin, 1988).

(1) 고대사회

이 시기에는 아동복지서비스를 찾아보기가 매우 힘들다. 오히려 이 시대에는 아동복지를 저해한 일이 많이 발생하였다. 아동을 부모나 부족의 소유물로 보았고, 아동의 생명을 경시하여 제물로 바치거나 자녀의 생사권이 부에게 있음이

법(로마의 12동판법)으로 명시되어 있었다.

고대사회에서 아동은 개인의 가치나 존엄성이 중시되기보다 노동력이나 종족 보존에 대한 기여 여부가 생존의 판단준거가 되었다. 아동은 병약자, 노인과 함께 생산과 생존투쟁에 도움이 되지 않는 무가치한 존재로 간주되어 소속집단에서 버림받을 수 있는 존재였다. 이러한 예로, 아마존강 유역의 인디언들이 아기가 태어나면 강물에 넣어 건강한 아이만을 끄집어내고 그렇지 않은 아이들은 그대로 내버려 두는 생존시험을 했다는 보고(Kadushin, 1964)나, 짐이 되는 허약한 아동이나 장애아동을 유기하기도 했다는 오스트레일리아 부족의 풍습을 들 수 있다. 이처럼 원시 고대사회에서는 허약하거나 고질병이나 장애가 있는 아동은 생존권을 박탈당했으며, 대부분의 나라에서 영아살해나 유기가 빈번하게 일어났다.

고대사회에서 영아살해와 기아는 인구 조절을 위한 방편이었다. 원하지 않는 아기의 출생은 그 사회에 부담이 되며, 그 부담을 면하기 위하여 원치 않는 아동을 애초에 제거하는 방법이 아동문제해결의 대안으로 고려되었다. 따라서 낙태, 유아 살해·유기 등의 방법에 의한 아동문제 처리방식이 공공연하게 실시되었다. 당시 고문관이었던 Seneca는 인구 조절을 위해 영아살해와 기아가 중요한 수단임을 강조하였는데, 이에 대해 Aristotle는 기아보다 낙태가 더 나은 방법이라 여겼다. 또한 아동매매도 성행하여 534년 제정된 유스티니아 법전에서는 극빈한 부모에게 자식을 팔 권리를 허용했다. 그러나 이후 생명을 중시하는 기독교가 서구사회에 뿌리를 내리면서 기아, 낙태, 아동매매, 영아살해 등이 죄악시되었고, 콘스탄틴 법전에 아동살해 금지조항이 포함되면서 비로소 아동의 생명이 존중되기에 이르렀다. 그러나 영아살해와 기아의 풍습은 18세기까지도 발견되는데, 이와 같은 일이 일어날 수 있었던 것은 당시 사람들이 아동을 하나의 인격체로 대한 것이 아니라 어른들의 생활에 부담을 주는 성가신 존재로 여겼기 때문이다. 따라서 고대에는 아동복지를 위한 이념이나 실천이 거의 없었다고 할 수 있다.

(2) 중세사회

중세는 봉건제사회로서 종교의 영향이 강했던 시대였다. 기독교와 인본주의

사상이 발전하면서 인명존중을 가치롭게 여기게 되었고, 아동에 대한 잔인한 대우는 더 이상 받아들여질 수 없게 되었다. 따라서 사회적 부담이 되는 아동에 대한 다른 대안이 고려되지 않을 수 없었고, 이에 따라 구호, 아동노역장, 도제제도와 같은 제도가 고안되고 실시되었으며, 교회를 중심으로 한 종교단체에서 아동을 보호하게 되었다. 특히 도제제도는 빈곤아동의 의식주 등 생활상의 어려움을 해결하는 데 그치지 않고, 직업적 능력을 길러 사회적으로 자립할 수 있는 기반을 조성하였다. 그러나 아동의 인권을 무시하고 아동의 노동력을 착취하는 등의 문제점도 적지 않게 발생하였다.

중세는 탄생과 동시에 계급이 정해지는 엄격한 신분제 사회였기에 아동은 부모가 속한 신분에 따라 취급되었으며, 신분에 따른 처우 또한 무척 달랐다. 높은 계급의 아동은 혈통계승자로 존중된 반면 하류계급은 농노로서 무가치한 생명으로 취급되어 노동력을 착취당하는 경우가 많았고, 심지어는 심하게 착취당한 나머지 생명을 잃는 경우도 발생하였다. 이에 종교단체나 가톨릭교회가 중심이 되어 생명을 빼앗는 행위를 죄악으로 여기고 이를 금지하려는 노력이 시작되었으며, 가난하거나 의지할 곳이 없는 아동들을 보호하기 위해 교회시설을 활용하기 시작하였다(장인협·오정수, 1999). 기독교적 입장에서는 아동을 성악설 관점에서 인식하여 매우 엄격하게 대했으나, 편견 때문에 소홀한 취급을 당한 장애아동에 대해서는 종교적 차원에서의 보호가 이루어졌으며, 특히 고대에 허용되었던 생사유탈은 죄로 간주되어 금지하게 되었다.

이상과 같이 중세사회에서는 신분에 따라 일부 아동의 권리만 인정되었고, 대부분의 아동은 가족, 장원의 단순한 부속물로 취급받았다. 주종 간의 신분이 엄격한 중세 봉건사회의 틀 속에서 아동에 대한 관심은 장원을 위한 경제력, 군사력 확보 수단으로 가치가 부여되는 정도였다. 그러다가 종교단체가 자선 차원에서 가난하거나 의지할 곳 없는 아동을 보호하기 시작함으로써 아동보호사업의 첫 출발이 이루어지게 된 것이다. 그러나 이 시기 아동보호활동의 대부분은 단순히 동정적인 감정에 근거를 둔 종교적 자선행위였고, 개인의 욕구나 권리에 기반을 두는 근대적 의미의 전문적 아동복지사업은 아니었다. 그럼에도 불구하고 아동복지활동이 전개되기 시작하였다는 점에서는 그 의의를 찾을 수 있다.

2) 산업화 이후의 아동복지

산업화 이후의 아동복지는 산업혁명의 도래와 함께 봉건제도가 붕괴된 이후부터 이루어진 발달사를 말한다. 산업화가 시작되면서부터 나타난 두드러진 변화는 사회문제의 발생 원인 및 그 책임 소재에 대한 인식이 변화되었다는 점이다. 아동의 복지를 저해하는 각종 사회문제는 개인적인 원인과 함께 사회적인 원인에 의해서도 발생한다는 새로운 인식으로 전환되었다. 아동이 행복하게 자라나기 어려운 것은 아동이나 부모에게만 문제가 있는 것이 아니라 사회에도 문제의 원인이 있다는 인식이 싹트게 된 것이다. 이러한 인식의 변화는 제 1·2차 세계대전을 거치면서 더욱 확산되었고, 산업사회가 진행될수록 가속화되었다. 왜냐하면 전쟁은 무수한 고아와 불구아동을 발생시켰고 각종 자원의 파괴로 비참한 생활을 초래하였기 때문이다. 산업화 또한 각종 안전사고로 결손가정을 발생시켰을 뿐만 아니라, 가치관 및 사회 전반에 걸쳐 커다란 변화를 가져 왔다. 따라서 현대사회에서는 아동복지에 대한 국가 및 사회개입의 요구와 책임이 커지고 있다.

근대 산업사회에 접어들면서 일어난 변화를 살펴보면, 농노제도와 장원제도로 대표되던 이전의 봉건제사회는 급속히 붕괴되기 시작했다. 그러자 곧 대규모 이농민이 발생하였고, 도시인구는 급격히 늘어나기 시작했다. 그 결과 과거 사회구조에서는 찾아보기 힘들었던 빈곤, 실업, 노사문제, 주택문제 등 다양한 사회문제가 발생하게 되었다. 아울러 아동문제에 대한 인식 또한 변화하기 시작했다. 아동을 단지 축소된 성인으로 인식했던 과거와 달리, 성인과는 다른 욕구와 능력을 가졌고, 생애주기에서 성인기와 구분되는 독특한 시기를 통해 성장한다는 점을 점차 인식하게 되었다.

이러한 사회적 인식과 상황의 변화를 통해 아동문제와 관련된 최대의 관심사는 집단적인 수용보호의 효율성에 대한 비판으로 집중되었다(장인협·오정수, 2001). 19세기 중반까지 고아나 유기아동은 시설에 수용하여 보호하는 것이 전부였다. 고아나 유기아동은 구빈원에 수용되었는데, 이곳에서의 생활은 열악하였고 많은 수용아동이 사망하기도 했다. 이에 1851년 빈민생활조건개선협회(Association for Improving the Conditions of the Poor, AICP)는 노숙아동과 방임아동을 보호하는 아동시설을 세우기도 하였다. 또한 Dorothea Dix와 같은 개혁가들이 중심이 되어 아동시설의 참혹상을 사회에 알려 정부 차원의 개선이 이루어지기도 하였다(Rose & Fatout, 2003).

이러한 노력의 결과로 점차 아동시설은 성인과 아동을 혼합수용하던 것에서 탈피하여 아동중심시설로 발전하기 시작했다. 그러나 여전히 전문적인 측면에서의 발전은 이루어지지 않았다. 한편 아동들을 장기간 수용하는 경향은 이후에도 계속되었는데, 그 이유는 당시 공공학교 교육체계가 확립되지 못해 수용시설이 요보호아동에게 적절한 교육을 제공하는 수단이 되어야 한다는 인식 때문이었다.

19세기 후반부터 미국에서는 구빈원으로부터 아동을 구출하는 운동의 하나로 위탁가정 운동이 전개되었다. 1853년 뉴욕에서 설립된 아동구호협회(Children Aid Society)는 위탁가정서비스를 실시한 최초의 기관으로서 위탁가정프로그램의 모델이 되었다. 당시 아동구호협회는 뉴욕의 노숙아동과 요보호아동을 중서부 지역의 농가로 보내는 활동을 전개하였다. 그 결과 수천 명의 아동이 도시의 슬럼(slum) 지역에서 구출되었다. 하지만 서부로 보내진 많은 아동은 그곳에서도 적절한 양육환경을 찾지 못했다는 비판을 받았다(Rose & Fatout, 2003).

19세기에는 아동의 노동문제가 또 다른 사회적 이슈였다. 산업혁명 이후 기계제 생산양식의 도입으로 도제제도에 기반을 둔 아동의 노동형태는 사라지게 되었으나, 산업혁명 초기의 주요한 산업이었던 면방직 공업에서 값싼 노동력으로 주로 아동을 활용하였다. 또한 공장에 고용되어 장시간 노동을 해야 하는 아동 이외에도 상업이나 가사노동으로 혹사당하는 경우나, 신체에 위험을 주는 열악한 노동조건 속에서 일하는 경우도 많았다(장인협·오정수, 2001).

근대에 들어와서는 풍부한 노동력을 바탕으로 상공업이 발달했고, 산업혁명을 계기로 봉건제도가 붕괴되면서 자본주의가 탄생하였다. 또한 개인주의와 자유주의가 나타났으며, 경제활동에서 담당하는 역할을 기준으로 자본가와 노동자라는 사회계층의 구분이 시작되었다. 이에 따라 노인, 아동 및 기타 구호가 필요한 사회적 약자에 대한 보호문제가 중요한 사회문제로 대두되었다. 이 시기에는 다양한 사회문제가 개인적인 원인보다는 사회의 구조적 모순에 의해 발생한다는 점을 인식하게 되면서 종전의 개인적, 종교적 자선 차원의 아동복지에서 한걸음 더 나아가 아동문제는 국가와 사회의 책임이라는 관점이 부각되기에 이르렀다. 그 결과 오늘날 아동복지의 효시로 일컬어지는 영국의 엘리자베스 구빈법(The Elizabeth Poor Law)이 1601년에 제정되었으며, 요보호아동을 포함한 빈곤층에 대한 국가 보호가 최초로 법으로 공포되었다. 이에 따라 아동이 법의 보호를 받을 수 있게 되었으며, 구빈법은 그 후 300년 이상이나 영국은 물론 미국의 구빈사업의 기본법이 되었다.

이상과 같이 산업혁명이라는 대변혁의 시기로 특징짓는 근대사회는 구빈법의 제정으로 아동보호가 국가책임 하에 놓이게 된 점 그리고 민간이 주도하는 자발적 아동보호사업의 전개로 아동의 분리수용보호와 가정위탁제도가 도입되었다는 점에서 의의를 지닌다. 따라서 근대는 아동문제에 대한 사회 인식의 분화에 발맞춰 아동복지의 개입방법이 다양한 형태로 발전되었던 시기라 할 수 있다.

3) 현대사회와 아동의 권리

현대사회로 접어들면서 많은 학자가 아동에 관한 연구를 활발하게 전개하였다. 이에 따라 아동은 성인과는 다른 고유한 발달단계를 거쳐 성장하는 존재라는 새로운 이해가 확립되면서, 아동은 성인의 종속물이나 어른의 축소판이 아닌 독립된 인격을 지닌 존재라는 인식이 확산되었다. 20세기는 종종 '아동의 세기'로 불리기도 한다. 이 시기에 와서 아동을 고유한 인격체로 받아들이고, 이들을 위한 다양한 사회적 제도가 마련되었기 때문이다.

20세기에 들어 이루어진 아동복지의 주요한 변화상을 살펴보면 다음과 같다. 먼저 아동복지에 대한 국가의 책임이 강조되기 시작하였으며, 아동복지의 대상을 요보호아동에 국한하지 않고 일반아동으로 확대하는 보편주의적 아동복지 제도가 도입되었다. 또한 1959년에 유엔이 「아동권리선언」을 선포하고, 1979년을 '세계 아동의 해'로 지정하는 등, 아동권리운동이 등장하였다. 1989년에는 아동권리보장을 위한 적극적 노력으로 아동권리에 관한 국제협약을 통과시켰다. 「협약」은 역사상 처음으로 아동의 권리를 법적으로 인정한 국제법이다. 이 협약의 기본을 이루는 가치를 일반원칙이라 하며, 그 내용은 다음과 같다(보건복지가족부, 2009).

① 아동이 차별받지 않게 하기: 무차별의 원칙

성별, 종교, 사회적 신분, 인종, 국적 등 그 어떤 조건과 환경에서도 아동은 차별되어서는 안 된다는 기본 원칙을 명시하고 있다(협약 제2조). 즉, 아동은 어떠한 경우에도 차별받지 않고 협약에 규정된 모든 아동의 권리를 보장받아야 한다.

② 아동의 이익을 제일 먼저 고려하기: 아동 최선의 이익 원칙

아동에 관한 모든 활동에서 아동 최선의 이익이 최우선으로 고려되어야 한다(협약 제3조). 아동 최선의 이익 기준은 협약의 가장 핵심적인 기능을 하며, 국내법과 여러 관행을 평가하는 데 기초가 된다.

③ 아동의 소중한 생명을 지켜주기: 아동의 생존, 보호, 발달의 보장 원칙

모든 아동은 생명에 관한 고유한 권리를 가지고 있고, 당사국은 이러한 아동의 생존과 발달을 보장하기 위해 가능한 한 최선의 환경을 보장해야 한다(협약 제6조). 이 원칙에 의해 협약에서는 아동의 권리를 생존권, 보호권, 발달권, 참여권의 네 가지로 분류하고 있다.

④ 아동의 의견을 존중하기: 아동의 의사존중의 원칙

아동이 하는 말에 귀를 기울이고, 아동의 견해는 존중되어야 한다(협약 제12조). 어리다고 무시되어서는 안 된다. 아동의 의사를 존중하고 수준 높은 참여를 촉진하는 것이 아동의 성장과 발달을 촉진하는 데 아주 중요하기 때문이다.

협약이 보장하고 있는 아동권리의 내용은 생존권, 보호권, 발달권, 참여권의 네 가지 유형으로 다음과 같이 분류할 수 있다(이재연 외, 2015).

① 생존권

아동이 생명을 유지하고 최상의 건강과 의료혜택을 받을 권리이다. 즉 적절한 생활수준을 누릴 권리, 안전한 주거지에서 살아갈 권리, 충분한 영양을 섭취하고 기본적인 보건 서비스를 받을 권리 등 기본적인 삶을 누리는 데 필요한 권리가 이에 속한다.

② 보호권

아동이 모든 형태의 학대와 방임, 차별, 폭력, 고문, 징집, 부당한 형사처벌, 과도한 노동, 약물과 성폭력 등 아동에게 유해한 것으로부터 보호받을 권리이다.

③ 발달권

아동이 잠재력을 최대한 발휘하는 데 필요한 권리로서 교육받을 권리, 여가를 즐길 권리, 문화생활을 하고 정보를 얻을 권리, 생각과 양심과 종교의 자유를 누릴 권리이다.

④ 참여권

아동이 자신의 생활에 영향을 주는 일에 대해 의견을 말하고 존중받으며, 지역사회 활동에 적극적으로 참가할 수 있는 권리로, 단체에 가입하거나 평화적인 집회에 참여할 수 있는 권리도 이에 속한다.

한편 위탁가정과 아동시설은 20세기에 들어 요보호아동을 보호하는 보편적인 형태로 발전되었으며, 아동의 노동에 대해서도 새로운 인식과 조치가 이루어지고 있다. 이와 같이 20세기는 아동복지에 있어 전문화가 이루어진 시기로, 아동의 다양한 욕구에 부합하는 전문화된 수용시설, 소규모의 집단보호, 위탁가정보호, 장애아동을 위한 수용시설과 특별 위탁가정보호 등의 다양한 제도가 등장하였다. 또한 아동복지서비스도 지지적 서비스, 보완적 서비스, 대리적 서비스 등으로 세분화되고 있으며, 아동복지를 담당하는 전문가가 양성되어 현장에서 복지를 실천하고 있다.

이상에서 살펴본 바와 같이 고대 및 중세의 경우 아동문제는 미분화된 상태로 인식되었으나, 산업화가 진전되면서 다른 인구 대상층의 문제와 분리되어 인식되기 시작하였고, 현대로 접어들면서 아동문제는 보다 세분화되어 전문적인 복지의 대상으로 취급받고 있음을 알 수 있다. 이에 따라 아동복지서비스도 과거의 집단적 수용보호에서 소규모 수용보호로, 시설보호에서 재가보호와 지역사회에 의한 보호로, 구호적 서비스에서 분화된 다양한 서비스로, 비전문적 서비스에서 전문적 서비스로 변모하고 있다. 또한 현대의 복지적 접근은 아동 개인에 초점을 두었던 부분적 접근에서 한걸음 더 나아가 아동을 지지해 주는 가족체계에 대한 포괄적 복지로 확대·발전되고 있으며, 빈곤, 전쟁, 질병 등으로 적절한 보호를 받지 못하는 아동의 문제가 더 이상 한 국가만의 문제가 아니라 국제적인 공동 대처를 요구하는 문제라는 인식이 확산되고 있다.

3 한국 아동권리와 복지의 변천

한 국가의 생산양식이나 산업화의 정도, 사회구조 및 가치관이 변화하면 아동복지의 특징도 조정되고 변화되어 간다. 우리나라 아동복지의 전개과정도 예외는 아니어서, 역사적으로 급속한 정치·경제·사회적 변화는 아동복지제도의 변화를 동반하였다. 본 절에서는 아동복지사업의 효시라 할 수 있는 사회적 보호가 시작된 전통사회에서부터 현대에 이르기까지 우리나라 아동복지의 변천과정 및 아동권리의 인식과 노력과정을 고찰해 보고자 한다.

1) 전통사회의 아동복지사업

(1) 사회적 보호의 대두

우리나라의 아동을 위한 사회적 보호는 삼국시대부터 실시되었음을 기록을 통해 알 수 있다. 삼국시대를 기술한 삼국사기에 기록된 바에 의하면, 신라 제3대 유리왕 5년(28년)에는 왕명으로 관가에서 병든 사람과 자활하지 못하는 사람 그리고 고아들을 조사하여 식량을 지급하였다고 한다. 백제에서는 온조왕 33년(15년)에, 고구려에서는 태조왕 56년(108년)에 재해를 당한 사람들 속에 아동을 포함하여 관의 곡식을 배급하였다고 기록되어 있다(구자헌, 1972). 그런데 삼국시대에는 재난에 대한 구제책의 일환으로 관가에서 식량을 배급하되 생활은 자신의 거처에서 하는 것이 상례였는데, 이는 오늘날의 거택보호에 해당된다고 볼 수 있다. 수용보호는 고려시대에 와서야 비로소 이루어졌다.

(2) 수용보호의 전개

고려시대에는 불교가 융성함에 따라 불교의 기본정신인 자비사상에 입각하여 고아 및 기아, 빈곤아동들이 사찰에서 위탁형태로 보호를 받았다. 천재지변이나 질병 등으로 부모를 잃은 아동들이 관가에서 지급하는 식량이나 의복만으로는 제대로 자라나기 어렵게 되자, 이들을 관이나 사찰에서 수용보호하기 시작하였다.

제6대 성종 13년(994년)에는 왕명에 의해, 돌봐 줄 친족이 없는 어린 고아를 10세까지는 관에서 수용하되, 10세가 지나면 본인의 희망에 따라 원하는 곳에서 거주하게 하고 식량을 지급하였다. 이에 대해 하상락(1989)은 이를 우리나라 최초의 시설 구제라 평가하고 있다. 즉, 고아를 대상으로 한 수용보호사업의 시조라 할 수 있다.

이후 충목왕 3년(1347년)에는 관립의 영아원이라 할 수 있는 해아도감을 설치하여 유아들을 보호·양육하였다. 또한 사찰에서도 고아나 전쟁과 흉년으로 걸식하는 아동들을 수용·양육하여 승려 또는 사역승으로 양성하였다. 사찰에서의 보호는 불교의 자비정신에 입각한 것이었으나, 어린 아동에게 중노동을 시키는 폐단도 없지 않았다.

(3) 수용보호의 제도화 및 민간에 의한 수양보호 실시

조선시대는 고려시대보다 진일보하여 고아와 기아 및 빈곤아동에 대한 법령을 제정하였다. 제22대 정조 7년(1783년)에 자휼전측(字恤典則)이라는 법령을 제정 공포하여 고아들의 수용보호를 제도화하였다. 이 시기에 반포된 자휼전측은 우리나라 전근대시대의 대표적 아동복지법령이라 할 수 있다. 이 법령은 유기 및 부랑걸식아동의 보호에 관한 사항을 제도화한 것이다. 이 법령에 의하여 서울(한성부)에는 진휼청유접소(賑恤廳留接所), 지방에는 진장(賑場)을 설치하여 부랑걸식아동들을 한시적으로 수용보호함으로써 국가에 의한 직접적 아동복지가 실천되었다.

한편 사찰을 중심으로 고려시대부터 실시되어 왔던 수용보호가 조선시대에 들어서도 계속되었는데, 관에서 수용보호해야 할 아동이 증가하자 시설에서 보호하는 중에 수양을 원하는 사람이 있으면 수양할 수 있도록 조치하였다. 이에 제18대 현종 2년(1661년)에 민간수양이 허용되었다. 제19대 숙종 22년(1696년)에는 수양임시사목(收養臨時事目)을 제정하여 흉년에 일시보호의 한 수단으로 민간수양을 허가하였다. 제22대 정조 7년에 제정공포된 자휼전측이라 부르는 유기 및 부랑걸식아동 보호법령은 이러한 일련의 제도를 집대성하여 정돈한 것이다.

수양보호의 방법으로는 자녀로 삼는 것, 고공(雇工)으로 하는 것, 노비로 삼는 것으로 구분되었다. 고공으로 삼아 노역하게 하거나 노비로 삼는 것은 현재의 기준으로 보자면 인권유린에 속한 것일 수 있으나, 불행한 아동들을 마땅히 보호할 제도가 없었을 뿐만 아니라 노예제도가 엄연히 존재하는 사회에서 위기 시 아동의 목숨을 유지하기 위한 불가피한 방법으로 받아들여졌다. 수양보호는 오늘날의 입양에 해당한다고 볼 수 있다.

2) 근대적 아동복지사업

조선시대 말부터 대한제국기까지 정치적 격동기와 맞물리면서 정부의 구제사업은 거의 공백기였다고 할 수 있다. 이 시기 아동복지 분야에서 두드러진 활동은 서양선교사들의 자선사업이었다(박정란·서홍란, 2001).

근대적 아동복지사업은 조선 말 고종 25년(1888년) 3월에 프랑스 교회가 서울 명동성당의 천주교회 고아원을 개설한 것을 시작으로, 고종 32년(1895년) 3월 인천에 천주당 부속 고아원이 설립되었고, 광무 10년(1906년) 3월에는 독지가 이필화가 경성고아원을 설립하는 등 근대적 성격을 띤 아동복지사업이 시작되었다(표갑수, 2000). 특히 경성고아원은 황실하사금과 정부보조금, 기부금으로 설립되어 당시 정부의 관심이 높았던 사업 중 하나였음을 알 수 있다(박정란·서홍란, 2001).

일제 강점기로 접어들면서 아동복지는 공적 사회사업의 확대로 일정 부분 진전된 모습을 보였으나, 여전히 아동은 미래의 병력 또는 노동력으로 취급당해 최소한의 보호와 구제만을 제공받는 것에 머물렀다. 1910년대에는 조선총독부 산하에 제생원이 설립되어 빈곤아동과 맹아들의 교육과 자활을 지원하였다. 제생원의 양육부는 이필화가 설립한 경성고아원을 인수하여 운영하였고, 광복 후 국립육아원의 전신이 되었다. 수용아동에 대한 처우는 대개 정서적 안정을 위한 가정적 분위기가 중시되었고, 남아를 중심으로 한 영유아의 원외보육과 8세 이후 원아에 대한 학과교육과 실과교육으로 이루어졌다. 또한 현 국립 서울맹학교의 전신이 되는 맹아부는 빈곤한 맹·농아를 대상으로 급비생과 자비생으로 나누어 모집하여, 맹아에게는 안마를, 농아에게는 재봉과 편물 등 수예를 가르쳤다(박정란·서홍란, 2001).

한편 아동보호를 위한 민간 차원의 운동이 활발하게 일어났는데, 그 대표적인 운동이 천도교에서 펼친 소년운동이었다. 천도교의 소년운동은 봉건시대의 아동관을 불식하고, 시대에 맞는 새로운 아동관을 계몽하는 일에 힘썼으며, '어린이'라는 순 한국말을 만들어 보급하고, '어린이날'을 제정하는 등 아동문화를 확산시키는 한편 민족독립운동의 성격을 지닌 사회운동의 성격을 띠고 있었다. 특히 '천도교소년회'와 '불교소년회', '조선소년군'이 중심이 되어 발족한 '조선소년운동협회'는 1923년 5월 1일 제1회 어린이날에 '소년운동선언'을 발표하였는데, 이는 아동의 인권을 보호하고자 한 우리나라 최초의 아동권리선언이라 할 수 있다(박정란·서홍란, 2001). 이 선언에는 어린이를 종래의 윤리적 억압에서 해방시켜 만 14세 이하 아동에 대한 유상 또는 무상의 노동을 금지할 것, 어린이가 안심하고 즐겁게 뛰어 놀 수 있는 가정 또는 사회시설을 설립할 것 등의 내용을 담고 있다. 하지만 이러한 소년운동은 일제의 끊임없는 탄압과 어용소년단체의 출현, 내부적으로는 사회주의 계열과 민족주의 계열 간의 분열 등으로 1930년대 들어 급속히 축소되면서 소멸되었다.

한편 1921년 미국의 감리교 선교사들이 설립한 태화사회관은 초기에는 교육사업에 치중했지만, 태화진료소를 중심으로 점차 아동보건과 사회사업을 전개하였다. 아동건강진단의 실시와 가정방문을 통한 위생교육, 육아법 등을 보급하였고, 빈곤아동을 위한 탁아사업, 무료목욕사업, 우유급식사업을 실시하였다. 태화사회관을 중심으로 결성된 '경성연합 소아건강 구제회'는 세브란스병원, 동대문부인병원, 태화진료소를 거점으로 지역의 아동보호활동을 전개하였다. 태화사회관은 이후 일제의 종교탄압으로 선교사 추방, 재산 몰수 등의 시련을 겪게 되었고, 결국 시국에 맞지 않는다는 이유로 일제가 완전중지명령을 내리고 말았다(박정란·서홍란, 2001).

3) 해방 이후의 아동복지

해방 이후 현재에 이르기까지 우리나라 아동복지의 역사적 전개과정을 정리하면 몇 개의 단계로 구분할 수 있다.

(1) 태동기 : 사회구호적 차원의 아동복지사업(1945~1960년)

이 시기는 1945년에서 1960년에 이르는 시기로, 외국원조에 의존한 사회구호적 차원의 아동복지사업으로 특징지을 수 있다. 이 기간 동안 우리나라는 한국전쟁을 거치면서 수많은 전쟁고아와 기아, 부랑아가 발생하였다. 이에 국가 및 국내외 민간단체는 많은 아동보호시설을 설립하여 응급구호를 하였다. 이러한 수용시설 중심의 아동보호사업은 1950년대에 급속하게 증가하였는데, 1945년 42개소였던 아동시설은 1950년 475개소로 늘어났고, 당시 전체 시설 가운데 70%를 차지할 정도였다. 1960년 이전까지 아동복지는 국가책임의 원칙이 정착되지 못했고, 전문화된 서비스를 제공받을 수 없었으며, 빈곤계층의 아동을 대상으로 민간과 해외원조에 의존해 운영되는 사회구호사업이 대부분이었다(표갑수, 2000).

전쟁고아 등 긴급구호 대상자가 증가하자 정부는 아동시설을 인가시설로 하고, 지원과 감독을 강화하였으며 이에 따라 아동시설을 영아원, 육아원, 감화원 등으로 구분하였다. 아울러 18세 미만 아동의 노동을 규제하였다. 미군정시대의 아동노동법규(1946)의 제정에 따라 상공업체 고용금지(14세 미만), 중공업체 또는 유해업체 종사금지(16세 미만), 위험직종 또는 유해직종 종사금지(18세 미만), 그리고 1일 노동시간의 제한(16세 미만, 8시간 이내) 등이 규정되었다. 또한 20세 미만 비행소년의 보호를 위한 법률이 제정되었다. 반사회적 성향을 가진 20세 미만 소년의 생활환경 조성과 성행 교정을 위한 보호처분을 행하고, 형사처분에서 특별조치를 하기 위한 소년법이 제정되었다.

1950년대 말까지 계속된 요보호아동 대책은 민간자원의 활용을 강조한 응급적 시설수용 중심의 아동구호정책이었다. 이 시기는 이전의 일제 강점기와 한국전쟁을 겪으면서 고아와 기아, 미아의 발생이 매우 심각하였지만 요보호자에 대한 사회의 지원 여력은 턱없이 부족한 상태였다. 따라서 아동복지는 고아, 기아, 미아로 그 대상을 한정하고 이들에 대한 응급적 시설구호를 주요 전략으로 채택할 수밖에 없었다. 또한 아동보호를 위한 자원도 정부의 재정적 능력이 부족하였기에 대부분을 민간에 의존하고 있었다.

이에 아동보호에 대한 국가책임보다는 민간자원의 동원과 시설의 재정적 자립을 강조하였다. 1947년 미군정 시대 당시 각 도지사에게 지시된 보건후생부장의 통첩을 보면, "국가재정상 수많은 요보호아동에 대해 전적으로 국비를 보조하는 것은 불가능하므로 관민의 유지들과 긴밀한 조직적 연락 하에 당해 시설의 지역별 또는 개별적 후원단체를 구성하게 하여 인적·물적 자원을 유감없이 발휘하여 당해 시설로 하여금 자급자족하도록 적극 추진할 것"(후생시설 운영강화에 관한 건)이라 되어 있다. 당시의 시설지도 방침이 지역사회의 자발적인 자선활동을 권장하는 데 치중했음을 알 수 있다(구자헌, 1972; 이혜경, 1993, 재인용). 이러한 전략은 결과적으로 아동복지에서 외원에 대한 의존을 불가피하게 만들었다.

국가책임의 사회적 보호가 미비한 가운데 다수의 민간 외국원조기관이 국내에 들어와 활동하였는데, 기독교아동복리회(C.C.F. : 철수 후 한국어린이재단, 한국복지재단으로 명칭 변경), 선명회세계본부(최근 월드비전으로 명칭 변경) 등의 외원단체의 아동후원사업이 전개되었다. 이러한 외원 중심의 아동복지시설은 1960년대까지 지속되었다.

이와 같이 태동기는 '외국원조 의존기'로 특징지을 수 있다. 이 시기는 일제 강점기 후 한국전쟁을 거치는 시기로, 그 특성상 우리나라의 주체적인 요인이 발현되거나 작동하기에는 불안정하였다. 그러므로 대부분의 복지적 개입은 외국의 원조에 의한 응급구호와 시설보호 위주로 전개될 수밖에 없었다. 주체적인 전개가 제한적이기는 하였지만, 근대적 의미의 서비스 전달이 진행되었다는 점에서 태동기로 이해할 수 있다.

(2) 도입기 : 잔여적 아동복지정책기(1961~1979년)

1960년대 초 생활보호법과 아동복리법이 제정되어 요보호아동에 대한 국가책임의 원칙이 처음으로 법제화되었다. 당시 복지입법의 대부분은 정권의 정당성을 확보하기 위한 것으로 경제성장에 부정적인 영향을 주지 않도록 그 한계를 두고 있다(장인협·오정수, 2001).

아동복지의 경우도 공비부담의 극소화와 요보호아동의 발생 예방을 정책의 기조로 하였다. 이러한 목적을 달성하기 위하여 가정보호가 강조되었는데, 가정보호는 비용이 덜 들고 아동양육에 가정이 가장 훌륭한 환경이라는 점에 기인한 것이었다. 좀 더 실질적인 측면에서 보호를 강화하고 가정의 책임을 강조함으로써 정부의 아동보호에 대한 부담을 줄이고, 경제성장을 위한 투자에 장애가 없도록 하기 위한 측면이 컸다.

아동복리법의 내용에서도 성장론에 기초한 잔여적 아동복지관과 가정보호의 강조가 표현되고 있다(이혜경, 1993). 아동복리법의 보호대상은 "보호자로부터 유실, 유기 또는 이탈되었을 경우, 보호자가 아동을 양육하기에 부적당하거나 양육할 수 없는 경우"로 명확히 한정하여 이 법에 따른 아동복지제도는 사후조치적이고 잔여적인 성격을 갖고 있음을 명시하고 있다. 또한 시·도에 아동복지위원회를 설치하고 아동복지지도원을 두어 아동지도에 필요한 가정환경 조사, 입양·위탁 업무, 거택구호에 관한 업무 등 요보호아동의 탈시설화와 제반 아동복리증진에 관한 업무를 담당하게 하였으며, 보육시설 외에 아동상담소 등 다양한 시설과 일시위탁보호제도를 두었다. 다시 말해서, 요보호아동을 무차별적으로 시설에 수용하고 보호하는 것이 아니라 아동의 개별적인 욕구에 따라 다양하고 적절한 보호를 행한다는 취지로 아동상담소 외에 10여 종에 달하는 아동복지시설을 설치하고, 시설보다는 가정에서 보호받게 한다는 취지로 입양과 위탁보호, 탁아서비스를 권장하였던 것이다. 1961년에는 고아입양특례법이 제정되어 아동을 원가정에서 보호할 수 없는 경우 다른 가정에서라도 아동을 보호하도록 하고자 하는 정책적 의지를 담아내었다.

이 시기의 아동복지정책은 요보호아동을 대상으로 한 매우 제한적인 보호대책이었다. 당초 법안에 있었던 모든 아동의 건전육성이란 규정은 국가재정의 어려움을 이유로 제외되어 버렸고, 대신 법의 대상이 요보호아동으로만 제한되어 입법되었다(장동일, 1996). 이 역시 당시의 아동복지정책이 국가의 책임을 최소화하는 방향으로 추진되었음을 시사하는 것이다. 따라서 1970년대 말까지는 법적으로나 실제 행정에서 요보호아동만을 대상으로 하면서 개인의 책임을 강조하는 잔여적 아동복지정책의 시기였다고 볼 수 있다.

아동복지시설의 수와 수용아동인구는 1960년대 이후에도 계속 증가하다가 1967년을 고비로 1970년대 이후에는 점차 감소하는 추세를 보였다. 또한 이 시기 들어 외원기관의 철수 및 사업축소로 말미암아 아동보호에 대한 국가개입이 점차 늘어나게 되었다. 재정적 측면에서는 1960년대까지 외원이 아동복지시설 운영재원 중 50%를 넘고 있었으나, 1970년대부터는 외원단체가 점진적으로 철수하면서 상대적으로 국가보조가 증가하기 시작하였다(표갑수, 2000). 1960년대와 1970년대에는 국내와 해외입양사업이 확대되었지만, 국내입양의 어려움으로 국내입양 아동의 수는 정체된 반면에 해외입양은 계속 증가하였다. 또한 산업화와 경제성장으로 인한 여성 취업인구의 증가는 보육서비스의 증가를 가져왔다. 그러나 1970년대까지 우리나라 아동복지는 일반아동을 대상으로 한 보편적 서비스로 발전하지 못하였고, 보호를 필요로 하는 아동을 중심으로 하는 선별주의 원칙에 기초한 잔여적 형태의 서비스였다(장인협·오정수, 2001).

도입기는 표면적으로나마 사회복지의 제도적 단초를 마련한 시기로, 정치적으로는 군사 쿠데타로 박정희 정권이 집권한 시기이다. 도입기로 전환을 가속화시킨 사건들은 4·19 혁명과 5·16 군사쿠데타로 볼 수 있는데, 이 시기는 권위주의적 통치와 시민의 저항이 반복되면서 시민의식이 성장하고, 경제개발 5개년 계획의 시행으로 생산양식의 변화와 산업화 및 현대화가 급속하게 일어나서 우리나라 사회복지의 역사적 전개과정에 영향을 주는 외재적·내재적·매개적 요인에 있어서 상당한 변화가 있었다. 그러나 우선적인 지배이념이 경제개발에 있었으므로 아동복지의 역사적 전개라는 측면에서는 실질적인 성과보다는 다양한 제도를 형식적으로 도입한 것에 그쳤던 시기라고 평가할 수 있다.

(3) 형성기 : 통합적 아동복지정책의 모색기(1980~1987년)

1970년대 후반부터 산업화, 도시화, 핵가족화, 가치관의 변화로 소년소녀가장 문제, 가출아동, 부랑아동, 비행아동, 정서장애아동, 신체장애아동의 문제뿐만 아니라 저소득층 또는 일반가정의 방치된 아동문제 등 광범위하고 다양한 아동문제가 등장하게 되었다. 또한 여성의 사회참여가 늘어나고 보편주의 원칙에 입각한 전 국민의 의료보장과 소득보장이 중요한 국가정책의 영역이 되면서, 아동복지에서도 그 대상이 요보호아동뿐만 아니라 일반가정의 아동에까지 보편화되어야 한다는 새로운 아동복지관이 대두되었다. 도시로 이주한 가정, 핵가족, 취업모가정 등 일반가정 아동을 위한 발전적이고 예방적인 복지프로그램의 필요성이 주장되었다. 한편 우리나라의 경제력 신장을 의식하여 외국의 원조가 1970년대 중반부터 감소하기 시작하면서 국가가 더 이상 아동복지의 책임을 민간으로 미루기 어려운 상황이 되었으며, 국가경제적으로도 실제 아동복지에 대한 국가의 책임을 수행할 수 있는 기반이 마련되기 시작하였다(이혜경, 1993).

이에 변화된 가정 및 아동의 욕구에 부응하여 아동복리법을 전면 개정하고 1981년 4월 13일에 아동복지법을 제정하였다. 1960년대 초의 아동복리법은 그 당시의 시대적 요청에 따라 빈곤아동, 보호자가 없는 아동 등의 요보호아동을 주된 대상으로 하였으나, 새로운 아동복지법은 적극적인 사회복지법으로서 요보호아동을 포함한 모든 아동을 대상으로 아동이 가진 문제를 해결함과 동시에, 건전하게 자랄 수 있도록 하는 지원을 목적에 반영하고 있다(현외성, 2001). 대표적으로 아동상담소를 법정기관으로 지정하고, 일반아동의 문제를 예방하고, 요보호아동의 발생을 막기 위해 모(母)에 대한 보호를 포함하는 등 이전보다 적극적으로 아동의 복지를 보장하고자 하는 내용이 포함되었다.

이 시기는 외원의 감소와 국가의 지원 강화 그리고 일반아동의 복지까지 도모하는 아동복지로 변모를 시도한 시기로 정리할 수 있다. 실제 국가의 아동복지에 대한 지원의 수준도 상승하였으며, 정치적 구호에 '복지사회 구현'이라는 어구가 등장하고, 아동복지법에 일반아동의 복지를 위한 내용이 포함되기 시작하였다. 그러나 이 시기는 전두환 정권으로 이어진 군사정권으로, 정권의 정통성을 보완하고 민심을 수습하려는 목적에서 아동복리법이 아동복지법으로 개정되고, 유아교육진흥법이 제정되는 등 여러 가지 제도적인 노력이 있었으나, 실질적으로 관련법과 제도의 시행 및 성과에 있어서는 제한적이었다고 평가할 수 있다. 또한 1987년의 6월 항쟁은 한국사회에 다시 한 번 급속한 변화를 초래하는 계기가 되었다.

(4) 확대기 : 제도의 양적·질적 확대기(1988~1997년)

이전의 전두환 정권에서 저소득층 자녀의 유아교육 진흥을 위해 새마을유아원이 설치되고 어린이집을 대치하였으나, 기혼여성의 취업확대에 따른 탁아수요의 증가로 탁아시설의 설치에 대한 관심이 높아졌다. 1980년대 중반 이후로 갈수록 탁아시설에 대한 사회적 요구는 점점 커져 자생적인 어린이집까지 생겨나는 등, 급기야 사회문제로 대두되자 1989년 9월 아동복지법 시행령 중 일부가 개정되었다. 아동복지법 시행규칙도 1990년 1월에 보건사회부령 제839호로 제정되었는데, 여기에는 시설탁아 및 가정탁아시설의 시설 기준이 명시되어 있다. 그러다가 1991년 1월 영유아보육법의 제정으로 탁아와 관련된 내용은 아동복지법에서 분리되었으며, 시설탁아 및 가정탁아시설은 아동복지시설에서 제외되었다. 기존 보육시설의 기능이 미흡하고, 보육시설이 절대적으로 부족함에 따라 전반적인 보육사업을 개선할 필요성이 생긴 것이다. 또한 기존의 보육사업이 관련 부처의 난맥상으로 어려움에 처했던 점을 반영해 「영유아보육법」의 제정을 통해 당시 보건사회부로 행정소관을 일원화함으로써 보육사업의 체계화와 보육시설의 조속한 확충이 가능하게 되었다.

이 시기는 1988년부터 1997년에 이르는 노태우 및 김영삼 정권의 시기로 이전 시기에서 기반을 갖춘 복지제도가 실제적으로 시행되고 확대되는 '확대기'로 특징지을 수 있다. 1987년 6월 항쟁 및 대통령 직선제를 통해서 탄생한 노태우 정권은 정권의 정당성 측면에서는 완전하지 못하였고, 이러한 정통성의 약점을 보완하기 위해 기존의 군사정권과는 다른 모습을 보여 주어야 했다. 이에 중앙집권의 권위적 이미지를 해소하기 위해 1988년 지방자치법을 부활시켰고, 1991년에는 기초 및 광역의회 의원 선거를 치르면서 기존 정권과 차별성을 보여 주려고 노력하였다. 뒤이은 김영삼 정권에서는 1995년에 지방자치단체장 선거를 치름으로써 지방자치시대가 열렸다. 지방자치시대는 복지의 이슈를 좀 더 용이하게 사회적·정치적 문제들과 연결할 수 있게 하였고, 이러한 변화와 함께 다양한 시민운동단체가 등장하였다.

경제성장, 정치적 변화, 시민의식의 변화 및 복지 당사자들의 의식 변화는 복지제도의 형성에 영향을 주었다. 이로써 '경제사회개발 5개년 계획'에서 경제선진화와 국민의 복지증진이 나란히 기본 목표로 나타나기도 하였다. 이러한 변화를 반영하여 의료보험의 확대 적용, 국민연금제도의 시작 및 확대, 영유아보육법의 제정 등 복지제도가 양적·질적으로 확대된 시기로 평가할 수 있다. 그러나 여전히 사회적 취약계층 중심의 치료모델이 주를 이루고 있어, 예방적 복지 실천이나 일반국민을 대상으로 한 증진모델에 입각한 고려는 미흡한 상황이었다.

(5) 발전기 : 예방적 안전망의 기반 구축(1998~2007년)

발전기는 기존의 문제나 취약계층 중심의 치료모델에서 벗어나기 시작한 '예방모델 도입기'로 볼 수 있는데, 국민의 정부와 참여정부에 해당하는 1998년부터 2007년까지가 해당된다. 1997년 말에 발생한 IMF 경제위기 및 이에 대한 대응과정은 우리나라의 정치·경제·사회적 변화는 물론 국민의 의식이나 가치관에 큰 변화를 초래하였다. 이전까지는 안정적인 사회적 지위를 가지고 있다고 여기던 중산층이 IMF 경제위기를 계기로 급속히 몰락하면서 실업이나 사고 등으로 인한 잠재형의 사회적 위험도 있다는 인식이 보편화되었다. 이러한 인식과 가치관의 변화를 반영하여 국민의 정부 시기에 「국민기초생활보장법」이 제정되고 의료보호가 의료급여로 개명되었다. 국민기초생활보장법의 시행은 실업이나 장애로 인한 잠재적 위험에 대처하고 최소한의 삶의 질 보장이라는 예방적 사회안전망을 갖추었다는 점에서 큰 의의를 지닌다. 혹자는 국민기초생활보장법이 시행된 2000년 10월 1일을 우리나라가 복지국가로 진입한 해로 평가하기도 한다(김상균·최일섭·최성재·조흥식·김혜란, 2002).

이와 같이 발전기는 전체적인 위험요인에 대한 예방적 접근은 아니지만 선별적 차원의 예방적 모델이 도입된 시기로 평가할 수 있다. 또한 참여정부 말기에는 전통적인 복지제도의 사각지역에 해당하는 사회적 욕구해결을 위해 공급자에 대한 보조금 지원이 아닌 이용자에 대한 바우처 지원을 통해서 재정지원을 하는 지역사회서비스 투자사업을 실시하였다. 이러한 서비스는 전통적 복지실천 영역에서 소외되던 ADHD 아동·청소년, 성장지원이 필요한 아동·청소년 등으로 대상을 한층 더 넓혔다.

결론적으로 발전기 우리나라 복지의 특징은 취약계층 대상의 복지제도의 강화 및 잠재형의 사회적 위험에 대한 사회안전망 확충으로 표현할 수 있다. 또한 국민의 정부에서의 '생산적 복지' 또는 참여정부에서의 '참여 복지'라는 구호에서 찾아볼 수 있듯이 복지에 대한 인식이 수동적인 이미지에서 성장과 함께하는 능동적인 이미지로 전환되었다(강상경, 2012).

(6) 정착기 : 보편적 증진을 향한 성장 도모(2008년~현재)

최근 들어 우리사회는 경제성장 저하, 저출산·고령화 현상, 노인부양지수 증가, 중산층 몰락으로 인한 양극화 현상, 청년실업 문제, 아동보육문제, 우울증이나 자살의 증가 등 다양한 사회변화를 경험하고 있으며, 이로 인해 새로운 복지 욕구를 표출하고 있다. 이러한 욕구들은 특정 취약계층에 국한되는 것이 아니라 국민 전체를 대상으로 보편적으로 적용이 된다는 점에서, 겉으로 드러나던 사회복지 욕구가 더욱 잠재화되어 가는 경향이 있다. 이러한 욕구의 잠재화 현상과 사회적 위험요인의 보편적 확산 현상을 고려할 때 향후 복지제도는 일반인들에게 보편적으로 적용되는 것이어야 한다. 아울러 문제의 치료 및 예방에서 한걸음 더 나아가, 증진을 향한 다양한 방안이 모색될 필요가 있다.

최근 한국 사회는 '전환기'라 표현할 정도로 급격한 변화를 보이고 있다. 전환기의 급속한 변화들은 새로운 사회적 위험 및 이에 따른 잠재적 욕구를 수반함으로써 복지정책 및 방향의 적응적 변화를 동반하게 된다. 현재 한국 사회가 경험하고 있는 전환기적 변화의 특징은 사회적 위험요인이 특정 취약계층에 국한된 것이 아니라, 위험요인이 보편화됨에 따라 잠재적 복지 욕구가 있는 국민이 급증하고 있다는 것이다. 이념적으로도 복지의 생산적 증진 역할이 강조되는 시점인 만큼, 향후 아동복지실천의 기본 방향은 선별주의적 취약계층 중심모델에서 발전하여, 보편주의적 증진모델로의 단계적 전환을 도모해야 할 것이다.

이상의 변화과정을 정리해 볼 때, 분명 우리나라의 아동복지는 점차 새로운 모습으로 발전하기 위해 다양한 노력과 시도를 하고 있다고 볼 수 있다. 그러나 이러한 시도 또는 노력이 구체적인 사업과 성과로 이어지고 있는가에 대해서 쉽게 동의를 얻지는 못하는 것 같다. 아동복지법을 위시한 다양한 관련 법안의 제정을 통한 변화의 시도에도 불구하고 실제 아동복지는 여전히 요보호아동의 문제에 대응하는 사후적이고 잔여적인 성격의 사업을 중심으로 행해지고 있기 때문이다. 특히 유교문화와 가부장제유습에 의해 아동양육에 대한 가족책임주의가 지배적인 기조가 되어 아동에 대한 정책 공백의 시기가 오랫동안 지속되고 있다. 이에 국가의 아동복지에 대한 인식의 전환과 요보호아동에 국한되지 않는 보편적이며 포괄적인 아동복지정책의 수립이 필요하다. 아울러 점차 복합적이고 동시발생적인 아동의 문제에 대응하기 위한 전문적인 아동복지서비스의 개발이 요구된다.

4) 아동권리에 대한 인식과 노력

아동권리의 인식과 노력에 대한 우리나라의 발자취를 살펴보면, 1920년대의 어린이 옹호운동으로 거슬러 올라갈 수 있다. 1920년대는 일제강점하의 시기로, 1919년 3·1운동 이후 전개된 각종 사회 운동 속에서 민권의식이 성장한 시기이다. 그동안 천시받았던 어린이와 여성의 인권을 신장시키기 위한 운동이 전개되었는데, 어린이 운동은 1921년 김기전과 방정환이 함께 만든 '천도교소년회'를 중심으로 활발하게 전개되었다. 천도교소년회는 1주년 기념일이기도 한 1922년 5월 1일에 역사적으로 기념할 어린이날을 제정하고, 이후 어린이날 행사나 소년운동을 전국적으로 확산하고 통합적으로 전개하기 위해 색동회 등 40여 개 소년회 연합회인 '조선소년운동협회'를 1923년 4월에 창립하였다. 그리고는 이 협회 주체로 1923년 5월 1일 제1회 어린이날을 전국적인 어린이날로 승격 거행하였다(이재연 외, 2008). 이날 동아일보는 "조선에서 처음으로 어린이에게도 사람의 권리를 주는 동시에 사람의 대우를 하자고 떠드는 날이 돌아왔다. 조선의 어린이여 그대들에게 복이 있으라 조선의 부형이여 그대들에게 정성이 있으라."라고 보도하였다(동아일보, 1923).

이 당시 우리나라는 장유유서의 가치관을 중요시하는 전통사회의 가부장제도하에 있었다. 따라서 매사를 나이로 질서화하려는 사회적 분위기가 팽배하였다. 이러한 성인중심의 전통사회에서 아동은 종족보존의 수단으로서 부모의 예속물이나 자산으로 여겨졌다. 이러한 상황에서 나온 소년운동은 주로 아동을 위한 강연, 동화집, 아동을 위한 잡지의 편찬 등이 주축을 이루었다. 1923년 방정환은 한국 최초의 순수 아동잡지인 월간 『어린이』를 창간하여 어린이의 인권에 대한 의식을 고취시키고자 하였다.

1957년에는 「대한민국 어린이 헌장」이 제정되었는데, 헌장 전문(前文)에 "대한민국 어린이 헌장은 어린이날의 참뜻을 바탕으로 하여, 모든 어린이가 차별 없이 인간으로서의 존엄성을 지니고, 나라의 앞날을 이어 나갈 새 사람으로 존중되며, 바르고 아름답고 씩씩하게 자라도록 함을 길잡이로 삼는다."라고 함으로써 아동이 누려야 할 기본적 인권의 존중에 대해 보다 구체적으로 명시하였다.

아동권리에 대한 인식이 높아지면서 2016년에는 제94회 어린이날을 맞아 아동의 권리와 어른들의 책임을 규정한 「아동권리헌장」이 제정되었다. 「아동권리헌장」은 전문과 9개 조항으로 이루어졌는데, 이는 1989년 전 세계에서 약속한 「협약」의 내용을 우리의 현실에 아동의 눈높이에 맞추어 다시 만들어진 것이다. 여기서는 모든 아동은 독립된 인격체로서, 부모와 사회, 국가와 지방자치단체는 아동의 이익을 최우선적으로 고려해야 하고, 그리고 생명을 존중받고, 보호받으며, 발달하고 참여할 수 있는 아동의 고유한 권리를 실현할 책임이 있다고 강조하면서 아동권리에 대한 한층 강화된 입장을 표명하고 있다.

4 한국 사회의 변동과 아동환경의 변화

아동복지의 대상인 아동의 문제는 인류의 역사와 더불어 존재하여 왔다. 그러나 전문적 의미의 아동복지 출현은 그리 오랜 역사를 지니지 못한다. 본 절에서는 짧은 기간 동안 아동복지제도의 확립과 정비를 가져온 사회변화의 영향을 다루고자 한다. 특히 현대사회의 변화로 아동 자신과 아동을 둘러싼 환경, 즉 가정환경, 학교 및 교육환경, 지역사회환경에 일어난 변화를 살펴보고, 그로 인해 현대사회에서 더욱 중요해진 아동권리와 복지의 의의를 논하고자 한다.

1) 아동의 지위 및 인구의 변화

(1) 아동의 지위변화 및 아동의 법적 지위향상

17세기의 아동에 관한 한 문헌은 "어린이는 진정한 의미에서 동물도 아니고 진정한 인간도 아니다"라고 하여 그 지위의 비천함을 보여 주고 있다(Hunt, 1969). 초기 서구사회의 법 체계에서는 아동의 권리가 거의 인정되지 않아 로마시대에는 아동에 대한 권한이 전적으로 아버지에게 있었으며, 초기 게르만 법률도 아버지의 권한에 따라 통제를 받도록 명시하고 있었다. 전통적으로 우리나라에서도 아동에 대한 구타나 학대는 부모의 권한이었는데, 이는 "내 자식 내 맘대로 하는데 남이 상관할 바 아니다"라는 말에서 단적으로 드러난다.

그러나 근래에 와서는 아동의 법적 지위에 있어서 변화가 일어나고 있다. 아동의 인권이 법적으로 보장되어 부모의 강압적 통제가 규제되며, 극단적인 경우에는 자녀양육에 대한 부모의 권리가 박탈되기도 한다. 1974년 11월 국제연합총회에서는 이러한 아동의 법적 지위가 지구상의 모든 아동에게 보장되어야 한다는 취지에서 아동의 권리선언을 선포하기에 이르렀다. 그리하여 오늘날에는 세계 각국에서 헌법이나 아동복지법 및 아동에 관한 법률에서 아동의 복지권을 규정하고 있으며, 우리나라 아동복지법에서도 모든 아동이 건전하게 출생하여 행복하게 육성되도록 그 복지를 보장해야 한다고 명시하고 있다. 이와 같이 사회체계 내에서의 가정의 지위상승 및 가족 내에서 중요한 지위를 차지하고 있는 아동에 대한 인식의 증대 그리고 아동의 법적 지위상승으로 아동이 직면하고 있는 제반 문제에 대비하기 위한 아동복지제도와 서비스가 발전하게 되었다.

개인의 인권이 존중되고 인간의 존엄성이 보장되는 복지사회 구현에 대한 열망은 현대사회의 또 다른 특징이다. 이와 같은 관점에서 아동의 복지를 고려하면, 개별 아동이 처해 있는 상황이 어떠하든 그 아동의 건강한 성장과 발달을 보장하는 여러 가지 제도가 정립되어 있어야 한다. 아동의 건전한 성장과 발달은 국가의 미래 발전 가능성을 가늠하는 지표로서, 진정한 복지사회의 구현을 위해서는 부적절한 환경에 노출되어 있는 모든 아동에게 적절한 보호 및 교육의 기회를 정부가 제도적으로 보장하여야 한다. 개인의 잠재력과 가능성이 최대한으로 보장되는 실질적인 복지사회 구현은 이러한 제도적 정비로부터 비롯될 것이다.

(2) 아동인구의 변화

2017년 인구주택총조사 결과를 기초로 인구변동요인(출생, 사망, 국제이동)별 실적자료 추이를 반영한 장래인구추계 결과에 따르면, 〈표 2-1〉과 같이 2000년 우리나라 총인구는 47,008천 명으로 1970년의 32,241천 명에 비해 약 1.5배가량 증가하였다. 2010년에는 49,410천 명, 2020년에는 51,780천 명으로 둔화된 성장을 보이다가 2030년에 마이너스 성장으로 전환되어 2040년에는 −0.38%, 2050년에는 −1.20%, 2067년에는 −1.26%로 감소율이 계속 증가할 것으로 전망된다(통계청, 2017).

〈표 2-1〉 총인구 및 인구성장률 추이

(단위 : 천 명, %)

	1970	1980	1990	2000	2010	2020	2030	2040	2050	2060	2067
총인구	32,241	38,124	42,869	47,008	49,410	51,780	51,926	50,855	47,744	42,837	39,293
인구성장률[1)]	2.21	1.57	0.99	0.84	0.46	0.14	−0.03	−0.38	−0.86	−1.20	−1.26

주 1) 인구성장률은 전년대비 인구증가율임.

출처 : 통계청(2017), 「장래인구 추계」.

한편 14세 이하의 유소년인구는 지속적인 감소세를 보여, 〈표 2-2〉에 제시된 바와 같이 2010년 총인구 중 16.1%를 차지하고 있으며, 출산율 감소로 인하여 2020년에 12.2%, 2030년에는 9.6%, 2060년에는 8.0% 수준까지 낮아질 것으로 전망된다. 1970년에 전체인구 대비 42.5%로 절반에 육박하던 유소년인구가 2030년에는 10명 중 1명도 채 안 되는 9.6%로 줄어들 것으로 예상되며, 2060년에는 8.0%로 추산되어 심각한 수준을 보여 주고 있다(그림 2-1).

반면 65세 이상의 고령인구는 기대수명 연장 및 출산율 감소로 지속적인 증가세를 보일 것으로 전망된다. 우리나라 총인구 중 65세 이상 인구의 비율은 2000년에 7.2%로 고령화사회에 진입한 이후에도 계속 높아져, 2020년에는 15.7%로 본격적인 초고령사회에 도달하며, 2030년에는 25.0%, 2040년에는 33.9%로 증가

추세가 가속화되어, 2067년도에는 46.5%로 전체 인구의 절반가량을 65세 인구가 차지할 것으로 추산되고 있다(통계청, 2017).

〈표 2-2〉 연령계층별 구성비 추이

(단위 : %)

	1970	1980	1990	2000	2010	2020	2030	2040	2050	2060	2067
0~14세	42.5	34.0	25.6	21.1	16.1	12.2	9.6	9.8	8.9	8.0	8.1
15~64세	54.4	62.2	69.3	71.7	72.8	72.1	65.4	56.3	51.3	48.0	45.4
65세+	3.1	3.8	5.1	7.2	11.0	15.7	25.0	33.9	39.8	43.9	46.5

출처 : 통계청(2017), 「장래인구 추계」.

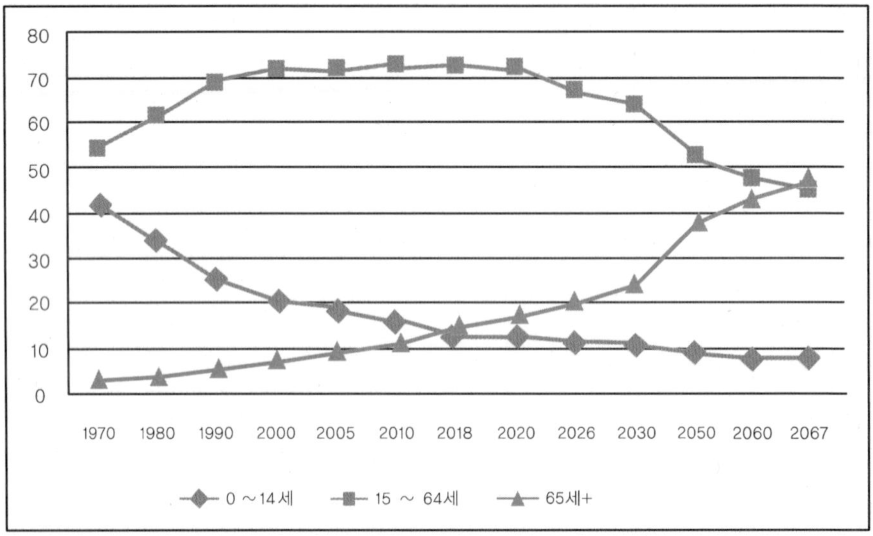

[그림 2-1] 인구 구성비

초등학교부터 대학교까지의 학령인구 역시 아동인구수의 감소로 인해 지속적으로 감소될 것으로 추산된다. 〈표 2-3〉과 같이 2010년 전체 학령인구는 총인구 중 20.3%인 10,012천 명 수준이며, 이후 계속 줄어들어 2020년에는 15.1%, 2040년에는 총인구 중 10.2%인 5,204천 명, 2067년도에는 9.3%까지 크게 줄어들 것으로 전망되고 있다.

〈표 2-3〉 학령인구 추이

(단위 : 천 명, %)

	1970	1980	1990	2000	2010	2020	2030	2040	2050	2060	2067
학령인구(6~21세)	12,604	14,401	13,361	11,383	10,012	7,821	6,076	5,204	5,073	4,188	3,642
(총인구 대비)	(39.1)	(37.8)	(31.2)	(24.2)	(20.3)	(15.1)	(11.7)	(10.2)	(10.6)	(9.8)	(9.3)
초등학교(6~11세)	5,711	5,499	4,786	4,073	3,276	2,717	1,797	2,085	1,733	1,398	1,248
중학교(12~14세)	2,574	2,599	2,317	1,869	1,974	1,358	1,143	1,017	941	793	647
고등학교(15~17세)	2,101	2,671	2,595	2,166	2,090	1,382	1,321	916	1,002	832	706
대학교(18~21세)	2,218	3,632	3,663	3,275	2,672	2,364	1,815	1,186	1,396	1,164	1,041

출처 : 통계청(2017), 「장래인구 추계」.

이와 같이 아동인구수가 감소하는 것은 출산율의 감소에서 비롯된다고 볼 수 있다. 우리나라의 출산율은 1983년에 대체출산율(현재 인구가 유지될 수 있는 합계출산율, 2.1명) 수준까지 낮아진 이후에도 계속적으로 감소하고 있다. 합계출산율은 〈표 2-4〉와 같이 2005년까지 계속적인 감소세로 1.08명의 최저점을 보인 후, 2006년부터 미미하게나마 증가세로 전환되었다. 그러다가 2017년을 기점으로 다시 감소세를 보여 2018년 이후로는 채 1명도 되지 않는 심각한 수준을 보여 주고 있다.

출산파업이라 할 수 있는 이러한 저출산 문제는 향후 노동력 공급 감소로 인한 경제 조로화 및 부양자 수 증가 등의 문제를 파생할 것으로 예상된다. 이를 극복하고자 정부에서는 출산장려금 지급 및 각종 혜택 등 정책적 접근을 통해 출산을 독려하고, 유자녀 여성의 용이한 경제활동 참여를 위해 직장 내 어린이집의 설치를 장려하고 있으나 문제해결에는 역부족이다.

〈표 2-4〉 출산율의 추이

(단위 : 명)

연도	1960	1970	1980	1990	2000	2005	2006	2009	2010	2011	2013	2015	2017	2018	2020
합계 출산율[1)]	6.00	4.53	2.82	1.57	1.47	1.08	1.12	1.15	1.22	1.24	1.19	1.24	1.05	0.98	0.90

주 1) 여성 1명이 평생 낳을 것으로 예상되는 출생아 수.

출처 : 통계청(2017), 「합계출산율」.

2) 가족환경의 변화

우리나라의 산업화와 경제성장으로 인한 사회변동은 전통적인 가족형태에 지대한 영향을 미쳤다. 그 중에서도 특히 핵가족화로 대표되는 가족의 구조 및 기능의 변화, 이혼 등으로 인한 가족해체의 증가 및 대안가족 출현 그리고 아동양육의 가치관 변화를 비롯한 가정환경의 변화는 아동문제를 야기하는 또 다른 원천이 되면서 아동복지수요 및 과제를 요구하는 중요한 요인으로 작용하고 있다.

(1) 가족구조 및 기능의 변화

현대사회의 가정환경에서 일어난 가장 큰 변화는 가족구조 및 기능의 변화로 볼 수 있다. 전통적인 3세대 가족에서 변화하여 부부 및 소수 자녀로 구성되는 핵가족이 현대 가족의 전형으로 자리 잡게 되면서 가족의 규모가 크게 축소하였다.

가족구조의 변화와 더불어 가족의 기능도 과거와는 커다란 차이를 보이는 모습으로 변화되었다. 현대의 핵가족화, 소가족화 현상은 전통적인 가족원의 역할을 붕괴시키고 가족구성원을 서로 유리시키는 경향이 있다. 과거의 어머니는 가정 내에서 자녀의 보호, 수용, 애정적 지원, 정서적 애착과 같은 양육적 역할을 주로 담당하고, 아버지는 가족의 부양과 자녀의 사회화 과정에 필요한 지식, 정보, 가치, 태도, 규범 등을 안내하고 모범을 보이는 도구적 역할을 담당하였으나, 현대가정에서는 이러한 역할의 구분이 모호해졌다. 조부모를 가족구성원으로 포함했던 과거의 가족에서는 양육적 기능과 도구적 기능의 전수 및 조력이 적절히 이루어져 조부모가 가정 내에서 자녀양육과 교육의 기능을 수행할 수 있었다. 그러나 조부모의 조력을 받기 힘들고 이웃이나 친척 간의 왕래도 적은 현대의 부모들은 경험이 많은 역할모델로부터 적절한 자녀양육 기술을 전수받을 기회를 상실해 자녀양육에 있어 많은 어려움을 겪고 있다. 그 결과 동서문화권 모두에서 핵가족의 아동과 청소년들은 확대가족의 아동과 청소년들에 비해 부적응행동 비율이 높고 정서와 행동상의 문제를 더 많이 나타내고 있다.

최근에는 가정의 기능 및 구조의 변화에 따른 자녀양육과 교육의 문제를 개별 가정만의 문제로 인식하기보다 사회적·국가적 책임으로 보아야 한다는 관점이 확산되고 있다. 오늘날 점차 감소되어 가는 소중한 아동인구를 보다 잘 육성하기 위해서는 미래 국가주역의 성장지원에 대한 국가의 책무라는 인식 하에 현대 가정에서 전적으로 담당하기 어려운 양육과 교육의 문제를 국가 차원에서 지원하는 대책이 수립되어야 할 것이다.

(2) 가족해체의 증가 및 대안가족 출현

아동복지적 관점에서 대책 마련을 요구하는 또 다른 환경적 변화요인은 이혼으로 인한 가족해체의 증가 및 한부모, 미혼모, 소년소녀가정 등 다양한 대안적 형태의 가족 출현이다.

한국인의 조이혼율은 1975년 0.5건에서 1985년 0.9건, 1995년 1.5건, 2000년 2.5건, 2003년 3.4건으로 계속 증가하다가 2004년부터 감소세로 전환되어 2013년에는 2.3건의 조이혼율을 보였다. 2014년 한 해 동안 이혼은 11만 5천 건으로 2010년의 11만 6천 9백 건보다 다소 감소하였다. 한편 혼인은 2014년 한 해 동안 30만 5천 건으로 전년(32만 9천 건)보다 약간 감소하였다(통계청, 2015). 총 혼인건수 대비 총 이혼건수를 산정한 이혼율로 살펴보면, 혼인 2.65쌍 대 1쌍 꼴로 이혼한 셈이 된다. 조이혼율이 2003년을 정점으로 그 이후 감소세로 전환된 것은 이혼숙려기간제도의 시범도입 및 건강가정을 위한 정부의 다각적 노력 등이 영향을 미친 것으로 보인다.

이혼은 아동양육의 책임과 역할을 모호하게 하며, 가족원의 역할과 기능에 대한 학습을 저해하여 아동의 건강한 발달을 위협한다. 이혼은 이혼한 당사자들의 정신건강이나 생활을 불안정하게 할 뿐만 아니라, 특히 자녀들에게 불안, 갈등, 분노 등 정신적인 고통과 해체된 가족구조에 대한 적응이라는 어려움을 겪게 한다. 따라서 해체가정 아동의 적응을 위한 방안 마련이 필요하다.

이혼과 더불어 증가하는 가족의 형태가 한부모가족이다. 모자가족의 경우 어머니는 본래의 역할인 가사나 육아의 역할 외에 사회활동과 취업이라는 세대주로서의 책임이 가중됨으로써 상당한 압박감을 받아 스트레스 상태에 빠지게 되고, 경제적인 어려움을 경험하는 경우가 많다. 역할의 과부담은 긴장의 연속이 되며 아동에게 미치는 영향이 매우 갈등적인 상황이 될 수 있다. 모자가족에는 정서적 안정의 상실, 자녀의 양육이나 교육의 문제, 자녀들이 동일시할 대상의 상실에서 파생되는 제반문제들이 야기될 수 있다. 또한 IMF 이후 늘어난 부자가족의 경우도 어머니의 부재로 인해 가정 내에서 자녀의 보호, 수용, 애정적 지원, 정서적 애착과 같은 아동의 기본적인 양육의 욕구 충족에 어려움을 겪는다. 정서적 지원의 근원이 되는 어머니를 상실한 아동은 다양한 발달상의 문제를 경험할 가능성이 더욱 크다.

더 나아가 서구의 개방적인 성문화의 도입과 가치관의 변화, 무분별한 혼전 성관계 및 성폭력 등으로 증가하고 있는 미혼모와 그 자녀의 문제도 현대 아동복지의 중요한 과제가 된다. 미혼모는 모성역할을 수행하는 데 있어 많은 현실적 어려움을 경험하는데, 특히 아동양육을 위한 재정적 지원, 즉 생활비, 의료비, 거주지 및 법적 보호 등에 있어 문제를 겪게 된다. 드러내기를 꺼려하는 특성상 미혼모의 문제를 제대로 해결하지 못하는 실정이므로 가정이나 사회, 국가의 도움이 필요하다. 따라서 미혼모 자녀들에 대한 적절한 사회적 서비스는 물론, 미혼모가 가정과 학업 또는 직장에 복귀하여 안정적인 사회생활을 할 수 있도록 복지적인 개입과 제도적 대책이 마련되어야 한다.

소년소녀가정의 문제 역시 심각한데, 부모의 사망이나 가출, 행방불명, 이혼 후 유기 등으로 부모 없이 아동들만으로 구성된 가족이 출현하고 있다. 시설보호사업에 대한 회의적인 평가가 제기되면서 그 대안으로 1980년대 중반부터 소년소녀가정지원사업이 시작되었다. 그러나 1990년대 후반부터 소년소녀가정세대는 일종의 사회적 방임이라는 인식이 확산되면서 2000년대에 들어와 가정위탁사업으로의 전환 등 다른 형태의 요보호아동 지원사업으로 대체되기 시작되었다.

구체적인 현황을 살펴보면, 소년소녀가정세대 지원사업이 시작된 1985년에 6,696세대(13,778명)였던 소년소녀가정은 사업이 진행됨에 따라 1991년 6,902세대(13,985명), 1994년 7,540세대(14,372명)로 계속적으로 증가하여, IMF 체제 하의 1997년에는 9,544세대(16,547명)에 달했다. 그러다가 소년소녀가장세대는 일종의 사회적 방임이라는 인식 하에 가정위탁으로의 전환사업이 본격화되면서

2000년대 이후로 소년소녀가정의 수는 감소하였다.

그러나 아직도 많은 어린 아동이 성인의 보호 없이 소년소녀가정에서 양육되고 있는 실정이다. 이에 정부는 이들을 위해 생활보호 차원의 경제적 지원을 하고, 한국복지재단 등 민간단체에서도 후원결연사업 등을 통해 지원하고 있다. 하지만 입양이나 가정위탁 등 대리가정 서비스가 발달되어 있지 못하고 국가에 의한 아동양육의 사회보장체계가 부실한 현 상황에서 소년소녀가정의 복지문제를 해결하기는 어려우므로, 보다 근본적인 대책 수립이 요구된다.

(3) 여성의 경제활동 참여 증가

산업화, 도시화의 급속한 진전으로 여성 노동력에 대한 요구가 급격히 증가하고 있는 것은 세계적인 현상이며 우리나라의 경우도 예외가 아니다. 최근 들어 고학력화 현상이 보편화됨에 따라 결혼과 더불어 퇴사하지 않고 가정생활과 직장생활을 병행하는 기혼여성이 늘고 있으며, 이는 아동의 복지에 심각한 문제를 야기하고 있다. 취업모의 귀가 시간은 저녁 7시 전후이므로, 취업모들은 영유아기는 물론 아동기에 이르기까지 자녀양육에 어려움을 경험한다. 취업모의 자녀는 집에 돌아와도 반겨 주는 사람이 없어 외로움과 두려움, 소외감을 느끼며, 영양의 불균형으로 인해 종종 건강상의 문제를 경험하기도 한다. 또한 성인의 보호가 없는 상태에서 아동기 특유의 왕성한 신체활동과 호기심으로 위험한 장난을 하거나 유괴, 성폭행 등의 사건으로 신체적·정서적 상처를 입을 가능성이 많다. 이 밖에도 유해한 환경에 빈번히 노출되고 이의 영향을 여과 없이 받아들여 부정적 행동유형을 학습하게 될 수도 있다.

취업모 가정의 자녀가 직면하는 문제를 해결하려는 개인적 노력은 한계가 있어, 대리양육자의 빈번한 교체나 부적절한 양육자가 아동을 방치하여 사고를 당하는 사례들이 종종 보고되고 있다. 경제활동 참여 및 육아의 이중부담에 시달리는 여성들이 마음 놓고 아이를 맡길 수 있는 시설 확충 및 유지를 위한 보다 실질적이고 현실적인 정책의 지속적인 뒷받침이 제공되지 않는 한 출산율 감소는 계속될 것이다. 개별 가정에서 이에 대한 적절한 해결책을 찾기는 어려우므로, 이제는 아동양육이 부모만의 몫이 아닌 사회의 공동책임이라는 인식 하에 취업모 자녀의 건강한 성장을 도모할 수 있는 복지제도의 확충이 절실히 요구되고 있다.

(4) 아동양육의 가치관 변화

핵가족화, 소가족화로 대표되는 가족구조 및 기능의 변화와 여성의 경제활동 참여 증가는 구성원의 가치, 태도 및 생활양식에도 영향을 미쳐 가정생활에 있어서도 개별성과 개성을 중시하는 풍조가 확산되고 있다. 이로 인해 집단주의 문화권의 일원으로서 한국인이 전통적으로 갖고 있던 집단 위주의 가족 규범이나 가치에 대한 존중이 약화되어 가족공동체 의식이 와해되어 가고 있다. 이에 따라 아동양육에 대해 부모가 갖는 가치관도 변화하고 있다. 즉, 자녀에 대한 책임과 역할에 있어 가족과 가문을 우선시했던 과거에는 부모가 자녀의 성공과 출세를 위해 자신의 삶을 희생하고 헌신하였으나, 현대의 부모는 자신의 행복을 담보로 하여 자녀의 성공을 지원하는 것에 회의적이다. 따라서 맹목적인 희생을 당연시하는 자녀지향적 가치보다는 부부 또는 자기지향적인 가치가 지배적인 경향이 되어가고 있다.

집단주의적 가치가 약화됨에 따라 이혼 등 여러 가지 원인으로 가족해체의 위기상황에 아동이 부모로부터 적절한 보호 및 양육을 받지 못하고 방치되는 사례가 빈번히 발생하고 있다. 이러한 새로운 가치관과 태도는 개별 가정의 부모가 자녀양육 및 교육의 문제를 전적으로 책임져야 한다는 의식을 약화시키고 있다. 아동양육에 관한 전통적 가치가 와해되고 있는 현 시점에서 건강한 아동의 성장을 보장하기 위해서는 개인적인 성공과 행복에 몰입되어 있는 현대 부모들의 양육기능을 보완하는 국가 또는 사회적 차원의 지원체계가 마련되어야 할 것이다.

3) 학교 및 교육환경의 변화

현대 우리 사회의 학교 및 교육환경은 양적인 면에서는 커다란 진보가 있었다. 취학률과 진학률이 크게 증가하고, 교원 1인당 학생 수 및 학급당 학생 수는 꾸준히 감소하여 교육환경이 개선되고 있다. 그러나 정부예산 중 교육과학기술부의 예산은 지난 20여 년간 큰 차이가 없어 교육을 위한 정부의 지원이 증가될 필요가 있음을 보여 준다.

그러나 더욱 중요한 우리의 문제는 교육비 총액의 부족문제보다는 상대적인 공교육비의 빈한과 사교육비의 비대에 있다. 사교육비의 비대는 도시와 농촌, 부자와 빈자 사이의 교육격차와 학력격차를 더욱 벌어지게 하는 원인이 된다. 교육열이 유난히 높은 우리나라의 부모는 공교육의 부족함을 과외, 학원, 참고서, 각종 교육자료 등으로 사교육비를 들여 보충하려고 하기 때문이고, 이는 부모의 재력에 따라 큰 차이가 생기기 때문이다. 그래서 모든 아이의 교육받을 권리를 천부의 권리로 인정하고 가능한 한 모두의 교육여건에 기회균등을 보장하려는 나라에서는 교육은 공공지사로 간주하고 공교육비의 비중을 크게 하고 있다. 우리나라에서 실제로 쓰이고 있는 사교육비의 비중을 정확하게 추정한다면 아마도 세계에서 유례없이 클 것임에 틀림없다. 비대한 사교육비는 한편으로는 부모들의 높은 교육열을 반영하지만, 또 한편으로 공교육비의 영세성과 공교육에 대한 무관심을 반영한다. 따라서 우리나라의 교육재정에서 크나큰 문제는 어떻게 그 막대한 사교육비를 공교육비로 전환하느냐에 있다. 이는 바로 '내' 아이의 교육관심을 '우리' 아이의 교육관심으로 넓혀 가는 문제와 같은 맥락이다(김현용·윤현숙·노혜련·김연옥·최균·이배근, 2001).

이러한 문제점 외에도 우리 사회는 입시 위주의 교육제도, 왜곡된 교육풍토 등 아동들의 건강한 발달을 저해하는 교육환경의 문제를 내포하고 있다. 학교는 전통적으로 지·덕·체의 조화로운 발달과 지식과 인격을 겸비한 전인적 인간의 형성을 목적으로 추구하는 사회조직이다. 그러나 우리나라의 학교교육은 입시 위주의 교육으로 유치원에서 고등학교에 이르기까지 부모의 지나친 경쟁의식과 고학력 사회풍토로 인하여 진정한 인간교육을 실현할 수 없는 상황이 되고 있다. 아이들이 초등학교에 들어가자마자 늦게까지 학원에 붙들어 놓고 과다한 공부와 시험, 숙제 등의 중압감을 느끼게 하는 반면에 친구를 만난다거나 심신을 단련할 문화활동이나 체육활동을 할 시간과 기회는 별로 주지 않기 때문에 아이들의 스트레스는 더욱 가중된다.

아울러 우리 사회의 출세주의, 권위주의, 집단주의는 왜곡된 교육풍토를 조장하여 교육환경을 더욱 악화시키고 있다. 교육을 온통 출세의 수단으로 간주하기에 졸업증서나 입학증서를 따는 것이 중요할 뿐, 아이들이 어떤 공부를 어떻게 해서 어떤 사람이 되어 가는지 등의 교육의 질 자체에 대해서는 별 관심을 두지 않는다. 권위주의 또한 우리 사회에 긴 역사의 뿌리를 갖고 있다. 권위주의의 가장 큰 폐해는 자율성의 상실이고 타율과 의타의 습성이다. 교육도 이런 폐해의 권외에 있지 못하다.

이와 같이 오늘날 우리 사회의 교육환경은 취학률과 진학률의 증가에도 불구하고 교육투자의 영세성과 입시 위주의 교육제도, 왜곡된 교육풍토 등으로 많은 문제를 지니고 있다. 우리나라 특유의 사교육의 비대화, 빈약한 교육시설, 열악한 학교경영 등은 교육투자의 영세성을 분명하게 보여 주고 있으며, 입시 위주의 교육제도는 교육과정의 비정상화를 가져와 아동의 정신건강과 사회성 형성에 커다란 장애요인이 되고 있다. 또한 우리나라 사회 전반에 걸쳐 있는 출세주의와 권위주의, 집단주의 등은 교육환경에도 그대로 영향을 미쳐 교육풍토를 황폐화시키는 결과를 가져오고 있다.

4) 지역사회환경의 변화

1960년대 이후 우리 사회의 급속한 경제성장은 경제적 풍요 이면에 많은 부작용을 낳았다. 가정의 생산기능이 사라지고 소비기능이 강화되면서 물질만능주의가 팽배해지고, 퇴폐 향락풍조가 만연하고, 도시화로 인해 수도권은 과밀인구 집중현상을 보이는 등 우리 사회에 많은 문제를 야기하였다.

서울시 총 인구는 1999년도 말에 10,321,449명이 되면서 이미 20년 전에 천만 명을 넘어선 상태이다. 서울, 경기, 인천을 포함한 수도권은 전 국토면적의 11%를 차지하지만, 거주 인구는 총 인구의 50%에 육박하고 있다. 2005년 수도권의 인구는 경기도가 10,612천 명, 서울이 10,011천 명, 인천이 2,578천 명으로서 23,202천 명이 되며, 전국 인구의 48.2%를 차지하였는데, 2010년의 수도권 인구는

24,336천 명으로 전국 인구의 49.8%를 차지하여 수도권으로의 인구집중이 심화되었음을 보여 주고 있다(표 2-5).

〈표 2-5〉 지역별 인구 및 인구밀도

(단위 : 천 명, 명/㎢)

구 분	2005년도		2010년도		2019년도	
	인 구	인구밀도	인 구	인구밀도	인 구	인구밀도
계	48,138	483	48,875	489	51,709	515
서 울	10,011	16,537	10,039	16,586	9,662	15,964
경 기	10,612	1,048	11,637	1,148	13,238	1,299
인 천	2,578	2,594	2,661	2,591	2,944	2,769

출처 : 통계청, 지역별 인구 및 인구밀도(2017); 통계청, 「장래인구추계 시도편」.

수도권 인구집중화 현상과 관련하여 인구밀도 역시 매우 높은 수준을 보이고 있다. 특히 서울의 경우 도쿄, 뉴욕 등의 세계 주요 도시보다도 높은 수준의 인구밀도를 보이고 있다. 2019년도 수도권 인구는 전국 인구의 50%에 해당하는 2,584만 명으로 수도권으로의 인구집중이 심화되었음을 보여준다.

이처럼 극심한 도시화 현상은 빈부격차의 심화, 유해환경에의 노출, 사고 또는 위험요소의 증대 등 많은 문제를 야기하고 있다. 특히 퇴폐, 향락산업의 창궐은 아동들이 오가며 보게 되는 것과 간접경험을 통해 건전한 성장 및 발달에 유해한 환경을 제공하고 교육적으로 악영향을 미치고 있다. 또한 TV나 비디오를 중심으로 한 대중매체의 선정적이고 폭력적인 내용에 아동과 청소년이 무방비 상태로 노출되어 있기도 하다. 최근에는 학교 주변에 비디오방, 불량만화방, 오락실 등 각종 유해업소가 난립하면서, 불량배들이 유흥비 마련을 위해 등·하굣길의 학생을 상대로 폭력을 행사하거나 금품을 갈취하는 등의 범죄가 성행하고 있으며, 심지어 학교 내에서도 동료학생이나 후배를 상대로 폭력을 행사하는 사건이 증가하고 있다.

그런가 하면 과거에 중요시 여겼던 '우리'의 공동체 의식이 '나'라는 개인주의로 대치되면서 이웃 간의 관계가 소원해지고 형식화되어 가고 있다. 또한 지역사회 상부상조의 전통은 희미해져 과거 지역사회 내에서 자체적으로 수행되던

복지기능은 오늘날 찾아보기 어렵게 되었고, 결국 사회의 전문화된 기관에서 그 역할을 수행할 것을 기대하고 있다.

5 현대적 아동권리와 복지의 의미 및 의의

1) 아동복지의 이념

이념이란 사회작용에 논리적·철학적 정당성을 부여하는 사고체계로서, 신념(belief)과 가치(value)의 두 요소가 포함된다. 즉, '___해야만 한다'와 '___할 만한 가치가 있다'는 필요성과 중요성에 대한 강한 인식을 일컫는 것으로, 인간의 사고와 태도, 행동의 방향을 결정짓는 지침이 된다. 따라서 복지이념이란 복지에 대해 그 사회가 지니는 기본 시각과 입장을 일컫는다.

자유주의와 사회주의의 복지이념을 비교해 보면, 자유주의에서는 불평등한 양육환경을 시정하는 데 가치를 두고 있으며, 사회주의는 평등사회 실현이라는 목표 달성을 위해 국가개입이 필요하다는 신념을 갖고 있다. 따라서 자유주의에서는 요보호아동을 대상으로 한 잔여적 접근을 취하며 최소한의 치료적 서비스를 제공하는 선별주의적 성격을 지닌다. 반면 사회주의에서는 평등사회 구현을 위한 아동의 능력계발을 위해 모든 아동을 대상으로 한 제도적 접근을 취하는 보편주의적 성격을 지닌다. 그러나 오늘날 대부분의 국가는 양분화된 성격을 취하기보다는 선별주의와 보편주의를 통합한 복지이념을 취하며, 개인의 권리와 사회의 목적 중 가치의 무게중심을 상대적으로 어디에 더 두느냐에 따라 자유민주주의와 사회민주주의의 성격을 띠게 된다.

현대사회에서 복지는 가족이나 시장경제의 역할에 부수적인 잔여적 개념이 아니라, 다른 사회제도와 동등한 위치의 독립된 사회제도적 의미로 받아들이는 것이 일반적인 추세이다. 사회제도란 사회구성원의 기본적인 욕구를 충족시키며 여러 가지 활동을 가능하게 하는 관습화되고 공식화된 방법과 절차를 의미한다.

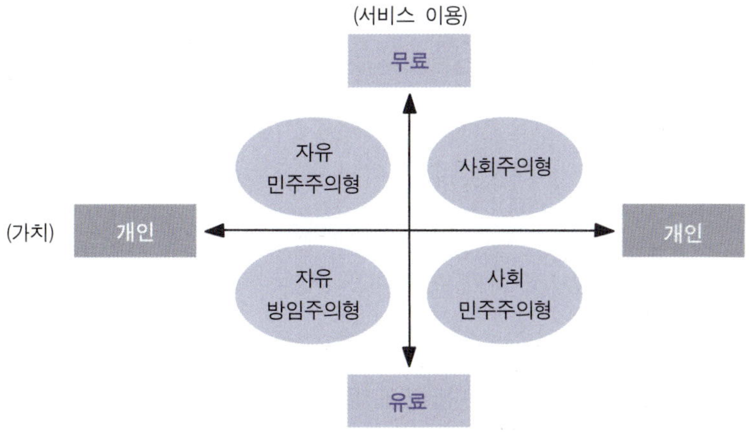

[그림 2-2] 복지모형

2) 현대적 아동복지의 의미와 패러다임의 전환 : 욕구관점에서 권리관점으로

아동복지는 가족이 정상적인 아동보호와 사회화 기능을 수행할 수 없을 때 국가와 그 사회제도가 후원하고 승인하고 직접 실천하는 구체적이고 명백한 정책과 서비스의 체계이다. 전통적으로 아동복지 개념의 핵심은 아동양육의 책임을 수행하는 데 장애가 있는 가족의 기능을 대리하고 보충하는 데 있다. 즉, 전통적인 아동복지의 기능은 주로 요보호아동을 대상으로 하는 좁은 범위를 가리킨다. Kadushin은 아동복지에 대해 최소한 서비스의 방향(minimalist orientation)과 개발적 서비스의 방향(developmental orientation)을 구분하여 설명하고 있다. 이 두 가지 방향은 각각 잔여적 접근방법과 제도적 접근방법으로 달리 표현될 수 있다. 전자는 가장 도움이 필요한 아동(요보호아동)에게 제공되는 협의의 실천적 의미를 지니고, 후자는 모든 아동에게 서비스를 제공하는 것을 의미하는 보다 확대된 실천을 뜻한다.

제한된 자원의 현실에서 최소한의 서비스 접근방식인 잔여적 방향을 가지는 것이 더 실용적일 수 있다. 아동복지의 제도적·개발적 방향은 아동복지 대상자가 상처를 덜 받는다는 이점은 있지만 비용과 효과면에서 효용성이 떨어질 수 있다. 반면 최소적·잔여적 방향은 그것을 가장 많이 필요로 하는 사람들을 목표로 한다는 점에서 구체적이지만 서비스는 공평치 못하다. 사회적 자원이 부족한 조건에서나 서비스의 공급이 부족할 때 가장 큰 욕구를 가진 사람들에게 우선순위가 부여되는 것은 불가피할 것이다. 이러한 이유로 과거에는 복지전략으로서 '최소한 서비스의 접근방식'이 채택될 수밖에 없었다.

그러나 현대사회에서 우리가 겪고 있는 변화 중에서도 아동에게 가장 강력한 영향을 미치는 가족환경의 변화는 사회로 하여금 무엇인가 조치를 취하지 않으면 안 될 긴급한 상황을 만들고 있다. 확대가족적 유대가 약화되고 전통적인 이웃의 기능도 사라지고 있는 우리의 가족생활에서 가족을 지원해 줄 지지체계를 얻기가 쉽지 않은 것이 현재 핵가족의 문제이다. 더욱이 여성의 사회참여 증가로 인하여 주부가 전적으로 아동을 돌보는 것도 기대하기 어려운 현실이 되어 가고 있다.

현대사회에서의 생활은 매우 복잡하고 고도의 지적·사회적·기술적 능력을 필요로 하고 있으며 아동들은 이러한 능력을 학습하기 위하여 가족으로부터 세심한 관심과 지도를 받아야 한다. 그러나 단순한 사회에서와 달리 복잡한 현대사회에서 이러한 아동의 욕구에 충분히 대응하지 못하는 가족도 적지 않은 것이 사실이다. 또한 어떤 사회상황은 아동의 성장에 해로운 조건을 제공하고 있다. 빈곤과 실직, 이혼, 아동에게 유해한 주변환경 등은 가족의 능력범위를 넘어서기 때문에 사회가 관심을 가지지 않으면 안 되는 사항들이다. 이상과 같은 제반 상황은 아동복지의 시야를 좁은 범위에 머물기보다 더 확대되고 보편적인 서비스로 방향을 잡을 것을 요구한다.

선별주의와 보편주의에 대한 논란은 각 사회마다, 시대마다 어떠한 정치적 이데올로기와 가치관에 더 초점을 두는가에 따라 차이가 있다. 그러나 아동복지에 있어 선별주의적 접근이 더 좋은지, 보편주의가 더 좋은지에 대한 논의는 어쨌든 인간의 '욕구'에 기반한 접근이다. 인간의 '욕구'에 기반한 복지제도는 인간의 욕구가 전문가들에 의해 객관적으로 평가하고 측정할 수 있는 것이라고 전제해 버린다. 그러나 '무엇이 필요한가(욕구)'는 동일한 직종의 전문가라 할지라도 누가 평가하고 측정하는가에 따라, 인간이나 사회문제를 바라보는 가치관에 따라 달라진다는 특성이 있다. 그러므로 이러한 전제에는 문제가 있다.

복지서비스를 받을 당사자가 가진 욕구는 다양할 수 있으며 욕구 충족 방법도 다양할 수 있는데, 사회복지사가 '욕구사정(need assessment)'이라는 전문적 용어를 사용하여 나름대로 판단해 버리면 복지의 당사자인 아동이 원하고 바라는 방법이 반영되지 못할 수도 있다. 그러므로 욕구기반 관점에서는 '객관성' 그리고 '전문성'이라는 미명하에 복지 이용 당사자의 가지관보다는 전문가나 사회 지배계층의 가치관이 복지제도와 서비스에 반영되기 쉽다는 한계가 있다(Kosher et al., 2016). 이러한 욕구기반 관점의 한계점과 인권에 대한 전 세계적 인식의 향상으로 복지분야에서도 인권기반(rights-based) 관점이 새로이 대두되었다. 인권에 기반을 둔 복지접근은 인간의 존엄성, 자유, 평등, 박애 등의 가치에 기반을 둔 새로운 접근이다(배화옥 외, 2015).

그렇다면 욕구관점과 인권관점의 차이점은 무엇일까? 인권기반 관점의 복지는 욕구기반 관점의 복지와 차별성을 갖는다. 욕구관점에서 볼 때 복지의 궁극적 목표는 특정문제 상황 속에 있는 개인의 부족한 부분이나 필요한 부분을 채워주는 것이다. 이에 비해, 권리관점에서 복지의 궁극적 목표는 인권보장과 그 실현이다. 여기서 인권보장과 실현의 의미는 모든 개인이 동등한 자원과 권력을 가질 수 있는 권리를 보장함을 의미한다(Kosher et al., 2016).

아동복지분야에서도 욕구중심의 관점을 넘어 인권에 기반하여 아동권리 보장을 추구하는 새로운 패러다임이 등장하였다. 바로 아동권리(child-rights based)에 기반한 접근이다. 대표적인 예로 1989년 유엔이 선포한 국제협약인 아동권리협약을 들 수 있다. 「유엔아동권리협약」은 아동은 더 이상 복지를 받는 일방적 대상자, 복지서비스의 보호대상자가 아닌 권리를 주체적으로 누리고 적극적으로 주장하는 권리주체로서 인정해야 함을 천명하였다. 이는 복지제도가 기존의 욕구의 관점에서 벗어나 아동권리관점을 적용하는 새로운 복지 패러다임의 시작이라고도 볼 수 있다. 따라서 아동권리 패러다임에서의 아동복지는 과거에 아동을 보호하고 보살피는 데에 주로 초점을 둔 아동복지와는 다르다. 아동권리 패러다임을 적용한 아동복지는 아동의 자기결정권과 자기표현에 대한 권리의 보장도 함께 강조한다(Kosher et al., 2016).

3) 현대사회에서의 아동의 권리와 복지

20세기 들어서면서 아동의 권리에 대한 인식이 획기적으로 변화해 왔다. 아동의 권리와 복지를 보장을 위한 국제사회의 노력은 1924년 국제연맹(League of Nations, 유엔의 전신)의 「아동의 권리에 관한 제네바 선언」 채택으로부터 시작되었다. 1959년 유엔은 「아동권리선언」을 채택하고, "아동은 충분한 성장을 위하여 애정과 물질적인 안정 속에서 성장할 권리가 있으며 부모와 사회는 그 책임을 진다."라고 규정하였다. 또한 1979년을 '세계아동의 해'로 선포하고, 1989년 11월 20일에는 유엔총회에서 마침내 「유엔아동권리협약」이 만장일치로 채택되고 이듬해 9월 국제법으로 공포되었다.

협약의 발효를 위해 1990년 9월 유엔본부에서 사상 최초로 '아동을 위한 세계정상회담(World Summit for Children)'이 개최되었고, 정상회담이 개최된 지 10여년이 지난 2002년에는 '유엔아동특별총회(UN General Assembly Special Session on Children)'가 열렸다. 이 총회는 1990년 아동을 위한 세계아동정상회담에서 채택된 '선언 및 행동계획(Declaration and Plan of Action)'의 실행 성과를 검토하고, 차후 10년간 아동을 위해 전 세계적인 차원에서 추진할 새로운 목표 및 행동계획을 설정하고 이에 대한 헌신을 서약하는 자리였다.

협약은 아동이 인권의 적극적 향유 주체임을 기본으로 하고 아동의 권리를 보장하기 위한 목적으로 채택된 국제사회의 최초의 협약이다. 아동의 생존, 보호, 발달, 참여의 권리 등 아동의 권리와 관련된 모든 권리를 규정해 놓고 있다. 아울러 아동과 관련된 모든 결정에서 항상 아동의 최선의 이익이 일차적인 기존이 되어야 함을 강조하고 있다. 협약을 비준한 나라의 정부는 생존의 권리, 발달의 권리, 보호의 권리, 참여의 권리 등 협약에 명시된 모든 아동의 권리를 보장할 의무를 가지고 있으며, 협약의 이행사항을 처음 비준한 후 2년, 그 후에는 5년마다 유엔아동권리위원회에 보고해야 한다. 협약은 우리나라를 포함한 196개국이 비준하여 가장 많은 국가가 비준한 국제법이다. 협약의 비준은 국내법과 같은 효력을 가지므로 이는 아동의 삶을 향상시킬 수 있는 중요한 변화의 기제가 된다는 데 그 의의가 크다(이재연 외, 2008).

유엔의 아동권리위원회는 협약 당사국의 협약 이행을 증진시키기 위하여 각국의 아동권리 정책들에 대한 모니터링을 실시하고 있다. 우리나라의 경우도 모니터링의 과정인 세 차례에 걸친 국가보고서의 제출과 유엔아동권리위원회의 권고 이후 아동정책에 많은 진전을 보였다. 협약이행을 준수하기 위해 정부는 꾸준히 아동과 관련된 법령의 제·개정해 왔는데, 구체적으로 아동학대범죄의 처벌 등에 관한 특례법(2014), 양육비 이행확보 및 지원에 관한 법률(2014) 등을 사례로 들 수 있다.(황옥경, 2013)

4) 현대사회와 아동복지의 의의

21세기에 아동으로 살아간다는 것이 무엇을 의미하는지를 알기 위해서는 새롭게 인식해야 할 게 많다. 오늘날 아동들은 과거 그 어느 때보다도 급격한 변화와 불확실한 상황에 놓여 있다. 잦은 주거지 이동과 이웃과의 관계 단절 등이 아동기의 불안정성을 증가시키고 있으며, 상업적이고 인위적인 테마파크가 아동의 자연스러운 놀이공간을 대체하고 있고, 거의 모든 유아가 하루 중 상당시간을 자신의 집이 아닌 어린이집이나 유치원 등의 외부기관에 머무르며 부모가 아닌 교사의 돌봄을 받고 있다. 또래나 가족 간의 관계보다는 사이버공간에서 새로운 세계를 창조하고 그곳에서 새로운 대상을 만나 놀 거리를 찾으며, 어른의 규율과 간섭이 덜한 가상세계로 도피가 일반화되고 있다. 사이버공간은 아동의 사회관계와 상호작용, 우정의 본성을 급격하게 변화시키고 있다. 가족생활 역시 부모의 돌봄을 받았던 것에서 국가와 사회의 돌봄을 받는 환경으로 변화되고 있다. 빈곤, 실업률, 가족의 불안정성, 열악한 주거와 불안정한 지역사회 환경, 환경오염 등은 아동의 복지와 안녕을 약화시키고 있다. 아동기의 따돌림, 폭력, 그리고 학대도 만연해 있다. 이처럼 21세기 아동들은 무엇이 효과적인 정책과 서비스인가에 대한 논란이 끊임없이 제기되는 불확실성의 시대에 살고 있다.

현대에 들어와 아동양육의 일부를 국가 또는 사회가 분담하는 것은 사회주의 국가가 그 이념에 따라 공동양육을 강조하는 것이 아니더라도 미래의 주역이 될 아동을 건전하게 육성해야 건전한 시민, 밝은 미래사회가 될 수 있다는 인식에 토대를 둔다. 그래서 특별보호를 필요로 하는 아동뿐만 아니라 일반아동의 건전한 발달을 위해서도 사회와 국가가 아동권리와 복지를 위해 책임을 감당하는 것은 개인의 삶을 넘어, 사회의 안녕, 나아가 국가의 미래를 위해 최우선 과제가 아닐 수 없다.

이상과 같이 현대사회에서 아동의 권리보장과 복지는 그 어느 때보다 중요한 의의를 지닌다. 우선 개인적 측면에서 볼 때, 아동의 기본적 생활을 보장해 줌으로써 아동의 건전한 성장과 발달을 도모케 한다. 다음으로는 미래인력을 보호하고 육성한다는 점, 나아가 장차 발생할 수 있는 다양한 사회문제를 예방할 수 있다는 점에서도 중요한 의의를 지닌다.

(1) 기본적 생활보장

한 인간이 자립이 가능한 성숙한 개체로 기능하기까지는 일정 기간 타인의 도움이 절대적으로 필요하다. 출생에서 2세까지의 영아기에는 기본적인 음식 섭취와 배설물의 통제도 혼자 힘으로 해결하기 어려우므로 타인의 도움 없이는 생존 자체가 불가능하다. 유아기와 아동기에는 생리적 욕구해결이나 언어에 의한 의사소통이 가능하긴 하지만 여전히 혼자 지낼 수 없고 의존적인 특성을 보인다. 청소년기에도 신체적·지적 발달은 성인에 가까워지나 심리적으로 불안정하고 사회적으로 책임 있는 역할을 기대하기에는 아직 미숙하여 여전히 사회의 보호와 지도가 필요하기는 마찬가지이다.

예전에는 대체로 부모와 가족에 의해서 자립할 수 있을 때까지 기본적 생활이 보장되었으나, 현대사회에서는 핵가족화 및 여성의 취업 증가, 가족해체의 증가 등으로 부모나 가족이 아동의 보호와 양육을 적절히 수행하지 못하는 경우가 늘고 있다. 이러한 현대가정의 기능변화에 따라 자녀양육 및 교육의 문제를 개별 가정만의 문제로 인식하기보다 사회적 책임으로 보아야 한다는 인식이 확산되고 있다. 부모나 가정이 당면한 상황적·경제적 어려움으로 양육의 기능을 다하지 못할 경우, 이러한 부모나 가족을 도와 아동이 기본적 생활을 유지하여 건전하게 성장·발달할 수 있도록 보장하는 사회의 노력이 요구된다. 따라서 모든 아동이 자신이 처해 있는 환경에 관계없이 건강한 발달을 이루어 갈 수 있도록 기본적 생활을 보장하는 사회적 체계를 갖추는 것이 아동복지의 일차적 의의라 할 수 있다.

(2) 미래인력의 보호와 육성

아동은 미래사회를 이끌어 갈 주역으로, 이들을 적절히 보호하고 교육하는 것은 나라의 장래와 직접적인 관련을 갖는다. 따라서 아동이 전문적 지식과 건전한 인격을 갖춘 인간으로 성장하는 것은 한 사회와 국가의 발전을 위한 기본전제가 된다. 그러나 처해 있는 환경상의 제약으로 건강한 발달을 도모할 수 있는 기회를 박탈당한 채 성장하고 있는 아동들이 늘어나고 있는 실정이며, 이러한 현상은 산업화 및 도시화의 진전으로 앞으로 더 심화될 것으로 예측된다.

환경적 박탈로 인해 불이익을 당하고 있는 아동의 복지증진을 위해 세계 여러 나라들은 각종 교육·문화·의료시설을 설치하고 이들의 건전육성을 도모하고 있다. 예를 들어, 미국에서 1960년대 중반과 1970년대 초반까지 강력하게 추진되었던 헤드스타트(Head Start) 운동은 미국 복지정책의 성공 사례 중 하나로 손꼽힌다. 이의 기본 취지는 문화실조를 경험하고 있는 빈곤가정의 자녀에게 정부가 교육혜택을 제도적으로 보장함으로써 사회적 계층 상승을 가능케 하는 고등교육의 기회를 넓히자는 것이었다. 이는 부모의 가난이 자녀 세대에게 전수되는 구조적인 빈곤의 악순환을 단절시킬 수 있는 방책인 동시에, 미래 인력의 질을 향상시킴으로써 국가발전에 이바지할 수 있는 모범적인 아동복지정책이었다.

1980년대 이후부터 우리나라에서도 영유아보호 및 교육에 대한 관심과 이를 위한 제도 등이 마련되고 있는 바, 이는 아동들이 사회와 국가의 주역임을 인정하고 이들을 보호·육성하려는 노력의 결실이라 볼 수 있다. 따라서 미래의 동량으로서 아동을 유능한 사회성원으로 발달시키는 제도의 확충 역시 아동복지의 큰 의의라 하겠다.

(3) 사회문제의 예방

아동은 성인과 마찬가지로 다양한 욕구를 가지고 있으나, 스스로는 이러한 욕구를 충족시킬 수 있는 능력이 없으므로 가족이나 사회에서 이를 충족시켜 주어야 한다. 아동의 욕구가 적절히 충족되지 않으면 사회의 유능한 성원이 되기 위한 건강한 발달을 도모하기 어렵다. 따라서 아동기에는 적절한 의식주 생활을 통한 기본적인 생리적 욕구 및 다양한 환경이나 장난감을 접하고 놀이를 함으로써 즐거움을 누리는 등의 문화적 욕구가 충족되어야 한다. 만일 환경적인 결핍으로 계속되는 욕구의 좌절을 경험하면 정서불안이나 신체적 이상을 경험하기 쉽고 청소년기의 비행이나 가출 등으로 연결되기도 한다.

복지란 인간의 욕구를 충족시키거나 사회문제를 해결하기 위한 각종의 서비스를 말하며, 아동복지의 목적은 아동이 신체적·정신적으로 적응하여 자신의 잠재력을 최대로 실현함으로써 행복한 상태가 되도록 하는 데 있다. 이러한 관점에서 아동복지란 아동의 욕구를 충족시켜 행복감과 만족감을 누리게 함으로써 사회문제를 미연에 방지하거나 해결하는 각종 활동 및 제도의 정비로 볼 수 있다. 그러므로 환경적 박탈을 경험한 아동이 성장해서 야기할 사회문제의 발생을 미연에 방지하기 위한 예방책으로서도 아동복지는 중요한 의의를 갖는다.

현대사회에서 아동양육 및 복지는 더 이상 가정의 책임에만 국한되지 않는다. 아동이란, 권리를 부여받은 혹은 존엄한 인격적 존재로서 미래의 주인공이다. 오늘의 아동이 바람직한 미래사회를 건설할 수 있도록 올바로 양육하는 것은 국가의 중대한 책임과제이다.

3

CHAPTER

아동복지정책과 행정

본 장은 우리나라 아동복지정책과 아동복지법 및 관계법 그리고 아동복지행정에 대한 이해를 도모하기 위하여 구성하였다. 아동복지정책이란 아동을 위한 활동을 하는 데 필요한 원칙과 방향을 정하거나 계획하는 것이다. 이러한 아동복지정책에 대한 이해를 돕기 위해 보충적 모형과 제도적 모형에 대한 관점, 아동복지와 사회보장제도의 관련성 그리고 아동복지법과 관계법의 주요 내용을 살펴볼 것이다. 또한 아동복지행정의 전반적 이해를 위해 개념적 정의를 중심으로 우리나라 아동복지서비스의 다양한 전달체계에 대하여 알아볼 것이다.

1 아동복지정책의 의의

1) 아동복지정책의 개념

일반적으로 정책(policy)이란 용어는 '분명한 행동노선(explicit course of action)' (Gilbert & Terrell, 1998), '특정한 목적을 이루기 위해 필요한 행동에 관한 원칙', 또는 '정해진 계획(standing plan)'(Kahn, 1979)이라 할 수 있다. 이러한 정의를 적용하면, 아동복지정책이란 '아동을 위한 행동 노선과 계획'이라 정의 내릴 수 있다. 즉, 아동복지정책은 아동을 위한 활동을 하는 데 필요한 원칙과 방향을 정하거나 계획하는 것이다.

따라서 아동복지정책은 아동복지서비스가 제도화되는 과정이며 아동복지제도에서 가장 중요한 수단과 방법이고, 국가와 지방정부 및 아동복지서비스에 관여하는 공적·사적 기관의 활동과 사업에 관한 행동 노선 또는 방침을 계획하는 것이다. 정책은 흔히 국가적 차원(중앙정부 차원)에서 이루어지는 것에 한정하여 이해하는 경우가 많으나, 지방정부(광역자치단체와 기초자치단체 포함)에서도 이루어질 수 있고, 아동복지활동을 계획하고 실천하는 구체적 조직에서도 이루어질 수 있다. 아동복지정책은 일반적으로 중앙정부 차원에서 이루어지는 경우가 많으며 하부 정부조직으로 내려갈수록 정책적 기능이 줄어들고 정책을 수행 또는 실천하는 기능이 늘어나기 때문에, 일반적으로 아동복지정책하면 중앙정부 차원에서의 정책만 고려하는 경향이 있는 것이다(김상균 외, 2002).

2) 아동복지정책에 대한 관점 : 보충적 복지와 제도적 복지

사회복지정책에 대한 관점은 학자마다 다양하다. 사회복지정책의 모형은 궁극적으로는 극우와 극좌라는 이념의 연속선상에 다양한 모형의 이념으로 존재할 수 있다. 사회복지정책 모형 가운데 역사가 가장 오래되고 많이 인용되는 것은 바로 Wilensky와 Lebeaux(1958)가 제시한 보충적(잔여적) 복지모형과 제도적 복지모형이다.

보충적 복지모형은 사회복지정책을 가족이나 시장경제와 같은 정상적인 공급구조가 제 기능을 발휘하지 못해 개인의 욕구가 충족되지 않을 때 보충적으로 개입하여 응급조치기능을 수행하는 것으로 본다(남기민, 2004). 보충적 개념에서는 사회적 의존 인구들을 비정상적인 집단으로 간주하기 때문에 서비스의 대상 인구들에게 스티그마(stigma)가 작용할 수밖에 없다(김영종, 2006).

반면 제도적 복지모형이란 사회복지정책을 가족이나 시장경제 등과 같이 사회의 기본적인 기능을 수행하는 하나의 제도로 보는 입장으로, 사회복지정책은 복잡한 현대 산업사회에서 각 개인의 욕구를 충족시키고 사회를 유지·발전시켜 나가는 최전선의 기능을 수행해야 한다고 간주한다(남기민, 2004). 이 경우에 사회복지란 단지 이념이나 일시적인 서비스의 조합을 의미하는 것이 아니라, 항상성을 띤 제도의 성격을 갖는 것이다. 사회복지는 개인들의 신체적·심리적·사회적 욕구나 문제의 전 영역을 다루게 된다(김영종, 2006).

현대사회는 이러한 두 가지 이념형 연속선상의 어느 한 점에 있다. 어떤 사회도 전적으로 보충적이거나 제도적이지는 않다. 보충적 모형에 바탕을 둔 사회에서 사회복지는 시장과 가족기능에 의해 파생되는 문제들을 떠맡는 역할에 국한되어, 비정상적인 개인들을 치료하고 복구하는 데 주된 목표를 갖게 된다. 반면 제도적 모형의 사회복지는 시장과 가족제도를 포함한 제반 사회구조적 측면의 근원적인 결함들을 문제의 초점으로 삼으며, 이들 제도를 '보충' 혹은 '대체'하는 예방적 기능 역할까지도 사회복지의 목표로 하게 되는 것이다(김영종, 2006).

한편 사회복지의 개념을 협의의 개념과 광의의 개념으로 구분하기도 하는데, 보충적 사회복지는 그 대상을 사회적 도움을 필요로 하는 사회적 취약계층으로 한정하며, 제도적 사회복지는 그 대상을 전체 사회구성원으로 본다. 따라서 보충적 사회복지는 협의의 사회복지라 할 수 있고, 제도적 모형의 사회복지는 광의의 사회복지이다. 또한 사회복지의 주체에서도 보충적 사회복지 개념은 국가의 역할을 강조하지 않는 반면 제도적 사회복지의 개념은 국가의 보다 많은 역할을 강조한다. 그러므로 보충적 개념의 사회복지는 일부 사회적 취약계층을 위한 최소한의 국가의 역할을 수행하는 반면 제도적 개념의 사회복지는 국가에 의한 소득보장, 의료보장, 주거보장, 사회서비스 등 사회구성원의 삶의 질을 향상시키는 다양한 복지프로그램을 발전시키게 된다(남기민, 2004).

이러한 논의를 종합하면, 우리나라의 아동복지는 현재 제도적 복지 모형을 지향하는 것으로 보이지만, 실제 아동복지사업 운영의 측면에서는 보호가 필요한 아동 중심의 보호사업 위주로 이루어지고 있어 더욱 보편주의적 관점에서의 아동의 삶의 질을 향상시키는 방향으로 나아가야 한다고 볼 수 있겠다.

보건복지부는 매년 아동분야사업안내를 발간하여 아동복지사업의 추진방향 및 예산개요 그리고 사업별 추진계획과 국고 보조사업 행정사항 등에 대한 지침을 마련하고 있다. 2020년도 아동분야사업안내에 의하면, 보호가 필요한 아동보호, 가정입양지원, 가정위탁보호, 소년소녀가정지원, 결연사업운영, 아동복지시설운영, 아동복지교사 지원, 보호아동 자립지원, 디딤씨앗통장, 경계선지능아동 자립지원사업, 자립수당, 보호종료아동 주거지원 통합서비스, 아동학대예방 및 피해아동 보호, 실종아동 등 보호 및 지원의 사업 분야로 나누어져 있다(보건복지부, 2020a). 이러한 중앙정부의 아동분야사업에 대한 지침은 보충적·제도적 모형이 혼재함을 보여 준다.

3) 사회보장제도와 아동복지

인간이 살아가는 데 필요한 기본적 욕구 가운데 가장 먼저 해결하여야 할 욕구는 육체적 생존의 욕구이다. 따라서 이러한 욕구를 충족할 수 있도록 보장하는 소득보장, 질병이 발생하였을 때 치료해 줄 수 있는 의료보장, 거주해야 할 주거 장소를 보장해 주는 주거보장 등은 육체적 생존에 가장 필수적인 영역이라고 할 수 있다. 그러나 인간의 생활은 이러한 물질적 측면의 욕구를 충족시키는 것만으로는 해결되는 것이 아니다. 인간에게는 비물질적 측면의 욕구 충족 또한 중요한데, 이를 위해서는 사회통합을 위한 교육보장, 아동·노인·장애인·여성 등 사회적 약자들의 특별한 비물질적 욕구 충족을 위한 사회서비스 등이 필요하게 된다(송근원·김태성, 1995).

따라서 사회복지정책의 영역은 소득보장, 의료보장, 주거보장, 사회서비스 등의 영역으로 구성되어진다고 볼 수 있다. 일반적으로 사회복지정책의 핵심 영역을 사회보장으로 간주하는데, 우리나라 사회보장기본법상의 사회보장체계는 사회보험, 공공부조, 사회복지서비스, 관련 복지제도(보건, 주거, 교육, 고용) 등으로 구성되어 있다. 그러나 실제적으로 사회복지정책이 주무 부처인 보건복지부를 중심으로 이루어지고 있기 때문에 사회복지학의 주된 관심은 사회보장제도에 집중되어 있다고 볼 수 있다(남기민, 2004).

사회보장이란, ① 노령, 장애, 사망, 질병, 출산, 실업, 산업재해 등 사회적 위험(다른 말로는 소득의 감소나 중단)과, ② 결혼, 양육, 사망 등과 같은 특별 지출로부터 시민들을 보호하기 위해, ③ 재정적으로 지원하는 법정프로그램으로서, ④ 사회보험, 공공부조, 사회복지서비스 및 사회수당과 같은 공적 조치를 포함하는 개념이다. 보건복지부에서는 사회보장을 사회보험, 공공부조 및 사회복지서비스로 분류하고 있다(원석조, 2006). 즉, 우리나라 사회보장제도에는 노인·아동·가족수당과 같은 사회수당제도가 실행되고 있지 않다.

사회보험이란, 사회보장연금, 건강보험, 산재보험, 실업보험을 포함하는데 이를 흔히 4대 보험이라고 한다. 사회보장연금은 노후로 인한, 건강보험은 질병과 출산으로 인한, 산재보험은 산업재해로 인한, 실업보험은 실업으로 인한 소득의 중단이나 감소를 보전한다(원석조, 2006).

사회보험이 사보험과 다른 특성으로는 첫째, 강제성을 들 수 있다. 사회보험은 가입을 법률로 강제한다. 둘째, 사회보험은 전 국민을 대상으로 한다. 한꺼번에 전체 국민을 대상으로 할 수는 없다 해도 점차로 확대해 나간다면 전 국민을 대상으로 하는 것이라고 본다. 셋째, 사회보험은 정부가 관장하거나 감독한다. 따라서 최종적인 책임은 정부에게 있다. 넷째, 사회보험은 특별세(보험료)로 운용된다(박석돈, 2002).

사회보험이 추구해야 할 기본적인 원칙은 첫째, 보편적 적용의 원리이다. 따라서 법적인 강제성을 가지고 전 국민을 대상으로 하여야 한다. 둘째, 원칙적으로 국민의 최저생활을 보장할 수 있어야 한다. 셋째, 불평등을 완화하고 소득 재분배의 효과를 갖기 위해 급여수준은 기여의 정도에 단순 비례하지 않아야 하며, 저소득 피보험자에게 유리하도록 설계되어야 한다. 넷째, 보험료에 의해 대부분의 재원이 조달되기 때문에 어느 정도 기여의 형평성이 보장되어야 한다. 다섯째, 재정운영 방식에 있어 미래의 피보험자가 현재의 피보험자에 비해 상대적으로 높은 비율의 보험료를 부담하지 않도록 설계되어야 한다(박종삼·유수현·노혜련·배임호·박태영·허준수, 2002).

공공부조는 빈민에 대한 현금급여 및 기타 서비스로 대상은 빈민에게 한정되고, 빈민 여부를 가리기 위해 자산조사가 필요하다. 급여 혜택은 그 대상자의 재정 상태와 욕구에 따라 결정되고, 재정은 정부의 일반세입에서 충당된다. 보통 사회보험의 비대상자가 대상이 된다. 이러한 측면을 감안하면, 공공부조는 사회보험을 보완하는 기능을 갖는다(원석조, 2006).

공공부조의 기본 원리를 살펴보면 첫째, 국가책임의 원리이다. 이는 공공부조를 통하여 생활이 어려운 국민의 생존권을 실현하는 것을 국가의 책임으로 하는 원리이다. 둘째, 생존권 보장의 원리이다. 이는 모든 국민은 누구나 생활이 어려운 때에는 국가에 대하여 보호를 청구할 권리가 있고 국가는 국민의 이러한 요구를 들어 줄 의무가 있다는 원리이다. 셋째, 최저생활보장의 원리이다. 이는 공공부조의 보호수준은 건강하고 문화적인 생활수준을 유지할 수 있는 최저한도의 생활이 보장되어야 한다는 원리이다. 넷째, 무차별 평등의 원리이다. 이는 급부내용에 있어서 수급자의 인종, 성별, 종교 및 사회적 신분에 차별 없이 평등하게 보호를 받을 권리가 있음을 의미한다. 다섯째, 보충성의 원리이다. 이는 수급자가 가지고 있고 이용할 수 있는 자산·능력 및 그 밖의 모든 것을 최대한 활용하고 나서도 최저생활을 유지할 수 없을 때 최종적으로 그 부족분을 보충하여 준다는 원리이다. 여섯째, 자립조장의 원리이다. 이는 수급자의 잠재능력을 계발·육성하여 자력으로 사회생활에 적응하게 하는 원리이다(남기민, 2004).

아동복지에 있어 기본 전제는 가족과 아동이다. 노령, 장애, 사망, 질환, 출산, 실업, 산업재해 등으로 소득의 감소나 중단을 보전하려는 사회보험제도는 아동을 직접적인 표적으로 삼고 있지는 않다. 이보다는 가족의 노령, 장애, 사망, 질환, 실업, 산업재해 등으로 인한 소득 손실을 사회보험을 통해 보완하여 아동의 삶의 질을 보장하는 성격을 가진다.

우리나라 공공부조제도인 국민기초생활보장제도에서 수급권이 있는 아동을 위한 지원은 생계급여, 의료급여, 교육급여 등을 통하여 이루어지게 된다. 국민기초생활보장제도는 최저생계비를 기준으로 급여의 수준을 결정하고 있는데, 가구원의 구성에 따라 급여의 내용이 달라진다.

생계급여란, 수급권자에게 의복·음식물 및 연료비와 기타 일상생활에 기본적으로 필요한 금품을 지급하여 그 생계를 유지하게 하는 것으로, 정부의 금전 지급으로 이루어진다. 다만 금전 지급이 적당하지 않다고 인정되는 경우에는 물품을 지급하기도 한다. 의료급여는 의료를 요하는 자에 대한 진찰·검사, 약제·치료 재료의 지급, 처치·수술과 그 밖의 치료, 예방·재활, 입원, 간호, 이송과 그 밖의 의료목적을 달성하기 위한 조치 등에 해당하는 급여를 의미한다. 교육급여는 수급권 아동에 대한 교육기회를 보장하기 위해 입학금, 수업료, 교과서 대금 등을 지급한다. 이러한 제반급여 역시 아동에게 직접 지급되는 것이 아니라, 아동이 소속된 가구 또는 시설에 입소되어 있는 보호가 필요한 아동의 경우에는 시설을 통하여 그 지원이 이루어지게 된다.

2 아동복지법과 관계법

아동복지사업의 주 근거가 되는 법은 아동복지법이며, 운영 사항에 따라 관계법의 적용을 받는다. 아동복지 관계법으로는 영유아보육법, 사회복지사업법, 국민기초생활보장법, 한부모가족지원법, 청소년기본법·청소년보호법·청소년복지지원법·청소년활동진흥법 등의 청소년 관계법 그리고 소년법과 보호소년 등의 처우에 관한 법률 등이 있다.

1) 아동복지법

우리나라의 근대적인 아동복지법은 1961년 '아동복리법'이라는 명칭으로 제정되었다. 그러나 그 이전인 일제 강점기에 이미 아동복지문제를 국가에서 관심을 갖고 취급하였는데, 그 근거로서 1923년에 제정되었던 '조선감화령'과 1944년의 '조선구호령'이 중요한 법적 기초였다. 이들 법령은 현대사회에서 보는 사회복지적 성격을 가진 사회복지법이라기보다는, 일제의 식민지정책의 일환으로서 조선의 다른 사회적 취약계층과 함께 아동을 치안과 사회통제적 목적으로 취급하였던 일종의 치안정책으로 간주될 수 있다(현외성, 2006).

1981년 '아동복리법'은 '아동복지법'으로 전면 개정되었고, 2000년 다시 전면 개정되었다. 현행 아동복지법의 주요 내용을 살펴보면 다음과 같다.

(1) 기본 이념

아동복지법은 제2조에서 아동복지법의 기본 이념을 4가지로 규정하고 있다.

첫째, 아동의 자신 또는 부모의 성별, 연령, 종교, 사회적 신분, 재산, 장애 유무, 출생지역 등에 따른 어떠한 종류의 차별도 받지 않고 자라나야 한다.

둘째, 완전하고 조화로운 인격 발달을 위해 안정된 가정환경에서 행복하게 자라나야 한다.

셋째, 아동에 관한 모든 활동에 있어서 아동의 이익이 최우선적으로 고려되어야 한다.

넷째, 아동은 아동의 권리 보장과 복지 증진을 위하여 법에 따른 보호와 지원을 받을 권리를 가진다. 즉, 동법 제2조 제1항은 무차별 평등 이념을 강조하고 있으며, 제2항은 안정된 가정의 중요성을, 제3항에서는 아동 이익 우선의 원칙을, 제4항에서는 아동권리의 원칙을 정하고 있는 것이다.

(2) 책임주체

아동복지법은 아동의 복지 증진 및 보호 책임의 주체로 국가와 지방자치단체, 아동의 보호자 그리고 국민 등을 규정하고 있다(제4, 5조). 먼저 국가와 지방자치단체는 아동의 건강과 복지 증진에 노력하여야 하며, 이를 위한 시책을 시행하여야 한다. 특별히 장애아동의 권익을 보호하기 위하여 필요한 시책을 강구하여야 한다고 정한다. 아동의 보호자는 아동을 가정 내에서 그의 성장 시기에 맞추어 건강하고 안전하게 양육하여야 한다고 정하여 가정의 중요성을 강조하고 있다. 모든 국민은 아동의 권익과 안전을 존중하여야 하며, 아동을 건강하게 양육하여야 한다. 사회적 책임으로 지역사회 주민은 물론, 모든 국민은 아동이 건강하게 양육될 수 있도록 돕는 공동의 의무를 지닌다는 것이다(제5조).

(3) 아동보호를 위한 절대적 금지행위

아동복지법은 아동의 건전한 보호·육성을 위하여 누구든지 다음의 행위를 하여서는 아니 된다고 정하고 있다(제17조).

- 아동을 매매하는 행위
- 아동에게 음행을 시키거나 음행을 매개하는 행위
- 아동의 신체에 손상을 주는 학대행위
- 아동에게 성적 수치심을 주는 성희롱, 성폭행 등의 학대행위
- 아동의 정신건강 및 발달에 해를 끼치는 정서적 학대행위
- 자신의 보호·감독을 받는 아동을 유기하거나, 의식주를 포함한 기본적 보호·양육 및 치료를 소홀히 하는 방임행위
- 장애를 가진 아동을 공중에게 관람시키는 행위
- 아동에게 구걸을 시키거나 아동을 이용하여 구걸하는 행위
- 공중의 오락 또는 흥행을 목적으로 아동의 건강 또는 안전에 유해한 곡예를 시키는 행위
- 정당한 권한을 가진 알선기관 외의 자가 아동의 양육을 알선하고 금품을 취득하는 행위
- 아동을 위하여 증여 또는 급여된 금품을 그 목적 외의 용도로 사용하는 행위

(4) 실천기관

아동복지법에 의한 실천기관은 국가와 보건복지부 장관 및 지방자치단체의 장, 아동복지전담공무원 그리고 아동위원이 있다.

- **국가, 보건복지부 장관 및 지방자치단체의 장** : 국가와 보건복지부 장관, 지방자치단체의 장은 아동복지법상의 제반 정책을 수립·시행하여야 한다(제4조, 제7조).
- **아동복지전담공무원** : 아동복지에 관한 다음의 각 사항을 수행하기 위하여 특별시·광역시·도·시·군·구에 아동복지전담공무원을 두는데, 아동복지전담공무원은 사회복지사의 자격을 가진 사람으로 한다. 아동복지전담공무원은 아동에 대한 상담 및 보호 조치, 가정환경에 대한 조사, 아동복지시설에 대한 지도·감독, 아동범죄예방을 위한 현장 확인 및 지도·감독 등 지역단위에서 아동복지 증진을 위한 업무를 수행한다(제13조).
- **아동위원** : 지역사회 아동의 생활상태 및 가정환경을 파악하고 아동복지에 관하여 필요한 원조와 지도를 행하기 위하여 시·군·구에 아동위원을 두는데, 아동위원은 일종의 명예직 또는 자원봉사자라 할 수 있다. 아동위원은 아동복지전담공무원과 함께 관계 행정기관과 협력하면서 역할을 수행하도록 아동복지법은 정하고 있다(제14조).

(5) 보호조치

시·도지사 또는 시장·군수·구청장은 그 관할구역 안에서 보호를 필요로 하는 아동을 발견하거나 보호자의 의뢰를 받은 때에는 아동의 최상의 이익을 위하여 대통령령이 정하는 바에 따라 다음과 같은 보호조치를 하여야 한다(제15조). 여기에서 '보호를 필요로 하는 아동'이라 함은 보호자가 없거나 보호자로부터 이탈된 아동, 또는 보호자가 아동을 학대하는 경우 등 그 보호자가 아동을 양육하기에 부적당하거나 양육할 능력이 없는 경우의 아동을 말한다.

- 아동복지전담공무원 또는 아동위원에게 보호를 필요로 하는 아동 또는 그

보호자에 대한 상담·지도를 행하게 하는 것

- 보호자 또는 대리양육을 원하는 연고자에 대하여 그 가정에서 보호·양육할 수 있도록 필요한 조치를 하는 것
- 아동의 보호를 희망하는 자에게 보호를 필요로 하는 아동의 보호를 위탁하는 것
- 보호를 필요로 하는 아동에 적합한 아동복지시설에 입소시키는 것
- 약물 및 알코올중독·정서장애·발달장애 등으로 특수한 치료나 요양 등의 보호를 필요로 하는 아동에 대하여 전문치료기관 또는 요양소에 입원 또는 입소시키는 것
- 입양과 관련하여 필요한 조치를 하는 것

(6) 아동복지시설의 설치와 운영

아동복지시설은 국가 또는 지방자치단체가 아동의 시설보호조치 및 기타의 아동복지사업을 수행하기 위해 설치된다. 또한 국가 또는 지방자치단체 이외의 자도 관할 시장·군수·구청장에게 신고하여 아동복지시설을 설치할 수 있다(제50조). 아동복지시설의 종류는 〈표 3-1〉과 같다.

아동복지시설은 각 시설의 고유 업무 외에도 다음의 사업을 실시할 수 있다(제52조 제3항).

- 아동가정지원사업 : 지역사회 아동의 건전한 발달을 위하여 아동, 가정, 지역주민에게 상담, 조언 및 정보를 제공해 주는 사업
- 아동주간보호사업 : 부득이한 사유로 가정에서 낮 동안 보호를 받을 수 없는 아동을 대상으로 개별적인 보호와 교육을 통해서 아동의 건전한 성장을 도모하는 사업
- 아동전문상담사업 : 학교 부적응 아동 등을 대상으로 올바른 인격 형성을 위한 상담, 치료 및 학교폭력 예방을 실시하는 사업
- 학대아동보호사업 : 학대아동의 발견, 보호, 치료 및 아동학대의 예방 등을 전문적으로 실시하는 사업

- 공동생활가정사업 : 보호를 필요로 하는 아동에게 가정과 같은 주거 여건과 보호를 제공하는 것을 목적으로 하는 사업
- 방과후 아동지도사업 : 저소득층 아동을 대상으로 방과후 개별적인 보호와 교육을 통하여 건전한 인격 형성을 목적으로 하는 사업

〈표 3-1〉 아동복지시설의 종류

종 류	정 의
아동양육시설	보호를 필요로 하는 아동을 입소시켜 보호, 양육 및 취업훈련, 자립 지원 서비스 등을 제공하는 것을 목적으로 하는 시설
아동일시보호시설	보호를 필요로 하는 아동을 일시 보호하고, 아동에 대한 향후의 양육대책 수립 및 보호조치를 행하는 것을 목적으로 하는 시설
아동보호치료시설	- 불량행위를 하거나 불량행위를 할 우려가 있는 아동으로서 보호자가 없거나 친권자나 후견인이 입소를 신청한 아동 또는 가정법원, 지방법원 소년부지원에서 보호 위탁된 아동을 입소시켜 그들을 선도하여 건전한 사회인으로 육성하는 것을 목적으로 하는 시설 - 정서적·행동적 장애로 인하여 어려움을 겪고 있는 아동 또는 학대로 인하여 부모로부터 일시 격리되어 치료받을 필요가 있는 아동을 보호·치료하는 시설
공동생활가정	보호를 필요로 하는 아동에게 가정과 같은 주거 여건과 보호를 제공하는 것을 목적으로 하는 시설
자립지원시설	아동복지시설에서 퇴소한 자에게 취업준비 기간 또는 취업 후 일정 기간 보호함으로써 자립을 지원하는 것을 목적으로 하는 시설
아동상담소	아동과 그 가족의 문제에 대한 상담, 치료 예방 및 연구 등을 목적으로 하는 시설
아동전용시설	어린이 공원, 어린이 놀이터, 아동회관, 체육, 연극, 영화, 과학실험 전시시설, 아동휴게 숙박시설, 야영장 등 아동에게 건전한 놀이·오락, 기타 각종 편의를 제공하여 심신의 건강유지와 복지 증진에 필요한 서비스를 제공하는 것을 목적으로 하는 시설
지역아동센터	지역사회 아동의 보호·교육, 건전한 놀이와 오락의 제공, 보호자와 지역사회의 연계 등 아동의 건전육성을 위하여 종합적인 아동복지서비스를 제공하는 시설

출처 : 아동복지법 제52조 제1항.

(7) 아동보호전문기관의 설치와 운영

아동복지법은 학대아동의 보호 및 학대 예방사업 등의 전반적인 운영을 위하여 아동보호전문기관의 설치와 운영에 대한 규정을 두고 있다. 아동보호전문기관은 긴급보호조치, 긴급전화, 아동학대 신고 등과 관련한 아동학대 전반 업무를

수행하고 있으며 나아가서는 아동학대를 예방하고 해결하는 기능 등을 갖는다.

국가와 지방자치단체는 학대아동의 발견, 보호, 치료에 대한 신속한 처리 및 아동학대 예방을 전담하는 아동보호전문기관을 설치하여야 하는데, 아동보호전문기관의 주요 업무는 다음과 같다(제46조).

- 아동학대 신고접수, 현장조사 및 응급 보호
- 피해아동 상담·조사를 위한 진술녹화실 설치·운영
- 피해아동, 피해아동의 가족 및 아동학대행위자를 위한 상담·치료 및 교육
- 아동학대예방 교육 및 홍보
- 피해아동 가정의 사후관리
- 자체사례회의 운영 및 아동학대사례전문위원회의 설치·운영
- 그 밖에 대통령령으로 정하는 아동학대 예방사업과 관련된 업무

(8) 가정위탁지원센터의 설치와 운영

국가는 가정위탁사업을 활성화하고 지역 간 연계체계를 구축하기 위하여 가정위탁지원센터를 두며, 지방자치단체는 보호를 필요로 하는 아동에 대한 가정위탁사업을 활성화하기 위하여 지역가정위탁지원센터를 설치하도록 아동복지법은 정하고 있다(제48조).

가정위탁사업 활성화를 위한 보장원의 업무는 다음과 같다(제48조 제6항).

- 가정위탁지원센터에 대한 지원
- 효과적인 가정위탁사업을 위한 지역 간 연계체계 구축
- 가정위탁사업과 관련된 연구 및 자료발간
- 가정위탁사업을 위한 프로그램의 개발 및 평가
- 상담원에 대한 교육 등 가정위탁에 관한 교육 및 홍보
- 가정위탁사업을 위한 정보기반 구축 및 정보 제공
- 그 밖에 대통령령으로 정하는 가정위탁사업과 관련된 업무

다음은 동법에서 정하고 있는 가정위탁지원센터의 업무이다(제49조 제2항).

- 가정위탁사업의 홍보 및 위탁가정의 발굴
- 가정위탁을 하고자 하는 가정 및 가정위탁 대상 아동에 대한 상담
- 가정위탁 부모의 교육
- 위탁가정의 사례 관리
- 친부모가정으로의 복귀 지원
- 가정위탁 아동의 자립계획 및 사례 관리
- 관할 구역 내 가정위탁 관련 정보 제공
- 그 밖에 대통령령으로 정하는 가정위탁과 관련된 업무

(9) 비용

국가와 지방자치단체는 대통령령이 정하는 바에 의하여 다음에 해당되는 비용의 전부 또는 일부를 보조할 수 있다(제59조).

- 아동복지시설의 설치 및 운영과 프로그램의 운용에 필요한 비용 또는 수탁보호 중인 아동의 양육 및 보호 관리에 필요한 비용
- 보호를 필요로 하는 아동의 대리양육이나 가정위탁보호에 따른 비용
- 아동복지사업의 지도·감독, 계몽 및 홍보에 필요한 비용
- 아동복지전담기관의 설치·운영에 소요되는 비용
- 취약계층 아동에 대한 통합 서비스지원에 필요한 비용
- 보호대상 아동의 자립 지원에 필요한 비용
- 자산 형성지원 사업에 필요한 비용
- 아동복지단체의 지도·육성에 필요한 비용

2) 영유아보육법

보육사업의 주 근거가 되는 법으로, 영유아보육의 목적 및 정의, 이념, 책임, 관련 기관의 설치 등과 어린이집의 설치, 보육교직원, 어린이집의 운영, 건강·영

양 및 안전, 비용 지도 및 감독에 관한 기본 사항을 정하고 있다. 영유아보육법 시행령과 규칙에서는 관련 사업 운영에 관한 세칙을 다루고 있다.

1991년 영유아보육법은 보육사업의 통합 일원화를 위하여 처음 제정되었는데, 보육환경의 변화에 따른 보육서비스의 다양화와 질적 향상, 보육에 대한 공적 책임의 강화 등의 필요에 의해 지속적인 개정의 요구가 있어 왔고, 2004년 전면 개정으로 인하여 보육사업의 질적 발전을 위한 발판을 마련하였다고 볼 수 있다. 영유아보육법의 전면 개정으로 인해 나타난 새로운 변화는 "보육시설의 설치 신고제를 인가제로 전환하고, 보육시설의 평가인증제도와 보육교사 자격증 제도 도입, 취약 보육 및 저소득층 보육서비스지원 활성화와 직장보육시설 설치 활성화를 위한 내용, 저소득층 보육료 국가지원과 차등지원제도의 도입, 보육시설 설치·운영 경비 지원 내용 등이 포함됨으로써 보육서비스의 질을 향상시키고, 보육서비스를 다양화하였으며, 보육의 공적 책임을 강화한 것"으로 요약되어질 수 있다(보건복지부, 2004).

3) 입양특례법

보호가 필요한 아동의 입양 촉진과 양자로 되는 아동의 보호와 복지 증진을 도모하기 위하여 필요한 사항을 제정하기 위한 법으로, 양자 자격 요건, 양부모의 자격 요건, 입양의 절차, 입양기관의 업무, 입양아동 등에 대한 복지시책에 관하여 구체적으로 정하고 있다.

4) 사회복지사업법

사회복지사업법은 사회복지사업에 관한 기본적 사항을 정하고 있다. 동법의 규정에 의하면, 사회복지사업이란 사회복지를 필요로 하는 사람의 인간다운 생활을 할 권리를 보장하고 사회복지의 전문성을 높이며, 사회복지사업의 공정·투명·적정을 기하고 지역사회복지의 체계를 구축함으로써 사회복지 증진의 이바지를 목적으로 하는 사업이다. 사회복지사업법에서는 아동복지사업을 사회복지사업의 범주에 포함하고 있어서, 아동복지사업의 구체적 운영에 있어 관련 근거가 되기도 한다.

사회복지사업법 제3조에 의하면, "각각의 법률에 특별한 규정이 있는 경우를 제외하고는 이 법이 정하는 바에 의한다"고 규정하고 있어, 사회복지사업법은 각종 관계법의 모법으로서의 의미를 가진다고 볼 수 있다.

5) 국민기초생활보장법

국민기초생활보장법은 생활이 어려운 국민의 인간다운 최저생활을 영위할 수 있도록 보장해 주고, 스스로 독립된 사회인으로서 자립·자활하도록 조성해 주는 데 그 목적을 두고 있다. 본 법에서 정하고 있는 급여의 원칙은 공공책임의 원칙, 최저생활보장의 원칙, 보충성의 원칙, 자립조장의 원칙, 무차별 평등급여의 원칙이다. 급여의 종류로는 생계급여, 주거급여, 교육급여, 해산급여, 장제급여, 자활급여가 있다.

6) 한부모가족지원법

한부모가족이 건강하고 문화적인 생활을 영위할 수 있게 함으로써 한부모가족의 생활안정과 복지 증진에 기여함을 목적으로 하는 법률이다. 한부모가족지원법상의 제반 급여와 서비스를 받을 수 있는 적용 대상자는 모·부자가족으로, 구체적으로는 모와 부에 의하여 양육되는 아동이다. '모' 또는 '부'라 함은 배우자와 사별 또는 이혼하거나 배우자로부터 유기된 자, 정신 또는 신체장애로 인하여 장기간 근로능력을 상실한 배우자를 가진 자, 미혼자(사실혼은 제외)이며, '아동'이란 이러한 '모'와 '부'에 의해 양육되는 18세 미만의 자를 의미한다.

한부모가족지원법이 규정하고 있는 보호대상자는 여성가족부령이 매년 보호대상자의 최저생계비·소득수준 및 재산 정도 등을 고려하여 보호의 종류별로 정하는 기준에 해당하는 한부모가족으로 하고 있다.

7) 청소년 관계법

청소년 관계법으로는 청소년기본법과 청소년보호법 그리고 청소년복지지원법, 청소년활동진흥법 등이 있다. 청소년기본법은 청소년의 권리 및 책임과 가정·사회·국가 및 지방자치단체의 청소년에 대한 책임을 정하고 청소년정책에 관한 기본적인 사항을 규정함을 목적으로 하고 있다.

청소년보호법은 청소년에게 유해한 매체물과 약물 등이 청소년에게 유통되는 것과 청소년이 유해한 업소에 출입하는 것 등을 규제하고, 청소년을 유해한 환경으로부터 보호·구제함으로써 청소년이 건전한 인격체로 성장할 수 있도록 함을 목적으로 한다.

청소년복지지원법과 청소년활동진흥법은 청소년기본법에서 정한 청소년복지 증진에 관한 사항 및 다양한 청소년활동을 적극적으로 진흥하기 위하여 필요한 사항을 정하기 위해 제정된 법률이다.

8) 소년법과 보호소년 등의 처우에 관한 법률

소년법은 반사회성이 있는 소년의 환경 조정과 품행 교정을 위한 보호처분 등의 필요한 조치를 하고, 형사처분에 관한 특별조치를 함으로써 소년이 건전하게 성장하도록 돕는 것을 목적으로 한다. 소년법의 소년은 19세 미만의 자를 의미한다.

보호소년 등의 처우에 관한 법률은 소년원과 소년분류심사원의 조직과 기능 및 운영에 관하여 필요한 사항을 정하고 있다.

3 아동복지행정과 서비스 전달체계

1) 아동복지행정의 개념

사회복지행정은 학자에 따라 다양하게 개념 정의가 내려지고 있는데, 크게는 협의의 개념과 광의의 개념으로 구분된다. 협의의 개념에서는 행정을 하나의 실천방법으로 보고 있는데, 이러한 의미에서의 사회복지행정은 사회복지조직의 목표 달성을 용이하게 하기 위해 관리자에 의해 수행되는 상호의존적인 과업과 기능 및 관련활동 등의 체계적 개입 과정을 의미한다. 광의의 개념에서는 행정을 조직의 모든 활동 과정에 다양하게 기여하는 조직구성원의 협동적·조정적 노력으로 보고 있는데, 이러한 의미에서 사회복지행정은 사회정책을 사회복지서비스로 전환시키는 데 필요한 사회복지조직에서의 총체적인 활동을 말한다(최성재·남기민, 2001).

즉, 광의의 사회복지행정은 사회복지조직에서의 총체적 활동을 의미하는 것으로 목표 달성의 책임이 조직의 모든 구성원에게 공유되며, 따라서 사회복지조직 내의 모든 활동은 그것이 개인적 차원이든 조직적 차원이든 행정과정에서 매우 중요하다는 것을 강조함으로써 행정의 개념을 보다 민주화하고 있다(최성재·남기민, 2001).

오늘날 사회복지는 국가의 주요한 제도로 발전하고 있고, 이에 따라 사회복지서비스도 공적·사적 사회복지조직을 통해 전달되기 때문에 사회복지의 행정은 협의의 사회복지행정보다는 광의의 사회복지행정의 개념을 취하는 것이 바람직하다고 하겠다(김상균 외, 2002).

이러한 정의를 아동복지행정에 적용하면, 아동복지행정이란 아동복지정책을 아동복지서비스로 전환시키는 데 필요한 사회복지조직에서의 총체적인 활동이라 할 수 있을 것이다.

2) 아동복지서비스 전달체계

사회복지행정은 추상적인 사회복지정책을 구체적인 사회복지서비스로 전환하여 서비스를 필요로 하는 사람에게 전달하는 과정에 관한 활동이라 할 수 있다. 이러한 관점에서 보면, 사회복지서비스 전달체계에 대한 이해는 사회복지행정의 필수적인 부분이다. 사회복지서비스 전달체계란 지역사회 체계 속에서 사회복지서비스의 공급자와 소비자 간을 연결시키기 위한 조직적 장치라고 할 수 있다. 다시 말하면, 사회복지서비스 전달체계란 지역사회 내에 존재하는 사회복지서비스의 공급자 간을 연결시키기 위하여 또는 사회복지서비스의 공급자와 소비자 사이를 연결시키기 위하여 만들어진 조직적 체계이다(최성재·남기민, 2001).

사회복지서비스 전달체계는 운영주체에 따라 공적 전달체계와 사적(민간) 전달체계로 구분될 수 있다. 공적 전달체계는 정부(중앙 및 지방)나 공공기관이 직접 관리·운영하는 것을 말하고, 사적 전달체계는 민간(또는 민간단체)이 직접 관리·운영하는 것을 의미한다. 현재 우리나라에서의 사회복지서비스 공적 전달체계는 사회보험의 경우, 주로 보건복지부와 고용노동부의 감독 하에 설립된 공공기관 및 그 지부를 통하여 전달되고, 공공부조 및 사회서비스는 보건복지부에서 계획하여 지방자치단체의 행정체계를 통하여 전달되고 있다. 민간 전달체계는 지방자치단체의 감독 하에(특히 국가로부터 재정 지원을 받는 경우) 각각의 중앙 또는 지방조직을 통해 전달되거나 단독기관에서 전달하고 있다. 민간기관은 그 서비스별로 연합회나 협의회를 결성하여 서비스 질의 향상과 정부에 대한 집단적 정책 건의 등을 하고 있다(김상균 외, 2002).

이러한 관점에서 보면, 우리나라 아동복지서비스 전달체계는 보건복지부를 중심으로 여성가족부, 교육부, 고용노동부, 법무부 등의 관련 중앙정부 부처와 지방정부 그리고 아동복지법상 아동복지사업을 이행하기 위해 정하고 있는 아동복지시설, 아동보호전문기관, 아동정책조정위원회, 가정위탁지원센터, 지역아동센터 등이 있다. 또한 직접적인 아동복지서비스를 제공하는 전문 인력이 아동복지서비스 전달체계에 포함될 수 있겠다.

(1) 보건복지부

보건복지부와 그 소속기관 직제에 의하면, 보건복지부의 직무는 보건위생·방역·의정·약정·보건산업·기초생활보장·자활지원 및 사회보장 및 사회서비스 정책, 인구·출산·보육·아동 ·노인 및 장애인에 관한 사무를 관장하는 것(제3조)이다. 아동복지 관련 업무는 주로 인구정책실에서 관할하고 있는데, 인구아동정책관과 보육정책관이 소관 업무를 관장하게 된다.

인구아동정책관실에서는 아동복지에 관한 기본 계획의 수립과 조정에 관한 사항을 주요 업무로 한다. 구체적으로는 아동복지에 관한 종합 계획의 수립과 시행, 아동복지시설 지원, 가정위탁, 입양, 학대예방 및 보호 등 아동복지사업을 관할한다. 보육정책관실은 전반적인 영유아보육업무를 수행한다.

(2) 기타 관련 부처

아동복지와 관련된 중앙정부의 부처로는 여성가족부, 법무부, 교육부 그리고 고용노동부 등이 있다. 여성가족부 내 청소년가족정책실에서는 청소년과 관련된 제반 업무 및 가족 지원사업을 관할한다. 법무부의 경우 소년의 비행과 범죄에 관한 업무를 관장하고, 교육부에서는 특수아동에 관한 업무를 관할한다. 고용노동부의 경우 근로청소년에 관한 업무를 담당하고 있다. 이렇듯, 아동과 관련된 업무 관장 기관이 보건복지부 외에 여성가족부, 교육부, 법무부, 고용노동부 등에 산재되어 부처 간 통합적이고 유기적인 협력이 이루어지지 못하는 것이 주요한 문제로 제기되기도 한다.

(3) 지방정부

중앙정부의 아동복지사업에 의한 서비스 제공은 안전행정부의 조직을 통하여 이루어진다. 즉, 중앙정부, 시·도, 시·군·구의 단계를 거치게 되어 구체적인 서비스 제공은 읍·면·동사무소의 사회복지 전담공무원과 민간의 아동복지시설에 의하여 전달되는 것이다.

(4) 아동복지시설

국가 또는 지방자치단체가 아동의 시설보호조치 및 기타의 아동복지사업을 수행하기 위해 설치하는 시설이다. 또한 국가 또는 지방자치단체 이외의 자는 시장, 군수, 구청장에게 신고하여 설치할 수 있다. 아동복지법에서 규정하고 있는 아동복지시설은 생활시설과 이용시설로 분류할 수 있는데, 입소서비스를 제공하는 생활시설로는 아동양육시설, 아동일시보호시설, 아동보호치료시설, 자립지원시설, 공동생활가정이 있고, 이용시설로는 아동상담소, 아동전용시설, 지역아동센터가 해당된다.

(5) 아동보호전문기관

종전의 '아동학대 예방센터'로, 아동복지법상 명칭과 달리 표현함으로써 행정상 혼란을 방지하기 위해 법적 공식명칭인 '아동보호전문기관'으로 통일되었다. 지역아동보호전문기관은 피학대아동을 신속하게 보호하고자 접근성을 고려하여 설치된 것이다. 중앙 및 지역아동보호전문기관은 2020년 현재, 총 68개소가 설치·운영되고 있고, 시·군·구 지역아동보호전문기관은 67개소가 설치·운영되고 있다. 중앙아동보호전문기관의 업무를 담당하고 있는 아동권리보장원은 전국 아동보호전문기관의 업무지원, 아동학대 예방사업 정책 건의 및 홍보사업, 아동학대 관련 각종 연구 및 프로그램 개발 등을 수행한다. 지역아동보호전문기관은 아동학대 신고전화 운영을 통한 신고접수 및 현장조사, 응급보호, 서비스 제공, 아동학대 피해아동·학대행위자 상담, 교육 및 서비스 제공·연계, 아동학대 사례판정위원회 설치·운영 및 자체 사례회의 운영, 아동학대 예방교육 및 홍보 등의 업무를 관장한다(보건복지부, 2020a).

(6) 아동정책조정위원회

아동복지법에 근거한 아동정책조정위원회는 아동정책을 총괄하고 그 이행을 평가하기 위하여 2004년 9월 설치되었다. 주요 업무로는 아동정책 및 아동의 권리 증진 기본방향, 아동정책의 개선과 예산지원, 아동정책의 관련 부처 간 협조, 아동 관련 국제조약의 이행·평가·조정에 관한 사항 등이 있다. 위원장은 국무총리이며, 정부위원 및 민간위원 25인 이내로 구성된다.

(7) 가정위탁지원센터

가정위탁지원센터는 가정위탁사업의 홍보 및 위탁가정의 발굴, 가정위탁을 하고자 하는 가정 및 가정위탁 대상 아동의 조사, 가정위탁 부모교육, 가정위탁을 하는 가정의 사후관리 등의 업무를 위하여 설치된 기관으로, 2018년 기준, 중앙가정위탁지원센터 1개소와 지역가정위탁지원센터 17개소가 설치·운영되고 있다.

(8) 지역아동센터

기본적으로 빈곤·위기 아동의 지역 내 보육을 실현하기 위하여 설치된 기관으로, 지역사회 안에서 아동의 권리보장과 안전한 보호 및 급식 지원으로 결식의 예방을 목표로 하고 있다. 지역아동센터는 이외에도 아동의 학습능력 향상과 학교부적응 해소 등과 같은 교육적 기능과 아동의 심리·정서적 안정을 도모하는 정서적 지원의 기능 그리고 문화체험 및 다양한 문화경험의 장을 제공하는 문화서비스 제공의 기능을 수행한다.

(9) 아동복지 전문 인력

아동복지사업과 관련된 서비스는 실제적으로는 서비스 전달자에 의하여 실행된다고 볼 수 있다. 아동복지서비스는 원칙상 그 제공 업무 분야에 따라 전문가에 의해 실행되는 것이 원칙이다. 물론 아동복지서비스가 그 특성에 따라 반드시 전문가가 해야 하는 것은 아니지만 핵심적인 주요 업무는 반드시 전문가가 담당하는 것이 바람직하다. 아동복지 분야의 종사자는 전문성의 정도에 따라 전문가, 준전문가 그리고 비전문가로 구분될 수 있다. 전문가란 상식적으로 그 자격이 객관적으로 인정된 사람(국가 또는 전문 직업단체의 시험 또는 기타 자격심사에 의하여 자격증을 부여받은 사람)으로 자신의 전문적 업무에 대한 권위와 자율적 결정권 및 책임성을 지는 사람을 의미한다(최성재·남기민, 2001).

아동복지법에 의하여 그 자격 조건이 규정되어 있는 아동복지 전문가는 아동위원과 아동복지시설 종사자, 아동보호전문기관 종사자가 있으며, 영유아보육법은 보육교직원 그리고 입양 촉진 및 절차에 관한 특례법에서는 입양기관의 아동상담원의 자격 조건을 정하고 있다. 〈표 3-2〉와 〈표 3-3〉은 아동복지법과 관계법에 의한 아동복지 전문인력에 관한 자격 조건을 보여 준다.

〈표 3-2〉 아동복지시설 종사자의 직종별 자격 기준

직종별	자격 기준
아동복지 시설의 장	1. 사회복지사업법에 따른 사회복지사 2급 이상의 자격 취득 후 아동과 관련된 사회복지업무에 3년 이상 또는 사회복지사업에 5년 이상 종사한 경력이 있는 사람 2. 학대아동보호사업과 관련된 기관에서 3년 이상 근무한 경력이 있는 사람 3. 7급 이상 공무원으로서 국가나 지방자치단체에서 사회복지사업에 관한 행정업무에 5년 이상 종사한 경력이 있는 사람 4. 의료법에 따른 의사·한의사 또는 치과의사 면허 취득 후 3년 이상 진료경력이 있는 사람 5. 정신보건법에 따른 정신보건전문요원 자격 취득 후 사회복지업무에 5년 이상 종사한 경력이 있는 사람 6. 영유아보육법에 따른 보육교사 1급 자격 취득 후 아동과 관련된 사회복지업무에 5년 이상 종사한 경력이 있는 사람 7. 유치원, 초등학교 또는 중등학교 교사자격증 취득 후 사회복지사업에 5년 이상 종사한 경력이 있는 사람 8. 직업훈련교사, 간호사, 영양사 자격 취득 후 사회복지사업에 5년 이상 종사한 경력이 있는 사람
사무국장	1. 사회복지사업법에 따른 사회복지사 2급 이상의 자격 취득 후 아동과 관련된 사회복지업무에 1년 이상 또는 사회복지사업에 3년 이상 종사한 경력이 있는 사람 2. 학대아동보호사업과 관련된 기관에서 1년 이상 근무한 경력이 있는 사람 3. 9급 이상 공무원으로서 국가나 지방자치단체에서 사회복지사업에 관한 행정업무에 3년 이상 종사한 경력이 있는 사람 4. 정신보건법에 따른 정신보건전문요원 자격 취득 후 사회복지사업에 3년 이상 종사한 경력이 있는 사람 5. 영유아보육법에 따른 보육교사 1급 자격 취득 후 사회복지사업에 3년 이상 종사한 경력이 있는 사람 6. 유치원, 초등학교 또는 중등학교 교사자격증 취득 후 사회복지사업에 3년 이상 종사한 경력이 있는 사람 7. 직업훈련교사, 간호사, 영양사 자격 취득 후 사회복지사업에 3년 이상 종사한 경력이 있는 사람
보육사	1. 사회복지사업법에 따른 사회복지사 3급 이상 자격이 있는 사람 2. 영유아보육법에 따른 보육교사 자격이 있는 사람 3. 유치원, 초등학교 또는 중등학교 교사 자격이 있는 사람
생활복지사 또는 상담지도원	1. 사회복지사업법에 따른 사회복지사 2급 이상 자격이 있는 사람 2. 유치원, 초등학교 또는 중등학교 교사 자격이 있는 사람 3. 영유아보육법에 따른 보육교사 1급 자격을 가진 사람
직업훈련 교사	1. 근로자직업능력 개발법에 따른 직업능력개발훈련 교사 자격이 있는 사람 2. 학원의 설립·운영 및 과외 교습에 관한 법률에 따른 학원강사 자격이 있는 사람
임상심리 상담원	고등교육법에 따른 대학 이상의 학력이 있다고 교육부장관이 인정하는 학교에서 심리 관련 학과를 졸업하고, 임상심리사 2급 이상 자격이 있는 사람

직종별	자격 기준
자립지원 전담요원	1. 근로자 직업능력개발법에 따른 직업능력 개발훈련 교사 자격이 있는 사람 2. 사회복지사업법에 의한 사회복지사 2급 이상의 자격이 있는 사람 3. 초등학교 또는 중등학교 교사 자격이 있는 사람 4. 대학 또는 이와 같은 수준 이상의 학력이 있다고 교육부장관이 인정하는 학교 졸업자로서 아동복지 또는 사회복지 관련 학과를 졸업하고 1년 이상 아동복지에 종사한 경력이 있는 사람

출처 : 아동복지법 시행령 제52조 관련 〈개정 2018. 3. 6.〉

〈표 3-3〉 아동복지 전문인력 자격 조건

직종별	자격 기준	관계법
아동복지 전담공무원	– 아동복지전담공무원은 사회복지사의 자격을 가진 사람으로 하고 그 임용 등에 필요한 사항은 해당 시·도 및 시·군·구의 조례로 정한다.	아동복지법
아동보호 전문기관 종사자	1. 아동보호전문기관의 장은 아동보호전문기관에서 3년 이상의 상담원으로 근무한 경력이 있는 사람, 사회복지사 1급 취득 후 아동복지 관련 업무에 5년 이상 또는 사회복지사업에 7년 이상 종사한 사람, 아동복지행정업무에 7급 이상 공무원으로 5년 이상 종사한 경력이 있는 사람 2. 상담원은 다음의 어느 하나에 해당되는 사람으로 대학 등을 졸업 또는 법에서 정하고 있는 아동보호전문기관 상담원의 교육과정을 이수한 사람 ① 사회복지사 1급 자격이 있는 사람 ② 대학 등에서 심리학과를 졸업한 사람 또는 보건복지부령으로 정하는 아동복지 또는 사회복지 관련 교과목을 이수하고 졸업한 사람 3. 임상심리치료 전문 인력은 임상심리사 자격이 있거나 놀이치료, 미술치료, 음악치료, 심리상담 등 전문적인 치료를 할 수 있는 등 피해아동의 심리치료를 할 수 있는 사람	아동복지법
가정위탁 지원센터 종사자	1. 센터의 장은 사회복지사 1급 자격이 있는 사람, 학대아동보호사업과 관련한 기관에서 3년 이상 근무한 경력이 있는 사람, 7급 공무원으로 국가나 지방자치단체에서 사회복지사업 행정업무에 5년 이상 종사한 경력이 있는 사람, 정신보건전문요원 자격 취득 후 사회복지 업무에 5년 이상 종사한 경력이 있는 사람, 보육교사 1급 자격 취득 후 아동복지업무에 5년 이상 종사한 경력이 있는 사람 등 2. 상담원은 사회복지사 1급 자격이 있는 사람, 대학 등에서 심리학과 또는 보건복지부령으로 정하는 아동복지 또는 사회복지 관련 교과목을 이수하고 졸업한 사람 3. 임상치료 전문 인력은 임상심리사 자격이 있거나 놀이치료, 미술치료, 음악치료, 심리상담 등 전문적인 치료를 할 수 있는 등 아동의 심리치료를 할 수 있는 사람	아동복지법

직종별	자격 기준	관계법
보육교직원	1. 원장 ① 보육교사 1급 자격을 취득한 후 3년 이상의 보육 등 아동복지업무 경력이 있는 사람 ② 「유아교육법」에 의한 유치원 정교사 2급 자격을 취득한 후 3년 이상의 보육 등 아동복지업무 경력이 있는 사람 ③ 유치원 원장의 자격을 가진 사람 ④ 「초·중등 교육법」에 의한 초등학교 정교사 자격을 취득한 후 5년 이상의 보육 등 아동복지업무 경력이 있는 사람 ⑤ 「사회복지사업법」에 의한 사회복지사 1급 자격을 취득한 후 5년 이상의 보육 등 아동복지업무 경력이 있는 사람 ⑥ 「의료법」에 의한 간호사 자격을 취득한 후 7년 이상의 보육 등 아동복지업무 경력이 있는 사람 ⑦ 국가 또는 지방자치단체에서 7급 이상의 공무원으로 보육 등 아동복지업무에 5년 이상 근무한 경력이 있는 사람 2. 보육교사 1급 ① 보육교사 2급 자격을 취득한 이후 3년 이상의 보육업무 경력과 보건복지부장관이 정하는 승급교육을 받은 사람 ② 보육교사 2급 자격과 보육 관련 대학원에서 석사학위를 취득한 자로서 1년 이상 보육업무 경력과 보건복지부장관이 정하는 승급교육을 받은 사람 3. 보육교사 2급 ① 전문대학 또는 이와 동등 이상의 학교에서 보건복지부령이 정하는 보육 관련 교과목 및 학점을 이수하고 졸업한 사람 ② 보육교사 3급 자격을 취득한 이후 1년 이상의 보육업무 경력과 보건복지부장관이 정하는 승급교육을 받은 사람 4. 보육교사 3급 - 고등학교 또는 이와 동등 이상의 학교를 졸업한 사람으로 보건복지부령이 정하는 교육훈련시설에서 정해진 교육과정을 수료한 사람	영유아 보육법
입양기관 종사자	1. 아동상담원 ① 대학 또는 이와 동등 이상의 학교에서 사회복지 또는 아동복지 관련 분야를 전공한 사람 ② 대학을 졸업하고 입양기관에서 2년 이상 입양에 관한 업무에 종사한 경력이 있는 사람 ③ 아동복지법에 의한 아동복지전담공무원으로 3년 이상 근무한 경력이 있는 사람	입양특례법

이 외에 아동복지법에서 정하고 있는 아동위원은 지역사회 아동의 생활상태 및 가정환경을 파악하고 아동복지에 관하여 필요한 원조와 지도를 행하기 위한 일종의 명예직 또는 자원봉사직으로, 전문인력으로 보기에는 어렵다. 청소년기

본법에서는 청소년 지도사와 청소년육성전담 공무원, 청소년 상담사와 같은 청소년복지 관련 전문인력의 자격 기준을 정하고 있다.

4 아동복지정책과 행정의 개선방향

1) 보편주의적 정책 지향

아동분야사업안내에 의하면, 아동복지사업의 실제 운영 면에서는 보호가 필요한 아동을 위한 아동학대 예방사업, 실종아동 등의 보호 및 지원, 입양 및 가정위탁보호사업, 보호아동지원사업, 소년소녀가정 지원, 저소득층 아동을 위한 지역아동센터사업, 보호아동 자립지원사업, 자립수당 등에 대한 추진계획이 주류를 이루고 있음을 알 수 있다.

보호가 필요한 아동을 위한 아동복지정책은 보다 사후적이고 치료적인 특성을 갖는 반면 모든 아동을 대상으로 하는 아동복지정책은 보다 사전적이며 예방적인 성격을 갖게 되는 것은 주지의 사실이다. 따라서 그 효율성이라는 측면에서 평가한다면 아동복지뿐만 아니라 모든 사회복지 분야에서 사전적인 예방적 정책의 필요성을 강조하게 되는 것이다.

보편주의적 아동복지정책을 위하여 지속적으로 그 필요성이 언급되는 것은 아동수당제도의 도입이다. 아동수당제도는 아동양육에 드는 비용을 국가가 보조함으로써 가정의 빈곤화를 방지하고 아동이 건강하게 성장할 수 있도록 도와주는 제도적 장치가 되어 준다. 2020년 6월 현재, 대한민국 국적을 가진 만 7세 미만의 모든 아동에게 매달 10만 원씩 아동수당이 지급되고 있어 보편주의적 아동복지정책으로의 출발을 하였다고 평가할 수 있겠다.

2) 아동복지법 및 관계법의 기능 강화

우리나라 아동복지법은 이념상으로는 보편적 아동복지를 표방하고 있지만, 법에서 규정하고 있는 내용은 주로 보호가 필요한 아동에 대한 보호사업을 중심으로 하고 있다. 따라서 보다 일반적이고 보편적인 아동을 대상으로 하는 가족기능 강화 사업에 대한 내용이 보강되어질 필요가 있다. 아울러 아동복지사업의 여건이 시설 중심에서 가정보호 중심으로 전환되어 가고 있고, 우리나라 역시 가정위탁보호 및 입양사업의 활성화가 중요한 정책의 기조가 되는 상황을 감안하면 가정위탁사업에 관련된 규정이 강화되어질 필요가 있음을 시사받는다. 더 나아가 입양사업의 근거가 되는 입양특례법은 입양사업의 활성화를 위하여 입양에 대한 국가 및 사회의 의무를 구체적으로 적시하고, 입양기관의 감독권 및 입양 부모의 조건을 변화하고 있는 사회적 현실을 반영하여 개정되어질 필요가 있다.

3) 아동복지서비스 전달체계의 개선

우리나라 아동복지서비스 전달체계는 중앙정부의 주무 부처인 보건복지부를 비롯하여 여성가족부, 교육부, 법무부, 고용노동부 등으로 산재되어 있고, 일선의 지방정부의 관련 부서를 통하여 아동복지사업이 이루어지고 있다. 이렇게 아동복지정책을 주관하는 부처가 분산되어 있어 정책의 일관성에 문제가 발생할 수 있고, 보다 통합적인 방향으로의 아동복지정책 실행이 어려운 상황이다.

또한 공적 전달체계와 민간 전달체계의 긴밀한 협력과 연계가 이루어져야 함에도 불구하고 우리나라의 아동복지를 비롯한 사회복지 전 영역에 걸쳐 지역사회 민간자원과의 연계 협력 미흡은 사회복지 전달체계의 중요한 문제로 대부분 나타난다. 따라서 아동복지서비스에 있어 공적 전달체계와 민간 전달체계가 긴밀하게 협력할 수 있는 방안이 마련되어야 할 것이다.

아 • 동 • 권 • 리 • 와 • 복 • 지

4

CHAPTER

아동복지실천 방법

본 장에서는 아동이 지닌 발달적 특성을 고려하면서 아동복지실천을 위한 개별 접근 및 집단 접근에 대해 살펴보고자 한다. 개별 아동복지의 실천은 접수면접, 탐색, 사정, 개입, 평가 및 종결의 과정을 거쳐 진행되는 것이 일반적이다. 특히 놀이치료는 아동의 의사소통 방식인 놀이를 통해 이들의 심리정서적 문제를 해결할 수 있어 주목받고 있다. 집단 아동복지실천은 집단이 지닌 역동성과 상호작용을 어떻게 활용하는가에 따라 그 효과성에 차이가 나타날 수 있다.

1 아동복지실천 대상의 특성

아동복지실천은 클라이언트로서 아동이 지닌 독특한 발달적 특성을 고려하는 것이 중요하다. 아동복지실천에서 고려되어야 할 아동의 특성은 다음과 같다(김성경·김혜영·최현미, 2009).

첫째, 아동은 성숙과정 중에 있다. 인간의 생애주기에 있어 아동기는 신체적·인지적·사회정서적 발달이 완성된 단계가 아니라 변화과정 중에 있으며, 유동적이라는 특성을 지닌다. 성인보다 외부 영향에 민감하게 반응하되 아직 방어기제가 견고하게 형성되어 있지 않으며, 내면적 충동과 외부의 요구를 타협하고 조절하는 능력이 충분히 발달되지 못했다. 또한 심리적 갈등에 대처하는 전략과 문제해결 능력도 아직 다양하지 못하다.

둘째, 영유아기 아동은 인지적 발달에 있어 현실과 환상의 경계가 뚜렷하지 못하다. 언어발달이 진행 중이므로 문법 및 어휘사용이 제한적이며, 자신의 감정을 행동이나 놀이로 표현하는 특성을 보인다.

셋째, 성숙과정 중에 있다는 특성으로 인해 아동은 부모를 비롯한 성인에게 의존할 수밖에 없으며, 부모는 아동을 보호하고 양육할 법적·사회적 의무를 지닌다. 따라서 아동복지실천은 반드시 부모 또는 보호자를 포함하여 개입해야 할 필요가 있다. 때로는 교사, 가정의학과나 소아청소년과 의사 그리고 아동에 관한 정보를 가진 다른 전문가들과 협력하는 것이 포함된다.

넷째, 미성년이라는 아동의 특성으로 인해 아동복지실천 현장에서 만나게 되는 대상 아동의 대부분은 비자발적 클라이언트다. 아동은 문제를 인식한 부모 또는 보호자가 데리고 오는 비자발적 클라이언트로서 문제를 인식하지 못하거나 저항적인 태도를 가질 수 있다.

2 아동복지실천 접근 방법

1) 개별 아동복지실천

개별 아동복지실천은 아동이 경험하는 어려움 또는 문제의 해결을 위하여 아동 개개인에 대한 개입을 통해 서비스를 제공하는 것이다. 아동이 자신의 발달단계에 적합한 발달과업을 수행하지 못할 때 개별 아동복지실천을 통해 정상적인 성장을 방해하는 문제요인을 발견하고 대처전략을 마련하도록 도울 수 있다.

특히 개별 아동복지실천은 신체적·인지적·사회정서적 역기능으로 인해 아동의 자존감이 낮을 때 적절한 개입방법이다. 전문가인 성인과의 일대일 관계는 무력해진 아동에게 힘을 주고, 자신의 가치감을 느끼게 하는 데 효과적이다. 아동은 부모의 칭찬에 익숙해져 있기 때문에 이를 과소평가하는 경향이 있으므로, 혈연관계가 아닌 성인으로부터 주어지는 지지와 관심은 긍정적 효과가 높다. 동시에 아동복지 전문가는 부모가 아동의 낮은 자존감을 지지해 줄 수 있도록 부모상담을 함께할 필요성을 인식해야 한다.

본 장에서는 개별 아동복지실천의 과정을 접수면접단계, 탐색단계, 사정단계, 개입단계, 평가 및 종결단계로 구분하고 각 단계별로 설명하고자 한다(Rose & Fatout, 2003).

(1) 실천과정

① 접수면접단계

접수면접(intake interview)은 클라이언트가 기관에 전화를 하거나 직접 방문하여 이루어지는 첫 번째 단계다. 아동은 비자발적 클라이언트일 가능성이 높으므로 부모 또는 보호자와 함께 방문하는 경우가 많다. 아동복지 전문가는 아동뿐만 아니라 부모 또는 보호자와 함께 접수면접을 진행하게 된다. 이 단계의 과업은 아동의 문제를 파악하고, 파악된 문제해결을 위해 해당 기관이 제공 가능한 서비스를 확인하여, 전문적 개입에 대한 합의를 도출하는 것이다.

먼저 아동복지 전문가는 부모 또는 보호자로부터 명백하게 드러나는 아동의 문제가 무엇이며, 기관을 찾게 된 주요 동기를 확인한다. 가능하면 아동과의 면접을 통해 아동 스스로가 현재의 상황을 어떻게 생각하며, 아동이 느끼는 어려움과 욕구가 무엇인지 파악한다. 또한 아동의 행동 및 특성, 부모의 대처방식 등에 대한 초기 탐색을 시작한다. 접수면접단계에서 아동과 관련해 〈표 4-1〉과 같은 내용을 체크해 볼 수 있다.

〈표 4-1〉 초기 면접 시 다루어지는 영역

영 역	내 용
외양과 행동	• 아동의 모습과 전반적인 행동 • 면접 시 보이는 행동 및 발달특성상의 적절성 • 면접에 대한 아동의 태도
언어와 대화	• 언어의 일반적인 흐름 • 언어 내용과 일반적인 톤, 말 더듬기 등의 언어행동 • 언어와 비언어적 대화 사이의 관계 • 아동이 대화에 나타내는 관심도
사고의 내용	• 아동이 자발적으로 논의하고자 하는 것 • 되풀이되거나 문제가 있는 분야 • 망상, 공포증, 강박관념 등의 심리 병적인 증상
감각동작 기능	• 감각의 손상 • 총체적인 운동통합의 적절성 • 미세한 운동통합의 적절성 • 운동장애의 징조
인지 기능	• 아동의 현재 시간, 장소, 사람에 대한 판단력 • 아동의 집중력과 정신력 • 아동의 기억량과 정확도
정서 기능	• 아동의 기분상태 및 변동 사항 • 아동의 정서표현에 대한 대화와 언어의 적절성 및 자기평가 • 자기보고와 아동의 행동 간의 일치성
통찰과 판단	• 면접에 오게 된 이유에 대한 아동의 생각 • 아동의 문제인식 및 일상생활에 대한 판단 • 충고와 도움에 대한 아동의 수용력 판단

출처 : 곽금주(2002).

다음으로는 아동복지 전문가가 접수면접을 통해 파악한 아동의 문제가 해당 기관에서 제공하는 서비스를 통해 개선될 수 있는지 확인하는 것이다. 아동복지 전문가는 아동 및 부모에게 해당 기관에서 수행될 서비스에 대해 설명하고, 서로의 책임과 권리, 원조과정의 원칙에 관해 숙지시키는 것이 필요하다. 아동과 부모가 동의하는 경우, 잠정적인 합의를 이끌어 내어 다음 단계로 진행한다.

만일 접수면접단계에서 확인된 아동의 문제가 해당 기관의 서비스 내용이나 기능에서 벗어난다면 타 기관에 의뢰하도록 한다. 타 기관에 의뢰할 때는 가능한 구체적인 정보를 제공하여 의뢰가 효과적이도록 노력한다.

② 탐색단계

탐색단계는 아동복지 전문가가 아동 및 부모를 만나서 문제에 개입하기 위해 상황에 대한 사실을 수집하고, 관찰하며, 이를 조직화하는 단계다. 생태학적 관점(ecological theory)을 중심으로 할 때 아동 개인의 발달사뿐만 아니라 아동이 상호작용하는 가족, 친인척, 또래집단, 교육기관, 종교기관, 지역사회 등의 사회적 관계망을 함께 고찰하는 것이 필요하다.

▮ 아동 개인의 발달사

아동의 출생부터 현재에 이르는 발달단계별 주요 사건, 발달 상태, 기능 수행 등을 조사한다. 부모나 보호자로부터 아동의 성장과정 중 병력(病歷), 신체적 능력, 인지적 기능, 사회적 대인관계 등에 대한 정보를 입수하고, 그 외에 특정 지체나 장애, 정신병리적 진단 여부를 확인한다.

아동의 발달정도 및 기능 수행능력을 조사하기 위해 다양한 측정도구나 심리검사를 실시할 수 있다. 그러나 이러한 측정도구나 검사를 해석하는 것은 훈련받은 전문가의 도움을 받는 것이 바람직하며, 함부로 검사결과를 해석하여 아동의 상태를 잘못 진단하는 오류를 범하지 않도록 주의해야 한다.

현재 아동이 보이는 문제행동과 관련된 정보를 아동의 발달사와 연관해 탐색하는 것이 좋다. 문제가 처음 나타난 시기가 언제였으며, 유사한 문제가 과거에도 나타난 적이 있는지, 최근 문제의 양상은 어떻게 심화되고 있는지, 부모는 아동의 문제에 대해 어떻게 반응했는지 등을 조사한다.

심리검사

심리검사는 상담을 시작하기 전 아동의 현재 발달상태나 주 호소 문제에 대한 원인을 파악하기 위한 객관적인 자료가 된다. 이를 바탕으로 상담자는 내담 아동을 위한 좀 더 효과적인 치료계획과 목표를 세울 수 있고, 상담에 적용하는 데 있어 도움을 얻을 수 있다. 중요한 것은 심리검사 결과를 절대적인 기준으로 판단하기보다는 아동을 이해하기 위한 하나의 참고자료라고 생각해야 한다는 점을 유념해야 한다. 임상현장에서는 발달수준이나 인지능력이 의심되는 아동, 기질적인 장애가 의심되는 아동 등의 경우 심리검사를 필요로 하며, 상담 전 탐색단계에서 다양한 측정도구나 심리검사를 실시할 수 있다. 하지만 종종 현실적인 비용문제, 중복된 심리검사에 대한 불필요성, 심리검사결과에 대한 두려움 등 때문에 부모가 심리검사를 원하지 않는 경우가 발생할 수 있다. 이와 같은 경우 부모의 요구를 반영하여 심리검사를 생략하는 경우도 있다.

일반적으로 아동은 성인에 비해 검사환경에 영향을 많이 받는다. 피곤하거나 졸린 상태에서 검사를 실시하는 경우이거나 낯선 상황에서 긴장이 심한 아동일 경우 자신의 기능을 제대로 발현하기 어렵다. 또한 집중력과 조절능력이 짧기 때문에 이와 같은 점을 고려하여 검사 시 장시간의 평가보다는 여러 번 나누어 검사할 필요가 있으며, 검사자와 상담자가 동일할 경우 초기 라포를 형성하는 데 어려움이 유발될 수 있으므로 이를 피하는 것이 좋다.

다음은 아동용 웩슬러 지능검사인 K-WISC-Ⅴ와 카우프만 아동용 지능검사인 K-ABC-Ⅱ 검사 도구이다.

K-WISC-Ⅴ

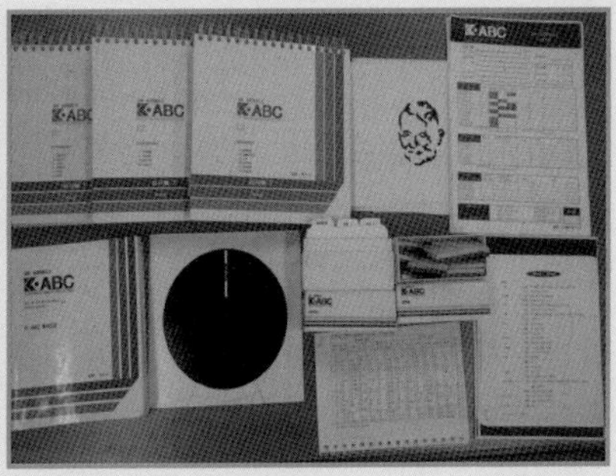

K-ABC-Ⅱ

임상현장에서는 일반적으로 검사총집(full-battery)을 실시한다. 총집은 인지평가, 성격검사, 신경심리검사, 부모성격검사로 나누어 진행된다. 구체적으로 첫째, 전반적인 지적 기능을 측정하는 인지평가에서는 웩슬러 아동지능검사(만 6~16세) 혹은 웩슬러 유아지능검사(만 2세 6개월~7세 7개월)를 실시한다. 두 번째 성격검사는 로샤검사(Rorschach), 아동용 주제통각검사(CAT)가 주된 검사이며, 집-나무-사람검사(HTP), 가족동작화 검사(KFD), 문장완성검사(SCT)를 보조검사로 활용한다. 성격검사는 아동의 언어가 제한적이기 때문에 대부분 그림을 보고 말하게 하거나, 그림을 그리게 하여 자신의 내면세계를 투사하는 방법으로 이루어진다.

> 세 번째, 신경심리검사는 신경학적으로 취약하거나 손상이 고려되는 경우 보조적으로 실시하는 것이다. 벤더 게스탈트 검사 또는 시각-운동통합 발달검사가 있다. 네 번째, 부모성격검사는 보통 부모-자녀관계를 파악하기 위해 실시한다. 다면적인성검사(MMPI)와 성인용 문장완성검사(SCT)를 실시한다. 심리검사는 임상심리학회에서 훈련받은 임상심리 전문가가 실시하는 것이 가장 공신력이 있다.
>
> 출처 : 학지사 인싸이트(http://inpsyt.co.kr)

가계도 조사

가족은 아동의 가장 중요한 미시체계로서, 가계도를 이용하여 각 가족구성원에 대한 정보, 가족의 사회경제적 배경, 가족 내 권력관계, 가족 규칙, 가족가치관, 가족문화 등에 대해 조사한다. 부부관계, 부모-자녀관계, 형제-자매관계로 나누어 탐색하는 것이 효과적이며, 가족역동의 기능적인 측면과 역기능적인 측면을 함께 파악하도록 노력한다. 탐색단계에서 파악할 수 있는 아동의 가계도는 아래 [그림 4-1], [그림 4-2]와 같이 나타낼 수 있다.

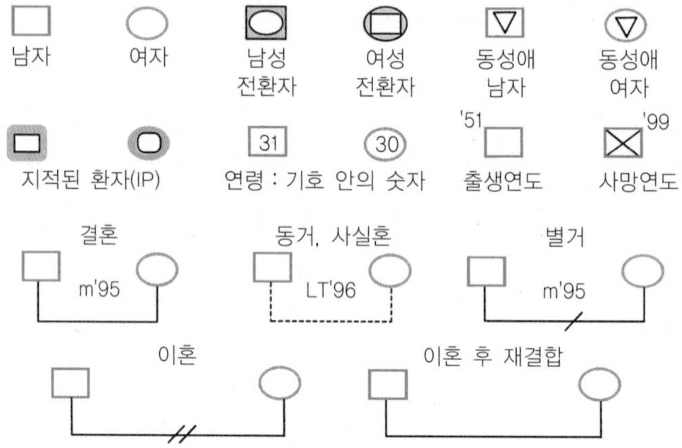

출처 : 이영분·김유숙·정혜정·최선령·박정희 역(2005); MCGoldrick, Gerson, & Shellenberger(1999).

[그림 4-1] 가계도 표준기호(그림 계속)

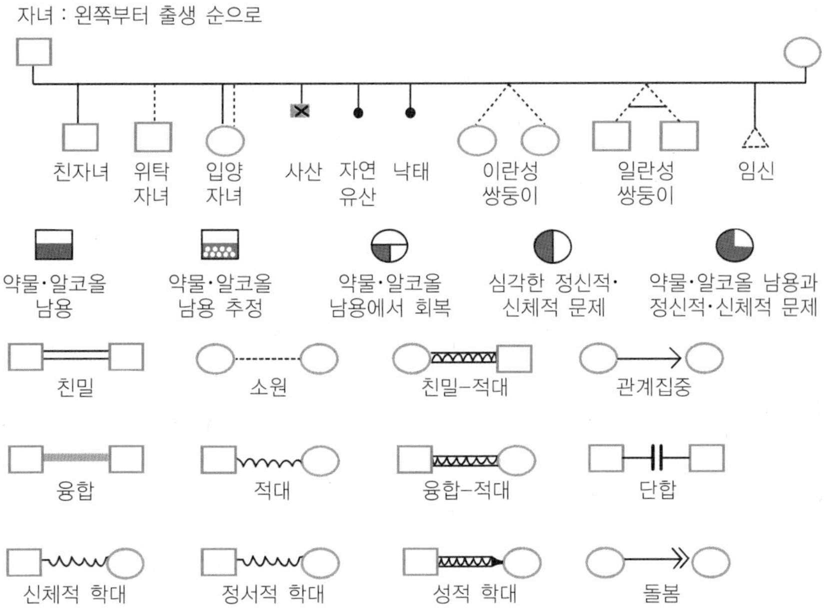

[그림 4-1] 가계도 표준기호

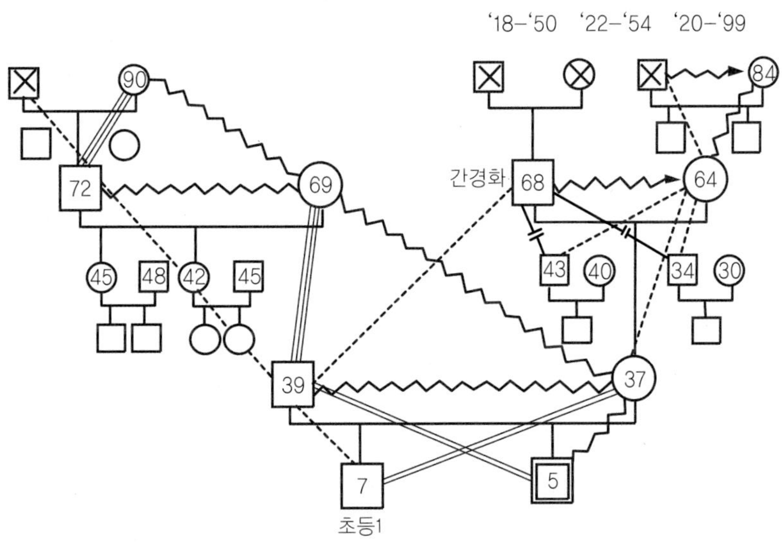

출처 : 최규련(2008).

[그림 4-2] 가계도의 예

▎사회적 관계망 조사

아동 및 가족이 상호작용하는 외체계로서 사회적 관계망을 조사하는 것이 필요하다. 사회적 관계망은 아동을 중심으로 확대가족, 또래집단, 아동의 연령에 따라 어린이집이나 학교, 종교기관, 이웃 등이 포함된다. 사회적 관계망에 대한 탐색의 목적은 아동 및 그 가족에게 주요 타자(significant others)로 기능할 수 있는 주체를 찾아내는 데 있다. 예를 들어, 가족이 특정 종교를 믿고 교회나 사찰활동을 열심히 하는 경우 그 종교기관의 성직자는 가족에게 영향력 있는 주요 타자 역할을 할 수 있다. 또 다른 예로, 아동이 학교를 다니는 경우 담임교사가 주요 타자 역할을 할 수 있다. 사회적 관계망 내의 주요 타자를 파악한 후 아동복지 전문가는 이들과 연계하여 아동을 지원하거나 환경자원을 발굴하여 가족에게 연계하는 작업을 할 수 있다(최옥채, 2010).

③ 사정단계

사정단계는 탐색단계와 분리되기보다는 함께 이루어지는 과정으로서, 탐색단계에서 수집된 정보를 조직화하여 분석하는 단계다. 수집된 자료를 사정할 때도 다음과 같이 아동 개인에 대한 사정, 가족에 대한 사정, 사회적 관계망에 대한 사정으로 구분하여 볼 수 있다.

아동 개인에 대한 사정

아동 개인에 대한 사정은 생애주기상의 과업 수행을 중심으로 아동의 발달 정도를 분석하고 이해하는 것이다. 이를 위해 아동복지 전문가는 다음과 같은 내용에 주목할 필요가 있다.

첫째, 아동의 발달단계상의 과업 수행을 분석한다.

- 아동이 연령에 맞는 신체적·인지적·사회정서적 기능을 수행하고 있는가?
- 발달 지체나 퇴행을 보이는 특정 영역이 있다면 무엇인가?
- 이러한 지체와 관련된 사건은 무엇이며, 현재 나타난 문제행동과 어떠한 연관이 있는가?

둘째, 아동이 사용하는 대처전략에 대해 분석한다.

- 아동이 현재 사용하고 있는 대처전략은 무엇인가?

- 이러한 대처전략이 기능적인가 아니면 역기능적인가?
- 기능적인 대처전략을 사용하도록 개입하는 방안은 무엇인가?

셋째, 아동이 지닌 장점과 자원이 무엇인지 분석한다.

- 아동이 과거에 사용했던 효과적인 대처전략은 무엇인가?
- 아동 자신이 긍정적으로 여기는 장점은 무엇인가?
- 가족이 지각하는 아동의 긍정적 특성은 무엇인가?

넷째, 만일 아동이 신체적·정서적·성적 학대나 방임을 경험한 것으로 여겨지는 경우, 아동복지 전문가는 상응하는 법적인 조치를 취해야 한다.

가족에 대한 사정

가족에 대한 사정은 가족생활주기의 어느 단계에 가족이 위치해 있는가를 파악하는 것이 우선되어야 한다. 그리고 가족 내 각 하위체계인 부부 하위체계, 부모-자녀 하위체계, 형제-자매 하위체계가 가족생활주기의 발달과업을 어떻게 수행하고 있는지 구체적으로 분석한다.

또한 그 가족이 지닌 독특한 가족문화 안에서 무엇이 중요한 가족 가치(values)로 여겨지고, 누가 어떻게 가족 내 권력을 행사하며, 가족 규칙은 무엇이며, 이를 위반할 경우 어떠한 처벌이 이루어지는가 등의 질문을 통해 가족의 역동과 상호작용을 파악할 수 있는 분석틀을 얻을 수 있다. 특히 개개인의 가족구성원이 가족의 항상성 유지를 위해 어떻게 역할하며, 가족 내 하위체계 간의 경계는 어떠하고, 가족의 응집성 및 소속감은 어떠한지에 주목할 필요가 있다.

사회적 관계망에 대한 사정

사회적 관계망에 대한 탐색을 통해 파악된 주요 타자를 중심으로 아동 및 가족과 지속적으로 상호작용하는 개인이나 집단의 영향력을 사정한다. 동시에 지역사회의 공식적·비공식적 자원을 사정하는 작업을 진행한다.

④ 개입단계

개입을 위해서는 사정을 통해 얻어진 결과를 바탕으로 개입 목표를 설정하고,

개입의 방법을 결정하며, 개입과정에 참여시킬 대상을 선정해야 한다. 이러한 결정과정은 아동의 요구를 중심으로 아동과 아동복지 전문가가 함께 참여한다.

먼저 개입의 목표는 가능한 한 구체적이고 실현가능한 형태로 설정되어야 한다. 목표를 설정할 때는 아동, 부모나 보호자 그리고 아동복지 전문가가 합의를 이루는 것이 중요하다.

설정된 목표를 실현하기 위해 개입의 단위를 아동 개인으로 할지 또는 가족구성원이나 또래, 기타 주요 타자를 참여시킬지 결정한다. 이용 가능한 자원을 고려하여 다양한 개입 모델 중 아동의 문제 유형, 심각성 정도, 아동복지 전문가의 지식 및 기술에 맞는 모델을 선정하여 개입을 실시한다. 클라이언트로서 아동이 지닌 특성을 고려함으로써 사회복지실천에서 사용되는 일반적인 개입모델들을 변형하여 적용할 수 있다. 특히 아동의 심리내적 갈등에 초점을 두는 정신분석 중심의 치료모델, 아동의 부정적 행동을 소거하고 바람직한 행동을 증진시키는데 목적을 두는 행동주의 모델, 아동을 자아실현 욕구를 지닌 자발적 존재로 보는 비지시적 클라이언트 중심 모델 등이 대표적이다. 한 가지 개입 모델을 집중적으로 사용할 수도 있고, 절충적 방식을 사용할 수도 있으나 아동을 대상으로 하는 경우 놀이치료가 활발히 사용되는 경향이 있다(천성문·송재홍·윤치연·윤호열·이영순·박천식 외, 2001).

⑤ 평가 및 종결단계

종결은 다양한 형태로 이루어질 수 있는데, 계약기간의 만료에 따른 종결, 아동의 상황 변화(예 : 이사)에 따른 종결, 아동복지 전문가의 상황 변화(예 : 이직)에 따른 종결 그리고 목표달성에 따른 종결 등이 있다. 가장 바람직한 종결은 목표달성을 이룸으로써 이루어지는 종결인데, 개입과정에 대한 최종 평가를 통해 아동, 부모나 보호자 그리고 아동복지 전문가의 합의를 통해 이루어진다.

아동복지 전문가는 아동과 부모 모두에게 종결에 대해 미리 준비하도록 해야 한다. 개입과정에서 형성된 상호 간의 친밀감이 의존성으로 변질되지 않도록 하는 심리적 대비가 필요하며, 갑작스런 종결을 선언함으로써 아동에게 배신감이나 두려움을 야기하지 않도록 주의해야 한다. 아동은 종결에 앞서 문제행동의 재발을 보이기도 하는데, 이는 종결에 대한 저항으로 나타나는 일시적 퇴행일 수 있다.

어느 정도 기간이 경과된 후 사후면접을 다시 한 번 하자는 제안이 종결에 도움을 줄 수 있다. 특정 기간이 지난 후 다시 아동복지 전문가를 만난다는 사실이 아동과 부모 모두 긍정적 변화에 원만히 적응하고, 아동복지 전문가의 도움이 종결된 상태에서 자신들의 새로운 생활에 연착륙하는 것을 도울 수 있다.

(2) 놀이치료

놀이치료는 놀이기법을 사용해 아동의 심리정서적 세계를 이해하고 이를 통해 아동을 돕는 개입을 말한다. 아동의 언어적 능력은 발달과정 중에 있기 때문에 아동에게 성인의 의사소통 방식을 기대할 수는 없다. 아동과 의사소통을 하기 위해서는 아동의 의사소통 방식인 놀이에 주목할 필요가 있다. 놀이치료는 일반적으로 만 12세 이하의 클라이언트를 대상으로 개입할 때 효과적이다. Thompson과 Rudolph(1992)는 "아동은 말보다 상징적인 놀이행위를 통해 자신의 정서를 표현한다"고 하며 놀이치료의 중요성을 역설했다.

아동복지에서 놀이치료의 중요성과 그 효과를 지지하는 주장이 계속되고 있지만, 현장에서 놀이치료를 실시하기 위해서는 전문적인 훈련과정이 필수적이다. 본 장에서는 놀이치료에 관한 기본적인 내용을 소개함으로써 이해를 돕고자 한다.

① 놀이치료의 주요 접근 방법

▎아동중심적 접근

아동중심적 접근은 수용적이고 비지시적이며 시간제한이 없다. 아동의 속도에 맞춰서 진행되기 때문에 비교적 장기간 진행된다. 아동의 문제가 아닌 아동의 인격에 초점을 맞춘다. 병리적 증상보다는 성장할 수 있는 아동의 잠재력을 중시하여 클라이언트의 강점에 초점을 둔 아동복지 전문가들이 선호한다.

Axline(1947)에 의해 주장된 아동중심 접근의 기본 원칙은 다음과 같다. 첫째, 아동과 깊은 관계를 형성한다. 둘째, 자신의 감정을 이해하고 문제를 해결할 수 있는 아동의 능력을 존중한다. 셋째, 아동이 치료를 필요로 하는 한 어떤 방법으로도 아동에게 지시하지 않고 아동 스스로가 리드할 수 있도록 비지시적인 태도를 갖는다.

정신역동적 접근

정신역동적 접근은 아동의 발달사와 현재 처한 환경에 대한 이해를 기반으로 아동의 콤플렉스, 무의식적인 동기, 환상, 충동, 갈등 등이 놀이에 어떻게 반영되는가를 평가하는 데 초점을 둔다. 지시적인 접근을 시도하며, 특히 충격이나 외상경험이 있는 아동의 위기개입에 사용되어 효과가 크다. 외상적 경험의 재현을 통해 아동에게 그 사건이 과거의 일이며 외상을 이겨내고 생존하였다는 사실을 경험하도록 할 수 있다. 그러나 이러한 외상적 경험의 재현은 장기간의 훈련을 거친 숙련된 놀이치료사가 진행할 수 있는 기법으로서 주의가 요구된다.

인지행동적 접근

아동의 감정에 초점을 맞추는 아동중심적 접근이나 정신역동적 접근과는 달리 인지행동적 접근은 인지과정 및 행동에 초점을 맞춘다. 현재의 문제와 환경 간의 관계 그리고 문제행동의 인지적 전제에 대한 사정을 통해 놀이치료사는 아동의 부적응적 사고가 부적응적 행동을 이끈다는 점을 주목한다. 치료적 개입은 아동의 자기지시(self-talk) 훈련을 통해 부정적 사고를 변화시키고, 역기능적 행동을 바꾸는 연습으로 이루어진다. 한편 기대행동에 대한 긍정적 강화, 처벌, 토큰 사용 등 다양한 기법을 통해 환경적 요인이 아동의 역기능적 행동을 소거하고 기능적 행동을 유발하도록 행동수정 계획을 이용하기도 한다. 놀이치료와 관련된 주요 접근은 다음 〈표 4-2〉와 같이 정리할 수 있다.

〈표 4-2〉 놀이치료의 주요 접근

방식	주요 학자	주요 개념	내용
아동중심적 접근	Axline	강점, 수용, 비지시적인 태도	치료자는 비지시적인 태도로 아동의 인격적 성숙을 지향함.
정신역동적 접근	Freud	콤플렉스, 무의식적 동기, 환상, 충동	외상적 경험의 재현을 통한 생존력을 인식하게 함.
인지행동적 접근	Ellis	인지과정 및 행동, 강화, 소거	자기지시(self-talk)훈련을 통해 부정적 사고를 변화시킴.

② 놀이치료의 유형

놀이치료에 사용되는 대표적인 놀이유형은 그림 그리기, 찰흙과 플레이도우 만들기, 인형놀이 등이 있다. 그림 그리기는 종이와 필기도구라는 가장 기본적인 도구를 이용해 아동에게 자신을 표현할 수 있는 기회를 제공하는 것이다. 아동에게 자화상이나 가족화를 그리게 하여 아동이 자신과 가족을 보는 관점을 사정할 수 있으며, 그린 그림에 대해 이야기를 만들어 보게 한 후 이를 해석하는 방법도 있다. 찰흙이나 플레이도우를 이용하는 경우, 비정형화된 재료를 이용해 정형화된 결과를 산출하는 과정에서 아동은 창조의 기쁨을 느끼며, 촉각적 경험을 할 수 있다. 한편 가족인형은 아동이 자신의 가족을 재연하는 데 용이하며 가족관계에 대한 정보를 수집하고 가족역동을 사정하는 데 효과적이다. 아동이 가족인형을 통해 자신이 겪은 가족 내 경험을 반복할 때 놀이치료사가 적절히 개입함으로써 아동의 긴장을 해소하고 억제되었던 정서적 표현이 가능하도록 돕는다.

③ 놀이치료의 과정

아동과 치료적으로 도움이 되는 놀이를 한다는 것은 훈련과 경험 그리고 아동과 즐겁게 놀 수 있는 특별한 능력을 필요로 한다. 놀이치료사는 아동이 사용하는 상징적인 놀이언어를 익히기 위해 지속적으로 노력해야 한다.

놀이치료에서 가장 중요한 원칙은 아동이 놀이를 직접 이끌도록 하는 것이다. 놀이치료사는 아동에게 무엇을 하기 원하는지 직접 물어보고, 이를 하도록 함으로써 치료적 목적을 달성하는 첫 단계를 시작한다고 할 수 있다.

Webb은 아동과의 놀이치료단계를 다음과 같이 설명하였다(오영림·김봉석·신나리·배은경, 2005). 첫째, 아동과 친밀한 관계를 설립한다. 둘째, 아동의 놀이를 관찰하고, 아동의 언어를 경청한다. 셋째, 아동의 놀이에도 반복되는 주제를 확인한다. 넷째, 아동의 놀이에 대한 이해를 바탕으로 아동에게 반응한다. 이러한 과정에서 놀이치료사는 아동이 의사소통하고 있는 것이 무엇인지 이해하고, 이러한 의사소통이 어떻게 아동의 일상적 상호작용을 반영하는지 이해해야 한다. 상징놀이와 아동의 삶 사이의 연관성을 이해하기 위해서는 훈련과 경험 그리고 인내가 필요하다.

[사진 4-1] 놀이치료실 전경

2) 집단 아동복지실천

아동은 가족이라는 혈연집단을 시작으로 또래집단과 상호작용하며 사회적 바람직성을 습득하며, 규범과 규칙을 익히고, 타인과의 관계 속에 자신의 욕구를 조절하고 충족시키는 법을 배운다. 학교에 들어갈 나이가 되면 집단 경험의 중요성이 증가하게 되고, 청소년기에는 그 중요성이 특히 커진다.

집단 아동복지실천은 저하된 사회적 기능을 회복할 필요를 지닌 아동이나 현재의 사회적 기능을 적극적으로 강화하고자 하는 아동을 대상으로 한다. 아동의 연령에 따른 발달 과제를 다루거나 유사한 문제행동을 갖고 있는 아동집단을 대상으로 문제해결집단을 진행할 수 있다. 집단 아동복지실천은 의도적인 소집단 활동을 통해 집단구성원들의 사고방식, 행동양식, 자기인식 등을 기능적으로 변화시켜 자신이 처한 문제에 보다 능동적으로 대처해 나갈 수 있도록 하는 데 목적이 있다.

개별 아동복지실천과는 달리 아동집단의 역동성과 응집력을 어떻게 활용하는가가 프로그램의 효과를 좌우할 수 있다. 아동복지 전문가는 집단 내에서 아동의 개인적 특성을 파악하고, 집단의 상호작용을 최대한 활용하는 고도의 기술을 필요로 한다.

모래놀이치료

모래놀이치료는 아동이 생각하는 내면세계의 이미지를 다양한 소품을 활용하여 모래상자 안에 표현하는 과정을 통해 치유하는 심리치료이다. 모래놀이치료는 유아와 아동을 포함한 청소년, 성인, 노인들도 활용 가능한 치료이며, 개인뿐만 아니라 부부, 형제자매, 가족, 집단 등에도 효과적으로 사용된다. 모래놀이치료는 칼 구스타브 융(Carl Gustav Jung)의 분석심리학을 이론적 근거로 두고 있으며, 도라 칼프(Dora Kalff)가 융의 개성화 이론을 접목하면서, 이를 발전시켰다. 모래놀이치료는 손으로 모래를 만지고 상징화하면서 무의식적인 요소가 의식화되어 치유된다.

모래놀이치료실은 조용하고 깨끗한 공간이어야 한다. 선반을 나란히 붙여 놓고, 치료실 중앙에 모래상자를 놓으며, 치료자와 내담자가 앉을 수 있도록 의자를 놓는다.

일반적으로 모래상자는 직사각형이며 28.5×19.5×3인치의 크기로 아동이 모래상자를 한눈에 내려다 볼 수 있는 넓이와 높이며, 모래는 고운 모래, 젖은 모래, 굵은 모래, 흰 모래 등이 준비된다. 모래놀이치료 시 내담자가 충분히 표현할 수 있도록 다양한 역할의 인간형상, 특별한 캐릭터, 동물, 식물, 광물, 교통기관, 집, 건축물, 무기, 실내가구, 음식 등의 소품을 구비해야 한다.

실제 내담자의 모래상자 예

모래놀이 치료실의 예

모래놀이치료에서 치료자는 내담자에게 자유롭고 보호된 공간을 제공하기 위해 내담자와 '모자일체감'의 관계를 형성해야 한다. 이러한 관계가 성립되면 내담자는 자신의 내면에 있는 자기치유력을 발휘할 수 있다. 이를 위해 치료자는 자신이 모래상자를 만들어 보는 작업이 필요하며, 교육 분석을 받는 것이 중요하다. 또한 다른 사람의 모래상자를 많이 관찰하면서, 내담자를 이해하는 법을 배워야 한다. 치료자는 인간의 발달과 정신 병리에 대한 지식을 갖추고, 내담자를 존중하며 내담자의 무의식 속에 존재하는 자기치유력에 대해 외경스러운 마음을 지녀야 한다. 무엇보다 치료자는 정신적인 안정감이 중요하며, 자신을 사랑하는 사람이어야 한다.

출처 : 정문자 외(2013).

(1) 집단의 유형

아동집단은 최소한 두 명 이상의 아동이 공통의 목표나 유사한 인지적·정서적·사회적 욕구를 가지고, 반복적으로 모여 서로에게 영향을 주며, 함께 기능할 수 있는 규범을 만들고, 집단적 활동을 하기 위한 목표와 응집력을 발달시키는 모임을 말한다. 집단활동은 아동 개인에 대한 실천방법과는 달리 복잡한 역동성을 지닌다. 개별 접근보다 시간적인 면에서 효율적이지만, 집단에 효과적인 개입을 했을 때에만 목표를 달성할 수 있다. 따라서 아동집단은 특정 자조집단을 제외하고는 전문가의 지도자적 역할이 성인집단보다 더 중요하다. 아동복지 전문가는 집단의 지도자로서 책임을 지며, 아동들이 함께 집단 목적을 달성할 수 있도록 돕는 역할을 한다(윤현숙·김기환·김성천·이영분·이은주·최현미·홍금자, 2002).

아동집단의 유형은 그 목적이나 진행 방식 또는 이론적 접근의 차이에 따라 다양하게 구분할 수 있다. 일반적으로 과업집단, 상담집단, 자조집단, 사회화 집단 등으로 나눠 볼 수 있다. 과업집단은 구성원들의 욕구와 관련된 특정 과업을 완성하는 것을 목표로 하는 집단이다. 상담집단은 심리상담을 목표로 하는 집단으로서 아동의 자존감, 사회적 기능, 문제해결력 향상에 목적을 두며 강화와 지지적 성향을 가진다. 최근 자조집단의 효과가 주목받고 있는데, 학령기 이상의 아동을 대상으로 자조집단의 운영을 시도할 만하다. 자조집단은 성인 지도자가 없거나 또는 있더라도 적극적으로 개입하지 않으면서 아동들끼리 모여 주제에 대해 서로의 의견을 나누는 형태로 진행되는 집단이다. 사회화 집단은 개인의 기능을 저해하는 요인과 행동을 수정·변화시켜 아동이 일탈된 행동 대신 사회적으로 용납되는 대처방식을 선택하도록 하는 데 목적을 둔다. 집단 활동은 사회적 기술 발달, 자기 확신의 증대, 미래에 대한 계획 등으로 이루어진다(김동배·이윤로, 2004).

(2) 집단실천의 원칙

집단활동의 원칙에 대해 김성경·김혜영·최현미(2009)와 Konopka(1983)가 제시한 원칙들을 통합하면 다음과 같다.

① 수용의 원칙

수용은 인간을 대상으로 하는 서비스(human service)의 모든 영역에 걸쳐 강조되는 개념으로 교육현장이나 상담 및 일반 사회복지현장에서 강조되어 왔다. 이러한 분야에 종사하는 전문가들은 타인을 수용하기 위해서 스스로를 먼저 수용해야 한다는 것을 인식해야 한다. 자신을 이해하기 위한 노력을 통해 타인을 받아들일 수 있는 여유가 생긴다는 점을 자각할 필요가 있다.

집단 아동복지실천에서 수용이란 집단 아동 각자가 다양한 태도, 행동, 감정을 표현하고 어떤 가치관을 가졌다 하더라도 그 아동을 있는 그대로 인정하고 받아들이는 것을 말한다. 아동복지 전문가는 아동을 이해하는 데 그치지 않고 개개인의 독특한 강점과 약점을 진실하게 수용해야 한다. 아동복지 전문가의 수용적 태도는 아동의 성장을 촉진하는 중요한 요소이며, 집단구성원 서로가 서로를 수용하도록 하는 역할모델이 된다.

② 참가의 원칙

집단 아동복지실천에서 참가를 촉진하기 위해서는 집단 아동의 흥미와 욕구를 반영하는 프로그램의 구성이 중요하다. 자신에게 흥미롭고 또래 관계에 도움이 된다고 실감할 때 아동의 집단프로그램 참가는 촉진된다. 집단프로그램에 참가한 경험이 긍정적일 때 아동은 사회의 다양한 집단에 참가할 수 있는 동기를 갖게 된다.

또한 아동복지 전문가는 집단구성원이 문제해결과정에 직접 참여할 수 있도록 유도해야 한다. 성인인 전문가 혼자서 집단을 위하여 문제를 해결하려고 할 것이 아니라 구성원 각자가 다른 아동과 상호작용을 통해 스스로의 문제해결 방안을 찾아낼 수 있도록 도와주어야 한다.

③ 체험의 원칙

집단 아동복지실천의 특징은 프로그램을 진행하면서 집단구성원들과 함께 과제를 해결하는 능력을 기르는 데 있다. 집단에 소속된 각 아동은 본인이 전체 상황을 파악하고 있으며, 스스로 과제를 해결하고 있다는 느낌을 체험할 수 있어야 한다. 아동복지 전문가는 아동들에게 새로운 일에 대한 성취감을 경험할 수 있는 기회를 제공해 주어야 한다.

집단 아동복지실천에서는 아동의 긍정적 변화가 타인과의 상호작용을 통해서 체험될 수 있다고 가정한다. 아동복지 전문가는 집단에 소속된 아동들과 의미 있는 조력관계를 형성하여야 하며, 동시에 집단 아동들 간의 협동적인 관계를 형성하도록 북돋아 주어야 한다.

④ 규범의 원칙

집단실천에서 최소한의 규칙과 기본적 태도에 대한 규정은 필수적이다. 아동은 집단 내에서 개인적 욕구가 충족되지 않으면, 다른 아동에게 그 원인을 전가하거나 비난, 방해, 공격적 행동 등을 할 수 있다. 이러한 행동은 집단 역동을 저해시키며, 집단구성원에게 상처를 주거나 위축감을 야기할 수 있다. 아동복지 전문가는 간단하고 명료한 집단의 규칙을 정하되 집단에 소속된 아동들의 의견을 경청하여 동의를 이끄는 과정을 거치는 것이 바람직하다.

⑤ 갈등 해결의 원칙

집단 내 갈등이 유발된 경우 회피가 아닌 직면을 원칙으로 하며, 이를 통해 점차 만족할 만한 합의에 도달하는 과정을 경험하는 것이 중요하다. 완전한 해결이 아니라 문제를 해결하기 위해 노력하는 과정 자체에 초점을 두는 것이 필요하다. 이를 위해 아동복지 전문가는 끊임없이 집단 전체의 상호작용에 관심을 기울이고, 하위집단 간에 나타날 수 있는 힘의 충돌에 민감해야 하며, 개개인의 선호와 이해가 충돌할 가능성에 대비해야 한다. 일단 갈등이 드러난 경우 객관적이고 중립적인 위치에서 미리 규정된 원칙에 따라 일관성 있게 개입하는 것이 필요하다.

⑥ 개별화의 원칙

집단 아동복지실천은 집단 전체를 하나의 개입단위로 보고 프로그램을 운용하는 것이기 때문에 자칫 집단 내 아동 개개인의 특성과 욕구를 간과할 수 있다. 아동복지 전문가는 집단 전체의 이익을 우선시하며 프로그램을 진행하는 것이 필요하지만, 그 과정 속에 특정 아동이 소외되거나 집단 역동에 묻히지 않도록 배려하는 것이 필요하다. 집단 내 개별화를 위해서는 아동 개개인의 가족 및 사회적 배경, 집단활동의 경험 등을 파악하여 이를 전제로 아동의 집단 내 행동을 이해할 수 있어야 한다.

개별화의 원칙은 집단 내에서 아동의 개별화뿐만 아니라 집단의 개별화를 의미하기도 한다. 아동복지 전문가는 집단마다 다양성이 있음을 인식하여 집단의 특성에 따라 개입방향과 프로그램 진행을 융통적으로 해야 한다. 집단은 단순한 개인들의 합이 아니며, 나름의 독특한 특징을 지닌 유기적인 총체임을 기억할 필요가 있다.

⑦ 지속적인 평가의 원칙

집단 아동복지실천의 목적은 집단에 참가하여 다양한 체험을 함으로써 개인의 성장 및 집단 전체의 성장을 가져오는 것이다. 이는 지속적인 활동을 통해 가능하며 일회성의 활동만으로는 불가능하다. 그러므로 계속적으로 집단과정을 분석하고, 평가하며, 다시 그 평가에 기초하여 다음 단계로 이행하는 과정이 수반되어야 한다. 아동복지 전문가는 아동 개인의 변화와 함께 집단과정을 계속 평가하여 필요한 경우 프로그램의 내용과 진행을 적절히 수정하고 개선해야 한다.

(3) 집단실천의 과정

① 사정

집단아동복지실천을 위해 아동복지 전문가는 시작에서 종결에 이르기까지 집단 내 개별 아동, 전체로서의 집단, 집단환경 등 적어도 세 차원에 대한 사정을 하게 된다.

집단아동에 대한 사정

집단 내 각 아동에 대한 사정을 할 때는 개별 아동복지실천의 원칙이 기본적으로 적용된다. 아동의 약점이나 문제보다는 강점을 중심으로 사정한다. 필요에 따라서는 구체적 사정이 이루어지며, 아동의 자기보고 외에도 부모, 교사, 의사 등 기타 전문가의 평가와 관찰을 기반으로 할 수 있다. 특히 표준화된 척도나 질문지를 사용하여 집단실천 이전과 종결 후 아동의 상태나 변화 정도를 측정하는 것이 일반적이다.

집단아동복지실천에서는 특정 아동의 집단 내 상호작용 유형, 사교성, 리더

십, 인기도, 집단 안에서의 역할이나 위치 그리고 집단 내 공헌점 등에 대해서도 사정한다. 또한 아동복지 전문가는 아동이 소속된 환경, 즉 가족, 학교, 지역사회 등이 아동의 욕구와 목표를 달성하는 데 지지적인가를 평가할 필요가 있다.

❙ 집단에 대한 사정

집단에 대한 사정을 할 때는 집단의 구조, 집단 내 의사소통 유형, 집단의 응집성, 집단의 발달단계 그리고 독특한 집단의 분위기 등에 주목함으로써 집단역동을 이해할 수 있다. 특히 집단의 응집성을 사정하는 것이 중요한데, 응집성이 높아지면 집단 아동들 사이의 상호작용이 활발해지고 경쟁적이기보다 협력적 분위기가 형성되며, 결국 집단에 대한 아동의 만족도가 높아지면서 상호원조가 가능해지기 때문이다. 응집성은 집단 아동들이 느끼는 '우리'라는 유대감이며, 서로를 이해한다는 자의식을 바탕으로 친밀감을 표현하고 동지의식을 갖고 서로를 지원하도록 돕는다. 아울러 응집성은 아동들이 서로에 대해 동질감을 느끼고, 집단의 공동 목표에 동조하며, 집단활동에 매력을 느낄 때 증가할 수 있다.

❙ 집단환경에 대한 사정

집단아동복지실천을 위한 집단환경으로는 아동복지 전문가가 소속된 기관이나 시설의 환경 및 지역사회의 환경 등이 포함된다. 집단환경에 대한 사정은 집단의 목표를 달성하기 위해 기관, 시설, 지역사회 등에서 이용 가능한 자원을 탐색하고 동원하기 위해 필수적이다.

② 개입

Zastrow(1999)는 집단실천의 과정을 구체적으로 제시했는데, 이를 아동집단에 적용하여 설명하면 다음과 같다.

❙ 준비

집단 아동복지실천이 성공적이기 위해서는 아동복지 전문가의 철저한 준비가 필수적이다. 집단을 지도하는 아동복지 전문가는 사정을 통해 가능한 한 첫 번째 모임 이전에 아동 개인의 욕구를 파악하고, 집단의 특성에 대해 예측하는 것이 필요하다. 이 단계에서는 전체 집단과정에 대한 계획을 수립하는데, 계획 수립을 위해서는 다음과 같은 점을 고려한다.

- 집단과정을 통해 궁극적으로 달성하고자 하는 목적은 무엇인가?
- 이러한 목적을 실현하기 위해 가능한 방법은 무엇인가?
- 목적을 달성하기 위해 어떤 자원을 이용할 수 있는가?
- 집단 내 각 아동은 집단의 목적과 달리 어떤 개인적인 요구를 가지고 있는가?

전체 집단과정의 목적이 설정되면 각 세션의 목표와 구체적인 내용을 계획하는 것이 필요하다. 세션의 내용을 구성할 때는 많은 사례를 다양하게 사용하고, 논리적인 순서로 자료를 제시하며, 시간계획을 하되 융통적으로 운영할 수 있도록 준비하는 것이 필요하다. 세션에 대한 내용이 구성되면 모임 전에 또는 첫 번째 모임에서 집단구성원에게 일정표를 배포하는 것이 도움이 된다.

진행

아동복지 전문가는 집단모임 시간보다 일찍 도착하여 준비를 한다. 지나친 긴장은 효과를 떨어뜨릴 수 있으므로 여유 있는 마음을 가지고 진행에 임한다.

모임에서 자리배정이 중요한데, 이는 의사결정의 흐름에 영향을 주며 집단의 상호작용에 영향을 미치기 때문이다. 집단구성원들은 서로 얼굴을 볼 수 있어야 하며, 특히 집단의 진행자는 구성원 모두와 눈을 마주칠 수 있는 중앙에 앉도록 한다. 이렇게 함으로써 집단구성원들의 바디랭귀지, 시선 교환, 얼굴 표정 등을 관찰하여 비언어적 의사소통까지 파악할 수 있다.

구성원들이 모두 모이면 서로를 소개함으로써 공식적인 집단실천과정을 시작한다. 아동복지 전문가는 아동 개개인의 특성과 욕구를 빨리 파악하도록 하며, 아동들의 기대에 부응해서 문제를 해결해 줄 수 있다는 확신을 주어야 한다.

일반적으로 아동복지 전문가가 집단을 이끄는 리더 역할을 하게 되지만, 혼자서 주도적으로 집단을 이끌기보다는 집단구성원 모두에게 역할을 담당하도록 하는 것이 중요하다. 아동들이 서로 다른 역할을 기대하고 있으면 논의를 통해 이를 결정해야 한다.

집단과정이 진행됨에 따라 구성원들이 수행하는 몇 가지 역할이 등장하는데, 이는 지도자 역할, 과업중심 역할, 집단유지 역할, 자기만족 추구 역할, 희생양 역할 그리고 고립자 역할이다(윤현숙 외, 2005). 먼저 집단의 요구에 따라 공식적 또는 비공식적 지도자가 등장한다. 특정 아동이 지도자가 되면 경쟁적 하위집단의 대표가 이를 견제하기 위해 출현하기도 한다. 어떤 아동은 집단의 문제를 규정하고 문제해결 전략들을 이행하는 과업중심 역할을 수행하기도 하며, 어떤 아동은 집단기능을 유지하고 정서적인 측면을 강화하는 집단유지 역할을 수행하기도 한다. 한편 자신의 만족을 충족시키기 위해 집단을 이용하고, 집단의 가치를 무너뜨리기 위해 저항하며, 방해와 반대를 일삼거나 참여도 하지 않으면서 일방적으로 자기주장을 고집하는 역할도 나타날 수 있다. 또한 집단의 갈등이나 문제에 대해 책임을 혼자 짊어진 것처럼 행동하지만, 다른 아동들에게는 지속적으로 부정적 반응을 얻는 희생자 역할도 등장할 수 있다. 희생자 역할을 맡는 아동은 소극적이며, 수줍음이 많고, 타인으로부터 긍정적 반응을 이끌어 내려는 사회적 시도에 계속 실패해 왔기 때문에 희생양 역할에 익숙해진 경향이 있다. 끝으로 고립자 역할은 집단 내에 있지만 집단구성원들에게 무시되며, 다른 아동과 관계를 가지기 위해 노력하지만 거절당하는 아동이다. 이러한 역할은 아동 개개인에게 고정된 것이라기보다는 집단과정이 진행되면서 감소되거나 강화되기도 하며, 전혀 다른 역할로 대치될 수도 있다는 것을 기억할 필요가 있다.

개입을 위한 기술

- **집단을 이끄는 기술** : 아동집단을 이끄는 기술은 집단을 통제, 관리하는 기술뿐만 아니라 집단의 움직임을 관찰하고 변화를 알아내는 기술도 요구된다. 아동복지 전문가는 집단을 이끄는 리더 역할을 수행하지만 리더십은 책임을 나누는 것이라는 점을 상기할 필요가 있다. 또한 어떠한 결정을 내릴 때는 집단의 의사결정과정을 거쳐야 한다는 점을 기억하고, 개방적이며 진솔한 의사소통의 분위기를 만든다. 경쟁적인 분위기보다는 협동적인 분위기가 집단목표를 달성하는 데 효과적이지만, 문제해결을 위한 논쟁이나 갈

등은 자연스럽고 바람직한 것으로 여겨야 한다.

- **지지 기술** : 아동복지 전문가는 집단 스스로가 집단을 유지할 수 있도록 가능한 한 아동들에게 지도력을 발휘할 수 있는 기회를 주고, 집단 초기의 중심적 위치에서 점차 벗어나 집단을 지지하는 역할로 위치를 바꾸는 것이 필요하다. 종결에 가까울수록 아동복지 전문가는 주도적 역할보다는 후방에서 집단을 지지하는 역할로 변화되는 것이 바람직하다. 각 아동이 집단에 기여한 점이나 성과를 다른 구성원들에게 표명하는 것도 지지 기술에 포함된다.
- **집단의 주도적 변화를 위한 기술** : 개입을 위한 초반기에는 집단 내의 일치된 결정을 지지하고, 규범에 따른 행동을 촉진하며, 각 아동의 역할을 지지하고, 집단에 대한 소속감을 강화시켜야 한다. 개입이 진행될수록 활동프로그램의 내용을 설정함에 있어 점차 아동복지 전문가가 아니라 집단이 스스로 이를 결정하도록 할 필요가 있다. 아동복지 전문가는 각 프로그램 활동이 집단의 목표 성취를 어느 정도 촉진시키며, 얼마만큼 도움을 주고, 아동 전원이 참가하여 시간 내에 마칠 수 있는지 등을 함께 검토하고 가능하면 집단에서 결정하도록 지원해야 한다. 개입이 종결될 무렵에는 집단으로부터 아동들이 독립하기 시작하는 과정을 지지할 수 있어야 한다.

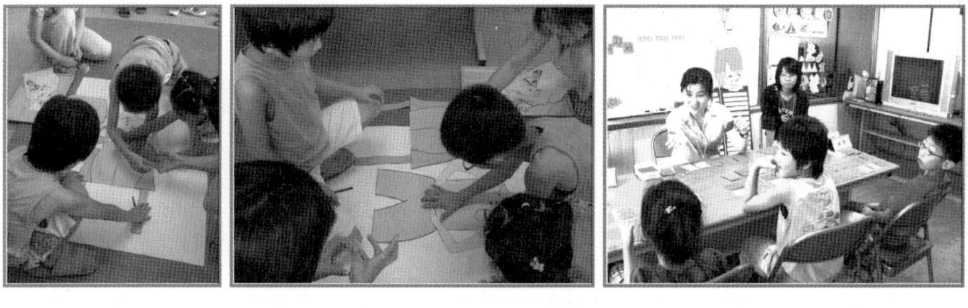

[사진 4-2] 아동집단상담 프로그램 진행

③ 종결

종결은 몇 가지 형태로 나타날 수 있는데, 그 결과에 따라 집단에 소속되었던 아동이 느끼는 감정이 달라진다. 먼저 성공적인 종결이라고 하면 집단의 목적이

달성된 경우를 말한다. 종결에 임하는 아동들은 성취감과 함께 높아진 자아존중감을 경험한다. 한편 비성공적인 종결은 계획했던 목표가 대부분 달성되지 못한 경우를 말한다. 성공하지 못한 원인을 파악하며, 목표달성을 위한 대안적인 방법을 모색할 필요가 있다. 종결에 대한 아동의 반응과 성공하지 못한 데 대한 아동의 감정을 민감하게 다뤄야 한다. 그 밖에도 일부 아동이 탈락하여 부득이하게 집단을 종결하는 경우가 있는데, 남은 아동들에게 그 이유를 알려 주고 이들이 겪는 다양한 감정을 다루는 작업이 필요하다.

④ 평가

평가는 집단아동복지실천이 효과적이고 성공적이었는지를 판단하는 것이다. 평가에는 과정에 대한 평가와 결과에 대한 평가가 있다. 과정평가는 주로 집단구성원인 아동들이 집단의 유용성이나 프로그램 진행에 대해서 평가하는 형태를 취한다. 결과에 대한 평가는 집단이 시작되었을 때 세웠던 목표가 얼마만큼 성취되었나를 판단하는 것이다. 목적과 목표가 달성되지 못한 경우 실천과정의 비효율성에 대한 아동복지 전문가의 자기비판이 필요하며, 이를 바탕으로 후속 프로그램을 개선하는 노력이 요구된다. 집단상담 후 아동들이 프로그램에 대해 평가하는 양식은 다음 〈표 4-3〉과 같다.

〈표 4-3〉 집단상담 후 평가 기록지 예시

►집단상담 프로그램 평가 기록지◄
성명 : ________
1. 이 프로그램을 통해 달라진 나의 생각은 어떠한가?
2. 이 프로그램을 통해 달라진 나의 행동은 어떠한가?
3. 본 프로그램을 마치는 지금 내 마음은 어떠한가?
4. 이 프로그램에 참가하면서 나는 무엇을 배웠는가?
5. 이 프로그램에서 가장 좋았던 활동은 어떤 것인가?

/PART/ 2

아동복지실천 영역

5

CHAPTER

보육아동을 위한 아동복지실천

우리나라 보육사업은 1921년 서울에서 태화기독교사회복지관이 탁아프로그램을 개설하면서 시작되었고, 본격적으로 활성화되기 시작한 것은 1991년 영유아보육법의 제정 이후라고 할 수 있다. 보육 수요가 높아지자 정부는 어린이집의 양적 확대와 질적 개선 등 보육사업을 발전시키기 위한 노력을 집중하였다. 보육은 개인적 차원의 문제만이 아니라, 사회와 정부가 미래세대의 건강한 성장 발달을 지원하고, 최근 심각하게 겪고 있는 초저출산 현상에 대응하기 위해 매우 중요한 분야이다. 본 장에서는 보육의 개념부터 시작하여 시대적 요구에 따른 보육의 필요성과 보육정책의 변화 과정 및 현황 등을 파악하고 향후 과제를 살펴보고자 한다.

1 보육의 이해

1) 보육의 정의

보육이란 용어가 보편적으로 사용되는 계기를 마련한 것은 1991년 1월에 제정된 영유아보육법이다. 동 법에서는 영유아의 보호와 교육을 동시에 중시하여 기존의 탁아라는 용어를 보육으로 대치하였다(김종해·백선희·이미정·이원영·임재택, 2005). 보육 용어의 한자는 '保育'으로서, 보(保)는 '지키다, 편안하게 하다, 돕다'이며, 육(育)은 '기르다'의 의미이며, 일반적인 사전적 의미는 영유아를 보살펴 기르고, 정상적인 발달을 목적으로 베푸는 교육이다(김경희·문혁준·김선영·김신영·김지은·김혜금 외, 2016).

우리나라에서 현재 사용되는 보육이라는 용어는 영어의 'care'와 'education' 양쪽 모두를 의미하는 것으로서, care는 보호·양육으로 해석되고, education은 교육으로 해석되어 사용되고 있다. 즉, 보육은 보호와 교육을 모두 포괄하는 의미이다.

2) 보육 개념의 본질적 접근

보육 개념의 본질적 접근은 '에듀케어(educare)' 개념이다(Caldwell, 1991; Smith, 1996). 미국에서는 1991년에 Caldwell(1991)이 유아교육과 보육의 양분된 전통적 개념은 불합리한 것이라 지적하고 에듀케어 개념을 처음으로 사용하였으며, 영국과 뉴질랜드에서도 비슷한 시기에 사용되기 시작하였다(Smith, 1996). 즉, 에듀케어란 용어는 영유아기에 교육과 보호·양육은 서로 분리될 수 없다는 인식으로부터 발생되었으며, 보호·양육, 교육 양 측면이 영유아에게 제공되는 서비스에 반드시 포함되어야 한다는 것에 기초한다(김경희 외, 2016).

3) 보육의 필요성

보육의 필요성으로는 첫째, 자녀양육에 대한 지원구조의 약화, 둘째, 생산가능인구 부족으로 인한 여성경제활동의 필요성 증가, 셋째, 부부역할관 변화, 넷째,

가치관의 변화와 이로 인한 가족형성 및 저출산 심화 현상 등을 들 수 있다. 이처럼 가족환경과 기능의 변화는 자녀양육 지원 방안의 하나인 보육정책의 활성화를 더욱 요구하고 있다.

(1) 가족형태의 변화와 자녀보호기능의 문제

최근 우리나라 가족형태 변화의 두드러진 특징으로 부부와 미혼 자녀 중심으로 구성된 핵가족의 증가와 3세대 확대가족이 급격한 감소를 보이고 있다는 점을 들 수 있으며, 이혼율 및 한부모가족의 증가로 인한 자녀양육기능의 약화를 문제점으로 볼 수 있다.

(2) 기혼 여성의 경제활동 참여

여성과 남성의 경제활동 참여율의 차이는 30세 초반 연령대부터 급속하게 벌어지게 되는데 20대 후반 연령대에서 남성과 여성의 경제활동 참가율의 차이는 2% 미만이지만, 30대 초반 연령대에서 남성과 여성의 경제활동 참가율 차이는 22.6%로 나타나고 있다. 2019년 기혼 여성 8,844,000명 가운데 미취업 여성은 3,366,000명으로 이 중 결혼·임신·육아 등의 이유로 경력이 단절된 여성은 1,699,000명에 달한다. 이러한 수치는 기혼 여성의 일과 가정의 양립이 어려움을 단적으로 보여 주는 것이다.

(3) 2인 부양 규범 등 부부역할관의 변화

부부역할관이 기존의 남성 1인 부양에서 2인 부양 규범으로 정착화되면서 맞벌이가족이 늘어나고 있는 데 반해, 자녀에 대한 보호 및 교육은 여전히 여성의 몫으로 간주하고 있어 취업모에게 자녀양육문제는 이중 부담이 되고 있다. 한국보건사회연구원이 내놓은 「남녀의 경제활동 특성별 가사노동시간의 차이」 보고서(2012)에 따르면, 취업한 여성의 평일 가사노동시간은 178.6분, 남성은 29.3분인 것으로 나타나 20~40대 기혼 여성의 가사노동시간이 같은 연령 남성의 8배에 이르는 것으로 나타났다.

(4) 가치관의 변화

현대의 부모는 전통적인 부모역할에서 벗어나 자신의 편안함이나 사생활을 중요시하는 자기중심적인 경향이 높아졌으며, 이러한 변화로 자녀양육은 전적으로 부모의 책임이라는 생각에서 벗어나 국가·사회가 지원하여야 한다는 국민의식이 증대되었다.

(5) 저출산 현상의 심화

2019년 3분기까지 우리나라의 합계출산율(여성인구 1명이 평생 동안 낳을 것으로 예상되는 평균 출생아 수)은 0.93명으로, OECD회원국 중 최저이며, 합계출산율이 1명에 미치지 못하는 국가는 한국이 유일하다. 이러한 추세에서 추가 자녀를 갖지 않는 것은 경제적 이유(51.9%), 즉 자녀양육과 교육에 많은 비용이 들기 때문이라고 볼 수 있다(그림 5-1).

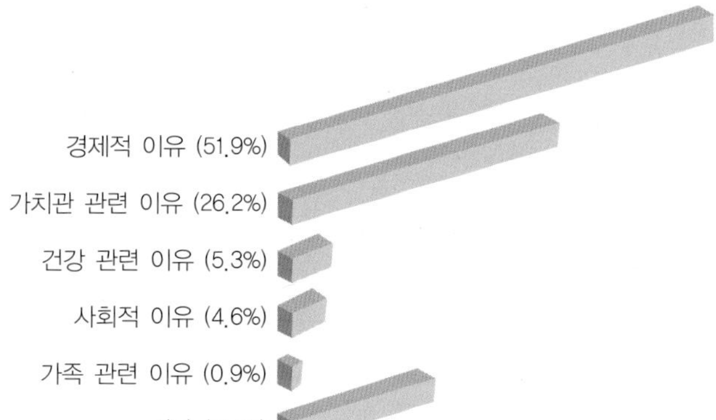

자료 : 보건복지부(2013).

[그림 5-1] 기혼여성(20~44세)의 추가 자녀를 갖지 않으려는 주된 이유

2 보육정책의 기본 방향 및 발전 과정

1) 보육정책의 기본 방향

영유아보육법에서 법의 목적은 "보호자가 노동 또는 질병 기타 사정으로 인하여 보호하기 어려운 영아 및 유아를 심신의 보호와 건전한 교육을 통하여 건강한 사회성원으로 육성함과 아울러 보호자의 경제적·사회적 활동을 원활하게 하여 가정복지 증진에 기여함"으로 선별주의적·대리적 관점에서 보육을 규정하고 있다. 영유아보육법의 주요 내용은 〈표 5-1〉과 같다.

〈표 5-1〉 영유아보육법의 주요 내용

영유아보육법	
목 적	영유아보호와 교육, 가정복지 증진
대 상	6세 미만 취학 전 아동(12세까지 연장 가능)
이 념	아동의 권리를 위한 아동 이익 최우선의 원칙과 무차별의 원칙
서비스 성격	보호·양육·교육을 제공하는 '사회복지서비스'
기관(시설) 설치 관련	설치 기준 : 보건복지부령
설립 인가(국·공립 외)	시장·군수·구청장 인가
기관(시설) 우선 이용자	1. 기초생활수급자 2. 한부모 자녀 3. 차상위계층 자녀 4. 장애아 5. 다문화가족 자녀
교원배치 기준	– 엄격한 배치 기준 적용 – 영유아보육법 시행규칙 • 0세-1 : 3 • 1세-1 : 5 • 2세-1 : 7 • 3세-1 : 15 • 4세 이상-1 : 20

2) 보육정책의 발전 과정 : 법 제도적 차원

우리나라 보육사업은 1921년 서울에서 태화기독교사회복지관이 처음으로 탁아 프로그램을 개설하면서 시작되었고, 본격적으로 활성화되기 시작한 것은 1991년 영유아보육법의 제정 이후라고 할 수 있다. 보육에 대한 수요가 높아지자 정부는 '보육시설 확충 3개년 계획(1995~1997)'을 실시하였다. 그러나 정부의 보육정책이 양적 확충에만 치중되었다는 문제가 지적됨에 따라 어린이집의 양적 확대와 질적 개선 등 보육사업을 발전시키기 위한 노력이 집중되었다. 보육사업의 변화 과정을 살펴보면 다음과 같다.

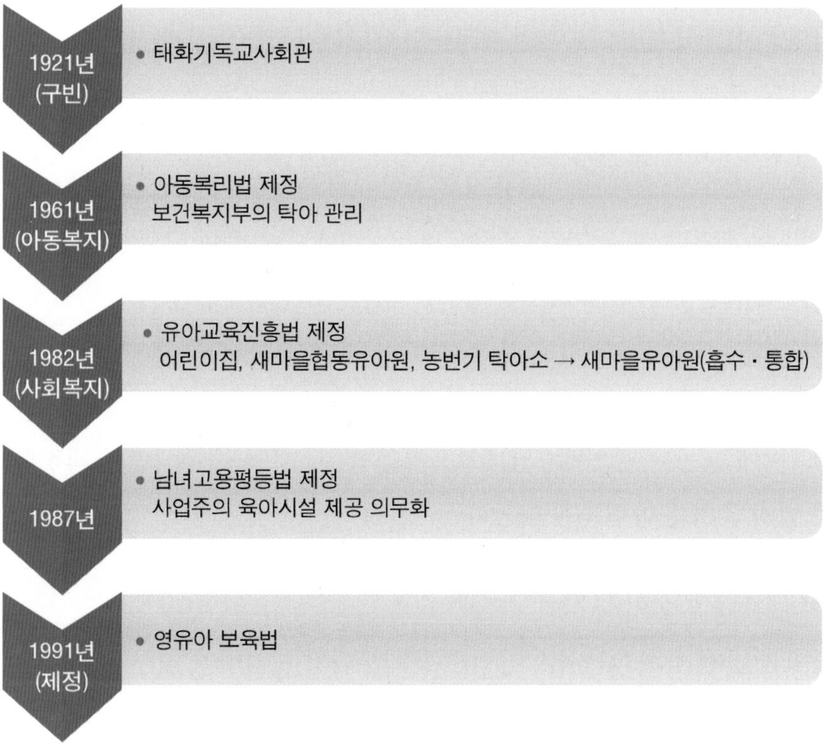

[그림 5-2] 1991년 영유아보육법 제정 이전의 주요 변화

(1) 보육정책 전기 태동기(1921~1982년)

해방 이후 증가하는 탁아시설을 합리적으로 지도·감독해야 할 행정적 필요에 따라 1952년 10월 '후생시설 운영 요령'이 마련되었다. 1961년 '아동복리법'이 제정되면서 '탁아시설'이라는 용어와 탁아시설의 설치 기준, 직원배치 기준, 탁아 기간, 보호 내용 등이 구체적으로 규정됨으로써 어린이집에 대한 법적 근거가 마련되었고, 이때부터 국가 차원의 보육정책이 이루어지기 시작하였다. 이후 어린이집이 양산되고 질적 수준의 문제가 발생되자 어린이집의 질적 저하를 막기 위해 1977년부터는 탁아시설의 법인화를 추진하였고, 수탁대상 아동이 증가하자 1978년에는 어린이집을 중산층 위주의 시설로 탈바꿈시키는 계기가 된 '탁아

시설 운영 개선 방안'을 발표하였다.

1980년 제5공화국이 출범하면서 '유아교육'이 정부의 주요 개혁 시책 중 하나로 채택되었으며, 내무부가 주무부서로 등장하게 되었다. 1981년에는 아동복리법이 폐지되고, 아동복지법으로 전면 개정되면서 탁아사업도 이를 근거로 실시되었다.

(2) 보육정책 후기 태동기(1982~1991년)

정부는 1982년 3월에 '유아교육진흥 종합계획'을 수립하였고, 1982년 12월에는 「유아교육진흥법」을 제정·공포하였다. 이 법에 근거하여 탁아시설은 모두 통합되어 내무부에서 주관하는 '새마을 유아원'으로 명칭을 통일하게 되었으며, 학령전 유아의 교육과 보호를 동시에 충족시키는 시설로서, 특히 저소득층 취업모의 자녀를 위한 탁아기능을 담당한다는 목적으로 전국적으로 확대되었다.

1987년에 노동부에 의해 「남녀고용평등법」이 제정·시행되면서 직장탁아에 대한 법적 근거를 마련하게 되었다.

(3) 보육정책 준비기(1991~1994년)

탁아의 문제가 사회문제로 강력하게 대두되기 시작하자 정부는 1989년 아동복지법 시행령에 탁아시설의 법적 근거를 부활하였고, 1990년에는 세부지침으로 「탁아시설의 설치·운영에 관한 규정」(보건사회부 훈령 586호)을 마련하였으며, 1991년 1월 영유아보육을 위한 특별법으로 「영유아보육법」을 제정·공포하기에 이르렀다. 동법에서는 영유아의 보호와 교육을 동시에 중시하여 기존의 '탁아'라는 용어를 '보육'으로 대치하였다.

또한 그동안 문교부, 내무부, 노동부 등으로 분산되어 있던 보육 관련 주무부서를 보건복지부로 일원화하고, 보육시설 설치 주체를 국가, 지방자치단체, 법인, 개인까지 확대하였다.

(4) 보육정책 전기 전개기(1995~1997년)

급속한 경제 성장으로 여성의 경제활동 참가율이 급격히 증가하면서, 가정 내에서의 자녀양육이 점차 어렵게 되어 가는 시대적 변화와 함께 자녀양육의 문제는 사회적·국가적 차원에서의 해결을 필요로 하게 되었다. 그러나 영유아보육법 제정 이후 지속적으로 확대되고 있는 보육 수요에 비해서 어린이집에 대한 공급이 원활히 이루어지지 않자, 정부는 가정복지 증진을 도모하기 위하여 획기적인 보육시설 확충 3개년 계획을 수립하여 실시하게 되었다.

(5) 보육정책 후기 전개기(1998~2000년)

1998년에는 장애아 전담 보육시설의 강화, 민간 보육시설 교재·교구비 지원 등을 강화하고 보육료 특별 소득공제를 신설하였고, 1999년에는 영유아보육법을 개정하여 보육시설 설치 절차를 간소화하여 신고제로 전환하였다. 특히 2001년 말부터 '보육'은 사회적인 이슈로 부각되어 단순한 양육의 문제가 아닌 가족복지의 증진을 도모하고 여성인력 활용을 극대화하여 국가 경쟁력을 강화시킬 수 있는 중요한 국가정책으로서 인식되기 시작하였다.

(6) 보육정책 전기 발전기(2001~2009년)

보건복지부는 2001년 '보육사업 중·장기 종합발전계획'을 발표하였으며, 2002년 3월 6일, 보건복지부, 고용노동부, 여성부 공동으로 보육의 공공성 확립과 보육대상 유형의 다양화 그리고 보육서비스의 질적 수준 향상을 제시한 「보육사업 활성화 방안」을 발표하였다. 이후 보육문제 해결을 통한 여성사회참여 확대를 12대 국정과제에 포함하고 2004년 1월 영유아보육법이 개정(2005. 1. 30. 시행)되었다. 영유아보육법 개정(2004. 1.) 및 관련 시행령 제정을 통하여 보육사업 수행의 제도적 기반을 정비하였으며, 특히 어린이집 설치 시 인가제도, 보육교사 자격증제도, 어린이집 평가인증제도를 통하여 보육서비스 수준 향상을 위한 노력을 꾸준히 기울여 왔다. 이 외에도 보육의 공공성을 강화하기 위하여 어린이집을 확충하고 육아종합지원센터를 확충하였다. 2004년 여성가족부로 이관된 보육업무는 2008년 3월 보건복지부의 보육정책관실로 다시 이관되었고, 이 과정에서 보육예산 증가(2009년 보육예산은 국비 기준, 1조 7천억 원 규모로 2004년 대비 4.22배 증가), 어린이집 확충 등 양적으로 큰 성장을 이루었으며, 질적 수준 향상과 수요자 중심 정책으로 방향을 설정하였다.

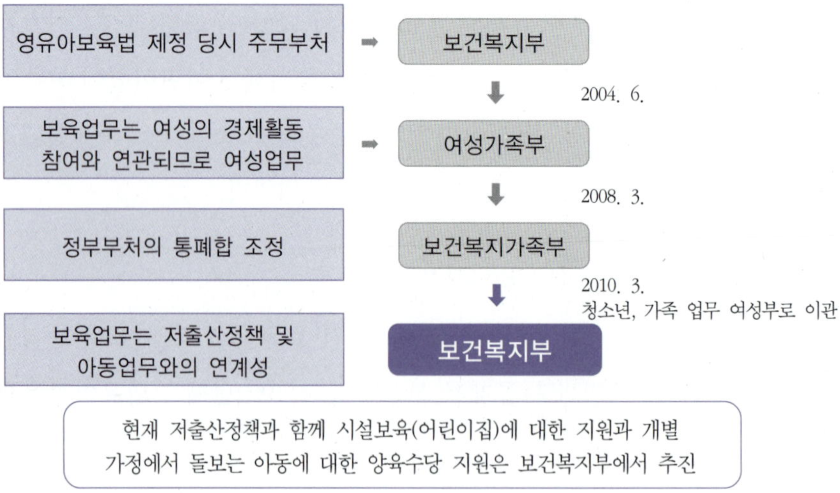

[그림 5-3] 2004년 이후 보육담당 중앙부처의 변화

(7) 보육정책 후기 발전기(2010년~)

아이사랑플랜 수립 및 시행한 시기로 제1차 중장기 보육계획(새싹플랜 '06~'10)을 보완·수정하였다. 내용에는 보육에 대한 국가책임을 강화, 수요자 중심의 보육정책으로 개편하는 보완계획 수립·시행, 어린이집 이용자에 대한 보육료 지원 확대, 시설 미 이용 가구에 대한 양육수당 도입, 어린이집 평가인증 활성화, 보육전자바우처(아이사랑카드) 도입, 보육서비스 품질 제고(보육프로그램, 아동의 건강·영양·안전 등), 3~5세 누리과정 도입, 공공형 어린이집사업 도입 등이 이루어졌다.

이 중 2013년 들어서면서 정부의 보육료 지원은 무상보육정책으로 확대되었다. 2013년에 처음으로 모든 3~5세아의 보육료에 대해 정부가 정한 기준액과 모든 0~2세 영아에게 어린이집 이용단가 전액을 지원하기 시작하였다. 2013년에는 5세 보육료는 지방교육재정교부금에서 전액 부담, 3, 4세 보육료는 국비, 지방비 및 지방교육재정교부금에서 함께 부담하였다. 또한 양육수당은 가정에서 영유아를 양육하는 경우에 2015년 기준으로 부모에게 10만~20만 원을 지원하는 제도이다. 어린이집 미이용 아동 양육수당은 2013년부터 소득 수준과 연령 제한을 없애고 모든 유아에게 정해진 단가를 지원하고 있다. 양육수당제도 도입은 정책적으로 어린이집을 이용하는 부모와 가정에서 양육하는 부모 간에 정부 지원의 형평성 문제를 부분적으로 해소하고, 부모의 선택권을 보장하였다는 점에서 긍정적인 측면이 있다(황옥경, 2013).

더 나아가 「영유아보육법」은 일부 개정으로 제도를 부분적으로 보완하였다. 즉, 어린이집에서의 안전사고를 방지하고 사고에 대한 대응역량을 강화하기 위해 어린이집 안전공제사업을 신설하였으며, 보육의 전문성을 강화하기 위해 보육교사 자격요건을 일부 강화하였고, 어린이집 명칭을 보육시설에서 어린이집으로, 종사자를 보육교직원으로 명칭을 변경하였다.

2019년 말 기준 육아종합지원센터는 중앙육아종합지원센터 1개소를 비롯하여 18개 시·도에 18개소, 서울지역 25개소, 부산지역 8개소, 인천지역 5개소, 울산지역 5개소, 대구지역 1개소, 대전지역 1개소, 경기도지역 21개소, 경기북부지역 8개소, 강원도지역 3개소, 충청남·북도지역 6개소, 경상남·북도지역 10개소, 전라남·북도지역에 6개소, 제주지역 1개소가 설치되어 운영 중이다.

3 어린이집 및 보육교직원

1) 어린이집의 종류

우리나라 어린이집의 종류는 국·공립, 사회복지법인, 법인·단체 등, 민간, 직장, 가정, 부모협동으로 되어 있으며, 정의와 규모 및 명칭 등은 다음과 같다.

(1) 국·공립 어린이집

① 정의

- 국가와 지방자치단체가 설치·운영(위탁운영 포함)하는 어린이집을 말한다.

② 규모 및 명칭

- 상시 영유아 11인 이상을 보육하여야 하며, 명칭은 '○○어린이집'으로 하여야 한다.

(2) 사회복지법인 어린이집, 법인·단체 등 어린이집, 민간 어린이집

① 정의

- 사회복지법인 어린이집이란 「사회복지사업법」에 의한 사회복지법인이 설치·운영하는 어린이집을 말한다.
- 법인·단체 등 어린이집이란 각종 법인(사회복지법인을 제외한 비영리법인)이나 단체 등이 설치·운영하는 어린이집을 말한다.
- 민간 어린이집이란 국·공립, 사회복지법인, 법인·단체 등, 직장, 가정, 부모협동 어린이집이 아닌 시설을 말한다.

② 규모 및 명칭

- 상시 영유아 21인 이상을 보육하여야 하며, 명칭은 '○○어린이집'으로 하여야 한다.

(3) 직장 어린이집

① 정의

- 사업주가 사업장의 근로자를 위하여 설치·운영하는 어린이집(국가 또는 지방자치단체의 장이 소속 공무원 및 근로계약을 체결한 자를 위하여 설치·운영하는 어린이집 포함)을 말한다.
- 보육아동 정원의 1/3 이상이 동 사업장 근로자의 자녀이어야 한다.

② 규모 및 명칭

- 상시 영유아 5인 이상을 보육하여야 하며, 명칭은 '○○어린이집'으로 하여야 한다.

(4) 가정 어린이집

① 정의

- 개인이 가정 또는 그에 준하는 곳에 설치·운영하는 어린이집을 말한다.

② 규모 및 명칭

- 상시 영유아 5인 이상 20인 이하를 보육하여야 하며, 명칭은 'ㅇㅇ어린이집'으로 한다.

(5) 부모협동 어린이집

① 정의

- 보호자 또는 보호자와 보육교직원 11인 이상이 조합을 결성하여 설치·운영하는 어린이집을 말한다.

② 규모 및 명칭

- 상시 영유아 11인 이상을 보육하여야 하며, 명칭은 'ㅇㅇ어린이집'으로 하여야 한다.

2) 보육교직원

(1) 보육교사

보육교사는 영유아의 보육, 건강관리 및 보호자와의 상담, 그 밖에 어린이집의 관리운영 등의 업무를 담당하는 전문가이다. 보육교사의 역할은 영유아의 성장·발달의 자연스런 과정에서의 보호와 교육적 측면의 전문가로서, 신체적·사회적·정서적·지적 발달을 균형 있게 격려할 수 있도록 교육방법을 연구하고 적용하며, 교실환경을 구성하고, 가르치는 교육자로서, 영유아의 연령과 발달수준을 의식하여 적절한 자극을 제공해야 한다. 아울러 부모들이 자녀 걱정 없이 안심하고 사회·경제활동을 할 수 있도록 부모와의 원활한 의사소통을 통해 교사나 어린이집에 대한 신뢰감을 형성하도록 하는 역할을 담당한다. 보육교사의 등급별 자격 기준은 〈표 5-2〉와 같다.

〈표 5-2〉 현행 법령에 의한 보육교사의 등급별 자격 기준

자격 기준	
보육교사 1급	보육교사 2급 자격을 취득한 이후 3년 이상의 보육업무 경력[1]과 보건복지부 장관이 정하는 승급교육을 받은 자
	보육교사 2급 자격과 보육 관련 대학원에서 석사학위를 취득한 자로서 1년 이상 보육업무 경력과 보건복지부 장관이 정하는 승급교육을 받은 자
보육교사 2급	전문대학 또는 이와 동등 이상의 학교에서 보건복지부령이 정하는 보육 관련 교과목 및 학점을 이수하고 졸업한 자
	보육교사 3급 자격을 취득한 이후 2년 이상의 보육업무 경력과 보건복지부 장관이 정하는 승급교육을 받은 자
보육교사 3급	고등학교 또는 이와 동등 이상의 학교를 졸업한 자로서 보건복지부령이 정하는 교육훈련시설에서 소정의 교육과정을 수료한 자

주 1) 보육교사의 '보육업무 경력'이라 함은 다음의 어느 하나에 해당하는 경력을 말한다.
가. 「영유아보육법」에 의한 어린이집 및 육아종합지원센터에서 근무한 경력
나. 「유아교육법」에 의한 종일제 유치원에서 원장, 원감, 교사로 근무한 경력

출처 : 영유아보육법 시행령 제21호.

보육교사 자격증 취득 후 진로는 〈표 5-3〉과 같다.

〈표 5-3〉 보육교사 자격증 취득 후 진로

자격증	진 로
보육교사 3급	일반 어린이집에서 교사로 활동할 수 있다.
보육교사 2급	어린이집에서 교사로 활동할 수 있다.
보육교사 1급	보육교사 2급 취득 후 3년의 경력과 승급교육을 통해 취득할 수 있으며, 자격 취득 후 1년의 경력을 갖추면 가정 어린이집을 운영할 수 있고 3년의 경력을 갖추면 일반 어린이집을 운영할 수 있다.

(2) 원장

원장은 어린이집을 총괄하고 보육교직원들을 지도·감독하며, 영유아를 보육하고 영유아 및 그 가족에게 통합적 서비스를 제공하는 소규모 공동체를 운영하는 역할을 수행한다. 소규모 조직의 장으로서 조직 운용에 따르는 제반 업무를 담당하고 보육철학 제시, 예산 계획 및 집행, 보육운영 계획 수립 및 평가, 영유아 보호와 교육, 교직원 임용, 보육교직원 전문성 증진을 위한 교육, 부모교육, 가정

과 지역사회 간의 연계 및 교류, 보육교직원 및 기타 인사와의 의사교환 및 회의 참여 등의 영역과 관련된 역할을 수행하기 위한 전문성을 지니고 있어야 한다. 원장은 해당 자격 기준에 의해 원장 자격증을 발급받을 수 있으며, 이후 법령에 맞는 시설을 인가받아 시설을 운영할 수 있다.

4 보육 현황 및 향후 목표

1) 어린이집 및 보육아동 현황

1990년 말 1,919개 어린이집에서 48,000명의 아동을 보육하고 있었으나, 2018년 12월 말 39,171개 어린이집에서 1,732,000명의 아동이 보육받고 있다. 이 중 국·공립 어린이집은 9.2%, 사회복지법인 어린이집 3.5%, 법인·단체 등 어린이집 1.9%, 민간 어린이집 34.5%, 부모협동 어린이집 0.4%, 가정 어린이집 47.6%, 직장 어린이집 2.8%로 정부 지원시설 이용 영유아는 여전히 매우 부족한 실정이다.

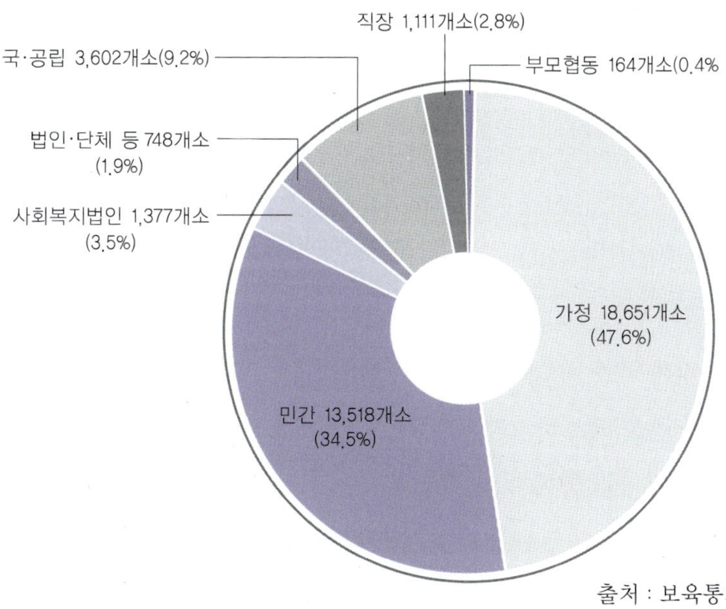

출처 : 보육통계(2018. 12.).

[그림 5-4] 어린이집 현황

〈표 5-4〉 어린이집에 따른 일반 현황

구분		계	국·공립 어린이집	사회복지법인 어린이집	법인·단체 등 어린이집	민간 어린이집	가정 어린이집	협동 어린이집	직장 어린이집
시설수	개소	39,171	3,602	1,377	748	13,518	18,651	164	1,111
	비중	100.0	9.2	3.5	1.9	34.5	47.6	0.4	2.8
영유아수	명	1,732,324	230,508	128,810	54,900	886,818	344,412	5,451	81,425
	비중	100.0	13.3	7.4	3.2	51.2	19.9	0.3	4.7

출처 : 보육통계(2018. 12.).

2) 보육교직원

2018년 12월 말 기준으로 교직원 수는 333,420명이며, 이 중 원장 38,975명, 보육교사 239,996명, 특수교사 2,017명, 치료사 633명, 영양사 927명, 간호사 559명, 간호조무사 611명, 사무원 1,099명, 취사부 30,634명, 기타 17,968명으로 집계되었다. 구체적으로 살펴보면, 국·공립 종사자 수는 41,122명, 사회복지법인 19,139명, 법인·단체 등 8,259명, 민간 146,386명, 부모협동 1,051명, 가정 100,987명, 직장 16,476명이다.

5 주요 보육정책

1) 어린이집 평가제

어린이집 평가제도는 보육·양육에 대한 사회적 책임 강화 실현 및 안심 보육환경 조성을 위해 국가 차원에서 모든 어린이집을 주기적으로 평가하여 상시적인 보육서비스 질을 확보하고자 하는 제도이다. 또한 평가 자체에 목적을 두기보다, 정기적인 평가를 통해 어린이집이 지속적으로 보육의 질적 수준을 향상시키고 유지하게 함으로써 영유아의 안전과 건강, 조화로운 성장과 발달을 도모하여 부모가 믿고 맡길 수 있는 안심 보육환경 조성에 기여하고자 한다.

(1) 평가제 목적

어린이집 평가제 시행 목적은 다음과 같다.

첫째, 상시적인 보육서비스 질 관리를 위해 주요 핵심지표를 중심으로 질 관리 표준을 제시하고 어린이집 스스로 질적 수준을 제고하도록 한다.

둘째, 전체 어린이집에 대한 주기적 평가를 통하여 보육서비스 품질관리의 사각지대를 해소하고 전반적인 보육서비스 수준을 지속적으로 관리하여 국가의 책무성을 강화하고자 한다.

셋째, 궁극적으로 평가제를 통해 보육서비스의 질 향상을 제고함으로써 영유아의 안전과 건강, 조화로운 성장과 발달을 도모하고자 한다. 이를 위해 영유아의 인권과 놀 권리를 보장하고 영유아가 건강하고 행복하게 성장할 수 있는 안심보육환경을 조성하며, 보육교직원이 영유아 보육에 집중할 수 있는 여건을 조성한다.

(2) 평가대상

어린이집 평가인증은 영유아보육법에 의하여 설치된 국·공립 어린이집, 사회복지법인 어린이집, 법인·단체 등 어린이집, 민간 어린이집, 직장 어린이집, 가정 어린이집, 부모협동 어린이집을 대상으로 한다.

(3) 평가 과정

어린이집 평가는 정해진 주기에 따라 대상을 선정하여 통보함으로써 시작된다. 대상통보는 총 2회에 걸쳐 진행되는데, 선정통보(1차)는 현장평가 6개월 이전에, 확정통보(2차)는 현장평가 2개월 전에 통보된다. 확정통보를 받은 어린이집에 대해서는 통보 익월부터 기본사항 확인 및 자체점검, 현장평가, 종합평가 등의 과정이 3개월간 진행된다.

① 대상선정

- 평가대상 : 「영유아보육법」에 따라 설치한 모든 어린이집(방과후 전담 어린

이집 제외)

- 인증유지 어린이집 : 기존 인증유효기간과 연계하여 만료 전 평가 실시
- 미인증 어린이집 : 대상선정 통보 후 6개월 경과 시 현장 평가

② 1단계 : 평가대상 통보

- 현장평가월 기준 6개월 전 평가대상 선정통보(1차)후, '평가실시에 대한 동의서' 및 '어린이집 정보 확인 및 제공 동의서'를 제출한 어린이집에 대하여 확정통보(2차)

③ 2단계 : 기본사항 확인 및 자체점검

- 지자체(시·군·구)는 평가대상 확정통보된 어린이집의 기본사항 준수 여부에 대한 확인 후, 그 결과를 기한 내 시·도 및 보육진흥원에 통보
- 평가대상으로 확정통보된 어린이집은 자체점검을 실시하고, 통보된 기한 내 자체점검보고서를 작성하여 제출

④ 3단계 : 현장평가

- 기본사항 확인 및 자체점검보고서 제출을 완료한 어린이집을 대상으로 현장평가자를 파견하여 평가지표에 따라 어린이집의 질적 수준에 대한 현장평가 실시

⑤ 4단계 : 종합평가

- 1단계 : 소위원회에서 기본사항확인서, 자체점검보고서, 현장평가보고서 등을 검토한 후, 등급 및 평가결과에 영향을 미치는 사안 등에 대해 심의하여 종합평가위원회에 안건 상정
- 2단계 : 종합평가위원회에서 소위원회를 거쳐 상정된 안건 및 기타 등급조정이 필요하다고 판단되는 건에 대해 심의 후 전체 종합평가 대상 어린이집의 최종등급 및 평가주기를 확정

(4) 평가지표의 구성 및 기준

평가지표는 4개 영역, 18지표, 59항목으로 구성되어 있다. 각 지표의 평가방법은 관찰, 면담, 기록 확인의 방법으로 이루어지며, 각 지표별 평가항목의 '충족' 개수에 따라 3개 등급(우수, 보통, 개선필요) 중 하나로 부여되며, 종합평가의 결과는 4개 평가영역 중 '우수', '개선필요' 개수에 따라 A, B, C, D 등급으로 나누어진다.

〈표 5-5〉 평가지표(4개 영역 59항목)

평가영역	평가지표
Ⅰ. 보육과정 및 상호작용(18항목)	1-1. 영유아 권리 존중(2항목) - 필수 1-2. 보육계획 수립 및 실행(6항목) 1-3. 놀이 및 활동 지원(3항목) 1-4. 영유아 간 상호작용 지원(4항목) 1-5. 보육과정 평가(3항목)
Ⅱ. 보육환경 및 운영관리(14항목)	2-1. 실내 공간 구성 및 운영(4항목) 2-2. 실외 공간 구성 및 운영(3항목) 2-3. 기관 운영(4항목) 2-4. 가정 및 지역사회와의 연계(3항목)
Ⅲ. 건강·안전(15항목)	3-1. 실내외 공간의 청결 및 안전(3항목) 3-2. 급·간식(3항목) 3-3. 건강증진을 위한 교육 및 관리(3항목) 3-4. 등·하원의 안전(3항목) 3-5. 안전교육과 사고예방(3항목)
Ⅳ. 교직원(12항목)	4-1. 원장의 리더십(3항목) 4-2. 보육교직원의 근무환경(3항목) 4-3. 보육교직원의 처우와 복지(3항목) 4-4. 보육교직원의 전문성 제고(3항목)

(5) 평가결과확정 현황

2019년 6월 평가제 시행 이후, 2019년 9월 현장평가부터 평가에 참여하여 2020년 4월 기준 5,798개소 어린이집에 대해 결과가 확정되었다.

〈표 5-6〉 평가결과확정 어린이집 설립유형별 현황

구분	국공립	사회복지 법인	법인· 단체 등	민간	가정	협동	직장
전체 어린이집	4,575	1,324	680	11,953	15,942	151	1,181
평가결과확정 어린이집	586	132	85	1924	2,752	47	272

출처 : 한국보육진흥원(2020. 4.).

2) 국가 수준 표준보육과정

국가가 제시하고 있는 '표준보육과정'과 2013년에 제정되어 2019년 9월 개정(2020년 9월부터 시행)된 유치원과 어린이집의 3~5세 유아에게 적용되는 '3~5세 누리과정'은 각 기관의 보육과 교육과정이 이 기준을 충족하여 운영하도록 하는 지침 역할을 하게 된다. 표준보육과정과 누리과정에 대한 이해는 영유아보육과정 운영과 조직의 근간이 되므로 매우 중요하다.

(1) 표준보육과정

① 성격

2004년 1월 전면 개정된 영유아보육법(2005년 1월 30일부터 시행)은 보육에 대한 공적 책임과 보육의 질적 수준 향상을 강화하는 기반을 제공하였다. 영유아보육법 제29조 제2항 및 제4항에 따라 영유아보육법 시행규칙 제30조(별표 8의 2)에 규정된 표준보육과정은 국가 수준의 보육과정이며, 어린이집에서 운영해야 할 보편적 보육 내용을 제시한 것이다. 표준보육과정은 만 6세 미만의 영유아가 갖추어야 할 바람직하고 적합한 태도와 가치, 지식과 기술을 포함하며, 이를 통해 영유아의 잠재력을 최대한 발휘하고 영유아가 어른으로 성장하도록 보육 목표를 정하고 있다. 또한 표준보육과정의 운영을 통해 보육환경의 질을 높이고 교사의 역할을 강화하며 부모, 가족, 지역사회와의 협력을 꾀하도록 하고 있다.

2012년 개정된 표준보육과정은 0~1세 보육과정, 2세 보육과정으로 구성되며,

영유아의 전인적 발달과 우리 문화에 적합한 내용을 일관성 있고 연계적으로 실천하며, 궁극적으로 사회에서 추구하는 인간상을 구현하고 전국 어린이집의 질적 수준을 높이는 데 기여하고자 하는 데 그 의의를 둔다.

표준보육과정의 기본 전제는 다음과 같다.

가. 영유아는 개별적인 특성을 지닌 고유한 존재이다.
나. 영유아는 연령에 따라 발달적 특성이 질적으로 다르다.
다. 영유아는 그 자체로서 존중받아야 하는 존재이다.
라. 영유아는 직접적으로 경험할 때 의미 있는 지식, 기술 및 바람직한 태도를 형성해 간다.
마. 영유아는 일상생활이 편안하고 학습과 경험이 놀이 중심으로 이루어질 때, 최대의 능력이 발휘된다.
바. 영유아는 민감하고 반응적인 성인과의 신뢰로운 관계 속에서 최적의 발달을 이룬다.
사. 영유아가 속한 가정과 지역사회가 함께 협력할 때 영유아에게 가장 긍정적인 영향을 미친다.

표준보육과정의 기본 전제에 의거하면, 영유아는 능동적인 지식 구성자로서 환경과 자발적으로 상호작용하며 발달하는 주체로 인정받고 있으며, 영유아의 삶에서 각 발달 영역은 상호의존적 그리고 총체적으로 이루어지고 있는 점을 강조하고 있다. 이러한 영유아의 강하고 능동적인 이미지는 영유아를 둘러싼 주변 환경과 상호작용할 수 있는 환경을 제공하여 구현될 수 있도록 하고 있다.

표준보육과정은 구성주의 관점에서 영유아의 발달이 자발적으로 발현될 수 있도록 해야 한다는 원리와 이러한 영유아의 발달적 권리를 지원할 수 있는 환경 조성과 교사의 역할을 강조하는 원리로 구성되어 있음을 알 수 있다.

② 표준보육과정의 목적, 인간상, 목표, 구성 방향 및 체제

표준보육과정의 목적은 영유아 심신의 건강과 전인적 발달을 도와 행복을 도

모하며 민주 시민의 기초를 형성하는 데 있다. 보육과정을 통해 추구하는 인간상은 심신이 건강하고 행복한 사람, 자율적이고 창의적인 사람, 자신과 타인을 존중하고 배려하는 사람, 자연과 우리 문화를 사랑하는 사람, 다양성을 인정하는 민주적인 사람으로 설정하고 있다.

0~2세 보육과정의 목표는 다음과 같다.

가. 자신의 소중함을 알고, 건강하고 안전한 환경에서 즐겁게 생활한다.
나. 자신의 일을 스스로 하고자 한다.
다. 호기심을 가지고 탐색하며 상상력을 기른다.
라. 일상에서 아름다움에 관심을 가지고 감성을 기른다.
마. 사람과 자연을 존중하고 소통하는 데 관심을 가진다.

이러한 목표 아래 표준보육과정의 구성 방향은 다음과 같다.

가. 영유아의 발달 특성과 개인차를 고려하여 연령 및 수준별로 구성한다.
나. 어린이집에서 편안하고 행복한 일상생활이 되도록 중점을 두어 구성한다.
다. 질서, 배려, 협력 등 기본 생활습관과 바른 인성을 기르는 데 중점을 두어 구성한다.
라. 자율성과 창의성을 기르는 데 중점을 두고, 전인 발달을 이루도록 구성한다.
마. 사람과 자연을 존중하고, 우리 문화를 이해하는 데 중점을 두어 구성한다.

0~2세 보육과정은 기본 생활, 신체운동, 의사소통, 사회관계, 예술경험, 자연탐구의 6개 영역을 중심으로 구성한다. 각 영역은 영유아가 건강하고 안전하며 바르게 생활하는 데 필요한 내용과 신체, 사회, 언어, 인지, 정서 등 전인적 발달을 위해서 영유아가 갖춰야 할 지식, 기술, 태도를 포함한다. 각 영역의 성격과 내용 범주는 다음 〈표 5-7〉과 같이 요약될 수 있다(보건복지부, 2013).

〈표 5-7〉 0~2세 표준보육과정

영역	내용 구성	내용 범주
기본 생활	건강하고 안전한 생활습관의 기초를 형성하며, 일상에서 안전하게 놀이하고 위험한 상황에 대처할 수 있는 방법을 경험하는 내용	건강하게 생활하기, 안전하게 생활하기
신체 운동	다양한 신체 활동을 통해 감각을 활용하여 움직이고, 대소근육을 이용한 실내외 신체활동을 즐기는 내용	감각과 신체 인식하기, 신체활동 즐기기
의사 소통	일상생활에서 듣기와 말하기를 즐기며, 글자와 상징에 관심을 갖고 끼적이며 표현하고, 책과 이야기를 상상하는 재미를 느끼는 내용	듣기와 말하기, 읽기와 쓰기에 관심 가지기, 책과 이야기 즐기기
사회 관계	자신을 알고 긍정적으로 여기며, 다양한 사회 속에서 다른 사람과 즐겁게 지내는 태도를 기르는 내용	나를 알고 존중하기, 더불어 생활하기
예술 경험	자연과 생활에서 아름다움을 느끼고 다양한 방법을 이용하여 예술을 통해 자유롭게 표현하는 내용	아름다움 찾아보기, 창의적으로 표현하기
자연 탐구	일상생활 속에서 호기심을 갖고 탐색하는 과정을 즐김으로써 주변 환경과 자연에 관심을 갖고 변화를 감각으로 느끼는 내용	탐구 과정 즐기기, 생활 속에서 탐구하기, 자연과 더불어 살기

(2) 3~5세 누리과정

2013년 3월 처음 시행되어 2019년 9월 개정, 2020년 9월부터 시행되는 3~5세 누리과정은 유치원과 어린이집에 다니는 모든 3~5세 유아에게 공정한 교육 기회를 제공하기 위한 국가 수준의 공통 교육과정이다. 또한 누리과정은 기존의 유치원 교육과정과 표준보육과정을 통합한 공통과정으로서 3~5세 유아가 놀이를 통해 심신의 건강과 조화로운 발달을 도모하여 바른 인성과 민주 시민의 기초를 형성하는 것을 목적으로 하고 있다.

가. 국가 수준의 공통성과 지역, 기관 및 개인 수준의 다양성을 동시에 추구한다.

나. 유아의 전인적 발달과 행복을 추구한다.

다. 유아 중심과 놀이 중심을 추구한다.

라. 유아의 자율성과 창의성 신장을 추구한다.

마. 유아, 교사, 원장(감), 학부모 및 지역사회가 함께 실현해가는 것을 추구한다.

② 구성 방향

누리과정이 추구하는 인간상은 다음과 같다.

가. 건강한 사람
나. 자주적인 사람
다. 창의적인 사람
라. 감성이 풍부한 사람
마. 더불어 사는 사람

누리과정의 목적은 만 3~5세 유아가 놀이를 통해 심신의 건강과 조화로운 발달을 이루고 바른 인성과 민주 시민의 기초를 형성하는 데에 있다.

이를 실현하기 위한 목표는 다음과 같다.

가. 자신의 소중함을 알고, 건강하고 안전한 생활 습관을 기른다.
나. 자신의 일을 스스로 해결하는 기초능력을 기른다.
다. 호기심과 탐구심을 가지고 상상력과 창의력을 기른다.
라. 일상에서 아름다움을 느끼고 문화적 감수성을 기른다.
마. 사람과 자연을 존중하고 배려하며 소통하는 태도를 기른다.

누리과정의 구성의 중점은 다음과 같다.

가. 3~5세 모든 유아에게 적용할 수 있도록 구성한다.
나. 추구하는 인간상 구현을 위한 지식, 기능, 태도 및 가치를 반영하여 구성한다.
다. 신체운동·건강, 의사소통, 사회관계, 예술경험, 자연탐구의 5개 영역을 중심으로 구성한다.
라. 3~5세 유아가 경험해야 할 내용으로 구성한다.
마. 0~2세 보육과정 및 초등학교 교육과정과의 연계성을 고려하여 구성한다.

③ 5개 영역별 목표 및 내용 범주

3~5세 누리과정은 0~2세 보육과정과 달리 기본 생활이 제외되고, 신체운동·

건강, 의사소통, 사회관계, 예술경험, 자연탐구의 5개 영역으로 구성되어 있다. 각 영역별 목표 및 내용범주를 소개하면 다음 〈표 5-8〉과 같다.

〈표 5-8〉 3~5세 누리과정

영역	목표	내용범주
신체 운동·건강	실내외에서 신체활동을 즐기고, 건강하고 안전한 생활을 한다.	신체활동 즐기기, 건강하게 생활하기, 안전하게 생활하기
의사소통	일상생활에 필요한 의사소통 능력과 상상력을 기른다.	듣기와 말하기, 읽기와 쓰기에 관심 가지기, 책과 이야기 즐기기
사회관계	자신을 존중하고 더불어 생활하는 태도를 가진다.	나를 알고 존중하기, 더불어 생활하기, 사회에 관심 가지기
예술경험	아름다움과 예술에 관심을 가지고 창의적 표현을 즐긴다.	아름다움 찾아보기, 창의적으로 표현하기, 예술 감상하기
자연탐구	탐구하는 과정을 즐기고, 자연과 더불어 살아가는 태도를 가진다.	탐구 과정 즐기기, 생활 속에서 탐구하기, 자연과 더불어 살기

3) 공공형 어린이집

(1) 공공형 어린이집 사업의 추진 배경

정부에서는 부모들이 믿고 맡길 수 있는 높은 수준의 보육서비스를 제공하는 보육 인프라 구축을 위해 2011년 7월부터 '공공형 어린이집' 사업을 추진하고 있다.

(2) 공공형 어린이집이란

우수한 민간, 가정, 법인·단체 등 어린이집을 선정, 보육의 질 관리를 위한 운영비를 지원하여 양질의 보육을 제공하고 공공 보육인프라로서 기능할 수 있도록 하는 제도이다. 공공형 어린이집 사업은 아래와 같은 절차에 따라 운영되고 있다.

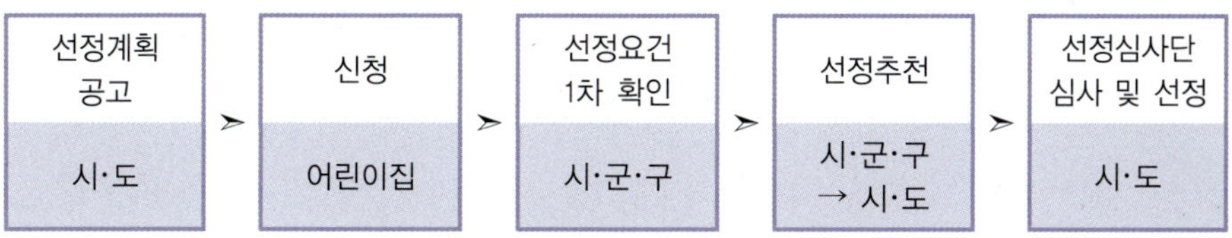

[그림 5-5] 공공형 어린이집 운영 절차

〈표 5-9〉 공공형 어린이집 선정기준

항목	점수
① 평가인증 점수	35점
② 건물 소유·이용형태(자가, 임대 여부)	20점
③ 보육교직원 전문성 • 1급 보육교사 비율 • 원장으로서의 재직 경력	30점
④ 취약보육서비스 등 운영 여부	10점
⑤ 지자체별 특성화지표	5점
합 계	100점

〈가점 항목〉

① 보육정원 50인 이상 시설은 어린이집 자체 부지 놀이터 내 3종 이상 놀이기구가 구비된 옥외놀이터가 있는 경우 가점 인정(보육정원 50인 미만 시설은 놀이터가 구비된 경우 가점 인정)

② 어린이집 비용 등 정보에 대한 공개

③ 어린이집 안전공제회 보험 가입

* 2012년 공공형 어린이집 선정기준표.

** 기본 요건을 갖추고 결격 사유가 없는 어린이집 중 '공공형 어린이집 선정기준표'에 따라 점수화하여 고득점 순으로 선정.

공공형 어린이집 운영 기준

- 취약계층 우선 보육
- 부모로부터 받은 보육료를 정부 지원 단가(국·공립 어린이집 보육료)와 동일하게 수납
- 보육교사 월 급여를 국·공립 어린이집 1호봉(최저 수준임) 이상으로 지급
- 공공형 어린이집 운영시간 : 공공형 어린이집은 「영유아보육법」 시행규칙 제23조 별표8에 따라 평일 19시 30분까지 운영하여야 함.
- 지역실정, 부모와의 협의를 이유로 단축 운영하여서는 안 됨.
- 표준보육과정에 기반한 연령별 보육프로그램을 필수적으로 운영
- 어린이집 안전공제회 의무 가입
- 한국보육진흥원 주관 사후품질관리(설명회, 자율공부모임, 운영 컨설팅) 의무 참석
- 어린이집의 상세 정보를 주기적으로 부모·지역사회 등에 공개
- 어린이집 회계 처리를 위한 클린카드 도입('13년 하반기부터 실행)

6 보육의 개선 방안

1) 보편주의적 영유아보육정책의 정립

보육은 보호자 중심의 대리보육 관점보다는 영유아의 건강한 발달을 도모하는 보편적 관점으로 접근되어야 한다. 영유아를 주체로 보고 사회적 계층이나 부모의 특성이나 환경에 관계없이 영유아에게 보육서비스가 제공되어야 하고, 보육사업에 대한 정부재정 부담 확대와 보육서비스의 수준 향상이 실현되도록 공보육정책이 추진되어야 한다.

2) 설치 관련 법규 및 어린이집의 안전관리 강화

영유아보육법 제정 이후 급격한 어린이집 확충 과정에서 충분히 관심을 기울이지 못했던 어린이집 설치와 관련된 제반 법규는 더욱 강화되어야 한다. 또한 보육의 기본은 안전으로, 안전의 확보 없이 보육의 질을 논한다는 것은 무의미하다. 따라서 어린이집의 시설·설비가 안전한 환경으로 구성될 수 있도록 효과적인 대책을 마련하고 강력하게 시행되어야 한다.

3) 건강 및 영양관리 강화

일생 동안의 건강의 기초는 신체적·정신적 발달이 활발한 영유아 시기부터의 올바른 건강지도 및 영양 습득으로 시작된다. 특히 어린이집은 영유아가 하루 중 대부분의 시간을 지내게 되는 곳이므로 영유아의 발달과 환경에 적합한 건강 및 위생관리, 균형 잡힌 식사와 간식의 제공을 위해 특별한 노력을 기울여야 한다.

4) 가정중심 보육과 수요자중심의 다양한 보육서비스 제공

영아보육 등 보호 위주의 서비스를 필요로 하는 영유아를 위하여 탄력성 있는 서비스를 제공하는 가정 어린이집을 활성화해야 하며, 가족 해체 등으로 조손가정, 한부모가족, 다문화가정 및 장애아동 출현율이 증가하는 추세에서 기본적인 보육서비스 이외에 영유아와 부모를 위한 포괄적 서비스가 제공되어야 한다. 특히 장애영유아의 경우는 통합보육을 확대하여야 하고, 이에 요구되는 시설·설비 등을 지원해야 한다.

또한 보육서비스의 질적 수준 향상을 위해서는 보육대상의 특성을 고려한 다양한 보육서비스 제공과 포괄적 보육프로그램 개발이 필요하다. 이와 같은 보육프로그램은 가족의 지원을 목표로 하여 어린이집과 영유아, 가정, 지역사회 그리고 여러 복지 관련 기관이 상호 협력함으로써 전문가와의 상담, 가정 내 문제 발견 및 예방, 부모 지원 등을 효과적으로 지원하도록 해야 한다.

5) 중앙정부 주도의 지역별 균형 있는 시설 확충 및 어린이집 지도·감독의 강화

과거에 비해 어린이집이 크게 증가하였으나 국·공립 부분의 비중이 여전히 취약하고 지역 간 불균형이 있기 때문에 균형 있는 배치 및 국·공립 부분의 증대를 위해서는 신축 등 어린이집의 확충에 대한 중앙정부의 관여가 강화되어야 한다.

또한 보육의 공공성 확보를 위해 정부가 기본적인 지도·감독체계는 갖추어야 하며, 특히 정부가 운영하는 시설은 정해진 지침에 따라 시설을 운영하도록 철저한 지도·감독을 실시하여야 한다.

6) 근무환경 및 사회보장의 개선

보육서비스의 질을 결정하는 중요한 요소인 보육교사의 전문성은 개인적 차원의 자질도 중요하지만 전문성을 유지하면서 발전할 수 있도록 하는 제도 및 근무환경과 밀접하게 연계된다. 이를 위해 어린이집에 유용한 정보 및 자료를 제공할 수 있는 육아종합지원센터의 기능 활성화 및 확대가 필요하며, 교사들이 실질적으로 보수교육을 받을 수 있도록 대체교사 지원이 필요하다.

또한 보육교사가 자신의 직무를 더 원활하게 수행할 수 있도록 교사연수를 강화하고, 자율장학을 활성화하며, 교사의 자기계발 및 연구시간을 보장하고, 어린이집 내에 연구 공간이 확보되도록 해야 한다. 특히 장시간의 근무와 적은 휴가일수는 보육교사의 만성적인 과로와 업무집중도의 감소 등 여러 가지 폐해가 있으므로 보육교사의 근무시간을 단축시키고 법정 휴가일수에 맞추어 휴식을 취하도록 해 주어야 할 것이며, 보육교사의 인건비를 현실화하여야 한다.

7) 지역사회와의 연계 강화

지역사회와의 연계를 위해서 어린이집과 지역사회 상호 간의 신뢰 구축과 개방적인 태도, 영유아기 자녀의 양육에 대한 공통의 관심사가 필요하다. 따라서 어린이집 스스로 지역사회에 개방적인 태도를 취하는 것과 함께 지역사회가 어린이집을 지역사회문제를 해결하는 협력자로 인식하고 보육에 관련된 과제를 같이 고민하도록 지자체와 지역육아종합지원센터, 어린이집이 공동으로 노력해야 한다.

6

CHAPTER

다양한 가족의 아동을 위한 아동복지실천

새로운 시대적 요구에 따른 가족의 변화는 가족의 기능 및 가치에 대한 내부적 변화와 더불어, 가족 구조의 축소와 분화를 포함한 외형적인 변화를 포함한다. 본 장에서는 현대사회 가족의 변화로 인해 발생한 다양한 가족유형과 이들 가족유형의 전반적 실태 및 다양한 가족 속에서 살아가고 있는 아동의 복지실태와 과제에 대하여 살펴보고자 한다.

1 현대사회의 가족 변화

1) 현대사회와 가족

(1) 가족의 개념

일반적으로 가족은 혼인으로 맺어진 부부와 그들의 자녀로 구성된다고 본다. 미국의 인류학자 Murdock(1949)에 의하면, 가족이란 "성관계가 허용되는 성인남녀의 출산자녀 및 입양자녀로 구성되며, 공동거주, 경제적 협력, 자녀재생산의 특성을 갖는 사회집단"이라고 정의된다.

민법 제779조에 나타난 가족의 범위는 "배우자, 직계혈족 및 형제자매와 생계를 같이하는 직계혈족의 배우자, 배우자의 직계혈족 및 배우자의 형제자매"로 정의되고 있다(민법 제779조). 즉, 가족구성원은 이익관계를 초월한 애정적 혈연집단으로 같은 장소에 기거하며 취사하는 동거집단이며, 가족만의 고유한 가풍을 갖는 문화적 집단임과 동시에 양육과 사회화를 통해 인격형성을 이루는 인간발달의 근원이 되는 집단이라고 할 수 있다(조흥식, 1998). 따라서 가족은 모든 사회기반을 형성하는 사회적 기본단위로 가족구성원의 경제적 지원과 정서적 보호를 제공하고 자녀의 양육과 보호 및 사회화 기능을 수행하는 기본적인 단위로 정의된다.

그러나 현대사회의 급격한 변화는 이러한 전통적 가족의 개념에 있어서 변화를 요구하고 있다. 가족주의적 관점에 기초한 부부 중심의 핵가족 역시 더 이상 현대사회의 지배적인 가족형태가 아니며, 개별 가족구성원의 권리와 복지를 강조하는 가족의 개념이 등장하게 되었다(변화순·최윤정, 2004).

(2) 현대사회 가족의 개념

현대사회의 가족은 전통적 개념의 가족유형뿐만 아니라 현대사회에 광범위하게 존재하는 다양한 가족유형을 포함한다. 이러한 다양한 가족의 출현은 전통적 의미의 가족에 대한 개념적 변화를 의미한다. 따라서 다양한 가족의 개념은 전통적 가족의 형태와 기능에 대한 관념과 의미의 붕괴 또는 해체를 의미한다고 보았다(박민자·이경아, 2004). 그러나 미국의 가족학자 Schulz는 가족을 혈연관계에 제한하여 이해하기보다는 가족의 다양성을 포괄하는 광의의 개념으로 이해하는 것이 적절하다고 주장하였다(유영주·김순옥·김경신, 2000). 따라서 가족은 해체되거나 붕괴되는 것이 아니라 변화하는 것으로 이해하는 것이 적절하다. 가족유형의 다양화는 성과 연령의 불평등적인 관계로 표현되는 전통적 가족주의, 집단주의, 귀속주의 특성이 현대사회에서는 평등주의, 개인주의, 성취주의로 대체되어 나타나는 현상이라고 볼 수 있다. 현대사회 가족의 개념은 이러한 포괄적 의미의 가족 개념에 기초한다.

우리나라 가족의 개념변화에 대한 양옥경(2000)의 연구에 의하면, 가족의 개념변화는 가족 관련 법과 제도의 변화를 통해 잘 알 수 있다고 한다. 우리나라의 경우, 여러 차례 가족법의 개정이 이루어졌으며, 이 가족법 개정 절차를 살펴보면, 가족의 개념이 어떻게 변해 왔는지를 이해할 수 있다. 최근의 호주제 폐지에 따른 민법 개정안은 가족의 개념에 대한 우리 사회의 변화를 잘 반영하고 있다. 이는 전통적 의미의 가족의 개념보다 현대사회의 가족은 다양한 가족유형을 포함하는 포괄적 가족 개념에 기초해서 이해해야 함을 의미한다.

따라서 현대사회의 가족의 개념은 “상호 간 정서적이고 물질적인 지지를 기대하는 두 사람 또는 그 이상의 사람으로 구성되며, 그들의 삶의 유형과는 관계없이 상호책임감, 친밀감과 계속적인 돌봄의 근간을 전달할 수 있는 집합체”(변화순·최윤정, 2004)로 정의된다. 즉, 현대적 의미의 가족의 개념은 부부와 미혼의 자녀로 구성된 핵가족을 비롯하여 3세대 이상이 사는 확대가족뿐만 아니라 부부만 사는 부부가족, 부와 자녀 혹은 모와 자녀로 구성된 한부모가족, 재혼부부와 그들의 자녀가 함께하는 재혼가족, 주말에만 혹은 일 년에 한두 번 정도 만나는 분거가족 등 다양한 가족을 포괄한다. 그 밖에도 혈연적 관계에서 사회적 관계로 이어지는 입양가족, 국제결혼의 증가로 인한 국제결혼가족, 혈연적 관계를 넘어선 공동체가족, 개인의 성적 지향성의 인정에 따른 동성애가족 등 다양한 가족의 범위는 보다 넓고 방대하다.

2) 현대사회 가족 변화의 특징

다양한 가족의 출현에서 알 수 있듯이 현대사회 가족은 전통적 개념에서 현대사회의 다변화된 개념으로 커다란 변화를 겪고 있다. 현대사회 가족 개념의 변화가 지닌 특징은 외형적으로는 가족규모의 축소, 가족구조 및 가족주기의 변화로 나타나고 있으며, 이러한 외형적 변화는 가족기능의 다양화나 가족가치관의 변화와 같은 가족 내적인 특성의 변화로 나타나고 있다. 나아가 가정경제에 있어서의 변화를 포함한다. 이와 같은 현대사회 가족 변화의 특징을 요약해 보면 다음과 같다.

첫째, 현대사회의 가족 변화의 가장 큰 특징은 가족규모의 축소이다. 대가족 중심의 전통적 가족에서 부부 중심의 핵가족으로 변화하면서 나타나는 소가족화 현상으로 인해 가족규모가 축소되는 경향을 보이고 있다. 더욱이 출산율 저하에 따라 자녀수가 급격하게 감소하고 출산과 자녀양육의 부담으로 인한 무자녀가족도 증가하고 있다. 이러한 경향은 〈표 6-1〉의 세대별 가구 구성에서도 잘 나타난다. 2000년 60.8%였던 전체 가구 중 2세대 가구의 비율이 2010년과 2019년에 현저하게 감소하여 2019년에는 전체 가구의 45.3%로 감소하였으며, 3세대 가구도 지속적으로 감소하여 2010년에는 전체 가구의 4.1%에 불과한 것으로 나타났다. 반면 2000년에 비해 2010년과 2019년에는 1세대 가구와 1인 가구의 비율이 뚜렷하게 증가하여 총 48.6%에 이르렀다.

〈표 6-1〉 세대별 가구 구성

(단위 : 천 가구, %)

	2000년		2010년		2019년	
전국	14,312	(100.0)	17,339	(100.0)	20,343	(100.00)
1세대 가구	2,034	(14.2)	3,027	(17.5)	3,752	(18.4)
2세대 가구	8,696	(60.8)	8,892	(51.3)	9,210	(45.3)
3세대 가구	1,176	(8.2)	1,063	(6.1)	840	(4.1)
4세대 이상 가구	22	(0.2)	13	(0.1)	6	(0.1)
1인 가구	2,224	(15.5)	4,142	(23.9)	6,148	(30.2)
비친족 가구	159	(1.1)	202	(1.2)	387	(1.9)

출처 : 통계청, 해당 연도별 『인구 총조사 통계』.

〈표 6-2〉 가족구조의 변화

(단위 : 가구 수, %)

가족구조			1990	1995	2000	2005	2010	2015	2019
1세대	부부가족		942,479 (8.3)	1,398,508 (10.8)	1,765,365 (12.3)	2,258,982 (14.2)	2,671,616 (15.4)	2,982,028 (15.6)	3,389,074 (16.6)
	기타		277,188 (2.4)	241,926 (1.8)	268,398 (1.9)	315,735 (2.0)	355,778 (2.1)	342,390 (1.7)	362,926 (1.8)
2세대	부부+자녀		5,895,025 (51.9)	6,528,008 (50.4)	6,891,558 (48.2)	6,701,759 (42.2)	6,415,673 (37.0)	6,150,381 (32.2)	6,061,955 (29.8)
	한부모가구	부자가구	888,823 (7.8)	172,398 (1.3)	219,997 (1.5)	286,923 (1.8)	347,448 (2.0)	537,608 (2.8)	513,358 (2.5)
		모자가구		787,574 (6.1)	903,857 (6.3)	1,083,020 (6.8)	1,246,690 (7.2)	1,522,554 (8.0)	1,501,251 (7.4)
	부부+양친		22,054 (0.2)	22,445 (0.2)	24,131 (0.2)	23,279 (0.1)	24,866 (0.1)	20,592 (0.1)	18,511 (0.1)
2세대	부부+한부모		70,104 (0.6)	98,568 (0.7)	113,283 (0.8)	131,544 (0.8)	134,657 (0.8)	124,643 (0.7)	115,936 (0.6)
	부부+자녀+부부의 형제자매		194,654 (1.7)	133,915 (1.0)	94,679 (0.6)	73,562 (0.5)	55,725 (0.3)	77,251 (0.4)	64,550 (0.3)
	기타	조부모+손자녀	–	35,194 (0.3)	45,225 (0.3)	58,101 (0.4)	119,294 (0.7)	113,111 (0.6)	114,211 (0.6)
		기타	458,417 (4.0)	422,385 (3.3)	403,352 (2.8)	449,138 (2.3)	547,871 (3.2)	782,153 (4.1)	820,113 (4.0)
3세대	부부+자녀+양친		191,943 (1.7)	172,653 (1.3)	168,496 (1.1)	140,535 (0.9)	134,150 (0.8)	113,256 (0.6)	89,288 (0.4)
	부부+자녀+한부모		758,166 (6.7)	707,164 (5.5)	642,082 (4.5)	567,150 (3.6)	517,881 (3.0)	465,991 (2.4)	379,351 (1.9)
	기타		432,640 (3.8)	385,720 (3.0)	365,759 (2.6)	384,877 (2.4)	410,576 (2.4)	449,949 (2.4)	371,289 (1.8)
4세대 이상			35,342 (0.3)	26,327 (0.2)	21,961 (0.2)	15,902 (0.1)	12,769 (0.1)	11,262 (0.1)	6,891 (0.1)
1인 가구			1,021,481 (9.0)	1,642,406 (12.7)	2,224,433 (15.5)	3,170,675 (20.0)	4,142,165 (23.9)	5,203,440 (27.2)	6,147,516 (30.2)
비친족가구			166,224 (1.5)	182,990 (1.4)	159,231 (1.1)	225,946 (1.4)	202,263 (1.2)	214,421 (1.1)	386,968 (1.9)
비정형가족 비율[1]			1,347,240 (12.0)	995,166 (7.7)	1,169,079 (8.1)	1,428,044 (9.0)	1,713,432 (9.9)	2,173,273 (11.4)	2,128,820 (10.5)
비정형가족 비율[2]			2,534,945 (22.5)	2,820,562 (21.4)	3,552,743 (24.7)	4,824,665 (30.4)	6,057,860 (35.0)	7,591,134 (39.7)	8,663,304 (42.6)

주 1) 비정형가족 비율 : 한부모가구 + 조부모와 손자녀가구.
2) 비정형가족 비율 : 한부모가구 + 조부모와 손자녀가구 + 1인 가구 + 비혈연가구.

출처 : 통계청, 해당 연도별 『인구 총조사 통계』를 재구성함.

둘째, 현대사회 가족규모의 변화는 가족구조의 변화를 필연적으로 내포하고 있다. 결과적으로 현대사회의 가족은 기존의 핵가족이나 확대가족만으로 현대사회의 변화에 적절히 대응할 수 없으며, 이에 따라 다양한 가족으로 분화되고 있다. 즉, 현대사회 가족 변화의 두드러진 특성은 가족구조의 다양화로 볼 수 있다. 부자, 조부모-손자로 구성되는 직계가족이나 형제나 친·인척으로 구성되는 방계가족 혹은 대가족과 같은 전통적인 가족이 감소하고, 부부와 자녀로 구성된 핵가족 중심의 가족이 점차 증가하고 있다. 특히 핵가족 중 부부가족이나 한부모와 미혼자녀로 구성된 한부모가구의 비율이 점차 증가하고 있다. 최근 가족구조의 변화는 〈표 6-2〉에 나타난 바와 같다. 가족구조에 있어서 2세대 부부+자녀 가족은 감소하는 반면 한부모가족, 부부가족, 1인 가족이 점차 증가하고 있음을 알 수 있다. 과거 대가족 및 확대가족의 형태를 반영한 2세대 부부+자녀+부부의 형제자매나 3세대 가족과 4세대 이상 가족의 비율은 점차 감소하고 있다. 2019년을 기준으로 볼 때, 2세대 부부+자녀 가구는 전체 가구의 29.8%로, 1990년 51.9%에서 급격히 감소하였다. 반면 2019년 한부모가구, 조손가구, 1인 가구의 비율은 지속적으로 증가하는 경향을 보인다. 여기에 자녀가 없는 부부가족을 포함할 경우, 전체 가구의 절반 이상에 이른다. 따라서 이러한 가족구조의 변화양상은 가족규모의 감소와 더불어 다양화의 양상으로 나타나고 있다.

셋째, 가족주기에 있어서 변화가 두드러지게 나타나고 있다. 교육기간의 연장과 취업연령의 상승으로 인하여 초혼연령이 점차 상승하고 있다. 〈표 6-3〉에 나타난 바와 같이, 2000년에는 남녀의 평균 초혼연령이 각각 29.3세, 26.5세였으나, 2010년에는 31.8세와 28.9세, 2019년에는 33.4세와 30.6세로 10년 동안 초혼연령이 평균 4세 이상 상승하였다. 이러한 초혼연령의 상승과 출산율 저하는 자녀출산의 시기 및 자녀양육의 기간 변화로 이어지게 된다. 즉, 결혼에서 자녀를 출산하는 시기는 단축되는 반면 자녀의 양육 및 교육 기간은 확대되는 경향을 보인다.

〈표 6-3〉 평균 초혼연령

연도	2000	2002	2004	2006	2008	2010	2012	2014	2016	2019
남자	29.3	29.8	30.5	31.0	31.4	31.8	32.1	32.4	32.8	33.4
여자	26.5	27.0	27.5	27.8	28.3	28.9	29.4	29.8	30.1	30.6

출처 : 통계청, 해당 연도별 「인구동태통계연보(혼인·이혼편)」.

넷째, 이러한 가족의 외형적 변화는 실질적으로 가족의 내적인 변화, 즉 가족기능의 변화를 초래하였다. 전통적 가족의 기능인 자녀양육 및 사회화 기능은 더 이상 가족이나 여성만의 책임이 아니라 국가, 사회, 기업의 역할 및 책임으로 강조되고 있다. 따라서 가족의 본래 기능으로 여겨졌던 자녀양육과 가족구성원의 보호기능은 물론, 정서적 지원 역시 더 이상 가족 고유의 기능으로 보기 힘들어졌다. 이와 같이 가족 고유의 기능이 약화, 소멸, 대치되면서 현대사회 가족의 기능이 변화해 가족 내의 부모역할의 변화로 나타나고 있다. 자녀양육에 있어서 아버지 참여를 강조하고, 자녀부양을 부부공동의 역할로 이해하기 시작하는 등 현대사회 가족기능의 변화에 따라 부모의 역할이 점차 변화하고 통합하는 경향을 나타내고 있다.

다섯째, 현대사회 가족 변화 중 가장 두드러진 특징은 가족가치관의 변화라고 할 수 있다. 현대사회의 정치, 경제, 사회적 변화와 함께 전통적인 불평등하고 가부장제적인 가족제도가 해체되었다. 새로운 가족제도인 부부단위의 자유로운 가족형태로 인해 부부 중심의 새로운 가족가치관을 형성하게 되었으며, 자녀양육 및 교육의 개념과 가치에 있어서도 변화를 가져왔다. 이러한 가족과 자녀에 대한 가치의 변화는 궁극적으로 가족 내 생활사의 변화를 수반한다. 즉, 여성의 경제 참여로 인한 양육 및 가사의 분담, 이혼의 증가, 선택적 자녀출산, 가족 결속력의 약화 등이 주된 현상으로 나타나고 있다. 결혼관, 성역할관, 가족주의 가치관에 있어서 세대 간 차이가 급격하게 나타나며, 특히 남성에 비해 여성의 가치관 변화가 뚜렷하게 나타나고 있다.

여섯째, 여성의 경제활동 참여로 인하여 가정경제의 변화를 초래하였다. 현대사회에서 기술 향상으로 인해 주부의 가사노동이 경감되었고, 여성노동인력에 대한 수요가 증가하여, 기혼여성의 경제활동 참여가 증가되었다. 각 가정에서 여성의 취업을 통한 가계보충의 필요성이 부각되고 있으며, 가족경제를 책임지는 가장으로서 남성의 역할이 축소되고 있다. 상대적으로 여성의 지위와 역할이 상승하면서 양성평등적 가족관계가 강조되는 한편 맞벌이 부부가 경험하는 자녀양육 및 교육에 있어서의 여러 가지 어려움이 가족의 중요한 문제로 부각되었다.

2 현대사회의 다양한 가족을 위한 복지사업

핵가족화와 더불어 한부모가족이나 재혼가족과 같은 다양한 유형의 가족이 증가하고 있으며, 직업과 교육문제로 인해 가족이 따로 떨어져 지내는 분거가족(주말가족, 기러기가족 등)이 증가하고 있다. 특히 최근 들어 국제결혼이 급증함에 따라 국제결혼가족도 새로운 가족유형으로 나타나고 있다. 그 밖에도 다양한 문화적 가치에 기초한 공동체가족, 동거가족, 1인 가족, 동성애가족 등도 새로운 가족 유형으로 등장하고 있다. 이외에도 소년소녀가장이나 조부모가정 등도 현대사회 가족구조 변화의 한 면을 이루고 있다. 이러한 가족의 변화는 가족 내 아동의 삶에 영향을 미치게 된다. 따라서 다양한 가족 내에서 아동이 경험하는 삶의 질을 향상시키는 것은 현대사회의 아동복지의 주요한 과제가 되고 있다.

본 절에서는 아동을 포함하는 가족유형을 중심으로 하여 현대사회의 가족 변화를 잘 드러내 주는 한부모가족, 재혼가족, 분거가족, 국제결혼가족을 위한 복지사업에 대해 살펴보도록 하자.

1) 한부모가족

(1) 한부모가족의 개념

한부모가족은 현대사회의 다양한 가족 중 가장 전형적인 유형이다. 결혼에 대해 비교적 자유로운 서구사회의 경우, 이혼과 별거, 미혼모 등으로 인한 한부모가족이 이미 오래 전부터 아동복지의 주된 관심사였다. 최근 들어 우리나라에서도 이혼과 별거 또는 미혼모 출산에 의한 한부모가족이 점차 증가하고, 이로 인해 한부모가족에 대한 관심이 증가하였다.

한부모가족지원법(2013)에 따르면, 한부모가족은 모자가족 또는 부자가족을 총칭하는 것으로 이때 '모' 또는 '부'란 배우자와 사별 또는 이혼하거나 배우자로부터 유기된 자, 정신이나 신체의 장애로 장기간 노동능력을 상실한 배우자를 가진 자, 교정시설·치료감호시설에 입소한 배우자 또는 병역복무 중인 배우자를 가진 사람, 미혼자(사실혼 관계에 있는 자 제외)로 아동인 자녀를 양육하는 자를 말한다고 정의하고 있다. 특히 '청소년 한부모'란 24세 이하의 모 또는 부를 말하며, '모자가족'은 모가 세대주[세대주가 아니더라도 세대원(世代員)을 사실상 부양하는 자 포함]인 가족을, '부자가족'은 부가 세대주(세대주가 아니더라도 세대원을 사실상 부양하는 자 포함)인 가족을 의미한다.

일반적으로 이혼이나 사별 또는 미혼모의 출산으로 인해 아버지나 어머니 중 한 사람이 18세 미만의 자녀를 양육하며 부모역할을 담당하고 있는 가정형태로 정의된다(서영숙·황은숙, 2003). 한국여성개발원(1984)은 한부모가족을 "부나 모의 사망, 이혼, 유기, 별거로 인하여 편부 혹은 편모와 그 자녀로 이루어진 가족"으로 보고 발생 원인에 기초하여 한부모가족을 정의하고 있다. 반면 자녀가 부모 중 누구와 동거하느냐에 따라 한부모가족을 부자가족 혹은 모자가족으로 분류한다.

과거에는 한부모가정을 편부모가족이라는 용어로 지칭하기도 하였으나 이는 구조적 결손가족 혹은 불완전한 가족을 의미하는 것으로 사회적 편견이나 부정적 시각을 반영한다는 비판을 받았다. 따라서 최근에는 편부모가족 대신에 한부모가족이라는 용어로 통일하여 사용한다. 한부모가족이라는 용어 사용에서 나타난 바와 같이, 한부모가족은 하나의 완성된 가족의 형태로 이해되어야 하며, 현대사회의 다양한 가족의 한 유형으로 이해하는 것이 바람직하다. 그러나 한부모가족이 병리적인 가족이 아닌 정상적인 가족의 한 형태로 이해되어야 하지만 부나 모의 부재로 인해 가족경제나 자녀양육에 있어 한부모가족이 지닌 여러 가지 문제점은 아동복지의 중요한 이슈가 되고 있다.

(2) 한부모가족의 현황

통계청 자료를 통해 살펴보면, 우리나라 한부모가족의 수는 점차 증가하고 있음을 알 수 있다. 1990년에는 89만 가구로 전체 가구 수의 7.8%에 해당하였으나, 1995년에는 96만 가구(전체 가구의 7.4%), 2005년에는 137만 가구(전체 가구의 8.6%), 2010년에는 159만 가구(전체 가구의 9.2%), 2015년에는 189만 가구(전체 가구의 9.9%)로 한부모가족의 규모뿐만 아니라 총 가구 수 대비 한부모가구 수의 비율도 꾸준히 증가하는 경향을 보인다.

〈표 6-4〉에 제시된 혼인상태별 한부모가구의 비율의 변화를 살펴보면, 사별로 인한 한부모가구의 비율은 1990년 56.0%에서 2015년 27.1%로 현저히 감소하는 경향을 나타내는 반면 이혼에 의한 한부모가족의 비율은 1990년 8.9%에서 2015년 37.3%로 급격하게 증가하였음을 알 수 있다. 반면 배우자의 가출, 유기 등의 사유로 인한 유배우 한부모가족의 비율과 미혼인 한부모가족의 비율은 각각 1990년 25.5%와 9.6%였던 것이 2015년 24.3%와 11.4%로 커다란 변화를 보이지 않았다.

〈표 6-4〉 혼인상태별 한부모가구의 비율

(단위 : 가구, %)

연도	유배우[1)]	사별	이혼	미혼	계	한부모가구 비율[2)]
1990	226,731 (25.5)	497,867 (56.0)	78,861 (8.9)	85,394 (9.6)	888,853 (100.0)	7.8
1995	216,067 (22.5)	526,320 (54.8)	123,969 (12.9)	93,616 (9.8)	959,972 (100.0)	7.4
2000	252,917 (22.5)	502,284 (44.7)	245,987 (21.9)	122,666 (10.9)	1,123,854 (100.0)	7.9
2005	327,864 (23.9)	501,095 (36.6)	398,532 (29.1)	142,452 (10.4)	1,369,943 (100.0)	8.6
2010	412,793 (25.9)	473,753 (29.7)	522,865 (32.8)	184,727 (11.6)	1,594,138 (100.0)	9.2
2015	457,798 (24.3)	511,468 (27.1)	702,853 (37.3)	214,243 (11.4)	1,886,362 (100.0)	9.9

주 1) 한부모가구의 혼인상태가 유배우인 경우는 배우자가 가출, 유기, 장기복역 등의 상태임을 의미함.
2) 총 가구 수 대비 한부모가구 수의 비율임.

출처 : 통계청, 해당 연도별 『인구 총조사』.

한부모가족 유형을 제시한 〈표 6-5〉에 의하면, 2016년부터 2019년까지 한부모가족 중 모자가족과 부자가족의 비율을 살펴보면 부자가족의 비율이 25%를 차지하고 있음을 알 수 있다.

〈표 6-5〉 부자가족과 모자가족 실태

(단위 : 가구, %)

연도	부자가족	모자가족	전체
2016	395,772(25.7)	1,144,096(74.3)	1,539,868(100.0)
2017	392,452(25.6)	1,140,714(74.4)	1,533,166(100.0)
2018	391,434(25.4)	1,147,928(74.6)	1,539,362(100.0)
2019	384,270(25.1)	1,144,881(74.9)	1,529,151(100.0)

출처 : 통계청, 『인구주택 총조사』.

이러한 한부모가족의 실태를 종합해 보면, 한부모가족의 수와 전체 가구에서 한부모가족이 차지하는 비율은 점차 증가하고 있으며, 이혼으로 인한 한부모가족의 발생이 현저하게 증가되고 있음을 알 수 있다. 여전히 모자가정의 비율이 높지만 부자가정의 수도 늘어나고 있음을 고려할 때, 한부모가족으로의 이행에서 나타나는 여러 가지 심리적·정서적 문제를 지원함과 동시에 모자가족과 더불어 부자가족을 위한 지원 등 다양한 요구에 부응하는 노력이 요구된다.

(3) 한부모가족을 위한 복지사업

① 한부모가족을 위한 관련법과 제도

1989년에 제정된 모자복지법이 2002년 모·부자복지법으로 개정되어 모자가족뿐만 아니라 부자가족을 포함한 한부모가족에 대한 국가 차원의 지원이 법적으로 명시화되었다. 모·부자복지법은 18세 미만의 자녀를 혼자 데리고 살고 있거나 배우자가 있더라도 신체적·정신적 이유로 장기간 근로능력을 상실한 한부모가족을 지원대상으로 명시하고 있다. 모·부자복지법에 따른 한부모가족의 지원 내용은 생계비, 아동교육지원비, 직업훈련 및 훈련기간 중의 생계비, 아동양육비 등의 복지급여를 제공하고 사업에 필요한 자금이나 주택자금, 의료비에 대한 복지자금을 대여하는 직접적인 경제 지원을 포함하고 있다. 또한 직업훈련과 취업알선 등의 모·부자가족의 우선 고용과 공공시설 내 각종 매점이나 시설의 설치에 있어서나 아동편의시설과 공공시설의 이용에 있어 우선권을 주고 있다. 그 밖에 모·부자가족의 모나 부 혹은 아동을 대상으로 사회복지 전문서비스를 지원하는 것을 포함하였다. 모·부자보호법에 의한 지원내용으로는 복지급여, 복지자금 대여, 고용촉진, 공공시설 내 매점 및 시설설치, 시설우선내용, 전문사회사업 서비스, 국민주택의 분양 및 임대 등이 있다. 그러나 모·부자복지법의 수혜 대상이 극빈층 한부모가족을 중심으로 한 제한적 지원이라는 비판을 받고 있다.

2003년 12월에는 건강가정기본법이 제정되어 다양한 가정에 대한 지원이 구체화되기 시작하였다. 건강가정지원센터를 통하여 한부모가족에 대한 심층적이고 전문적인 사례관리서비스를 제공하기 위하여 노력하고 있다.

2007년부터는 한부모가족이 건강하고 문화적인 생활을 영위할 수 있도록 함으로써 한부모가족의 생활 안정과 복지 증진에 이바지함을 목적으로 한부모가족지원법이 제정되어 시행되고 있다(한부모가족지원법, 2013). 특히 2011년부터는 한부모가족지원법 제2조에 "국가와 지방자치단체는 한부모가족의 복지를 증진할 책임을 질 뿐만 아니라, 한부모가족의 권익을 보호하기 위해 노력하여야 하며 모든 국민은 한부모가족의 복지 증진에 협력하여야 한다"라고 명시하였다. 또한 제3조에는 "한부모가족의 모 또는 부는 임신과 출산 및 양육을 사유로 합리적인 이유 없이 교육·고용 등에서 차별을 받지 아니하여야 하며, 한부모가족의 모 또는 부와 아동은 그가 가지고 있는 자산과 노동능력 등을 최대한으로 활용하여 자립과 생활 향상을 위해 노력하여야 한다"는 의미조항을 신설하여 한부모가족의 권리와 책임을 강조하였다. 특히 2013년 개정안에는 국가와 지방자치단체는 한부모가족에 대한 사회적 편견과 차별을 예방하고, 사회구성원이 한부모가족을 이해하고 존중할 수 있도록 교육 및 홍보 등 필요한 조치를 할 수 있다고 규정하여 한부모가정에 대한 국가와 지방단체의 책임을 강화하였다.

② 한부모가족을 위한 복지사업

한부모가정을 위한 사회복지서비스로는 모자가족 복지시설, 부자가족 복지 미혼모가족 복지시설, 일시지원복지시설, 한부모가족복지상담소 등으로 구분되어 제공되고 있다. 각 서비스의 내용은 〈표 6-6〉과 같다.

〈표 6-6〉 한부모가족을 위한 사회복지서비스의 시설유형

시설유형		입소대상 및 기능	입소기간 (연장가능기간)
모자가족복지시설	기본생활지원	만 18세 미만의 자녀를 양육하는 무주택 저소득 모자가족	3년(2년)
	공동생활지원	독립적인 가정생활이 어렵고 일정기간 공동으로 가정을 이루어 생활하면서 자립을 준비하고자 하는 모자가족	2년(1년)
	자립생활지원	만 18세 미만의 자녀를 양육하는 무주택 저소득 모자가족, 기본생활지원형에서 퇴소한 모자세대로서 자립준비가 미흡한 모자가족	3년(2년)
부자가족복지시설	기본생활지원	만 18세 미만의 자녀를 양육하는 무주택 저소득 부자가족	3년(2년)
	공동생활지원	독립적인 가정생활이 어렵고 일정기간 공동으로 가정을 이루어 생활하면서 자립을 준비하고자 하는 부자가족	2년(1년)
	자립생활지원	기본생활지원형에서 퇴소한 부자세대로서 자립준비가 미흡한 부자가족	–
미혼모자가족복지시설	기본생활지원	이혼·사별 또는 미혼의 임신여성 및 출산 후(6월 미만) 지원을 요하는 여성	1년(6월)
	공동생활지원	3세 미만의 영유아를 양육하는 미혼모	2년(1년)
		출산 후 해당 아동을 양육하지 아니하는 미혼모	2년(6월)
일시지원 복지시설		배우자의 학대로 인하여 아동의 건전 양육과 모의 건강에 지장을 초래할 우려가 있는 모와 아동	6월(6월)
한부모가족복지상담소		한부모가족에 대한 위기·자립 상담 및 문제해결 지원	–

출처: 여성가족부(2020). 2020년 한부모가족지원사업 안내. p. 213.

그 밖에 민간 차원에서도 한부모가족을 지원하기 위해 다양한 프로그램을 마련하여 제공하고 있다. 대표적인 기관으로는 한국한부모가정연구소, 한국가정법률상담소, 한국여성민우회, 여성의 전화, 지역사회복지관, 여성복지관 등이 있다. 각 기관별 지원내용은 〈표 6-7〉과 같다.

〈표 6-7〉 한부모가족 지원기관 및 서비스 내용

기 관	서비스 내용
여성가족부 한부모가족	http://www.mogef.go.kr/singleparent/main.do 청소년한부모, 초기위기지원, 양육정책, 교육정책, 주거정책, 취업 및 창업정책, 생계정책, 상담 및 치료정책, 지자체 자체사업
건강가정지원센터	www.familynet.or.kr의 가족역량강화사업 취약 한부모가족 역량강화 서비스 제공(한부모가구 복지자금 융자 대상자 사업컨설팅, 취업교육 등 비용 지원, 자립·자활을 위한 직업훈련, 창업컨설팅 및 아이돌봄서비스 관련 비용 지원, 사례관리자를 활용한 정보제공 및 지역사회 자원 활용·연계)

기 관	서비스 내용
서울특별시 한부모가족 지원센터	http://www.seoulhanbumo.or.kr 한부모가족 정보지원 네트워크, 홍보 및 한부모 인식개선사업, 한부모가족 복지시설 지원사업, 한부모가족 생활문화·교육 지원, 보육실 운영, 취업지원, 도담학교, 미혼모·부자 지원기관, 한부모가족 복지시설 입소자 상담치료지원사업, 후원, 자원봉사
사단법인 한국한부모가정 사랑회	http://www.hanbumo.org 한부모가정 지원사업, 한부모가정 후원사업, 한부모가정 인권증진사업, 한부모가정 관련 연구 활동, 한부모가정 자원봉사자 양성, 정부 위탁사업, 사회적 일자리 및 사회적 기업활동, 조손가정 지원 및 이혼 전 가정 상담 등 지원, 기타 법인의 목적 달성에 필요한 사업
한국여성민우회	www.womenlink.or.kr 한부모가족운동, 한부모자조모임, 한부모지원상담, 법률서비스 등
한국여성재단	www.womenfund.or.kr 빈곤 여성 한부모가정의 의료비 및 생계비 지원
여성가족부 한부모가족상담	http://www.mogef.go.kr 학업이 중단된 한부모에게 학업 지원
양육비이행 관리원	www.childsupport.or.kr 양육비 상담, 합의, 소송, 추심 및 모니터링 지원 등 미성년 자녀의 양육비 청구와 이행 확보 지원 등에 관한 원스톱 종합 서비스 제공

한국한부모가정연구소는 한부모가정만을 체계적으로 지원하는 국내 유일의 기관으로 한부모가족을 위한 상담 및 교육활동을 전개하고 있다. 또한 한부모가족에 대한 인식개선을 위한 한부모가정 차별철폐 운동에 앞장서고 있다. 건강하고 행복한 한부모가정을 육성하기 위해 설립된 한부모가정지원센터는 한국한부모가정연구소에서 한부모가정을 체계적·조직적으로 지원하고자 설립한 것으로, 서울을 비롯하여 광주, 인천 등 지역사회 한부모가정의 복리 증진에 기여하고 있다.

한국가정법률상담소는 한부모가족과 더불어 이혼준비단계의 여성을 지원하고 있으며, 한국여성민우회는 한부모가족운동, 한부모자조모임, 한부모지원상담, 법률서비스 등을 통하여 한부모가족 지원활동을 벌여 왔으나, 최근에는 한부모가족 지원사업보다 성폭력예방사업 등에 주력하고 있다. 여성의 전화는 일반 여성을 포함한 한부모가족 여성의 전화상담 지원을 제공하고 있으며, 한국여성재단은 빈곤 한부모가족 여성의 의료비 및 생계비를 지원하고 있다. 그 밖에 저소득 가정 지원을 위한 지역사회복지관도 한부모가족의 아동을 위한 학습지도, 문화적 지원, 심리·정서적 지원, 급식 지원 등을 제공하고 있는 지역공부방이나 지역아동센터 등이 있다.

③ 한부모가족을 위한 외국의 복지사업

외국의 경우에도 한부모를 위한 복지사업은 경제적 지원을 중심으로 이루어지고 있다. 특히 이혼이 보편화되어 있는 서구사회의 경우에 한부모가족에 대한 편견이 상대적으로 적어 한부모가족을 위한 사회적 지원의 필요성이 낮게 인식되고 있다. 이로 인해 한부모가족을 위한 복지사업이 광범위하게 이루어지지는 않고 있으며, 빈곤 한부모가족이 지닌 경제적 한계를 중심으로 지원함으로써 건강한 가족을 만들어 갈 수 있도록 지원하고 있다. 한부모가족에 대한 외국의 구체적인 지원 사례는 〈표 6-8〉과 같다.

(4) 한부모가족을 위한 복지사업의 개선방향

지금까지 살펴본 바대로 한부모가족을 위한 지원은 매우 제한적이다. 현대사회의 변화에 따라 한부모가족이 겪는 어려움과 문제들은 더욱 다양한 양상을 지니게 될 것이며, 이러한 한부모가족의 현실적 어려움에 비해 현재까지는 매우 제한된 수준의 지원만이 가능한 실정이다. 현재 이루어지고 있는 한부모가족의 복지사업은 주로 저소득층 한부모가족의 경제적 지원을 중심으로 이루어지고 있다. 일부 민간 차원에서 제공되는 복지사업의 경우에는 다양한 심리사회적 지원을 포함하고 있기는 하나 이 역시 제한적이다. 한부모가족에 요구되는 복지실천의 방향이 경제적 지원과 더불어 심리사회적 지원 그리고 자립능력을 기르는 것임을 생각할 때 향후 한부모가족의 복지적 실천에 있어 다양한 프로그램의 도입이 요구된다.

〈표 6-8〉 한부모가족지원을 위한 외국의 사례

국가	현 황	복지사업 내용
미국	• 실태 – 2000년 한부모가족 : 전체 가족의 30% • 원인 – 부나 모의 사망 5% – 이혼, 혼외 출산 39%	– 한시적 가족지원제도(TANF : Temporary Assistance for Needy Families) : 자녀부양 의무화 – ACT(Assisting Children through Transition) : 이혼이나 별거 과정 중 자녀가 겪는 스트레스 최소화를 위한 교육 프로그램 – 식품권, 공공주택 우선입주권, 메디케어 등으로 빈곤 한부모가족의 경제적 지원 및 의료 지원
캐나다	• 실태 – 2006년 한부모가족 : 전체 가족의 15.9% – 15세 이하 아동 중 한부모가족 아동의 비율 : 2006년 18.6%	– 양육보조금(CCTB : The Canada Child Tax Benefit) : 18세 미만 아동이 있는 중산층과 저소득층 가정에 일정 금액 지급. 경제활동을 하지 않는 부모에게도 지급 – 자녀혜택 국가보조(The National Child Benefit) : 빈곤아동 지원, 노동참여 권장, 노동시장에 참여하고 있는 저소득층 가정에 대한 추가적인 금액지원 및 의료혜택
영국	• 실태 – 1970년 초 50만 명, 1990년 중반 270만 명으로 급증(전체 가족의 약 24%) – 2001년 : 양부모가족 61% / 한부모가족 28% / 동거가족 11%로 구성 • 원인 – 사별 5%, 이혼 35%	– 편모급여(Single Mother Benefits) 여성한부모가족에 대한 소득보장 급여 – 근로가족세금보존급여(Working Family Tax Credit)로 한부모 가구주가 주당 6시간 노동에 참여할 경우 세금 환급으로 가구소득의 보존효과 – 근본적으로 공적 지원보다 사적 지원 강조
프랑스	• 실태 – 1990년에서 1999년 약 22% 증대 – 모자가족 85.7% / 미혼모가족 18.3% • 원인 – 이혼 및 동거 증가	– 1970년 이후 편부모 지원수당(Single Parent Allowance) 지급 – 여성보다 아동에 관심
일본	• 실태 – 1998년 95만 5,000가구 • 원인 – 사별 85%에서 49.1%로 감소 – 이혼, 별거 73.4%로 급증	– 생활자금대부제도, 모자상담원제도, 공공시설 내 편의시설 우선 설치권 보장 등 – 아동부양수당제도로 소득보장 등 경제적 지원 제공 – 모자 및 과부복지법 : 자녀양육, 생활지원, 자립지원, 경제적 지원, 양육상담지원 등

2) 재혼가족

(1) 재혼가족의 개념

재혼가족은 과거부터 우리 사회에 엄연히 존재해 왔던 가족유형임에도 불구하고 사회적으로나 학문적으로 큰 관심을 두지 않았다. 특히 여성 재혼을 금기시하는 유교문화의 영향으로 재혼가족에 대한 선입견과 잘못된 통념이 강하게 자리하고 있다. 최근 들어 우리 사회에서도 이혼율이 급격하게 상승하였고, 더불어 재혼율도 증가하고 있다. 이러한 재혼율의 증가는 재혼가족에 대한 사회적·학문적 관심의 증가로 나타나고 있다.

재혼이란 "이미 한 번 또는 그 이상 결혼하여 가정을 이룬 남성이나 여성이 다른 배우자와 새롭게 가정을 재구성하는 것"이라 정의되며(조옥라, 1996), 재혼가족이란 재혼에 의해 형성된 가족을 의미한다. 미국의 경우, 재혼가족(remarried family)을 배우자 한쪽이나 양쪽 모두 재혼 이상의 결혼으로 자녀가 있거나 없으면서, 하나의 가구를 유지하는 부부로 구성된 가정으로 정의하고 있다. 특히 부모의 한쪽이 친부모이며, 그 친부모가 재혼하기 전에 출생한 자녀가 있는 재혼가정을 아동의 입장에서 흔히 '계부모가족(stepfamily)'이라고 부른다(Glick, 1989).

재혼가족은 이혼, 별거, 사망, 유기 등으로 인해 한부모가족을 경험한 후, 재혼으로 이어져 형성되는 특성을 지니고 있다. 재혼가족은 재혼 시 자녀의 유무에 따라 무자녀 재혼가족과 유자녀 재혼가족으로 구분된다. 유자녀 재혼가족의 경우, 재혼부부 중 한쪽 혹은 양쪽이 전혼자녀가 있는 경우와 재혼부부 양쪽이 전혼자녀가 있고 재혼 후에도 자녀가 있는 경우 등으로 나누어진다(한국보건사회연구소, 2004). 무자녀 재혼가족의 경우 초혼가족과 가족구조 면에서 거의 유사한 측면이 있으나 유자녀 재혼가족의 경우, 재혼과 더불어 새롭게 형성되는 부모-자녀관계 그리고 형제관계로 인해 여러 가지 가족 내 문제 가능성을 지니고 있다.

재혼가족은 구조적으로 복잡한 특성을 지닌다. 재혼가족은 가족의 경계가 모호하며, 재혼가족 내 구성원의 역할 또한 모호하다. 이로 인한 가족 내 구성원들 간의 갈등이 유발되기도 한다. 또한 가족 외적으로 재혼가족에 대한 부정적 인식과 선입견으로 인해 강한 심리적 스트레스를 경험하게 된다.

재혼가족이 겪는 어려움 중 가장 힘든 부분은 부모-자녀관계이다. 특히 계부모와 자녀 간의 관계는 재혼가족 구성원의 적응 및 심리적 복리에 있어 중요한 부분을 차지한다. 동시에 재혼가족구성원들에게 가장 스트레스를 주는 관계이기도 하다. 재혼가족 내의 전혼자녀는 재혼한 생모의 지지자로서 긍정적 역할을 수행하며, 재혼가족 내에서 출생한 자녀는 재혼가족의 안정감을 주는 역할을 수행하는 것으로 나타났다(임춘희, 1996).

재혼가정 내 아동은 상실감(loss), 충성심 갈등(loyalty conflict), 통제력 부족(lack of control) 등을 경험하게 된다(Visher & Visher, 1996). 특히 어린 연령의 아동의 경우 친부모를 빼앗겼다는 상실감과 부모 재결합의 환상이 깨어지는 상실감을 경험하게 된다. 또한 계부모와 의붓형제로 인해 친부모와 자신 간의 관계를 방해받고 자신의 지위와 역할을 빼앗겼다는 상실감을 경험하게 된다. 재혼가정의 자녀들은 부모의 이혼이 자기 자신 때문이었다고 생각하고 이를 막지 못한 자신의 무능함에 좌절을 경험하게 된다. 심리적으로 받아들일 수 없는 계부모의 훈육과 통제를 수용하여야만 하고 새로운 역할과 관계에 적절히 적응하지 못함으로 인하여 자신의 생활과 환경에 대한 통제력을 상실하게 되며, 이로 인한 무력감과 부적응적 특성을 나타내게 된다. 이러한 통제력 상실은 청소년기에 더욱 두드러지게 나타난다. 또한 재혼가족의 경우, 아동학대의 사례가 빈번하게 발생하고 있다. 서울시립상담소에 접수된 아동학대 사례 등을 살펴보면, 친부모나 편모슬하에 있는 경우보다 양친이 없거나 편부, 친부계모, 친모계부, 양부모인 경우가 더 많은 것으로 나타났다(현은민, 2003).

이와 같이 재혼가족은 여러 가지 측면에서 초혼가족과는 다른 특성을 지닌다. 특히 우리나라의 경우, 유교문화의 영향으로 재혼가족에 대한 부정적인 시각이 강하게 지배하고 있다. 즉, 재혼가족을 문제가족 혹은 비정상적 가족의 하나로 이해하려는 사회적 통념이 존재하고 있다. 그러나 재혼가족의 인구학적 증가는 재혼가족에 대한 사회적·심리적·법적 지원의 필요성을 촉구하고 있다. 특히 재혼가족이 과거의 가족관계의 경험 위에 새로운 가족관계를 형성함으로써 가족

간의 관계와 가족구성원의 친밀성과 유대감이 적절히 기능할 수 있도록 하기 위해서는 적절한 사회복지적 지원 및 서비스가 요청된다.

미국의 경우 재혼가족에 대한 연구가 1980년대에 활발히 진행되었다. 최근 들어 재혼가족의 구조적 특징보다 재혼가족 내의 다양한 관계와 역동성이 아동의 발달과 적응 및 복지에 어떠한 영향을 미치는지에 대한 연구가 주를 이루고 있다 (Bray, 1992; Demo & Acock, 1996). 그러나 국내의 경우, 재혼가족 아동에 대한 연구는 아직은 시작단계에 불과하며, 재혼가족 부부문제를 중심으로 일부 연구가 수행되고 있다(임춘희·정옥분, 1997; 정현숙·임춘희·전춘애·천혜정, 2000; 현은민, 2003).

(2) 재혼가족의 현황

우리나라 재혼가족의 비율은 이혼의 증가와 함께 급격하게 상승하고 있다. 〈표 6-9〉에 나타난 바와 같이, 이혼건수는 1990년 5만여 건(11.4%), 2000년 12만여 건(35.9%), 2010년 12만여 건(35.8%), 2015년 11만여 건(36.4%), 2019년 총 11만여 건(46.3%)으로 점차 증가하여 혼인건수 24만여 건의 절반 가까이에 이른다.

〈표 6-9〉 연도별 혼인상태 건수 및 분포

연도	총 혼인건수(비율)	총 이혼건수(비율)	총 재혼건수(비율)
1990	399,312(100.0)	45,694(11.4)	18,838(4.7)
2000	334,030(100.0)	119,982(35.9)	32,015(9.0)
2010	326,104(100.0)	116,858(35.8)	39,765(12.2)
2015	302,828(100.0)	109,153(36.4)	34,682(11.5)
2019	239,159(100.0)	110,831(46.3)	29,417(12.3)

출처 : 통계청, 해당 연도별 사회통계국 「인구동향조사」.

한편 재혼건수도 2014년에는 총 3만여 건으로 총 혼인건수의 12.3%에 이르고 있으며, 1990년 2만여 건(4.7%)에 비교해 볼 때 큰 폭으로 상승하였음을 알 수 있다. 매년 총 혼인건수에 대한 재혼건수의 비율도 1990년 4.7%에서 2000년 9.0%, 2010년 12.14%, 2015년 11.5%로 지속적으로 상승하고 있음을 알 수 있다. 〈표 6-10〉에 제시한 바와 같이 전체 혼인 중 남녀의 혼인종류별 비율을 살펴보면, 재혼 구성비율이 2019년 남초혼/여재혼은 6.27%, 남재혼/여초혼은 4.08%, 모두 재혼인 경우는 12.30%로 나타났다.

〈표 6-10〉 연도별 혼인종류별 혼인

연도	계	모두 초혼	남초혼/여재혼	남재혼/여초혼	모두 재혼	기타 (미상)
2005	100	73.83	6.39	4.16	14.73	0.89
2010	100	78.08	5.60	4.25	12.00	0.06
2015	100	78.52	5.94	3.94	11.39	0.21
2016	100	78.52	5.94	3.94	11.39	0.21
2017	100	77.93	6.13	3.98	11.74	0.22
2018	100	77.63	6.18	3.96	11.92	0.30
2019	100	76.92	6.27	4.08	12.30	0.43

출처 : 통계청, 해당 연도별 사회통계국 「인구동향조사」.

이러한 이혼 및 재혼에 대한 통계자료를 통해 볼 때, 재혼가족의 증가는 이혼율의 증가와 더불어 증가하는 추세에 있음을 알 수 있다. 또한 재혼의 여성화 및 재혼에 대한 가부장제적인 사고의 변화를 살펴볼 수 있다. 즉, 재혼가정의 특성이 과거와는 다른 형태를 지니게 될 것임을 추측할 수 있다. 재혼연령의 감소 역시 재혼에 대한 사회적 통념의 변화를 반영하는 것이라고 볼 수 있다.

(3) 재혼가족을 위한 복지사업

① 재혼가족을 위한 관련법과 제도

재혼가족이 직면한 심각한 문제 중의 가장 중요한 부분은 계부모-자녀관계이다. 부계 중심 가족제도에 기반을 두고 있는 호주제를 폐지하기 위한 민법개정안이 2005년 국회를 통과한 이후 새로운 신분등록제를 위한 가족관계의 등록 및 양육비 등에 관한 법률이 2007년 4월 제정되었다.

개정된 호주제도에 따르면, 자녀의 성은 아버지 성을 따르도록 하는 부계혈통주의의 원칙을 고수하고는 있으나 부모의 협의에 따라 모의 성을 따를 수 있게 하여, 자녀의 복리를 위하여 아동의 성을 변경할 수 있는 가능성을 열어 둠으로써 부성강제조항을 부분적으로 완화하였다(민법 제781조). 과거 호주제 하에서는 어머니가 재혼한 재혼가족의 아동의 경우, 아버지와 동생과 다른 성을 가짐으로써 학교나 일상에서 항상 재혼가족의 자녀라는 존재를 드러낼 수밖에 없었다. 새로운 민법 하에서는 이러한 문제점을 해결할 수 있는 가능성을 열어 둠으로써 재혼가족 내에서 아동이 성이 다름으로 인하여 학교생활이나 사회생활에서 겪게 되는 여러 가지 어려움과 불편을 부분적으로 해소하였다고 볼 수 있다. 그러나 전반적으로 한국의 가족 관련 법에서 재혼가족은 별도의 법적 고려대상이 되지 못하고 있다. 앞으로 계부모와 계자녀 간의 관계, 입양, 경제적 지원 등과 관련한 재혼가족의 아동의 권리와 복지를 위한 재혼가족 관련 법안이 시급히 마련되어야 할 것이다.

2007년 민법 제836조와 제837조를 개정하여 이혼 가정 자녀의 양육 환경을 개선하기 위하여 협의이혼 시 자녀 양육사항 합의를 의무화하는 등 현행 규정의 운영상 나타난 일부 미비점을 개선·보완하였다. 2009년에 부분개정을 통하여 이혼 시 양육비를 효율적으로 확보하기 위해 양육비의 부담에 대하여 당사자가 협의하여 그 부담내용이 확정된 경우, 가정법원이 그 내용을 확인하는 양육비부담조서를 작성하도록 하였다.

② 재혼가족을 위한 복지사업 내용

현재 재혼가족에 대한 정부 차원의 정책이나 복지사업도 거의 이루어지지 않고 있는 실정이며, 민간 주도의 복지사업도 거의 활성화되지 못하고 있는 실정이다. 민간 차원의 상담 및 교육프로그램을 중심으로 재혼가족의 사회복지적 지원이 이루어지고 있다. 재혼가족을 위한 프로그램으로는 한국가족상담교육연구소가 개발한 재혼준비교육프로그램 모형과 한국가정법률상담소의 재혼가정교육프로그램이 있다.

재혼준비교육프로그램은 예비재혼부부를 대상으로 재혼가족생활에 대한 이해와 재혼가족생활에서 적응할 수 있는 역량을 기르기 위한 내용으로 구성되어 있다(한국가족상담교육연구소, 1998). 프로그램은 재혼에 대해 이해하기, 상실감과 변화 수용하기, 부부의 유대감 형성하기, 새부모되기, 부모역할 계속하기, 친족관계 맺기, 가족의 새로운 전통 만들기 등으로 구성되어 있다. 즉, 재혼가정교육프로그램을 통하여 재혼가정에서 발생할 수 있는 복잡한 갈등관계에 대한 대안을 마련하고 건강한 관계형성을 위한 예방, 치료적 기능을 기대할 수 있다.

그 밖에 정현숙 등(2000)과 현은민(2002)의 재혼준비교육프로그램이 있다. 한국여성개발원(2001)의 재혼가족의 적응실태와 지원방향에 관한 연구와 김연옥(2004)의 재혼가정의 가족기능 향상 프로그램 개발을 위한 시론적 연구 등이 이루어졌다.

③ 재혼가족을 위한 외국의 복지사업

우리나라와 달리 외국의 경우, 부부단위의 가족생활을 중요시하는 사고방식과 높은 이혼율 및 재혼율로 인하여 초혼만큼 이혼과 재혼을 중요하게 다루고 있다. 우선 재혼가족을 위한 외국의 복지사업은 주로 자녀 양육권과 관련한 법과 제도적 측면에서 잘 나타난다. 또한 재혼가족에 대한 가족생활교육도 매우 활발하게 제공되고 있다.

미국의 경우, 상담프로그램을 통하여 이혼과 재혼에 따르는 심리적 갈등과 정서적 문제를 지원하고 있다. 영국의 경우, 아동법을 통하여 재혼가족의 계부모에게 친부모와 동일한 권한을 갖는 거주권한(residence order)을 부여하고 있다. 외국의 재혼가족에 대한 정책에서 특기할 만한 내용은 계자녀에 대한 학교정책이었다. 함께 거주하지 않는 부모를 교육과정에 참여시킴으로써 아동의 사회적 적응을 돕기 위한 노력을 기울이고 있다. 반면 우리나라와 마찬가지로 결혼에 대한 보수적 사고방식이 주를 이루는 일본의 경우에는 재혼가족을 지원하기 위한 정부 차원의 복지사업이 제공되지 않고 있다. 재혼가족을 위한 외국의 복지사업 내용을 정리하면 〈표 6-11〉과 같다.

〈표 6-11〉 재혼가족을 위한 외국의 복지사업

국가	현황	복지사업 내용
미국	- 2000년 결혼한 부부 중 재혼 43% 이상	- 재혼가족법 : 계부모의 권리와 책임 - ILP(IN LOCO PARENTS) : 계부모의 법적 지위에 관한 법률 - 사회보장수당(Social Security Benefit) : 10년 이상 결혼상태 유지한 경우 - 배우자 수당(Spousal Benefit) - 개인상담프로그램(Private Counseling Program)
영국	- 2001년 73,506명(29.4%) - 초혼보다 재혼이 증가 추세	- 아동법(The Child Act)에 따른 거주권한(Residence Order) 3년 이상 동거한 계부모에게 주어지는 자녀양육권
일본	- 1992년 재혼율 남 : 12.8% 여 : 11.2%	- 국가 차원의 지원 없음

(4) 재혼가족을 위한 복지사업의 개선방향

재혼가족의 경우, 한부모가족이 겪는 경제적 어려움과 달리 새로운 부부관계, 계부모-자녀관계, 의붓형제관계 속에서 심리적 갈등과 정서적 불일치로 인한 어려움을 겪게 된다. 따라서 가족구성원 간의 적응과 가족적 통합을 위한 노력이 요구되며, 이러한 정서적 적응과 통합을 위한 다양한 지원활동이 요구된다. 특히 재혼가정의 경우, 문화적·사회적 편견으로 인한 어려움이 가장 크게 작용하므로 재혼가족에 대한 사회적 편견과 부정적 시각을 벗어날 수 있는 사회적 노력이 요구된다.

현재 재혼가족을 위한 복지프로그램은 재혼을 준비하는 부부 위주로 개발되어져 있다. 재혼가족이 지닌 여러 가지 갈등과 어려움을 해결하기 위해서는 양적·질적인 면에서 어려움을 지니고 있다는 것이다. 또한 대부분의 프로그램이 부부 중심 프로그램이기 때문에 재혼가족 아동의 심리적 적응과 정서적 안정을 지원하기 위한 프로그램 개발이 절실히 요구된다. 즉, 재혼가족의 부부와 자녀들의 다양한 어려움과 문제를 지원할 수 있도록 재혼가족 구성원의 올바른 관계 형성 및 적응을 위한 폭넓은 프로그램의 개발이 요구된다. 나아가 재혼가족들 간의 교류를 통하여 재혼가족에 대한 사회적 공감대를 형성하고, 재혼가족 상호 간 지속적인 교류가 가능한 지원프로그램을 개발하여야 할 것이다. 현대사회의 다양한 가족 속에서 자라나는 아동이 건강하고 행복한 생활을 영위하기 위하여 재혼가족 아동의 심리적 안정과 적응을 지원하기 위한 복지대책의 마련도 시급히 요청된다.

3) 분거가족

(1) 분거가족의 개념

최근 들어 늘어나고 있는 주말부부가족이나 주말부모가족 또는 기러기가족은 새로운 가족변화의 양상으로 나타나고 있는 가족유형이다. 이러한 가족유형은 가족구성원이 따로 떨어져 생활하는 분거가족의 형태로, 현대사회 다양한 가족의 한 유형으로 이해된다. 미국의 경우, '통근결혼(commuter marriage)'이라는 용어를 사용하여 현대사회의 대안적 가족형태의 하나로 제시하고 있다. 그러나 주말가족이나 기러기가족은 우리 사회만의 독특한 가족유형으로 새롭게 나타나는 가족형태이기도 하다. 이는 맞벌이가족의 증가와 소자녀가족의 자녀양육에 대한 열정의 결과로 나타난 현상으로 현대사회의 분거가족은 다양한 가족의 하나로 자리하게 되었다. 이외에도 분거가족은 비동거가족(박숙자, 1991), 별거결혼가족(채옥희, 1998), 맞벌이 주말가족(이기숙, 1999) 등으로 표현되고 있다.

국내 분거가족의 대표적 유형으로는 맞벌이 주말가족(주말부부가족, 주말부모가족), 기러기가족 등이 있다. 분거가족의 대표적 사례 중의 하나인 맞벌이 주말가족 중 주말부부가족은 서로 다른 지역에 직업과 거주지를 두고 일주일에 3일 이상 떨어져 살면서 자신들의 직업적 목표를 추구하는 동시에 결혼생활을 유지하려는 부부가 구성하는 가족형태를 말한다(한국보건사회연구소, 2004). 주말부모가족이란 맞벌이 부부가족이 적절한 어린이집을 찾기 어려워 다른 지역에 거주하는 친정이나 시댁에 자녀를 맡겨 놓고 주말에만 자녀와 시간을 보내는 가족유형을 일컫는다. 최근 유행어인 '기러기아빠'는 자녀와 어머니가 해외로 유학을 떠나고 아버지가 국내에 홀로 남아 이들의 경제적인 뒷바라지를 하는 가족형태를 일컫는 용어이다.

시기별 분거가족의 변화양상을 살펴보면, 1960년대 지방산업의 활성화와 교육제도로 인해서 생겨나기 시작하여 1970년대에는 해외 중동건설 노동자를 중심으로 한 분거가족이 증가하기 시작하였다. 1980년대 들어서면서 산업발전으로 인해 국내지역 간 노동력 이동이 빈번해지고 여성취업이 활기를 띠기 시작하면서 주말부부가 증가하였으며, 분거가족의 양적 증가와 다양화 양상이 나타나기 시작하였다. 최근에는 자녀교육을 목적으로 대도시나 외국으로 가족을 보내고 서로 떨어져 지내는 장기적 원거리 분거가족이 나타나고 있다.

분거가족이 발생하는 주된 이유는 해외취업, 외국주재원을 비롯하여 맞벌이 부부나 대도시, 외국에서 자녀를 교육시키기 위하여 가족이 떨어져 지내는 경우 등이 있다. 이러한 분거가족의 경우 분거의 이유가 자녀양육이나 교육을 위한 것이든 가족 경제나 직업적 성취를 위한 것이든 가족이 함께 거주하지 못함으로 인하여 아동의 바람직한 발달에 저해가 되는 요소를 간직하고 있다고 볼 수 있다. 그러나 이러한 가족환경 내에서 부모가 결혼생활을 어떻게 받아들이고 대처하는가에 따라 아동의 사회적 적응을 결정짓는다고 보는 견해도 있다(김경은·정옥분, 1998). 따라서 분거가족의 생활환경에 대한 보다 정확한 자료를 바탕으로 가족의 구성원이 가족환경을 적절히 수용하고, 이에 적절히 대처할 수 있는 지원프로그램을 제공하여 아동의 사회적 적응과 발달을 지원하여야 한다.

(2) 분거가족의 현황

현재 분거가족의 현황에 대한 정확한 통계자료는 없으나 1990년 한국보건사회연구원의 조사 결과에 따르면, 조사대상자 중 약 28%가 비동거가족인 것으로 나타났다(김경은·정옥분, 1998). 이 조사에서 비동거가족의 기준을 일주일 이상 떨어져 사는 가족원으로 정의하였으므로, 일주일에 3일 이상 떨어져 생활하는 주말가족은 28%를 훨씬 더 넘을 것으로 예상된다. 따라서 최근의 여성의 사회진출 증가와 전통적인 한국사회의 교육열을 고려할 때 분거가족의 수는 더욱 증가할 것으로 예상된다.

최근 들어 분거가족에 관한 연구들이 부분적으로 이루어지고 있다. 예를 들면, 맞벌이 주말부부가족(김은경, 1999, 2001; 옥경희, 1999; 이기숙, 1999), 주말부모가족(박주영·조복희, 2000), 기러기가족(김양희·장은정, 2004) 등에 관한 연구들이 있다. 자녀교육을 위해 분거를 선택한 가족은 맞벌이 부부인 경우가 많다. 주말부부가족은 부부가 떨어져 지내면서 자녀를 한쪽 부모가 맡아서 양육하게 되며, 주말부모가족은 맞벌이가족이 주로 저연령층의 자녀와 떨어져 지내면서 적절한 양육적 대안에 의존하게 된다. 따라서 자녀의 발달과 정서적 안정을 위한 지원이 부모와 아동 모두에게 요구되어진다.

이기숙(1999)의 맞벌이 주말가족에 대한 연구에서 맞벌이 주말부부를 대상으로 한 조사에 따르면, 〈표 6-12〉에 나타난 바와 같이 자녀 수에 있어 일반 맞벌이가족과 차이가 없었으며, 2명 이상의 자녀를 가진 가정이 60%를 훨씬 넘어 평균 자녀 수는 1.7명으로 나타났다. 주말가족 자녀는 대부분 어머니와 함께 거주하는 것으로 조사되었다.

〈표 6-12〉 맞벌이 주말가족과 맞벌이가족의 자녀 수 (단위 : %)

자녀 수	맞벌이 주말가족	맞벌이가족
0명	6.7	2.0
1명	24.7	32.7
2명	59.6	57.1
3명	8.9	8.2

출처 : 이기숙(1999).

한유미(2003)의 유아기와 학령 초기 자녀를 둔 주말부부에 대한 연구에 의하면, 〈표 6-13〉에 정리된 바와 같이 대리양육 방식으로 종일제나 친정식구에 의존하는 경향이 많으나 한 가지 방식의 대리양육 방법을 선택하기보다는 두 가지 이상의 대리양육 방법을 병행하는 경우가 많음을 알 수 있다. 또한 이들 주말부부의 대리양육에 대한 만족도는 전반적으로 일반부부와 차이가 없었으나, 대리양육 비용이 일반부부에 비해 10만 원 이상 높은 것으로 나타났으며 주말부부가족의 부모들이 지닌 양육죄책감은 일반가족보다 높은 것으로 나타났다. 이는 주말가족의 부모가 경험하는 자녀양육에 있어 경제적 부담과 심리적 어려움을 잘 나타내 준다.

〈표 6-13〉 대리양육 방법

(단위 : 명)

	시댁 동거	친정 동거	시댁 식구	친정 식구	파출부	입주 가정부	종일제	이웃집	두 가지	세 가지 이상	계
주말부부	3 (4.8)	3 (4.8)	1 (1.6)	10 (16.1)	3 (4.8)	1 (1.6)	14 (22.6)	3 (4.8)	16 (25.8)	8 (12.9)	62 (100)
일반	7 (11.3)	3 (4.8)	7 (11.3)	5 (8.1)	3 (4.8)	1 (1.6)	22 (35.5)	1 (1.6)	8 (12.9)	5 (8.1)	62 (100)

출처 : 한유미(2003).

분거가족의 경우, 자녀의 부정적 성격형성에 대한 걱정과 자녀를 자주 볼 수 없는 점 등이 분거가족의 가장 큰 애로사항으로 나타났다(박주영·조복희, 2000). 특히 동거하지 않는 한쪽 부모의 역할 부재로 인한 부적응 행동을 나타내는 경우가 많으며, 한부모가족과 마찬가지로 한쪽 부모의 역할을 아동이 대신 담당하는 경우가 많아 이로 인한 심리적 부담과 과중한 의무감을 경험하게 된다. 따라서 또래관계에 어려움을 겪거나 사회·정서적 어려움을 호소하는 경우가 많다(옥경희, 2001). 또한 부적절한 부모역할로 인한 훈육 및 통제의 부재나 동거하지 않는 부모와의 유대관계 형성의 어려움 등이 분거가족 아동의 주된 문제이다.

〈표 6-14〉에 나타난 바와 같이 맞벌이 분거가족의 가장 큰 스트레스는 자녀양육 및 교육과 관련한 부분이다(허영숙, 1993). 주말부부의 가족 스트레스 중 부모역할 스트레스가 가장 높게 나타나 자녀양육 및 교육과 관련한 스트레스가 가장

심각함을 알 수 있다(최정혜, 2002). 따라서 친지나 이웃 등 지역사회중심의 사회적 지원체계를 마련하여 부모들이 자녀양육 및 교육과 관련한 문제를 해결하는 데 도움을 제공할 필요가 있다. 어린 아동이 있는 분거가족의 경우, 양질의 어린이집을 통하여 분거가족이 겪는 양육문제를 해결하는 것이 우선적으로 요구된다. 또한 맞벌이 부부의 보육시간 요구를 반영한 어린이집의 운영이 절실하다(박주영·조복희, 2000). 비동거로 인해 발생하는 부모-자녀 관계의 공백을 적절히 해소할 수 있도록 다양한 지원프로그램의 개발이 절실히 요구된다.

〈표 6-14〉 맞벌이 분거가족 부부가 지각한 장점과 문제점

장 점			문제점		
내용	남편	부인	내용	남편	부인
경제적 여유	25.6	28.2	자녀양육 및 교육	53.4	45.3
개인의 자유시간	13.3	24.7	집안일	19.3	11.6
직업에 충실	31.1	20.0	자신을 위한 시간 없음	6.8	11.6
독립적인 삶 유지	16.7	15.3	배우자와의 친밀감 형성	13.6	19.8
기타	13.3	11.8	배우자의 도움을 받을 수 없음	6.8	11.6

출처 : 이기숙(1999).

(3) 분거가족을 위한 복지사업

① 분거가족을 위한 관련법과 제도

분거가족은 대부분 맞벌이 부부인 경우가 많기 때문에 분거가족과 관련한 법률 및 제도는 맞벌이가족을 위한 정책 및 제도를 통하여 살펴볼 수 있다. 맞벌이가족의 아동을 위한 복지는 여성, 가족, 노동, 보건, 교육과 관련한 법을 통하여 살펴볼 수 있다. 맞벌이가족과 관련한 법으로는 영유아보호법, 아동복지법, 모자보건법 등이 있으며, 직장여성의 모성보호를 위한 남녀고용평등법, 근로기준법 등이 있다.

이러한 법규에 기초하여 산전·후 90일 이상의 유급휴가를 기본으로 하는 출산휴가제도와 여성근로자가 직장생활을 하면서 자녀양육 및 가정생활의 안정

을 도모하기 위하여 육아휴직을 청구할 수 있도록 한 육아휴직제도가 있다. 육아휴직은 남성근로자도 청구할 수 있다. 그 밖에 영유아보호법에 근거하여 맞벌이가족 아동의 보호와 교육을 위한 보육제도 등이 있다. 영유아보육법에 규정된 어린이집으로는 국·공립어린이집, 민간어린이집, 직장어린이집, 가정어린이집 등이 있다. 〈표 6-15〉에 맞벌이 부부와 관련한 제도를 제시하였다. 그러나 이러한 법·제도들은 맞벌이 주말부부의 현실적인 문제에 접근하기에는 다소 거리가 있는 것으로 이들을 위한 보다 적극적인 지원이 요구된다.

〈표 6-15〉 맞벌이가족과 관련한 제도

제 도	내 용
산전·후 휴가제도	근로기준법과 남녀고용평등법에 기초한 산전·후 90일의 보호휴가 제공 및 최초 60일은 유급휴가를 주도록 규정
육아휴직제도	남녀고용평등법에 기초하여 생후 1년 미만의 영아 양육을 위한 육아휴직 허용하도록 규정
보육제도	영유아보호법에 근거하여 모의 취업으로 인해 자녀를 돌볼 수 없을 경우 일정 시간 아동을 보호하는 서비스

② 분거가족을 위한 복지사업 내용

우리나라에 주말가족을 위한 공적인 사회지원체계로는 기존의 보육서비스나 육아지원서비스 등이 있다(제5장 참조). 그 밖에는 개인적·가족적 차원에서의 지원체계가 대부분이다. 주말가족은 개인적 선택의 결과라는 시각이 보편적이며, 부모, 친지, 친구 등과 같은 개인적인 관계를 통해 도움을 받거나 적절한 해결방안을 개인적으로 모색하는 경우가 대부분이다. 이러한 주말가족을 위하여 자녀를 안심하고 맡길 수 있는 질적인 어린이집의 확보와 출산과 육아를 직장생활과 양립할 수 있는 다양한 모성보호정책이 요구된다.

③ 분거가족을 위한 외국의 복지사업

외국의 경우에도 주말가족을 위한 특별한 지원프로그램은 거의 없다. 일반적 동거가족을 위한 보육서비스나 육아지원제도 등이 주로 이용되고 있으며, 주말가족이 겪는 심리적 갈등이나 스트레스를 위한 상담프로그램이 부분적으로 제공되고 있다. 참고로 맞벌이 부부를 위해 제공되는 외국의 복지사업 내용을 요약하여 〈표 6-16〉에 제시하였다.

〈표 6-16〉 맞벌이 부부를 위한 외국의 복지사업

국 가	복지사업
미 국	• 육아휴직제도 : 12주간의 휴가 제공 • 보육서비스 : 헤드스타트, 공립학교제도, 민간 보육서비스 등 • 사회적 지원서비스 : 가사노동서비스, 상담프로그램 등
영 국	• 법정출산수당 : 취업여성의 출산 시 제공 • 출산휴가 및 부모휴직제도 : 18주간 출산휴가, 만 5세 이하 자녀를 위한 13주간 무급휴가 • 보육서비스 : 시설보육, 가정보육, 유아원, 유아학급, 놀이그룹, 예비학교 등 다양한 어린이집 제공
스웨덴	• 법 : 육아 등 휴직권리에 관한 법, 부모보험법 • 출산휴가 및 육아휴직제도 : 전일후직형과 단축형(근로시간을 6시간, 8시간으로 단축) • 부모보험제도 : 부모현금급여를 통한 경제적 보상 • 공보육제도 : 취학 전 교육법에 의거 6세 이하 아동의 종일제 보육 지원
일 본	• 육아휴직제도 : 임금의 25% 육아휴직 급여, 산전 6주, 산후 8주의 휴가제공 등 • 육아휴업제도 : 전일 육아휴업 및 부분휴업제도, 출산 시 아버지에게 5일간 휴가

(4) 분거가족을 위한 복지사업의 개선방향

분거가족의 수는 앞으로 여성의 사회적 진출과 가족경제의 향상을 위해서 계속적으로 증가할 것으로 예측된다. 분거가족은 가족구성원의 개방적인 진로모색을 위한 현대사회의 다양한 가족모형 중의 하나로 이해될 수 있다. 그러나 분거가족 내의 아동의 경우, 자신의 선택이 아닌 부모의 결정에 의해 가족과 떨어져 지내는 환경에 놓이게 되며, 이러한 상황이 이들 아동에게 어떠한 영향을 미치는가는 아직 분명하지 않다. 지금까지의 연구결과에 따르면, 주말가족은 자녀양육의 어려움과 자녀양육에 대한 심리적 부담이나 죄책감 등을 현실적 어려움으로 지적하고 있으나, 자녀의 독립심 발달과 자녀와의 함께하는 시간의 질적인 증가 등의 긍정적인 면도 나타나고 있다(곽인숙, 2003). 그러나 분거가족 내 아동이 겪는 심리적인 문제나 자녀양육과 관련한 가족 내 적응에 관한 문제들에 대한 연구들이 지속되어야 한다. 또한 이들 분거가족 내 아동의 심리적·정서적 발달을 위해 아동복지적 차원에서 적절한 지원책이 모색되어야 한다.

4) 국제결혼가족

(1) 국제결혼가족의 개념

최근 들어 우리 사회에서 한국인이 외국인과 결혼하여 형성한 국제결혼가족이 주된 이슈가 되고 있으며, 국제결혼가족의 복지에 대한 관심이 늘어나고 있다. 일반적으로 국제결혼가족은 국적을 달리하는 남녀가 결혼으로 가정을 형성하는 것을 의미한다(변화순·조은희, 2003).

국제결혼은 언어와 문화 또는 종교가 다른 남녀 간의 결합으로, 혈연 중심적인 우리 사회의 전통적 가족관으로 인하여 부정적 시각을 갖는 경우가 많았다. 최근 들어 국제화로 인한 국제적 교류의 증가, 농촌총각의 결혼문제 해결을 위한 국제결혼의 증가, 외국노동자의 대량 유입으로 인한 국내체류 외국인과 내국인의 결혼 증가 등을 이유로 국제결혼가족이 날로 늘어나고 있는 추세이다. 국제결혼가족의 증가는 과거 국제결혼에 대한 거부감이나 부정적 시각을 감소시키는 데 기여하고 있다. 그러나 국제결혼 가족구성원의 경제적·정서적 문제와 더불어 문화적 배경이나 의사소통의 문제 등으로 인한 가족구성원 간의 갈등은 사회적인 문제로 부각되고 있다.

(2) 국제결혼가족의 현황

국제결혼가족의 전체 규모는 정확하게 파악되지 않고 있으며, 매년 발생하는 국제결혼 건수를 통하여 살펴볼 수 있다. 〈표 6-17〉에 나타난 것처럼, 1990년의 국제결혼 건수는 5천여 건으로 전체 결혼 건수의 1.2% 정도였으나, 2010년에는 총 결혼 건수 31만여 건 중 국제결혼이 3만4천여 건으로 전체의 11.1%로 정점에 달한 후, 2015년 7.0%, 2019년 9.9%로 꾸준히 증가하는 추세이다. 또한 1990년대 이전까지는 주로 외국인 남성과 결혼한 여성이 대부분이었으나, 2000년 이후 외국인 여성과 혼인한 남성이 더 높은 비율을 차지하고 있다. 특히 농촌지역의 국제결혼 건수는 날로 증가하여 농촌지역의 경우 국제결혼가족은 27.4%에 달하고 있다. 수년 내 농촌 초등학교 1학년생의 경우 3명 중 1명 이상이 국제결혼가족의 자녀가 될 것이라고 추정하고 있다(여성부, 2005).

〈표 6-17〉 국제결혼가족 실태

(단위 : 건수)

연도	총 결혼 건수	국제결혼		외국인 여성과 혼인		외국인 남성과 혼인	
		건수	%	건수	%	건수	%
1990	399,312	4,710	1.2	619	0.2	4,091	1.0
2000	334,030	12,319	3.7	7,304	2.2	5,015	1.5
2010	307,759	34,235	11.1	26,274	8.5	7,961	2.6
2015	302,828	21,274	7.0	14,677	4.8	6,597	2.2
2016	281,635	20,591	7.3	14,822	5.3	5,769	2.0
2017	264,455	20,835	7.9	14,869	5.6	5,966	2.3
2018	257,622	22,698	8.8	16,608	6.4	6,090	2.4
2019	239,159	23,643	9.9	17,687	7.4	5,956	2.5

출처 : 통계청, 해당 연도별 「인구동태통계연보(혼인편)」.

이러한 국제결혼의 급격한 양적 증가와 더불어 국제결혼가족이 지닌 문제 또한 날로 심각해지고 있다. 관습의 차이, 생활습관의 차이에서 오는 문화적 이질감과 더불어 의사소통의 어려움과 언어장벽 등으로 인한 가족구성원 간의 소통의 문제 등이 주로 지적되고 있다. 특히 우리나라의 폐쇄적 단일문화로 인해 겪는 소외감과 남성 위주의 가족문화는 자녀양육과 교육을 책임지는 국제결혼 여성의 심리적 안정과 적응, 나아가 국제결혼가족 내 아동의 발달 및 적응에 있어 큰 위협이 되고 있다. 여성 결혼이민자의 상당수가 자녀를 양육하면서 사교육비 부담, 아동을 돌볼 적절한 대안 부족, 아동 건강관리상의 어려움 등이 지적되고 있다.

이에 반해 어린이집·유치원 이용률은 일반가정의 56.8%에 비해 국제결혼가족은 27.5%로 매우 저조한 것으로 조사되었다(보건복지부, 2005). 또한 국제결혼가족의 아동들은 언어발달 장애 등으로 인하여 학습부진, 따돌림 등을 빈번하게 겪는 것으로 조사되고 있다(보건복지부, 2005년 여성 결혼이민자 실태조사). 더욱이 국제결혼가족의 유형에 따라 아동들이 경험하는 어려움과 복지적 욕구는 매우 다른 양상으로 나타나고 있으나 이에 대한 구체적 자료는 부족한 실정이다. 따라서 국제결혼가족 아동의 실태파악과 더불어 이들이 경험하는 현실적 어려움과 장애에 대한 구체적인 조사가 요구된다.

(3) 국제결혼가족을 위한 복지사업

① 국제결혼가족을 위한 관련법과 제도

우리나라의 국제결혼에 관한 법률은 외국인 배우자가 한국국적을 취득한 경우에 한하여 결혼을 인정하고 있다. 따라서 한국국적을 취득하지 못한 불법체류자의 결혼은 인정되지 않고 있다. 또한 국적을 취득한 국제결혼가족의 경우에는 국민연금, 건강보험 등의 지원을 받을 수 있으나, 국적을 취득하지 못한 불법체류자의 경우, 사회보장 혜택을 받을 수 없을 뿐만 아니라 자녀의 출생에 따른 호적문제, 교육 및 취업에 이르기까지 여러 가지 어려움이 많다.

최근 여성가족부를 중심으로 국제결혼가족의 법적 지위를 향상시키기 위한 노력이 이루어지고 있으나 아직까지는 국제결혼가족의 법적·제도적 지원은 매우 제한적으로 이루어지고 있다.

② 국제결혼가족을 위한 복지사업 내용

국제결혼가족의 상당수가 언어소통문제, 문화적 차이 등으로 한국 사회에 적응하는 데 어려움을 겪고 있으며, 자녀교육문제, 가정폭력 등 가족관계에 있어서도 많은 문화적 장애를 경험하게 된다. 현재 국제결혼가족을 지원하는 사업을 실시하는 부처 및 관계기관은 법무부, 문화관광부, 보건복지부, 교육부, 여성가족부 등이 있다. 각 부처별 지원내용은 〈표 6-18〉과 같다.

〈표 6-18〉 각 부처별 국제결혼가족 지원내용

관계부처	지원내용
법무부	• 결혼이민자 조기적응 프로그램 • 현지사전교육 참여자에 대한 개인정보 동의서 징구 • 입국 초기 결혼이민자 개인정보 수집
문화관광부	• 한국어교육, 문화예술교육 등
보건복지부	• 긴급복지 지원, 진료 지원, 지역아동센터운영 지원 등
교육부	• 한국어교육, 자녀교육 지원, 직업훈련 지원 등

관계부처	지원내용
여성가족부	• 다문화가족 정보제공 서비스 총괄 • 제도 개선 및 부처 협의 • 다문화가족 서비스 종합안내서 발송 • 개인정보 처리 교육 및 서비스 정보제공 실적 관리 • 다문화가족 지원서비스 안내(전화·방문)
지자체 (시·도 및 시·군·구)	• 결혼이민자 정보를 센터로 연계 • 개인정보 처리 현황 점검 및 평가

출처 : 여성가족부. 2020년 가족사업안내; 교육부. 2018년 다문화가족정책 추진실태 감사보고서.

특히 여성가족부는 국제결혼가족의 한국문화 및 가족생활 적응을 지원하기 위하여 1996년부터 21개의 '결혼이민자가족지원센터'를 지정·운영하고 있으며, 국제결혼가족들이 교육·상담 등 스스로 상부상조할 수 있는 '자조집단'을 육성하는 한편 각종 지원서비스 혜택을 받지 못하는 가족을 발굴하여 '찾아가는 서비스'를 실시하고 있다. 국제결혼가족의 아동들은 언어발달 장애 등으로 빈번하게 발생하는 학습부진, 따돌림 등을 경험하고 있으며 이를 위해 건강가족센터를 중심으로 아동의 학교생활적응을 지원하고 있다. 구체적 지원내용은 〈표 6-19〉에 정리한 바와 같다.

〈표 6-19〉 여성가족부 지원사업과 내용

지원사업	사업내용	
건강가정· 다문화가족 지원센터 통합서비스 운영	가족관계	• 다문화가족 관계 향상 지원, 다문화가족 이중언어 환경 조성, 다문화가족 자녀 성장 지원
	가족돌봄	• 다문화가족 방문서비스
	가족생활	• 다문화가족 초기정착지원, 결혼이민자 통·번역 지원, 결혼이민자 취업지원
	가족과 함께하는 지역공동체	• 가족봉사단(다문화가족나눔봉사단), 다문화가족 교류·소통 공간 운영, 결혼이민자 정착단계별 지원 패키지, 찾아가는 결혼이주여성 다이음사업

지원사업	사업내용	
다문화가족 특성화사업	다문화가족 방문교육	• 생활언어를 익히고 문화를 이해할 수 있도록 체계적·단계별 한국어교육서비스 제공 • 언어·문화차이 등으로 자녀양육에 어려움을 겪고 있는 결혼이민자에게 부모교육서비스 제공 • 학업성취가 낮고, 자아·정서·사회성 발달에서 어려움을 겪고 있는 다문화가족 자녀에게 자녀생활서비스 제공
	다문화가족 자녀 언어발달지원	• 다문화가족 자녀 언어평가 • 다문화가족 자녀 언어교육 • 부모상담 및 교육
	다문화가족 사례관리	• 연간 20사례 이상 신규사례 대상가구 발굴 지원
	결혼이민자 통·번역서비스	• 한국말이 서툰 결혼이민자의 가족·사회생활에 필요한 의사소통을 지원하기 위한 통·번역서비스 제공
	이중언어 가족환경 조성사업	• 이중언어 부모 코칭 • 부모-자녀 상호작용 프로그램 • 이중언어 활용 프로그램 • 가족코칭
	특수목적 한국어교육 프로그램 운영	• 결혼이민자, 중도입국자녀가 사회통합 프로그램과 차별화된 실용 한국어를 자율적으로 선택하도록 하여 다양한 학습욕구를 지원
다문화가족 교류소통 공간	• 결혼이주여성 및 다문화가족 자녀교육 활동 장소 제공 • 자녀양육 정보교류 및 부모교육, 다문화가족 자녀성장 지원, 결혼이주여성의 사회 적응 및 자녀양육 등 자조활동 프로그램 지원 공간 • 다문화가족과 지역주민의 소통과 다문화 이해 및 다양한 문화 상호 교류 지원 공간	
찾아가는 결혼이주여성 다이음사업	• 결혼이주여성들이 지역사회 다문화 활동가로 참여하여 유치원, 어린이집, 아동복지센터, 학교, 시설, 모임 등 다양한 지역공동체를 '찾아가는 다문화 친화활동' 추진	

출처 : 여성부가족부. 2020년 가족사업안내 I , II.

특히 2005년 건강가정기본법 제정 이후, 2016년에는 전국에 건강가정지원센터 161개와 다문화가족지원센터 217개소가 설치·확대되어 운영되고 다문화가족지원을 위해 힘쓰고 있다. 또한 재단법인 한국건강가정진흥원은 2006년 여성가족부의 결혼이민자가족지원센터에서 출발하여 2011년 다문화가족지원사업을 위탁 운영하면서 다문화가족을 위한 다양한 사업을 수행하고 있다. 구체적인 다문화가정을 위한 사업의 추진체계는 [그림 6-1]과 같다.

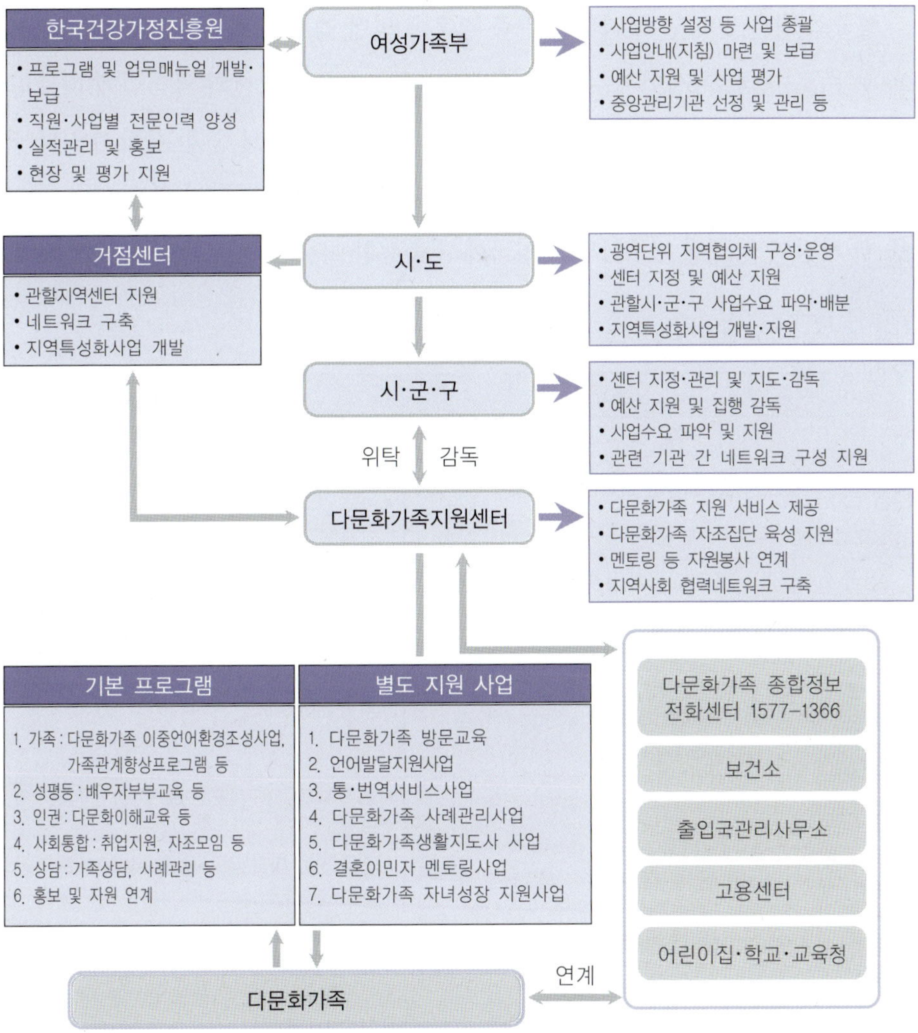

출처 : https://www.liveinkorea.kr/portal/KOR/page/contents.do?pageSeq=119&menuSeq=303.

[그림 6-1] 다문화가정을 위한 사업 추진체계

③ 국제결혼가족을 위한 외국의 복지사업

미국의 국제결혼가족을 위한 지원은 모의 영주권 획득 여부에 따라 달라진다. 모가 영주권을 획득한 경우, 사회보장, 메디케이트, 메디케어 등 사회복지프로그램을 보장받을 수 있으나, 그렇지 않은 경우 제한적인 지원만 가능한 상태이다.

영국의 경우, 1997년 국적취득자 중 결혼에 의한 경우는 전체의 27.0%로(OECD, 1999) 주로 미국, 아시아계, 유럽인 등으로 나타났다. 1981년의 국적법에 따르면, 국제결혼가족의 자녀에게 시민권을 보장하고 있다. 즉, 부모 중 한 사람이 영국 국적을 갖고 국내나 국외에서 출생한 아동의 경우 영국 국적을 가질 수 있으며, 부모 중 한 사람이 영국에 거주하면서 영국에서 출생한 아동도 영국 국적을 갖게 된다.

〈표 6-20〉 국제결혼가정을 위한 외국의 복지사업

국가	현 황	복지사업 내용
미국	1970년 0.7%에서 2000년 5.4%	• 외국인여성의 경우 영주권 획득 여부에 따라 지원 여부 결정 • 영주권 획득 : 사회보장, 메디케이트, 메디케어, 식품교환권, 요보호빈곤아동 지원
영국	1997년 27.0% 국제결혼에 의한 국적취득	• 국제결혼가족자녀에게 시민권 부여
일본	• 국제결혼 비율 – 2000년 전체 결혼건수 : 798,138 중 36,263건(4.5%) – 2003년 전체 결혼건수 : 740,191 중 36,039건(4.9%)	• 2006년 3월 다문화공생추진플랜 확정 • 외국인에 대한 행정서비스 완비
대만	• 국제결혼 비율 – 1998년 전체 결혼건수 : 145,976 중 22,864건(15.7%) – 2003년 전체 결혼건수 : 171,483 중 55,116건(32.1%)	• 가정폭력 및 성폭력에 의한 신체안전 보호 • 다국어로 제작된 가정교육수첩 배포 : 아동교육 지원 • 심신장애자 복지 : 복지서비스, 의료재활, 특수교육, 취업촉진, 교통서비스 • 적응교육 : 성인기본교육반과 생활적응 지도반 운영

가까운 일본의 경우에는 우리나라와 마찬가지로 가부장제적 가치관과 호주제의 영향이 강하게 자리하고 있으며, 국제결혼가족에 대한 국가 차원의 특별한 지원이 부재하였다. 그러나 2006년 3월, 다문화공생추진플랜을 발표하여 외국인은 단순한 지원 대상이 아닌 공생관계로 보기 시작하고, 외국인 주민에 대한 행정서비스를 제공하면서 외국인의 인권보호를 강조하고 있다. 이러한 정책적 변화는 다른 문화권 주민에 대한 이해의 이해를 바탕으로 개방적인 태도를 확립하는 데 초점을 두고 있다. 현재까지 국제결혼가족에게 주어지는 국가 차원의

지원으로는 생활보호서비스와 국민건강보험제도와 국적을 취득한 국제결혼아동에게 주어지는 의무교육이 있는 정도이다. 그 밖에 아동복지법에 기초하여 국제결혼가정의 아동에게 주어지는 아동수당, 요보호아동을 위한 복지서비스가 제공되고 있다.

(4) 국제결혼가족을 위한 복지사업의 개선방향

우리나라의 국적법은 혈통주의에 기반하고 있으며 부권주의적 요소가 강하게 영향을 미치고 있다. 이는 국제결혼가족에게 불리한 요소로 작용한다. 현대사회는 국제화와 다문화의 가치를 강조하고 있으며 이러한 새로운 가치에 부응하는 법적 기반을 마련할 필요가 있다. 또한 문화적·언어적으로 어려움을 겪고 있는 이들 국제결혼가족을 현대사회가족의 한 유형으로 인정하고 국제결혼 가족이 건강한 가족을 형성하고 그 속에서 건강한 아동을 양육해 나가기 위한 적절한 조처들이 요구된다. 최근 들어 여성가족부를 중심으로 한 국제결혼여성을 위한 노력은 이러한 관점에서 매우 고무적이다. 그러나 국제결혼여성의 복지적 관심에만 머무를 것이 아니라 국제결혼가족 내 아동의 복지향상에 기여할 수 있도록 국제결혼가족 내 아동의 적응과 발달에 보다 많은 관심을 기울여야 한다.

7

CHAPTER

장애아동을 위한 아동복지실천

장애아동을 위한 복지는 장애 발생에 대한 예방, 조기 발견 그리고 장애 아동과 그 가족에 대한 복지 지원 등에 대한 포괄적인 내용을 다룬다. 본 장에서는 장애의 개념 및 장애의 종류 및 특성, 장애아동과 그 가족들이 경험하는 어려움 그리고 이를 지원해 주는 정책과 그 대책에 대해 살펴보고자 한다.

1 장애아동 복지사업의 개념과 의의

1) 장애아동의 개념

장애아동은 장애와 아동의 복합어로 그 개념을 한마디로 정의하기가 어렵다. 그 이유는 아동에 대한 정의가 법에 따라 다르게 정의되어 있으며, 장애의 개념도 각 사회·문화적 상황, 정치·경제적 상황에 따라 이해나 관심이 다르기 때문이다. 좁은 의미에서 장애는 아동의 신체 또는 정신의 기능 저하, 상실 등을 의미한다. 그러나 조금 더 넓은 의미에서 보면, 아동의 신체 또는 정신의 기능 저하, 상실과 같은 의학적 수준에서 뿐만 아니라 이로 인해 발생되는 능력의 저하(disability)나 사회적 불이익(handicap)이 포함된다(WHO, 1998).

이러한 장애의 개념을 구체적으로 살펴보면 다음과 같다.

첫째, 기능장애(impairment)를 의미한다. 이는 심리적·신체적 또는 해부학 구조나 기능의 일부가 상실된 경우를 말한다. 미국의학협회(American Medical Association)에서는 전문가가 판단한 아동의 증상이나 증후, 검사 소견 또는 심리적 검사를 근거로 기능적 이상이나 의미 있는 행동상의 변화가 나타나는 것을 기능장애라고 말한다.

둘째, 능력장애(disability)를 의미한다. 기능장애의 결과로 인해 나타나는 능력 저하로 정신적·신체적 기능장애의 결과뿐만 아니라 그 상태에 대한 개인의 적응 결과로 일상적 활동 영역에 나타나는 이차적 장애를 의미한다.

셋째, 사회적 장애(social handicap)를 의미한다. 기능장애나 능력장애의 결과로 인해 일반적 상황이나 특수한 상황 속에서 개인이 역할을 수행하는 데 지장을 받은 경우를 말한다. 이는 사회적 차원에서의 장애 개념으로, 개인의 손상이나 기능 제약으로 인해 사회생활에 대한 참여에 제한을 받거나 지장을 초래하는 것을 의미한다.

결국 장애는 개인의 질병으로 시작된 기능장애가 능력장애로 그리고 이를 둘러싼 주변 환경과의 관계에서 발생되는 장애가 사회적 장애로 이어지고 있다

(ICIDH, 1980). 그러나 기능장애, 능력장애 그리고 사회적 장애로 구분하는 장애에 대한 개념에 부정적인 의미가 많이 내포되었다는 의견으로 인해, 2001년 5월 WHO에서는 중립적인 의미를 가진 장애로 그 개념을 수정하여 승인을 하였다.

장애분류-2(ICIDH-2)에서 정의한 장애의 개념은 개인적인 요인과 사회적인 요인을 동시에 고려하여 장애의 개념을 설명하였다. 즉, 장애를 기능장애, 활동(activity), 참여(participation)로 정의하고, 장애는 개인의 질환 및 정서를 나타내는 개인적인 건강 상태(health condition)와 사회환경적 요인이 복합적으로 상호작용하여 나타나는 결과라고 설명하였다. 이 중 개인적 요인은 성, 나이, 건강 상태, 삶의 형식, 습관, 양육 태도, 성격, 사회적 배경, 교육 정도, 과거와 현재의 경험, 심리적 특성을 의미하며, 사회환경적 요인이란 사회적 태도, 건축 장벽의 특징, 법체계를 의미한다.

지금까지 장애의 개념을 살펴보았다. 한마디로 규정하기는 어렵지만, 설명된 장애의 개념과 장애아동 복지와 관련된 법을 근거로 장애아동을 규정하면, 중·고등학교 이하에 재학하고 있는 아동, 즉 18세 미만으로 장애인복지법에서 규정한 장애를 가진 사람이라고 그 뜻을 정의할 수 있다.

2) 장애아동 복지사업

1975년 공포된 유엔의 장애인권리선언에서 장애복지사업의 정당성의 근거를 찾아볼 수 있다. 유엔에서는 "선천적이든 후천적이든 신체적·정서적 능력의 불완전으로 인하여 일상의 개인적 또는 사회적 생활에서 필요한 것을 확보하는 데 자기 스스로 완전히 혹은 부분적으로 확보할 수 없는 사람"이 "그 장애의 원인, 특질 및 정도를 불문하고 같은 연령의 시민과 동등한 기본적 권리를 갖는다"라고 장애인권리선언을 공포하였다. 이러한 선언문은 사람들로 하여금 장애인의 인권과 복지에 대해 관심을 갖게 하였다.

우리나라의 장애복지사업도 장애인복지법, 장애인고용촉진 및 직업재활법 그리고 2012년부터 시행된 장애아동복지지원법에 규정되어 있다. 이러한 법규에서 장애인에 대한 정의나 분류는 다소 차이가 있고, 그 내용이 변화되어 왔다.

1981년 제정된 「심신장애자복지법」은 1989년 「장애인복지법」으로 바뀌었고, 1999년 2월 전문이 개정되었다. 개정된 장애인복지법 제2조에서는 장애인이란 "신체적·정신적 결함으로 인하여 장기간에 걸쳐 일상생활 또는 사회생활에 상당한 제약을 받는 자로서 대통령령이 정하는 장애의 종류 및 기준에 해당하는 자"로 규정하였다. 개정된 장애인복지법은 다시 2010년 7월 12일 시행령과 시행규칙을 부분적으로 개정했는데, 이때 장애 범주가 확대되고, 장애에 대한 개념을 재개념화하였다.

2008년부터 시행된 「장애인 등에 대한 특수교육법」에는 장애아를 위한 특수교육에 대한 내용이 제시되고 있다. 「교육기본법」 제18조를 근거로 제시된 특수교육에 대한 내용은 다음과 같다. 국가 및 지방자치단체는 장애인 및 특별한 교육적 요구가 있는 사람에게 통합된 교육환경을 제공하고, 생애주기에 따라 나타나는 장애의 유형·장애 정도의 특성을 고려하여 교육을 실시함으로써, 이들이 자아실현과 사회통합을 하도록 기여하는 데 이바지하는 것을 목적으로 하고 있다. 이러한 법적 근거는 장애아동이 건전하게 성장·발달하고, 행복한 생활을 할 권리를 가질 뿐만 아니라, 이들이 지니는 특수성에 적합한 모든 서비스를 받을 수 있게 한다.

특히 2012년 9월 1일자로 시행된 「장애아동복지지원법」은 장애아동의 특별한 복지적 욕구를 적합하게 지원하는 것의 중요성이 반영된 것이라고 볼 수 있다.

결국 위에서 기술된 법규에 규정되어 있듯이, 장애아동 복지사업은 장애아동들이 안정된 가정생활 속에서 건강하게 성장하고, 사회에 활발하게 참여할 수 있도록 하며, 장애아동 가족의 부담을 줄이는 데 이바지하는 것을 목적으로 하고 있다. 국가와 지방자치단체가 장애를 가지고 있는 아동과 그 가족을 도와주고, 더 구체적으로 장애아동의 발생을 예방하고, 이들이 가지고 있는 잠재능력과 잔존능력을 최대한으로 발휘해서 정상적인 생활이 가능하도록 도와주는 것이다. 즉, 장애아동이 모든 생활에서 어려움을 느끼지 않도록 국가나 민간 사회복지기관이 의료, 교육, 직업, 심리, 사회적 제 문제에 걸쳐 조직적으로 지원하는 일체의 활동과 노력을 의미한다. 특히 장애아동 복지사업은 아동이 지닌 잠재능력과 잔존능력을 최대한으로 개발하고, 장애로 발생하는 심리, 사회 및 발달적 손상을 최소화하기 위해 가능하면 빨리 예방 및 재활을 해야 하기 때문에 중요하다(김현용 외, 1997). 이러한 복지서비스는 개인 아동 자신은 물론, 가정 및 사회전체의 복지와 안녕을 위해 필요하다.

2 장애아동의 유형 및 기준

우리나라는 1999년 12월 31일자로 개정·공포되고, 2018년 12월 31일에 개정된 「장애인복지법 시행령」 제2조 별표 1에 제시된 장애의 진단 기준에 따라 장애를 구분한다. 장애의 기준은 지체장애, 뇌병변장애, 시각장애, 청각장애, 언어장애, 지적장애, 자폐성 장애, 정신장애, 신장장애, 심장장애, 호흡기 장애, 간장장애, 안면 장애, 장루/요루 장애, 뇌전증 장애로 총 15가지로 구분되었다.

「장애인복지법 시행령」 제2조 별표에 제시된 장애 기준에 맞는 경우 장애인으로 등록이 되고, 등록이 된 후 각자가 지니는 장애의 종류와 정도 그리고 이로 인해 비롯되는 문제 등에 따라 정부 및 지역사회에서 제공하는 서비스를 받을 수 있다. 따라서 장애아동은 복지서비스를 이용하기 위해 장애 기준에 의한 진단을 받아야 한다.

또 다른 장애 기준은 「장애인 등에 대한 특수교육법」 제15조 특수교육대상자 선정기준에서 찾아볼 수 있다(개정 2019. 12. 10). 장애의 조기발견을 위하여 교육장 또는 교육감은 관할 구역의 어린이집·유치원 및 학교의 영유아 또는 학생을 대상으로 수시로 선별검사를 하고, 문제가 있는 경우를 각 가정에 통보해야 한다. 통보를 받은 부모는 전문기관에서 선별검사를 거쳐야 한다. 부모의 특수교육에 대한 요청이 있다면, 학교는 영유아의 건강검진 결과통보서 또는 진단서를 진단 및 평가를 통해 특수교육을 제공해야 한다. 이러한 특수교육이 필요한 아동을 구별하는 기준을 보면, 시각장애 아동, 청각장애 아동, 정신지체 아동, 지체장애 아동, 정서행동장애 아동, 자폐성 아동과 이와 관련된 아동, 의사소통장애 아동, 학습장애 아동, 건강장애 아동, 발달지체 아동 그리고 그 밖에 대통령령으로 정하는 장애로 구분된다.

이에 본 장에서는 「장애인복지법」과 「장애인 등에 대한 특수교육법」, 「장애인복지법 시행령」에 공통적으로 나타나는 유형에 따라 그 내용을 설명한다.

1) 시각장애 아동

시각장애는 물체를 식별하는 시각의 기능에 문제가 있는 경우를 총칭한다. 시각장애의 기준은 일반적으로 맹시와 약시로 나눈다. 맹시는 전혀 시력이 없는 경우며, 약시란 보조기를 착용하여 물체를 식별할 수 있는 경우이다. 장애인복지법 시행령에 따르면, 시각장애의 기준을 ① 나쁜 눈의 시력(공인된 시력표에 따라 측정된 교정 시력을 말한다. 이와 같다)이 0.02 이하인 사람, ② 좋은 눈의 시력이 0.2 이하, ③ 두 눈의 시야가 각각 10도 이하로 남은 사람, ④ 두 눈의 시야의 1/2 이상을 잃은 사람으로 구분하고 있다.

시각장애는 출산 시 산소의 과다노출, 전염병, 사고, 독, 종양, 풍진 등과 같은 질병이나 유전적인 요인, 혹은 밝혀지지 않는 원인에 의해 발생한다. 시각장애 아동은 시각적 자극의 제한, 모방학습의 제한, 환경적 요인 등으로 인해 발달이 제한된다(Warren, 1994). 대체로 앉거나 서기와 같은 정적 운동기능은 일반아동과 비슷하게 발달하지만, 기거나 걷기와 같은 동적 운동기능은 정상적인 발달에 비해 느린 편이다. 사회적인 발달도 주변 사람들과의 시각적인 신호 교환이 한정되고, 시각적인 관찰과 모방을 통해 자연스럽게 습득하는 사회적 상호작용기술이 어렵다. 또한 인지발달에 어려움이 따르나 학업 성취 부분에서는 비장애아동과 비교해 볼 때 격차가 크지 않다.

2) 청각장애 아동

청각장애는 귀에서부터 뇌에 이르기까지 청각 전달에 관여하는 기관 중 어느 부분에 이상이 생겨 소리를 듣지 못하거나 들은 소리의 뜻을 정확하게 이해하지 못하는 경우를 말한다. 청각장애는 일반적으로 난청과 농으로 구분한다. 난청은 보청기를 사용하여 일상생활이 가능한 경우이며, 농은 보청기를 착용해도 청각을 통해 언어의 정보를 주고받지 못하는 사람을 말한다. 장애인복지법 시행령은 ① 두 귀의 청력 손실이 각각 60데시벨(dB) 이상인 사람, ② 한 귀의 청력 손실이 80데시벨(dB) 이상, 다른 귀의 청력 손실이 40데시벨(dB) 이상인 사람, ③ 두 귀에 들리는 보통 말소리의 명료도가 50% 이하인 사람, ④ 평형 기능에 상당한 장애가 있는 사람으로 규정하고 있다.

청력장애의 주요 원인은 유전, 미숙, 모자 혈액부적합과 뇌막염이다. 이외에도 중이염, 기타 아동기 질병, 손실 정도, 청력 손실 시기, 지능, 가정과 지역사회의 특성, 교육적 경험에 따라 특성은 다르게 나타난다. 청각장애 아동이 겪는 가장 큰 어려움은 의사소통인데, 언어표현능력이 생기기 이전에 청력 손실이 발생한 경우는 구어 기술을 습득하는 데 어려움이 많다. 말하는 능력이나 어휘와 문장 구조의 습득에도 어려움을 겪으며 같은 또래의 아동에 비해 많이 뒤떨어진다. 인지적인 발달은 언어발달과 연관성이 높으므로 청각장애 아동은 인지능력에 장애가 발생할 수 있다. 언어능력의 결핍으로 인해 비장애아동에 비해 청력장애 아동은 평균 2~5년 정도 인지발달의 지체를 보이는 경우도 있다.

3) 지적 장애 아동

지적장애란 정신발달이 항구적으로 지체되어 지적 능력의 발달이 불충분하거나 불완전하고 자신의 일 처리와 사회생활에의 적응이 현저히 곤란한 경우로 규정하고 있다. 세계보건기구(WHO)는 지적 장애란 일반적으로 지적 능력 발달이 불충분하다든지 불완전한 상태를 의미한다고 정의하고 있다. 미국 정신의학회에서는 지능지수 기준으로 경도(mild : IQ 50~75), 중(中)도(moderate : IQ 25~50), 중(重)도(severe : IQ 0~25)로 구분하고 있다. 이 기준에서는 경도는 교육가능자(educability), 중(中)도는 훈련가능자(trainability) 그리고 중(重)도는 전적인 요보호자(total dependency)로 규정하고 있다.

장애인복지법 시행령에서는 ① 지능지수 34 이하의 아동으로 일상생활과 사회생활의 적응이 현저히 곤란하여 일생 동안 타인의 보호가 필요한 경우, ② 지능지수 35 이상 49 이하의 아동으로 일상생활의 단순한 행동을 훈련시킬 수 있고 어느 정도의 감독과 도움을 받으면 복잡하지 않고 특수 기술을 요하지 않는 직업을 가질 수 있는 경우, ③ 지능지수 50 이상 70 이하의 아동으로 교육을 통한 사회적·직업적 재활이 가능한 경우로 기준을 제시하고 있다.

지적장애 아동의 발생 원인은 생물학적(기질적) 원인과 환경적 원인으로 분류된다. 생물학적 원인 중 특히 21번 염색체가 세 개이면 다운증후군이 되는데, 전체 지적장애의 5~6%를 차지하고 있는 것으로 추정된다. 이 외에 신생아의 영양결핍, 뇌막염, 뇌염, 출산 시 두뇌 외상, 조산으로 인한 신생아의 무게가 2.5kg 이하일 경우, 혹은 산모의 알코올중독, 풍진이나 매독, 에이즈 등으로 인한 원인의 몇 가지 요인이 지적장애를 발생시킬 수 있다. 반대로 환경적 원인으로는 사회·경제적으로 불리한 환경에 처해 있는 아동의 경우 부모의 보살핌이 부족한 환경으로 인하여 경도 지적장애 아동으로 자라나는 경우도 있다.

이러한 지적장애아동은 고등학교를 졸업할 시기에도 초등학생 정도의 학습능력을 가질 뿐만 아니라 대인관계가 원만치 못하고 여러 상황에서의 대처능력이 떨어지며, 언어에 지체가 있어 사회적응에 많은 문제가 발생한다.

4) 지체장애 아동

지체장애는 사람의 몸 중의 골격, 근육, 신경 중 그 어느 하나의 일부나 전체에 질병, 외상 등으로 그 기능에 장애가 있을 때 대체로 운동장애(또는 감각장애를 동반하기도 함)의 상태로 그 증상이 나타나게 된다. 그러나 골절이나 근육의 파열상 등으로 어느 기간 동안 지체운동이 자유롭지 못한 상태일 때에는 지체장애라고 보지 않으며, 그 장애가 영구적으로 남아 있을 경우에 지체장애라고 한다.

장애인복지법 시행령에서 제시한 지체장애의 진단 기준은 ① 한 팔, 한 다리 또는 몸통의 기능에 영속적인 장애가 있는 사람, ② 한 손의 엄지손가락을 지골관절(指骨關節) 이상 부위에서 잃은 사람 또는 둘째 손가락을 포함하여 한 손의 두 손가락 이상을 각각 제1지골관절 이상 부위에서 잃은 사람, ③ 한 다리를 리스프랑(Lisfranc) 관절 이상 부위에서 잃은 사람, ④ 두 발의 모든 발가락을 잃은 사람, ⑤ 한 손의 엄지손가락의 기능에 영속적인 현저한 장애가 있거나, 둘째 손가락을 포함하여 한 손의 두 손가락의 기능을 잃은 사람, ⑥ 왜소증으로 인하여 키가 심하게 작거나, 척추에 현저한 변형 또는 기형이 있는 사람으로 본다.

지체장애 아동의 신체적 발달은 개인차가 심하다. 지체장애 아동은 장애로 인한 동작의 제한, 자세의 이상 등으로 인한 심리적 갈등을 겪을 수 있다. 지체장애 아동이 겪는 어려움은 신체적 장애로 인한 활동의 제약으로 일상생활의 어려움과 사회적·정서적 부적응보다는, 자신의 장애를 있는 그대로 받아들이려 하지 않기 때문에 발생하는 심리적 문제이다. 이외에도 자신의 장애로 인한 부정적 자아개념과 과보호로 인한 의존성 등이 나타난다.

5) 정서 및 행동장애 아동

정서 및 행동장애를 일으키는 원인은 크게 생물학적 요인, 심리사회학적 요인 또는 가족 요인과 학교 요인으로 들 수 있다. 가족 요인은 너무 높거나 낮은 기대 등이며, 학교 요인은 아동의 개별성에 대한 교사의 무관심 등이다. 대부분의 정서 및 행동장애 아동은 읽기와 쓰기, 셈하기 등에 많은 문제를 나타내며, 어떤 경우에는 기본적인 기초생활기능에서도 문제가 발생한다. 정서 및 행동장애 아동이 학교 상황에서 보편적으로 나타내는 행동은 과잉행동, 산만성, 충동성이다.

6) 자폐성장애 아동

발달장애에 관한 정의는 1976년 미국발달장애 지원 및 권리장전법(Developmental Disabilities Assistance and Bill of Rights Act : PL 94-103)에서 처음으로 언급되었다. 이 법에서는 발달장애를 "18세 이전에 발생하는 정신지체, 뇌성마비, 간질 또는 자폐증에 기인한 지속적이고 본질적인 장애"라고 정의하고 있다. 우리나라에서 이러한 발달장애라는 용어 사용은 1990년대 초반으로 추정되고 있다. 그러나 그 용어의 개념 정의가 사용하는 사람에 따라서 달리 사용되었다. 1999년 12월 31일 시행령과 시행규칙을 개정하여 장애 범주를 확대하고 장애 개념을 재개념화하면서 발달장애라는 장애 명칭을 공식적으로 사용하였으며, 자폐증으로 국한하여 정의하고 있다.

자폐성 장애는 언어 및 비언어적 의사소통과 사회적 상호작용에 심각한 문제를 겪는 장애로 일반적으로 3세 이전에 나타난다. 발달장애는 환경 및 일상의 변화를 거부하며, 몸을 앞으로 계속 흔들거나 깡충깡충 뛰는 등 독특한 감각 반응이 있으며, 반복적 행동 특징이 있다. 자폐증은 1만 명당 4~7명의 빈도로 발생되며, 남녀 비율은 3~4 : 1로 남자가 많다. 발달장애의 주된 원인은 복합적으로 작용되기 때문에 정확한 원인을 알 수 없지만 대체로 정신·사회학적 원인과 유전적 원인, 출산 시 뇌손상이나 신경전달물질 이상 등의 생물학적 요인으로 추측되고 있다.

7) 언어장애 아동

언어장애란 선천적·후천적 원인으로 인해 의사소통 과정에 문제가 생겨 언어 습득 및 발달에 지장을 초래한 경우를 말한다. 의사전달이 잘 이루어지려면 다른 사람의 말소리를 들을 수 있는 청각과 그 뜻을 이해하고 자신의 뜻을 가질 수 있는 지능 그리고 뜻을 표현할 수 있는 음성 및 조음기관에 이상이 없어야 하는데, 뜻을 표현할 수 있는 음성 및 조음기관에 이상이 있는 자를 언어장애인이라고 한다. 장애인복지법 시행령에서는 언어장애인의 기준을 음성기능 또는 언어기능에 영속적인 현저한 장애가 있는 사람으로 제시하고 있다. 언어장애 아동은 조음장애, 유창성장애, 음성장애 등으로 인하여 의사소통이 곤란하고 학습에 어려움이 있는 아동이다. 조음장애는 구강에서 말소리를 만드는 데 잘못이 생겨서 발음이 제대로 되지 않고 발음이 부정확한 상태를 말한다. 유창성장애는 소리의 조절(발성), 말의 리듬이나 속도 조절에 문제가 있는 경우를 말하는데, 가장 대표적인 것으로 말더듬이 있다. 음성장애는 공명장애 및 발성장애의 2가지로 나누어진다. 공명장애는 과대 비성과 이상 비성의 증상을 나타내며, 발성장애는 쉰

목소리 등의 특징을 나타낸다.

언어장애는 언어가 또래 아동보다 늦는 언어발달지체, 교통사고 등으로 인한 뇌손상이나 신경계 이상으로 발생하며, 실어증이나 구어 실행증, 지능이 낮은 결과로 인해 언어지체가 발생한다.

8) 학습장애 아동

학습장애는 지능이 정상임에도 불구하고 말하기, 읽기, 쓰기, 셈하기 등과 같은 학습의 특정기능에 어려움을 갖고 있으며, 학습 잠재력과 실제 성취 간에 심한 불일치를 이루고 있다. 성적이 부진한 정도를 넘어 현저하게 낮은 아동이다. 우리나라 특수교육진흥법 시행령 제9조 제2항에서는 특수교육 대상자의 진단, 평가 심사 및 선정기준에서 학습장애를 지닌 특수교육 대상자를 셈하기, 말하기, 읽기, 쓰기 등 특정한 분야에서 장애를 지닌 자로 규정하고 있다.

학습장애의 원인으로는 생물학적 요인, 환경적 요인을 들 수 있다. 생물학적 요인은 신경학적 요인이나 중추신경계의 기능장애이며, 환경적 요인은 어린 시기에 열악한 조건으로 인한 학습 기호의 부족 등이다.

9) 건강장애

만성질환으로 인하여 3개월 이상의 장기입원 또는 통원치료 등 계속적인 의료적 지원이 필요하여 학교생활, 학업수행에 어려움이 있는 사람을 의미한다. 여기에서 말하는 만성질환이란 과거에는 난치병으로 간주되던 소아암이나 심장질환 또는 신장질환 등의 여러 질환들이 완치율과 생존율이 높아지면서 더 이상 난치병으로 인식되기보다는 불편하지만 계속 관리를 잘하면 정상적인 생활이 가능한 만성적 질병 혹은 건강장애로 인식되기 시작되었다. 만성적이고 때로는 생명을 위협하는 조건의 질병으로 인해 집중적인 의학적 치료나 주기적인 치료 등 계속적인 의학적 관심이 요구된다. 만성질환에 포함되는 병은 다양하다. 아동에게 발생하는 소아암은 백혈병, 뇌종양, 악성림츠종, 신경모세포종, 횡문

근육종, 윌름종양, 생식선종양, 골육종, 망막모세포종 등이 포함된다. 이 중 백혈병이 가장 알려진 소아암으로, 이는 혈액에 생기는 암으로 미성숙한 림프세포의 통제 불가능한 성장과 증식으로 인해 적혈구 수가 증가하고 백혈구 수가 증가하는 상태를 말한다.

신장장애는 신장의 기능부전으로 인하여 혈액투석이나 복막투석을 지속적으로 받아야 하거나, 신장의 기능에 영속적 장애가 있어 일상생활 활동에 현저한 제한을 받는 장애를 말하는데, 장애인복지법 시행령에서는 1개월 이상 혈액투석 또는 복막투석을 받고 있는 사람과 신장을 이식받은 사람으로 규정하고 있다.

심장장애는 심장의 기능부전으로 인하여 일상생활 정도의 활동에도 호흡 곤란 등의 장애가 있어 일상생활 활동에 현저한 제한을 받는 장애를 말하는데, 장애 판정 직전 1년간 동일 심장질환에 대하여 지속적으로 치료를 받았으나 호전의 기미가 없을 정도로 장애가 고착되었을 때에 판정한다.

소아당뇨는 흡수된 영양소를 이용하고 축적하기 위해 필요한 '인슐린'이라는 호르몬이 제대로 분비되지 않아 야기되는 질병이다. 식사 후 몸속에 들어온 영양소들을 세포들이 정상적으로 이용할 수 없게 되어 기아상태에 빠지게 되는 것을 말한다.

천식은 기관지의 만성적인 알레르기 염증질환이다. 만성염증으로 기관지는 원인물질 및 외부 자극에 노출되면 과민반응을 보이는데, 기관지가 수축하면서 반복적인 기침, 쌕쌕거리는 소리, 호흡곤란 등의 증상이 발생한다. 이외에도 희귀성질환들이 포함된다.

10) 발달지체장애 아동

대상자의 연령에 따라 학령기 아동이나 취학 전 유아들에 대한 세부적인 대상자 판정 기준을 별도로 제시하지 않고 있으므로 장애 유아들에게 판별기준을 적용하기에 부적절한 경우가 많이 있어 발달지체(developmental delay)의 개념이 도입되었다. 발달지체는 신체, 인지, 의사소통, 사회·정서, 적응행동 중 하나 이상의 발달이 또래에 비하여 현저하게 지체되어 특별한 교육적 조치가 필요한 영아 및 9세 미만의 아동을 말한다. 아동의 발달속도가 개인마다 매우 다를 수 있으므로 발달상의 지체나 기술의 결함이 시기적인 문제일 수 있다. 이는 특정 발달상의 지체가 유아기에는 문제로 나타나지만 일정 시간이 지난 후에는 더 이상 문제가 되지 않을 수 있다는 것을 의미한다.

분명히 발달지표와 관련된 정상성의 범위(range of normalcy) 역시 유아의 발달과 그에 따른 기대 수준을 이해하기 위해 반드시 필요한 개념이다. 발달지표와 관련된 정상성의 범위에 대한 이해는 유아가 기대되는 속도로 발달하고 있는가를 알게 해주는 척도라 할 수 있다. 그러나 개인차에 의해 이러한 기술의 발현에는 차이가 있다. 그러므로 평균 연령의 개념과 더불어 정상성의 범위 개명이 함께 적용되어야 한다. 독립적인 앉기 기술을 위한 규준이 6개월이지만 정상성의 범위는 4~8개월이므로 8개월까지 앉기 기술을 보이지 못하는 경우에도 발달지체라고 말할 수 없다는 것이다. 그러나 특정기술이 정상성의 범위를 벗어나는 시기에도 나타나지 않는다면 발달지체의 위험을 경고할 수 있다. 이 경우 특수교육 적격성에 대한 진단을 의뢰하게 되므로 발달지체의 가능성을 판별할 수 있게 해 주는 발달지표와 정상성의 범위에 대한 이해는 매우 중요한 역할을 한다.

3 장애아동의 현황

장애인 실태조사를 토대로 등록된 장애아동에 대한 현황을 살펴보면 다음과 같다. 2019년도 보건복지부의 조사 결과에 의하면, 우리나라 총 장애인 수는 2,585, 876명이며, 이 중 9세 이하가 29,209명이다.

〈표 7-1〉 9세 이하 장애아동의 연령별 주된 장애

(단위 : 명)

연령별	0~9세	
	명	%
지체장애	856	0.1
뇌병변	5,653	2.2
시각장애	740	0.04
청각장애	1,905	0.3
언어장애	2,688	13.0
지적장애	10,640	5.1
자폐장애	6,291	23.6
정신장애	0	0.00
신장장애	43	0.00
심장장애	97	1.8
호흡기장애	14	0.1
간장애	180	1.4
안면장애	5	0.2
장루, 요루 장애	32	0.2
뇌전증(간질)장애	65	0.9
전체	29,209	1.1

출처 : 보건복지부·한국보건사회연구원(2019), 2019년 장애인실태조사.

4 장애아동과 그 가족이 경험하는 어려움

1) 장애아동이 경험하는 어려움

장애아동은 일상적인 생활 속에서 많은 어려움을 경험하고 있다. 특히 장애의 유형에 따라 경험하는 어려움은 차이가 있다. 조윤화·김용진·오윤지·왕영민·김태용이 조사한 장애통계연보(2019)에서 장애인들이 느끼는 기본적 일상생활동작(ADL: 개인의 생활에 필요한 기본적인 일상 동작을 얼마나 독립적으로 수행할 수 있는지 측정하는 지표)과 수단적 일상생활동작(IADL: 기본적인 일상 동작 이상의 것으로써 문제 해결능력, 사회적 기술, 환경적 상호작용 등이 요구되는 동작을 얼마나 독립적으로 수행할 수 있는지 측정하는 지표)을 살펴보았다. 이들은 17세 이하 장애인의 기본적 일상생활동작에서 목욕하기(16.9%), 옷 갈아입기(12.5%), 구강청결(11.8%) 활동으로 자립 정도가 다른 연령대보다 낮게 나타났다. 17세 이하 장애인의 수단적 일상생활동작은 다른 연령대에 비해 자립 정도가 낮게 나타났다. 즉, 전화 사용하기(23.3%), 물건 사기(28.6%), 식사 준비(39.0%), 청소(34.4%), 빨래하기(36.8%), 약 챙겨 먹기(20.9%), 금전 관리(41.4%), 교통수단 이용하기(38.4%) 활동에서 타인이 도움이 전적으로 필요하다고 밝히고 있다(2017년 장애인 실태조사 자료 활용).

장애아동이 경험하는 또 다른 어려움은 교육적인 측면에서 살펴볼 수 있다. 장애아동복지지원법 제4조에 "장애아동은 인성 및 정신적·신체적 능력을 최대한 계발하기 위해 적절한 교육을 제공받아야 한다"고 규정되어 있음에도 불구하고 실태 조사 자료결과에 따르면, 아직 적절한 교육을 받지 못하고 있는 장애아동들이 많이 있다. 2019 장애통계연보(조윤화 외, 2019)에 따르면, 장애유아들 중 어린이집에 다니지 않거나(72%), 장애통합보육시설(12.2%), 장애전담보육시설(12.2%), 일반보육시설(3.6%) 순으로 보육시설 이용 현황이 나타났다. 장애 유형별 일반보육시설에는 시각장애와 청각장애, 장애아 통합보육시설에는 언어장애와 자폐성 장애, 장애아 전담 보육시설에는 지적 장애와 뇌병변 장애가 많이 다니는 것으로 나타났다. 또한 1일 평균이용시간은 1~5시간(50.2%), 6~10시간(49.8%)으로 나타났다. 월 평균 비용은 무료(68.3%)가 가장 많았으며, 6만~10만 원(21.3%), 16만~20만 원(5.9%), 11만~15만 원(2.8%), 1만~5만 원(1.7%) 순으로 나타났다. 만 12세 미만 장애 아동의 유치원 이용 비율은 3.4%로, 어린이집을 이용하는 비율은 24.2%로 나타났다. 장애유형별 월 평균 비용은 시각장애가 11만 원으로 가장 많았고, 청각장애가 8만 원, 언어장애가 7만 원 순으로 나타났다(2017년 장애인 실태조사 자료 활용).

장애유아들 중 유치원에 다니지 않거나(93.3%), 특수학교 유치원(부)(4.2%)이 가장 많았으며, 일반유치원(1.8%), 일반유치원 내 특수학습(0.6%) 순으로 나타났다. 장애 유형별 일반유치원에는 언어장애, 일반유치원 내 특수학급에는 자폐성 장애, 특수유치원(부)에는 지체장애와 시각장애가 많이 다니는 것으로 나타났다. 유치원 1일 평균이용시간은 1~5시간(61.7%)이 가장 높았고, 장애유형별로 시각장애 6시간, 자폐성 장애 5.7시간, 언어장애 5시간 순으로 평균 이용 시간이 높게 나타났다. 유치원 월 평균비용은 1만~5만 원(52%), 무료(48%)이며, 6만 원 이상은 없었다(2017년 장애인 실태조사). 이러한 결과는 장애아동이 아직도 교육적인 서비스를 받는 것이 제한적이고 어렵다는 것을 보여 주고 있다.

2) 장애아동을 둔 가족의 어려움

장애아동의 문제는 아동 개인만의 문제로 국한되는 것이 아니라 다양한 문제가 발생되면서 가족 전체의 심리적 안정과 결속의 위험요소로 작용할 수 있다(정영숙, 2003). 장애아동을 둔 부모는 다양한 양육부담을 갖고 있다. 이은정(2006)은 장애아동을 둔 부모는 교육기관선택에 따른 정보습득의 부재, 통합교육시스템의 문제, 또래폭력, 가족지원체계의 부재, 어머니의 사회적 단절은 장애 아동을 둔 어머니가 양육을 하는 과정 속에서 어려움으로 작용하고 있으며, 이러한 어려움은 자녀가 학령전기·초기학령기의 적응 속에서 어려움으로 연결된다고 보고 있다. 과정의 어려움으로 작용하여 이들의 적응에 어려움으로 이어지고 있다.

경제적인 측면에서, 장애아동을 둔 가정의 부모는 비장애아동 가정의 부모에 비해 맞벌이를 통한 경제적 자립의 기회가 적으며, 장애아동 양육에 전념해야 함으로써 오는 경제적 어려움이 발생된다. 오혜경의 조사연구(2002)에 따르면, 2000년 장애아동 총 가구소득은 51만~100만 원 이하가 27.9%로 가장 많으며, 101만~150만 원 이하가 24.0%, 151만~200만 원 이하가 14.3%, 50만 원 이하 11.4%, 201만~250만 원 이하 6.9%의 순으로 나타나, 장애아동 가구의 소득수준이 매우 낮음을 알 수 있다. 또 다른 경제적인 문제는 장애가정은 기본적인 양육비용 외에도 추가 지출의 부담을 안고 있다는 것이다. 장애 정도가 심할수록 더 많은 추가 비용이 필요하다. 장애로 인한 추가 지출 비용은 장애 등급과 유형에 따라 차이가 있지만, 한 달 평균 15만 7천 9백 원의 추가 비용이 지출되는 것으로 나타났다. 추가 비용 항목 가운데는 의료비가 전체의 52.8%로 가장 많은 것으로 나타났고, 다음으로 교통비 18.4%, 보장구 구입·유지비 9.9%, 보호·간병비 6.1% 등의 순이다.

정서적인 측면에서 발생하는 문제로 정서적인 고갈이 있다. 가족이나 어머니의 이러한 태도나 돌봄 행위는 직접적으로 아동의 행동 문제에 영향을 미쳐서 불안, 위축, 우울, 신체증상 등과 같은 내적 행동이나 분노, 파괴적 혹은 충동적 행동 등과 같은 외적 행동을 발생시킬 수 있다(Hall et al., 2008; Walker, & Cheng, 2007). 장애아동이 출생할 때 부모는 비장애아동의 부모에 비하여 높은 스트레스를 받으며, 양육에 대한 부담감을 가지고 있다. 대부분의 장애아동 부모는 양육으로 인한 심리적·신체적·경제적 부담과 함께 장애아동의 미래에 대한 불안을 느끼고 있다. 이러한 초기의 위기 반응에 이어 슬픔, 부인, 회피와 거부, 죄의식, 분노와 적대감 그리고 자신에 대한 의구심 등 다양한 방어적인 반응을 보이게 된다. 특히 장애아동의 주 양육자인 어머니는 자녀를 돌보는 데 많은 시간을 소비하고 있으며, 신체적으로 만성적인 과로 상태에 있게 된다. 외부와의 관계에 있어서도 접촉을 피하는 경향이 있으며, 가족 외출 등에 제약을 받고 있다(김세희, 2014; 김시내, 2015; 윤나래, 2013).

장애아동 부모뿐만 아니라 장애아동을 형제자매로 둔 아동이 여러 가지 어려움을 겪고 있음을 많은 연구(신현옥·주혜영·이병인·유지성, 2009; 주지은, 이병인, 2016)를 통해서 알 수 있다. 무엇보다, 가족 구성원의 수가 줄어든 현대사회에서는 비장애 형제들이 장애형제의 영향을 더 많이 받을 수밖에 없다. 비장애 형제들은 장애형제와 함께 성장하면서, 일반형제들 속에서만 성장하는 사람들과는 다른 독특한 적응과정과 심리·사회적 갈등을 경험하며 장애형제를 잘 돌보지 못하는 것에 대한 죄책감과 분노 등의 심리적 갈등, 사회생활에서 부딪히는 갈등, 일상생활에서 장애형제와의 관계에서 경험하는 갈등, 부모의 태도와 정서적 반응에 대한 갈등을 경험한다. 이들 비장애아동은 부모의 장애아동에 대한 관심 집중으로 인해 부모로부터 소외감을 느끼거나 장애아동에 대한 과도한 책임감을 부여받기도 한다. 또한 비장애아동은 부모의 인생 후반기에 장애를 가진 형제자매를 돌보아야 한다는 책임감을 가질 수 있고, 이러한 책임감은 배우자 선택이나 자신이 장애아동을 출산할지도 모른다는 미래에 대한 염려나 두려움을 갖기도 한다. 또한 부모의 장애 자녀에 대한 실망감을 보상해 주기 위해 과도한 성취 욕구에 시달릴 수 있다. 그러나 몇몇 연구는 장애아동 형제자매로 인해 늘 부정적 영향만 존재하는 것은 아니며, 오히려 장애아동을 둔 형제자매가 삶에 대한 목적이 더 분명하며, 성숙한 생각과 더욱 뛰어난 통찰력을 갖으며, 타인의 어려움에 관용적이라고 보고하고 있다.

5 장애아동을 위한 복지서비스 및 개선방향

장애아동의 복지를 위해 보호하고, 재활(rehabilitation)이 일어나도록 도와주어야 한다. 장애의 정도가 심하면 보호의 기능이 강조되며, 장애의 정도가 낮으면 재활이 일어나도록 통합적으로 도와주는 것이 필요하다. 또한 장애아동뿐만 아니라 장애아동가족이 가지고 있는 제반적인 문제를 해결하기 위해 다양한 복지서비스가 제공되어야 한다.

1) 복지시설서비스

정부에서는 보건복지부 내 '장애인정책과'와 '재활지원과'를 두고 장애인 업무를 하고 있다. 장애인정책과에서는 장애인복지법, 장애인입소시설, 장애인직업재활시설, 장애인생활안정 등에 관한 업무를 담당하며, 재활지원과에서는 장애인이용시설, 장애인재활프로그램, 장애인편의시설, 장애인단체 등과 관련된 업무를 담당하고 있다.

장애인복지를 위한 민간단체, 기관, 시설 등은 각기 설립목적에 따라 의료재활, 사회재활, 생활보호 등의 프로그램을 운영하거나, 자원동원 및 조직 등의 지역사회사업을 실시하고 있다. 장애인복지시설은 대부분 민간법인이나 기관에서 운영하며, 이용시설인 장애인복지관은 대부분 정부에서 설립하여 그 운영을 민간기관에 위탁하고 있다.

복지시설은 수용보호시설과 재활시설이 있다. 수용시설은 중증 장애로 가정 양육이 어려운 아동을 국가가 수용·보호하는 시설이며, 재활시설은 자립 가능한 경증 장애아동을 교육·보호하고 직업 훈련을 통해 재활 자립을 하도록 유도하는 시설이다.

장애인복지법에서 규정한 장애인복지시설은 장애인생활시설, 장애인지역사회 재활시설, 장애인직업재활시설, 장애인유료복지시설이 있다. 장애인생활시설에는 장애 유형별 생활시설, 중증장애인요양시설, 장애영유아생활시설이 포함되며, 장애인지역사회 재활시설에는 장애인복지관, 장애인의료재활시설, 장애인주간보호시설, 장애인단기보호시설, 장애인공동생활가정, 장애인체육시설, 장애인수련시설, 장애인심부름센터, 수화통역센터, 점자도서관, 점서 및 녹음서 출판시설 등이 포함된다. 장애인직업재활시설에는 장애인작업활동시설, 장애인보호작업시설, 장애인근로작업시설, 장애인직업훈련시설, 장애인생산품 판매시설 등이 속한다.

이외에도 장애아동의 사회적응 및 자립을 위하여 장애아동 재가복지봉사센터, 장애인 주간 및 단기보호시설, 장애인공동생활가정 등의 이용시설들이 증가하고 있는 추세이다.

2) 재활서비스의 증진

재활이란 장애를 제거 혹은 경감시킴으로써 장애인들의 기능을 회복시켜 충분한 생활을 영위할 수 있도록 도와주는 것을 의미하는 것으로, 재활서비스는 장애인들의 능력을 회복시키고 사회통합을 위해 의료적·직업적·교육적·사회적·심리적 서비스를 종합적으로 제공하는 것을 포함한다(WHO, 1958). 여러 분야의 재활전문가들이 참여하여, 장애아동 및 그 가족이 요구하는 것을 상호 보완적으로 통합한 서비스를 제공해야 한다.

의료재활은 장애의 원인을 제거하고, 잔존능력을 최대한 증진시켜 사회에 복귀시키는 데 목적을 달성하기 위한 의료재활에 목표를 두고 있다. 의료재활의 방법에는 동작훈련, 물리요법, 언어요법, 보조기구를 사용한 처치와 훈련, 의료사회사업에 의한 원조 등이 포함된다.

직업재활은 장애인의 자립을 도울 수 있도록 직업재활상담, 적성검사, 각종 직업훈련, 취업알선 등이 있다. 장애아동은 정상아동과 달리 직업기술을 익히는 데 많은 시간이 걸리지만, 자립생활을 영위할 수 있도록 도와주어야 한다. 직업재활은 장애아재활사업 중 중요한 핵심이 된다.

교육재활은 장애인의 남은 능력을 향상시키기 위해 교육제도와 교육적 방법 그리고 기술적인 도움을 포함하고 있다. 장애아동이 가지고 있는 능력을 최대한으로 향상시키고 발전하게 하여 스스로 사회생활을 해 나가도록 하는 것이다.

사회재활이란 장애인이 사회생활이나 가정생활에 적응하도록 도와주는 것으로 국민의 수용적 태도와 사회적인 인식의 개선, 소득보장, 사회치료 등이 포함된다.

심리적 재활은 각 분야의 재활과정에서 장애인의 욕구, 정서, 관심, 태도 등의 심리적인 요인에 대한 도움이 포함되고 있다(전국대학사회복지협의회, 1999).

3) 예방서비스

예방이란 장애가 발생하기 이전에 대처하는 것으로 기본적이고 가장 효과적인 방안이 될 수 있다. 그러나 현재 우리나라의 장애인복지정책은 장애가 발생한 후 치료 중심의 사후처리정책에 중점을 두고 있으며, 정부 9개 부처에 서로 연계 없이 각자 중복되어 추진되고 있기 때문에 예방사업은 상대적으로 미흡하다. 그러므로 장애를 예방하기 위한 여러 가지 사업과 장애예방 전담기구를 설립해 부처 간 업무를 조정하는 등 장애 발생 예방 종합대책을 마련하는 것이 필요하다.

우선 장애를 예방하기 위해 모자보건사업을 통해 선천적인 장애나 출생 시 장애를 예방해야 한다. 또한 출산 후의 장애예방사업으로서 신생아에 대한 선천성 대사 이상 검사를 무상으로 실시하여 조기에 이상 유무를 발견하고 치료하도록 해야 할 것이다. 둘째, 후천적인 장애가 발생하는 것을 예방하기 위해 각종 지원체계를 구축해 나가야 할 것이다. 특히 각종 안전사고의 예방을 위해 캠페인을 전개할 수 있다. 예를 들어, 교통사고로 인한 후천적 장애를 예방하기 위해서는 교통안전에 대한 홍보와 교통사고를 줄이는 캠페인을 벌일 수 있다. 이러한 장애예방대책으로 사회적 비용을 줄일 수 있다.

4) 경제지원서비스

사회복지통합관리망의 개통으로(2010. 1. 4.) 경제지원서비스를 포함하여 다양한 서비스가 통합적으로 이루어지게 되었다. 특히 「장애인 연금법」의 시행(2010. 7. 1.) 및 교육과학기술부 소관 「유아교육법 시행규칙」사업(2010. 6. 8.) 등 신규 법률 시행과 정부 조직법 개정(2010. 3. 19.)에 따른 부처 명칭 변경과 관련하여, 사회복지서비스 및 급여의 양식이 변동이 있었다. 장애아동이 있는 가정을 위한 경제적 지원서비스를 구체적으로 살펴보면 다음과 같다.

첫째, 아이사랑카드를 활용하여 장애아동 무상보육이 지원된다. 둘째, 장애아동 가족 지원으로 아동 재활치료(예 : 언어치료, 미술치료, 음악치료, 행동/놀이/심리 운동치료 등)를 하거나 언어발달지원을 도와준다. 셋째, 장애수당은 경제적 생활수준을 고려하여, 장애로 인한 추가 비용 보전에 대한 지급을 하고 있다.

또한 장애아동을 위한 수당이 증가되었다. 한 연구에서, 2005년도에 실행되었던 장애아동부양수당은 장애아동을 보호·양육하는 보호자를 경제적으로 지원하기 위한 것으로 2005년 「국민기초생활보장법」상의 생계급여 수급자로서 18세 미만 장애 1급의 장애아동의 보호자에게 장애아동 1인당 월 5만 원을 지급하고 있는데, 이러한 경제적인 지원 서비스가 장애아동의 직업 활동의 제약과 함께 지속적 추가 비용 지출에 따른 장애수당은 중증장애를 가진 기초생활보호 대상자로 국한되어 있고, 지급수준 역시 장애로 인한 추가 소요 생활비에 미치지 못하는 실정이었으며, 실제 장애수당은 장애인 중 50% 이상이 복지 욕구 중 생계보장 욕구가 가장 시급하다고 밝혔다. 이러한 현실적인 상황을 고려하여 2010년, 장애인복지법 제50조 제3항 및 장애인복지법 시행령 제30조 제2항에 따라 18세 미만(해당 장애인이 「초·중등교육법」에 따른 고등학교와 이에 준하는 특수학교 또는 각종 학교에 재학 중인 경우에는 20세 이하 포함)이고 장애인으로 등록한 경우, 또한 「국민기초생활보장법」에 따른 수급자 또는 차상위계층으로서 장애로 인한 추가적 비용 보전이 필요한 경우에 장애아동 수당이 지급되고 있다. 즉, 국민기초생활보장법에 의한 수급자 및 차상위계층(120% 이하)의 18세 미만 재가 장애아동, 중증장애인(장애등급이 1, 2급인 경우나 다른 장애가 중복된 3급 지적 장애인 및 자폐성장애인 포함) 그리고 경증장애인(장애등급이 3~6급인 경우)으로 구분하고, 기초중증인 경우는 1인당 월 20만 원, 차상위중증인 경우 1인당 월 15만 원 그리고 기초 및 차상위경증인 경우 1인당 월 10만 원으로 상향 지급이 되고 있다.

정부에서 장애아동을 위한 직접적인 수당뿐만 아니라 가족을 위한 수당을 현실적인 수준으로 제공하였지만, 보편적 서비스로서 국민기초생활보장 수급자뿐만 아니라 모든 장애아동에게 확대해야 할 것이다.

5) 의료서비스

저소득 장애인에게 의료비를 지원하여 생활안정 및 의료보장을 도모하고자 하며, 일상생활의 편의증진 등을 위한 재활보조기구를 교부함으로써 생활능력 향상 및 복지를 증진하는 것이다. 「국민기초생활보장법」에 의한 수급자인 장애인, 이와 유사한 자로서 의료비를 지급할 필요가 있다고 인정되는 장애인 중 소득과 재산을 고려하여 매년 예산의 범위 안에서 보건복지부장관이 정한다. 이때, 지원되는 의료비는 「국민건강보험법」 및 「의료급여법」에 의하여 제공되는 의료로 소요되는 비용 중 당해 장애인이 부담하여야 할 비용 정도이다. 또한 장애인복지실시기관은 의료비를 부담하기 어렵다고 인정되는 장애인에게 장애 정도와 경제적 능력 등을 고려하여 장애 정도에 따라 의료에 소요되는 비용을 지급할 수 있다.

의료서비스는 예방뿐만 아니라 조기 치료를 포함하여 의료비 지원에 이르는 대책까지 포함하고 있다. 예를 들어, 의료재활은 장애 상태를 최소한으로 줄이고 남은 능력을 최대한 증진시켜 사회에 복귀하는 데 궁극적 목표를 두는 재활과정으로, 약물 투여 및 수술, 물리치료, 작업치료, 언어치료 등을 실행한다. 실제 보건복지부(2002)에 따르면, 장애인 의료비에 대한 지원은 의료급여법에 의한 2종 의료급여 대상자인 장애인에 대해 1차 진료기관 진료 시 본인부담금 1천 원 중 750원을 지원하고, 2·3차 의료급여기관 및 국·공립결핵병원 진료 시 의료급여수가 적용 본인부담 진료비 전액을 지원하고 있다. 장애인이 의료재활 서비스를 받을 수 있는 곳은 국립재활병원 포함 전국 14개 재활병/의원(재활병원 6개소, 재활의원 8개소)이 있다. 또 다른 의료서비스로 국가와 지방자치단체는 장애인의 신청이 있을 때 예산의 범위 안에서 장애인보조기구를 교부·대여 또는 수리하거나 장애인보조기구 구입 또는 수리에 필요한 비용을 지급할 수 있다. 예를 들어, 정형외과용 구두나 욕창 방지용 매트 등 장애인 재활보조기구를 무료로 교부하고 있다. 보장구와 관련해서는 건강보험급여를 실시하여 건강보험 대상자는 적용 대상 품목의 기준액 범위 내에서 구입비용의 80%를 공단에서 부담하고, 의료급여 수급권자는 전부(1종) 또는 80%(2종)를 공단에서 부담하도록 하고 있다.

2010년에는 장애등록제도를 개선하여, 의료기술의 전문화 등에 따라 그동안 환자를 실제로 치료하고도 장애진단을 하지 못했던 내과(류마티스분과), 치과(구강악안면외과), 흉부외과, 산업의학과 전문의도 장애유형에 따라 장애진단을 할 수 있게 된다. 또 장애인등록 시 종전에는 중증장애수당수급자를 대상으로 실시하던 장애등급심사제도를 1~3급 신규 장애인등록신청자와 기초장애연금수급자, 활동보조지원대상자 등으로 확대해 실시한다. 또 다른 사업으로 장애아동 재활치료사업 대상자를 확대하여, 성장기 장애아동의 기능향상과 행동발달을 위해 재활치료 비용의 일부를 지원하는 장애아동 재활치료사업의 소득기준이 전국가구평균소득 100% 이하로 완화된다. 이에 따라 서비스 대상자가 1만 8천 명에서 3만 7천 명으로 대폭 확대돼 소득기준에 따라 월 16만~22만 원의 재활치료 바우처를 제공받게 된다.

변화된 장애아동을 위한 의료서비스가 있지만, 더욱 더 요구되는 것은 치료할 수 있는 의료시설을 전국적으로 확대 설치하고, 지역사회 내에 다양한 재활프로그램을 마련하여 연속적인 보건의료재활 시스템이 이루어질 수 있도록 관련 지원체계를 구축, 강화해 나가야 할 것이다. 특히 각 시·도에 국립재활원과 같은 수준의 권역별 재활병원 및 센터가 건립되어야 한다. 그리고 과도한 의료비 부담을 덜어 주기 위해서는 요양 및 간병에 따른 비용을 보전해 주어야 하며, 의료기관 접근성을 확보할 수 있도록 이동 및 교통 지원에 대한 방안이 마련되어야 한다.

6) 교육서비스

장애로 인하여 교육받을 기회가 제한되지 않도록 장애 특성에 적합한 교육을 확대시켜 나가야 한다. 무상교육을 통해 이루어지고 있는데, 우리나라는 「장애인 등에 대한 특수교육법」 제3조 제1항에 따라 특수교육 대상자의 초등학교 및 중학교 과정의 교육은 의무교육이며, 만 3세 미만의 장애 영아교육은 무상으로 한다. 특히 만 3세부터 만 17세까지의 특수 교육대상자는 의무교육을 받을 권리를 갖고 있다. 교육비 지원서비스로 정부는 가구주가 1~3급 등록 장애인인 저소득 가구의 중·고등학생 자녀와 저소득 가구의 1~3급 장애인인 중·고등학생의 교육비를 지원하고 있다.

장애유아교육은 그동안 특수학교 유치부나 유치원 특수학급 등의 특수교육기관에 취원한 장애유아에게 한 해 학비를 전액 지원하여 무상으로 실시해 왔다. 특히 만 0~12세 장애아동 중 만 5세 이하인 경우 장애소견이 있는 의사진단서를 제출하거나 만 3~8세 중 특수교육대상자 진단·평가 결과 통지서를 제출하고 종일반을 다니는 경우 월 39만 4천 원, 방과후 프로그램을 다니는 경우 월 19만 7천 원 그리고 만 3~5세 누리장애아보육을 받는 경우는 월 41만 4천 원을 받는다(보건복지부, 2013).

장애아동을 위한 교육은 개별화교육으로 이루어지고 있다. 각급 학교의 장은 특수교육대상자의 교육적 요구에 적합한 교육을 제공하기 위하여 보호자, 특수교육교원, 일반교육교원, 진로 및 직업교육 담당 교원, 특수교육 관련서비스 담당 인력 등으로 개별화교육지원팀을 구성하고, 개별교육지원팀은 매 학기마다 특수교육대상자에 대한 개별화교육계획을 작성하여야 한다. 또한 특수교육대상자가 다른 학교로 전학할 경우 또는 상급학교로 진학할 경우 전출학교는 전입학교에 개별화교육계획을 14일 이내에 송부하는 등 개별적으로 장애아동이 혜택을 받도록 하고 있다.

장애아동을 위한 교육은 통합교육이 이루어지고 있다. 장애아동과 일반아동을 통합시켜 교육하는 방법으로, Wolfensberger에 의해 정립된 정상화(normalization) 이론을 근거로 하였다. 정상화 이론에 의하면, 장애인만 따로 격리되어 있는 곳에서 이 집단의 성원들은 보통 상호 간에 부정적이고 부적절하며, 사회적으로 가치 이하로 평가된 행동 모델을 제공하게 되며, 그리하여 격리된 사람들은 일탈로 지각될 가능성이 증가된다고 보고 있다. 이러한 정상화 이론은 우리나라의 장애아동을 위한 교육에도 반영되었다. 「장애인 등에 대한 특수교육법」 제21조에서는 특수교육대상자가 일반학교에서 장애유형·장애정도에 따라 차별을 받지 아니하고 또래와 함께 개개인의 교육적 요구에 적합한 교육을 받는 통합교육을 제시하고 있다.

우리나라에서 장애아동을 위해 제공되는 특수교육은 우선 특수학교와 일반학교의 특수학급, 통합교육의 일환인 일반학급 내 특수교육을 중심으로 이루어지고 있다. 2019 장애통계연보에서 발췌한 데이터를 통해 우리나라 특수교육 상황을 살펴보면 다음과 같다.

〈표 7-2〉 특수학교의 현황

(단위 : 개(교), 명)

		2010	2013	2016	2019
특수학교 수	소계	150	162	170	177
	유치원 과정	118	119	124	127
	초등학교 과정	140	150	158	163
	중학교 과정	139	152	161	166
	고등학교 과정	136	149	160	164
특수학급 수	소계	7,792	9,343	10,065	11,105
	유치원 과정	274	380	640	949
	초등학교 과정	4,682	5,085	5,155	5,807
	중학교 과정	1,748	3,368	2,353	2,384
	고등학교 과정	1,088	2,610	1,917	1,965
특수학급 학생 수	소계	42,021	45,181	46,645	50,812
	유치원 과정	815	1,394	2,504	3,422
	초등학교 과정	22,886	21, 695	21,192	26,282
	중학교 과정	10,230	11,659	10,602	9,907
	고등학교 과정	8,000	9,941	12,347	11,201

출처 : 장애통계연보(2019).

2019년 현재 특수학교의 수는 177개교로 2011년부터 지속적으로 증가하고 있다. 초등학교, 중학교와 고등학교는 160개 내외이며, 유치원은 127개이다. 특수학급 설치 (일반)학교 및 특수학급 수를 학교과정별 살펴보면, 초등학교가 5,807개로 가장 많았고, 유치원이 949개로 가장 적었다. 특수학급 학생 수는 꾸준히 증가하고 있으며, 학교고정별로 살펴보면, 유치원, 초등학교, 고등학교의 경우 학생 수가 늘어났으나, 중학생은 줄어들고 있다. 초등학교의 학생 수가 가장 많은 것으로 나타났다. 이러한 장애아동을 위한 교육적 서비스는 우선 장애아동이 양질의 교육을 받으며, 동시에 적극적인 사회참여를 유도해 나가야 할 것이다. 우리나라의 경우 장애인의 53.3%가 초등학교 이하의 학력이며, 전문대학 이상은 8.7%에 불과하다(한국보건사회연구원, 2001). 이러한 낮은 교육수준은 향후 사회·경제적 지위에 많은 영향을 주기 때문에 교육문제는 또 다른 문제를 발생시키는 요인으로 작용될 수 있다. 그러므로 장애아동이 특수학교를 졸업한 후 사회에 통합되고 스스로 자립생활을 유지할 수 있도록 도와야 할 것이다.

장애 영유아를 위한 교육서비스를 더 자세히 살펴보면 다음과 같다.

〈표 7-3〉 보육시설 이용 현황 - 장애 유형별

(단위 : %, 명)

		일반 보육시설	장애통합 보육시설	장애아 전담 보육시설	다니지 않음
장애 유형별	지체	0	0	0	0
	뇌병변	0	10.4	15.6	74.0
	시각	18.5	0	0	81.5
	청각	13.8	0	0	86.2
	언어	0	31.4	0	68.6
	지적	3.4	9.8	23.1	63.6
	자폐성	6.0	15.5	4.2	74.3
성별	남아	4.4	12.6	13.9	69.1
	여아	2.3	12.2	12.2	72.0

출처 : 장애통계연보(2019).

2019 장애통계연보(조윤화 외, 2019)에 따르면, 장애유형별 어린이집 이용 현황을 살펴보았을 때, 장애유형과 상관없이 다니지 않는 경우가 60% 이상을 차지하였고, 일반보육시설에는 시각장애(18.5%)와 청각장애(18.5%) 유아가 많이 다니고 있었으며, 지적 장애(3.4%), 자폐성 장애(6.0%) 유아들이 다니고 있었다. 장애통합보육시설에는 뇌병변(10.4%), 언어(31.4%), 자폐성(15.5%), 지적(9.8%) 장애

유아가 다니고 있었다. 장애아 전담보육시설에는 뇌병변(15.6%), 지적(4.2%), 자폐성(23.1%) 장애 유아가 다니고 있었다. 성별에 따른 어린이집 이용 현황을 살펴보았을 때, 마찬가지로 다니지 않는 경우가 60% 이상을 차지하였고, 일반보육시설에는 남아(4.4%), 여아(2.3%), 장애통합보육시설에는 남아(12.6%), 여아(12.2%), 장애아 전담보육시설에는 남아(13.9%), 여아(12.2%)가 다니고 있었다.

〈표 7-4〉 유치원 이용 현황 - 장애 유형별

(단위 : %, 명)

		일반유치원	일반유치원 내 특수학급	특수학교 유치원	다니지 않음
장애 유형별	지체	0	0	25.6	74.4
	뇌병변	0	0	0	100
	시각	0	0	21.2	78.8
	청각	0	0	0	100
	언어	16.6	0	0	83.4
	지적	0	0	0	100
	자폐성	6.0	3.0	7.8	89.3
성별	남아	2.9	1.0	5.4	90.7
	여아	0	0	2.3	97.7

출처 : 장애통계연보(2019).

장애유형별 유치원 이용 현황을 살펴보았을 때, 장애유형과 상관없이 다니지 않는 경우가 70% 이상을 차지하였고, 일반보육시설에는 언어장애(16.6%)와 자폐성 장애(6.0%) 유아가 다니고 있었으며, 일반유치원 내 특수학급에 다니는 경우는 자폐성 장애(3.0%) 유아인 경우에 다니고 있었다. 특수학교 유치원에는 지체(25.6%), 시각(21.2%), 자폐성(7.8%) 장애 유아가 다니고 있었다. 성별에 따른 유치원 이용현황을 살펴보았을 때, 마찬가지로 다니지 않는 경우가 90% 이상을 차지하였고, 일반유치원에는 남아(2.9%), 일반 유치원 내 특수학급에 남아(1.0%)가 다녔고, 여아는 다니지 않는 것으로 나타났다. 특수학교 유치원에는 남아(5.4%), 여아(2.3%)가 다니고 있었다. 이러한 통계 결과 속에서 장애아동을 위한 교육서비스의 기회 제공이 증가되었지만, 아직도 많은 수의 유아가 교육기관을 다니지 않는 것을 볼 수 있으며, 이들을 위한 교육적 서비스에 대한 고려가 요구된다.

장애 아동의 학습에 대한 권리를 보장하기 위해 모든 교원에 대한 교육이 요구되고 있다. 특수교육에 대한 소양과 책무성을 제고하도록 특수교육 관련 과목 개설 및 통합교육에 대한 연수교육제도를 실시해야 할 것이다. 이를 위해서는 모든 교사 양성 과정에서 특수교육개론을 필수 과목으로 개설하도록 제도적 지원이 이루어져야 한다. 뿐만 아니라 특수교육지원이 학교나 학급 간, 지역 간에 공평하고 균형적으로 제공될 수 있도록 지역마다 특수교육지원센터의 운영이 활성화되어야 할 것이다.

7) 가족지원서비스

장애아동 출생에 따른 가족의 부담과 압박은 부모의 스트레스와 어려움을 전적으로 가족의 책임으로 여겨 오고 있다. 장애아동의 양육에서부터 치료, 교육 등 장기간 부과되는 압박은 특히 장애아동 어머니에게 있어서 정신적·신체적·경제적으로 큰 부담으로 작용한다. 이로 인하여 장애아동 가족은 부부 갈등, 부모-자녀 갈등, 형제-자매 갈등 등으로 인한 어려움을 겪고 있을 뿐만 아니라 장애아동을 위한 복지서비스를 제공하는 데 있어 가족기능 강화서비스에 중점을 두고, 특히 장애아동양육에 따른 부담감을 경감시킬 수 있는 장애아동 가족지원서비스를 개발해 나가야 할 것이다. 특히 장애아동이 부모 사후에 독립적 삶을 영위할 수 있도록 후견인제도, 장애연금제도 등이 도입되어야 할 것이다.

8) 장애에 대한 사회적 인식 개선

장애인에 대한 사회적 편견은 우리 사회 곳곳에 존재하고 있다. 장애인은 취학, 학교생활, 결혼, 취업, 직장생활 등에서 많은 사회적 차별을 경험하고 있다. 따라서 장애아동에 대한 사회적 인식 개선과 변화를 위한 노력이 절실히 필요하다.

이를 위해서는 광범한 사회교육과 인식 개선을 위한 프로그램이 개발되고 실천되어야 할 것이다. 아울러 비장애아동과 장애아동이 함께 활동할 수 있는 다양한 프로그램을 개발, 활성화시켜 장애인에 대한 편견과 인식 개선이 이루어져야 한다. 그리고 인식 개선을 효율적으로 추진하기 위해서는 보건복지부, 교육부, 문화체육관광부, 고용노동부, 여성가족부 등 관련 부처 간의 긴밀한 협조가 바탕이 되어야 한다.

8
CHAPTER

빈곤아동을 위한 아동복지실천

빈곤아동은 가족환경, 지역사회환경의 열악함 속에서 여러 가지 어려움이나 갈등을 겪고 어려서부터 부모로부터 방임되거나 사회적으로 방치된 상태에서 성장하게 될 위험을 안고 있다. 본 장에서는 빈곤아동의 개념을 정의하고 빈곤아동의 문제 및 빈곤아동의 현황을 알아보고자 한다. 그리고 현재 이루어지고 있는 빈곤아동을 위한 복지사업 내용을 살펴본 후 빈곤아동복지정책의 개선방향을 검토해 보고자 한다.

1 빈곤아동의 이해

1) 빈곤의 개념

빈곤에 대한 정의는 국가와 시대 그리고 학자에 따라 달라질 수 있다. 빈곤은 경제적 특성뿐만 아니라 사회적·심리적 특성을 포함하는 복합적인 현상이다. 따라서 빈곤의 개념을 경제적 측면은 물론이고, 사회적·심리적 측면에서도 살펴볼 필요가 있다.

(1) 경제적 빈곤

경제적 빈곤은 물질적 필요에 대하여 부족을 느끼는 것으로 정의된다. 이러한 경제적 빈곤개념은 절대적 빈곤과 상대적 빈곤 그리고 주관적 빈곤으로 나누어 살펴볼 수 있다.

① 절대적 빈곤

절대적 빈곤은 1899년 영국의 Booth가 런던 동부의 빈곤도시 조사에서 처음 사용했던 용어로, 최저한의 생활수준을 영위할 능력이 없는 상태 또는 생활상의 필요가 충분하게 충족되지 않은 상태로 정의된다(권순원, 1998). 즉, 생활 자원이 절대적인 기준인 빈곤선 혹은 최저생계비에 도달하지 못할 때의 상태이며 이는 빈곤을 객관적으로 측정하려는 시도이다. 절대적인 빈곤은 주로 기본적 욕구 방법과 음식비 비율 방법으로 계측되고 있다(김태성·손병돈, 2002). 첫째, 기본적 욕구 방법은 의식주의 기본 욕구를 해결하는 데 드는 비용을 계산하는 방법이다. 이 방법은 필수품을 모두 고려하였다는 점에서 전물량 방식으로도 불린다. 우리나라의 경우 최저생계비 계측은 바로 이러한 기본적 욕구 방법에 따라 빈곤대책의 대상자 선정과 급여의 수준을 결정하고 있다. 둘째, 음식비 비율 방법은 음식비가 소득에서 차지하는 일정한 비율을 빈곤선으로 산정하는 방법이다. 이는 엥겔방식이라고도 하는데, 이 방법에 따르면 높은 비율의 음식비를 사용하는 가구는 빈곤 가구가 된다. 이 방법은 모든 필수품이 아닌 최저식료품비를 중심으로 구성하였다는 점에서 반물량 방식이라고 불린다.

현재 우리나라에서 공식적인 빈곤가구는 절대 빈곤층인 최저생계비 이하의 가구와 최저생계비 120% 이하에 속하는 차상위계층 정도를 의미하고 있다(한국여성복지연구회, 2005). 다시 말해, 절대적 빈곤의 개념으로 빈곤가족이 정의되고 있으며, 매년 물가상승률을 감안하여 최저생계비(빈곤선)를 책정하고 있다.

② 상대적 빈곤

상대적 빈곤이란 다른 사람들과 비교해 상대적으로 적게 가지고 있는 상태를 의미하는데, 개인의 상황을 그 사회의 평균소득 혹은 지출 수준과 비교하여 상대적으로 낮은 수준의 계층을 빈곤층으로 정의하는 것이다. Townsend는 "개인이나 가족의 자원이 그들이 살고 있는 사회의 일반 개인이나 가족의 자원보다 현저히 미달한 경우"를 빈곤으로 정의하였으며, 한 사회의 생활필수품이란 절대적이기보다는 시간적·공간적인 상대성을 가진다고 봄으로써 '필요의 상대적 결정(Relative Determination of Needs)'이란 개념을 도입하였다(박정란·서홍란, 2001). 즉, 대부분의 사회구성원이 누리고 있는 생활수준과 비교해서 박탈(deprivation)의 상태, 또는 사회적 배제상태(social exclusion)에 처해 있는 경우를 말한다(Daniel & Ivatts, 1998, 김성경·김혜영·최현미, 2005, 재인용). 현대사회에서는 절대적 빈곤보다는 상대적 빈곤의 개념이 주로 사용되고 있다. 상대적 빈곤은 국가와 국제기구에 따라 다르게 측정되고 있다. OECD국가는 중위 가구 소득의 40~60%, EU국가는 평균 가구 소득의 40~60% 미만을 상대적 빈곤으로 규정하고 있으며, 세계은행은 선진국의 경우 평균 가구 소득의 50% 이하, 개발도상국의 경우 평균가구 소득의 1/3 이하를 기준으로 삼는다.

③ 주관적 빈곤

주관적 빈곤은 객관적 기준 없이 주관적 판단에 의해 정의되는 개념이므로 객관적으로 일치되게 정의하기는 어렵다. 주관적 빈곤을 측정하는 방법에는 사회조사에 의한 방법과 라이덴(Leyden) 방식이 있다. 첫째, 사회조사에 의한 방법은 한 세대가 지역사회에서 살아가는 데 필요한 최소한의 비용이 얼마인지를 사람들에게 설문조사를 실시하여 응답한 금액을 평균하여 산출한 금액을 빈곤선으로 결정한다. 따라서 그와 같은 빈곤선 이하의 사람들은 빈민이 된다. 이 방법은 사회구성원이 일반적으로 간주하는 빈곤선이 무엇인지를 알아낼 수 있다는 장점이 있다. 둘째, 라이덴 방식으로, 네덜란드 라이덴 대학의 학자들이 개발한 방법이다. 이 방식은 사람들에게 자신의 사회·경제적 상황을 고려하여 살아가는 데 필요한 최소 소득이 얼마인지를 묻고 이를 바탕으로 응답한 최소 소득과 그들의 실제 소득을 비교하여 최소 소득과 실제 소득이 일치하는 점을 빈곤선으로 결정한다. 이는 일반적으로 개인의 실제 소득이 높아지면 그들이 주관적으로 판단한 최소 소득도 높아진다는 점을 바탕으로 한다(도미향·남연희·이무영·변미희, 2006).

(2) 빈곤문화론

빈곤은 문화적 측면에서도 정의될 수 있다. 왜냐하면 빈곤은 물질적 자원뿐만 아니라 가정환경, 교육 및 직업과 관련된 영역에서의 조건의 차이와 관련되기 때문이다. 즉, 빈곤층의 생활과 관련되어 소득뿐만 아니라 주거조건, 직업의 안정성 그리고 교육기회 등을 포괄한 사회적 불평등이나 문화 개념의 도입이 필요하다는 관점이다. 빈곤문화론은 Lewis에 의해 1959년 처음 주창되었는데, 빈곤층 사람들은 도시 저소득층 밀집지역에 모여 살면서 사회의 주류문화와는 질적으로 상이한 태도와 가치, 행동을 포함하는 빈곤문화를 형성하게 되며 이러한 문화를 다음 세대로 전승하며 그 안에서 자신들 특유의 생활양식을 이루며 산다는 것이다.

Lewis는 빈곤문화의 특징을 70가지의 상호 관련된 사회적·경제적·심리적 특성으로 설명하고 있는데, 이를 몇 가지로 종합하여 살펴보면 다음과 같다(Lewis 1968). 첫째, 사회 내에 기존 경제·사회·정치제도에의 참여가 제한되어 사회의 지배적 가치를 수용하지 못하는 사람이 많다는 것이다. 사회의 주요 제도에 참여하지 않는 것은 지배문화에 대한 비판적 태도, 경찰에 대한 적대감, 정부기관에 대한 불신, 심지어는 종교에 대한 냉소주의와도 관련될 수 있다. 둘째, 성의 조기발견과 사실혼 현상이 상대적으로 높게 나타나며, 가정에 대한 포기로 한부모가족이 많다. 셋째, 빈민층은 체념주의와 숙명주의를 가지고 있어 근로동기나 빈곤탈피 그리고 변화에 대한 동기를 거의 가지지 못한다. 따라서 빈곤문화는 아동에게 절망감, 의존심, 열등감 등을 배양하여 의지가 약하고 충동적이며 현실중심적인 생활을 하게 한다. 넷째, 미래에 대한 계획 부재는 자녀에 대한 교육투자를 감소시키고, 이들의 낮은 학력은 직업선택의 기회를 좁게 하여 결국 빈곤이 대물림되고 생활에 대한 만족감을 느끼지 못하게 한다. 빈곤가족들에게는 이러한 빈곤문화의 특성이 세대 간에 전승되어 영속적으로 나타날 가능성이 농후하므로 적절하고 실효성 있는 복지적 개입이 반드시 필요하다.

2) 빈곤아동의 개념

빈곤아동은 빈곤한 가정의 만 18세 미만의 아동으로 정의할 수 있다. 상대적 빈곤의 개념에 따라 정의하면, 빈곤아동은 우리나라 평균 가구 소득의 하위 20% 이하에 포함되는 가정의 아동을 의미한다. 차상위계층의 아동까지 빈곤아동으로 볼 때에는 평균가구 소득의 하위 50% 이하에 포함되는 가정의 아동을 의미한다(김성경 외, 2005). 그리고 절대적 빈곤의 개념에 따라 정의하면, 빈곤아동은 빈곤선 이하 또는 최저생계비 이하의 소득을 가진 가정의 아동으로 우리나라에서는 국민기초생활보장제도 수급가정의 아동이다. 따라서 빈곤가족 아동의 가장 대표적 유형으로 추정할 수 있는 대상은 소년소녀가정과 빈곤 한부모가족의 아동이라고 할 수 있다.

(1) 소년소녀가정

소년소녀가정이란 부모의 사망, 질병, 심신장애, 가출, 이혼, 수형 등으로 인하여 만 18세 이하(부득이한 경우 20세까지 연장)의 소년소녀가 실질적인 가장으로서 가계를 책임지고, 국가의 보호·지원을 필요로 하는 세대를 말한다. 좀 더 구체적으로 소년소녀가정은 부모가 사망하여 형제끼리 또는 혼자 생활하는 경우, 부모가 있더라도 재소 중이거나 가출이나 이혼·재혼 등의 이유로 보호받지 못하는 경우, 조부모나 일가친척 또는 부모 중의 한 명과 함께 생계를 같이하더라도 노령 및 병환 등으로 실질적인 가장의 역할을 해야 하는 경우 그리고 비혈연자와 함께 생활하는 경우 등이 포함된다.

(2) 빈곤 한부모가족 아동

한부모가족은 이혼, 별거, 사망, 유기, 가출 등 여러 가지 사유로 양친 중의 한쪽과 그 자녀로 이루어진 가족을 말한다. 자녀의 보호를 누가 맡느냐에 따라 모가 주 양육자일 때 여성 한부모가족으로, 부가 주 양육자이면 남성 한부모가족으로 칭하고 있다. 최근 이혼율의 증가로 남성 한부모가족의 형성이 늘고 있다. 한부모가족은 별거, 배우자의 유기, 가출에 의해서도 형성되지만 대부분 배우자의 사망이나 이혼에 의해서 형성된다. 전통사회에서 한부모가족의 형성은 대개 질병으로 인한 배우자의 사망에 의한 것이라면, 현대사회에서는 사고사나 이혼의 증가로 인한 형성이 대부분을 차지한다. 또한 남편이 있다 하더라도 여러 가지 사유로 인하여 여성이 가계의 실질적인 주 부양자 역할을 하는 가족의 경우도 정책적인 면에서 한부모가족의 범주에 포함시키고 있다.

최근에 제기되고 있는 사회변화 중의 하나는 한부모가족의 빈곤화이다. 한부모가족은 양부모가족과 비교하여 아동빈곤율이 높게 나타나고, 홑벌이가족은 맞벌이가족에 비하여 아동빈곤율이 높게 나타나고 있다(류연규·최연수, 2003). 빈곤 한부모가족은 한부모가족지원법상에서 보호받고 있는 한부모가족 이외에, 국민기초생활보장법, 국가보훈법에 의해서 보호받는 가족을 모두 포함한다.

3) 빈곤과 아동문제

(1) 빈곤이 아동에게 미치는 영향

빈곤이 아동에게 미치는 영향은 발육부진과 같은 신체발달문제 외에도 낮은 지능, 학업부진, 학교중퇴 등의 인지발달문제, 우울과 불안 등과 같은 내면화된 문제 및 공격성, 주의력 결핍, 과잉행동장애, 반사회적 행동 등의 외현화된 문제 등을 포함한 심리·사회적 발달문제에 이르기까지 광범위하다. 그리고 성인 초기의 학교실패, 실업의 가능성, 만성적인 복지의존성, 강력범죄, 무기력감과 절망감 등이 모두 빈곤과 연결되어 있다고 한다(노혁, 2002). 즉, 빈곤은 아동이 정상적인 발달과업을 성취하는 데 장애를 가져올 뿐만 아니라 그로 인해 바람직하지 못한 결과를 낳게 되며, 성인이 되어서까지 부정적인 영향을 미치게 된다. 특히 만성적인 빈곤은 아동의 사회부적응에 밀접한 영향을 미치고 있다(Eamon, 2001).

빈곤가족에게 생계유지가 우선적인 관심사이고 시간적 여유와 아동양육 지식이 부족해 아동을 잘 돌보지 못하는 경향이 있고, 종종 학대와 방임이 발생하기도 한다. 우선 빈곤아동과 일반아동의 가장 큰 차이점은 신체적 건강으로, 빈곤아동은 출생 시부터 신체적 건강에서 부정적 결과를 보이고 있으며, 발달과정에서도 낮은 성취를 보이고 있다. Brooks-Gunn과 Duncan의 연구(1997)에 따르면, 빈곤아동은 일반아동에 비해 미숙아 출생률이 1.7배 높으며, 병원 입원율이 2배 높고, 유아 사망률이 1.7배 높은 것으로 나타났다. 우리나라 초등학교 4~6학년을 대상으로 한 최선희의 연구(2003) 결과, 빈곤아동의 평균 키가 일반아동의 평균 키보다 1cm 이상 작으며, 체중도 1kg 이상 차이가 있어 전체적으로 빈곤아동이 일반아동에 비해 아동발육 상태가 안 좋은 것으로 나타났다.

빈곤아동은 적절한 교육환경을 제공받지 못할 가능성이 높다. 예를 들면, 아동에게 공부방 등 적절한 학습 공간과 학업에 필요한 물품이나 자료를 제공하지 못하고 도서관이나 박물관 방문 등의 문화생활의 기회가 부족하기 때문에 인지적으로 자극 받을 수 있는 환경에서 성장할 기회가 일반아동보다 부족하게 된다. 또한 빈곤아동의 부모는 생계를 위해 장시간 노동을 하게 되어 피곤하거나 시간이 없어 자녀와의 상호작용이 부족하고 부적절한 양육태도를 보이게 되며, 아동의 언어나 인지발달에 부정적인 영향을 미치게 된다. 특히 빈곤아동의 부모는 제한적 어법, 즉 문장이 짧고 간단한 어법을 사용하며 이로 인해 아동에게 개념이나 정보를 제대로 제시해 주지 못하고, 이런 점에서 빈곤아동은 부모와의 질적 대화가 제대로 이루어지지 못한다고 할 수 있다(Bernstein, 1961; Miller, 1969).

아동에 대한 가정의 낮은 지원뿐만 아니라 교사의 빈곤아동에 대한 낮은 기대와 지지 그리고 또래집단의 지지도 학교적응에 중요한 요인이다. 빈곤아동은 학교환경에서 상대적으로 더 높은 스트레스를 경험하고, 학교로부터의 지지가 낮다고 인식하는 것으로 나타났다(Eamon, 2001). 빈곤지역의 학교는 교육청과 지역사회로부터 지원이 낮고 교사들이 기피하는 경향이 있으며, 빈곤아동은 학업성취가 낮을 것이라는 교사의 편견이 아동의 성취를 방해한다. 또한 또래집단으로부터의 지지 부족이나 소외는 아동의 자존감을 떨어뜨리고 비행을 초래하기도 한다. 미국의 조사에서는 학년 유급 및 학교 중퇴문제가 빈곤아동이 일반아동에 비해 2배가량 높으며, 학습장애 비율도 1.4배 높은 것으로 나타났다(Duncan & Brooks-Gunn, 2000). 우리나라 청소년을 대상으로 한 연구에서도 빈곤은 학력성취에 부정적 영향을 미치는 중요한 요인으로 나타났다(구인회, 2003). 그리고 소년소녀가정 아동의 학업성적은 일반아동에 비해 낮은 것으로 나타났다(오승환, 2000). 이처럼 빈곤아동은 일반아동에 비해 학업 수행에 있어서 더 많은 어려움에 처해 있음을 알 수 있다.

빈곤은 약물사용, 비행, 폭력, 범죄 등과 같은 부정적 발달과도 높은 상관관계를 가지고 있으며, 아동의 자신감과 절망감, 우울, 행동문제, 또래 갈등, 아동학대와 방임 등에 영향을 준다(McLoyd & Wilson, 1992). 미국의 조사에서는 빈곤아동은 일반아동에 비해 정서 및 행동문제의 발생률이 1.3배 높은 것으로 나타났고, 청소년 임신이 3.1배 높은 것으로 밝혀졌다(Duncan & Brooks-Gunn, 2000). 충동성과 우울감에서도 빈곤아동이 일반아동보다 높으며, 비행 경험률도 더 높은 것으로 나타났다(최선희, 2003). 비행에 대한 연구들은 빈곤이 아동의 비행에 직접적으로 영향을 미치기보다는 가정 내의 부모를 통해 간접적으로 이루어진다고 지적하고 있다. 즉, 빈곤은 부모의 지도감독이나 양육방식 등에 영향을 미치고 다시 이것이 아동에게 영향을 준다는 것이다. 한편 부모의 양육행동에 대한 연구들은 빈곤부모의 훈육이 비일관적이거나 위협적, 강압적이며 부모-자녀 간 애착이 약하다고 보고하고 있다. 그리고 빈곤부모는 아동의 행동이나 친구관계 등에 대한 지도감독을 제대로 하지 못하고, 언어적인 훈계보다는 신체적인 체벌을 더 자주 사용하고, 아동에 대한 정서적 지지의 수준도 낮은 것으로 나타나고 있다(Conger, Ge, Elder, Lorenz & Simons, 1994). 빈곤아동은 상대적으로 가정에서 아동학대와 방임을 6.8배 이상 더 경험하고 폭력 피해도 2.2배 이상 더 높은 것으로 보고되었다(Duncan & Brooks-Gunn, 2000). 이처럼 빈곤아동의 경우 일반아동에 비하여 양육환경이 미흡한 것으로 나타났다.

최근의 연구에서 빈곤이 아동에게 직접적으로 부정적인 영향을 미치기보다는 부모의 양육행동이나 태도, 또래집단과의 상호작용 그리고 지역사회의 특성 등을 통해 영향을 미치고 있는 것으로 나타나고 있다(정익중, 2003). 따라서 이러한 요인을 긍정적으로 경험한다면 빈곤아동이 위험이나 스트레스 상황에 저항하게 만들고 개인의 적응방식이나 능력을 향상시킬 수 있다고 본다. 즉, 많은 연구는 어린 시절부터 양육자와 기본적인 신뢰를 통해 안정적인 애착관계를 형성하고 통제와 애정이 적절하게 균형 잡힌 민주적인 양육을 받았으며, 아동의 욕구에 반응적인 학교분위기와 뚜렷한 규범과 믿고 따를 수 있는 교사를 경험하고, 또래집단과 지지적인 상호작용을 경험할 때 그리고 지역사회가 빈곤아동에 대하여 사회적 지지와 관심을 보일 때 빈곤아동의 심리사회적 발달에 긍정적인 영향을 미친다고 보고하고 있다(Garmezy, 1991; Werner, 1990).

(2) 소년소녀가정의 문제

소년소녀가정의 생활실태를 살펴보면, 무엇보다 만성적인 경제적 어려움을 경험하고 있다. 이러한 경제적 어려움은 기본적인 의식주 충족과 대학 진학의 어려움 등 다양한 문제점을 가져오게 한다. 또한 이들은 가사 관리와 함께 동생을 양육, 보호할 뿐만 아니라 질병으로 거동이 불편한 한쪽 부모나 조부모를 부양까지 하는 경우가 많은 것으로 나타났다. 그러나 자신이 겪는 어려움을 토로하고 위로와 격려를 받을 수 있는 대상자가 없어서 심리적 문제를 안고 있는 경우가 많다. 즉, 정서적 안정을 가질 수 없으며, 부모가 없기 때문에 부모가 해야 할 일들을 자신이 해야만 된다는 성인역할의 부담감을 가지고 생활하게 된다(이상균·박현선, 2000). 그 밖에 가사부담의 문제로 집안이 편안한 휴식처가 되지 못하고, 열등감과 자기 비하로 인해 남과 어울리기 어렵게 되어 대인관계의 폭이 좁아질 수 있고, 취업 및 자립문제에 어려움을 겪게 된다. 즉, 취업 시에 보증인 문제로 불리하고 자립지원금이 300만 원에 그치고 있기 때문에 자립자활이 어려운 실정이다. 한편 소년소녀가정의 심리·사회 적응에 관한 조사연구에서는 소년소녀가정이 일반가정 아동에 비하여 더 많은 문제를 경험하고 있다는 연구보다는 일반가정 아동과 비슷한 자아존중감을 가지고 있으며, 비행이나 공격성 등에 있어서는 더 긍정적인 적응을 보인다는 연구들도 제시되고 있다(오승환, 2000). 따라서 소년소녀가정에 대한 부정적 선입견을 갖기보다는 이들에 대한 긍정적 관점으로 거시체계 속에서 복지사업을 구현해 나가야 한다.

(3) 빈곤 한부모가족 아동의 문제

빈곤 한부모가족은 경제적으로 빈곤한 상태에 있을 뿐만 아니라 한쪽 배우자의 부재로 가족생활에서의 변화가 불가피하게 일어남으로써 역할 재조정 문제, 심리사회적 문제 등을 겪게 된다. 특히 자녀양육 및 교육, 자녀관계 등의 다양하고 복잡한 자녀문제를 수반한다. 아동에게 부모 환경은 아동의 성장과 발달에 가장 강력한 영향을 미치는 환경이기 때문에 성장기에 있는 빈곤 한부모가족 아동이 당면한 문제를 이해하는 것은 매우 중요하다.

한부모가족 아동에 대한 선행연구들은 가족해체가 아동의 적응에 부정적인 영향을 미치고 있음을 보여 준다(오승환, 2001). 먼저 심리정서적 문제를 살펴보면, 한부모가족 아동은 우울, 불안, 사회적 철회 등의 문제를 경험하고 있는 것으로 나타나고 있다. 또한 교사나 부모는 일반아동에 비해 한부모가족 아동이 더 우울한 것으로 평가하고 있으며, 인지적·사회적 능력이 더 낮다고 인식하고 있는 것으로 나타났다. 그리고 일반가정의 청소년과 비교해 더 낮은 학업성취를 보이고 있으며, 학업문제도 더 많이 경험하고 있는 것으로 보고한 연구도 있다. 아울러 결손가족의 청소년은 비행과 일탈 그리고 반사회적 행동 등의 문제 행동을 더 많이 경험하는 것으로 보고되고 있으며, 사회적 상호작용의 단절 또는 감소를 초래하여 대인관계상의 문제를 경험하는 것으로 나타나고 있다. 그런데 대부분의 한부모가족 아동이 경험하는 이러한 문제들, 스트레스, 상실감 등을 유발하는 원인은 부모의 결혼 상태 그 자체라기보다는 부모의 상태와 관련된 많은 요인이 상호작용하여 아동의 적응에 영향을 미친다고 할 수 있다. 따라서 아동 개인과 가족이나 집단을 통해 경제적 지원과 더불어 아동의 상실감과 스트레스를 해결할 수 있는 지지체계를 포괄적으로 적용한 복지서비스를 시행해야 한다.

2 빈곤아동의 현황

빈곤아동의 현황을 상대적 빈곤아동과 절대적 빈곤아동으로 알아보고자 한다. 우리나라에서 빈곤은 절대적 빈곤의 개념을 적용하여 최저생계비에 의해 계측되므로 빈곤아동은 국민기초생활보장 수급가정의 아동으로 정의할 수 있다.

경제적으로 매우 어려운 절대빈곤층인 국민기초생활보장 수급자는 2006년에 약 83만 명, 2008년에 약 85만 명, 2010년에 약 87만 명, 2015년에 약 100만 명, 2018년에 약 110만 명이었다(표 8-1). 이 중에서 빈곤아동이 있는 가장 대표적 유형으로는 소년소녀가정과 빈곤 한부모가족 아동을 들 수 있다. 2018년도 기준으로 수급자의 가구유형은 대부분 소년소녀가장을 포함한 취약계층 세대가 62.2%이며, 보다 안정된 가구인 일반세대는 29.2%로 나타났다.

아동빈곤율을 연령대별로 살펴본 결과, 절대빈곤율과 상대빈곤율의 경우 모두 12~18세의 빈곤율이 가장 높았고, 그 다음은 9~11세인 반면 가장 낮은 연령대는 3~5세로 나타났다. 즉, 아동이 중·고등학생이 되는 시기의 빈곤율이 가장 높고, 보육연령 시기의 빈곤율이 가장 낮았다. 이는 중·고등학교의 경우 사교육비 부담 등으로 가계지출 증가에 기인한 것으로 추정된다.

한편 상대빈곤율을 지역별로 살펴보면, 농어촌의 빈곤율이(17.3%) 가장 높고, 그 다음은 중소도시(13.1%), 대도시(8.8%) 순이다. 농어촌의 경우는 전 연령대에 걸쳐서 아동빈곤율이 다른 지역에 비해서 높은 상황이므로 더욱 적극적인 정책적 개입이 필요하다.

〈표 8-1〉 국민기초수급자 가구 유형별 현황

(단위 : 가구)

연도	계	노인 세대	소년소녀 가장세대	모자 세대	부자 세대	장애인 세대	일반 세대	기타
2006	831,692	242,470	14,713	81,189	19,963	144,747	288,945	39,665
2007	852,420	245,935	14,475	82,920	19,934	154,066	294,872	40,218
2008	854,205	243,132	14,276	82,880	19,744	162,527	291,680	39,966
2009	882,925	244,529	13,533	86,961	21,115	171,330	302,202	43,250
2010	878,799	243,708	11,565	85,970	20,879	173,322	291,774	51,581
2011	850,689	237,213	9,798	83,525	20,479	173,751	277,081	48,842
2012	821,879	236,617	8,105	78,333	18,820	174,112	259,866	46,026
2013	810,544	235,601	6,945	76,270	18,366	175,867	251,372	46,123
2014	814,184	236,548	5,882	74,925	18,362	178,397	251,333	48,737
2015	1,014,177	262,124	5,188	123,497	37,753	193,585	328,282	77,534
2016	1,035,435	261,680	4,324	132,277	37,753	193,585	328,282	77,534
2017	1,032,996	263,475	3,544	130,506	36,675	197,081	322,918	78,797
2018	1,165,175	337,788	2,972	135,862	38,095	211,010	340,597	98,851

출처: 보건복지부(2019).

〈표 8-2〉 연령대별 아동빈곤율(2008년)

(단위 : %, 명)

연령	절대빈곤율				상대빈곤율			
	전체	빈곤층	차상위	차상위 이상	전체	대도시	중소 도시	농어촌
0~2세	100 (1,367,812)	5.9 (81,174)	4.6 (62,898)	89.5 (1,223,789)	10.1 (138,205)	8.4 (50,220)	9.8 (64,445)	20.3 (23,540)
3~5세	100 (1,411,295)	4.7 (65,930)	3.7 (51,851)	91.6 (1,293,513)	7.9 (110,916)	5.1 (31,385)	9.1 (61,571)	15.0 (17,960)
6~8세	100 (1,745,078)	6.3 (109,228)	4.3 (80,945)	89.5 (1,560,989)	10.0 (173,804)	8.5 (63,774)	11.2 (93,744)	10.3 (16,317)
9~11세	100 (1,957,105)	7.9 (155,320)	4.1 (80,945)	87.9 (1,720,934)	11.8 (229,987)	10.3 (88,504)	11.6 (108,490)	19.8 (32,993)
12~18세	100 (4,868,186)	9.1 (437,956)	4.5 (209,418)	86.5 (4,149,907)	13.5 (646,109)	9.5 (210,902)	16.6 (361,917)	18.9 (73,290)
전체	100 (11,349,476)	7.8 (768,435)	4.2 (416,683)	88.0 (8,725,440)	11.5 (1,229,021)	8.8 (444,754)	13.1 (690,167)	17.3 (164,099)

출처 : 보건복지부(2009).

(1) 소년소녀가정

IMF 경제 위기 이후 어려운 경제·사회적 환경으로 인한 가족해체 현상이 증가함에 따라 소년소녀가정도 증가하고 있다. 1985년 소년소녀가정 지원사업이 시작될 당시, 처음 사업 대상으로 선정된 소년소녀가정은 총 4,901세대였고, 이후 소년소녀가정은 해마다 증가하는 양상을 보여서 1997년에는 총 9,544세대가 소년소녀가정으로 선정되어 지원을 받았다. 1998년 이후에는 소년소녀가정이 지속적으로 감소하는 양상을 보이고 있는데, 이는 1998년부터 소년소녀가정이 15세 미만인 경우에는 이들을 단독세대로 하기보다는 가정위탁이나 시설입소로 유도하는 방향으로 사업이 이루어지고 있기 때문이다.

〈표 8-3〉에 의하면, 가정위탁세대는 2011년도 11,630세대 15,486명에서 출발해 2015년 10,706세대 13,728명, 2019년 8,359세대, 10,384명으로 감소되었다. 또한 소년소녀가장세대 중 단독세대를 가정위탁보호로 유도하기 위해 현재 이들을 대상으로 그룹홈 시범사업을 실시하고 있다.

〈표 8-3〉 가정위탁보호 현황

(단위 : 세대, 명)

구분	2011	2012	2013	2014	2015	2016	2017	2018	2019
세대 수	11,630	11,110	11,169	11,077	10,706	10,197	9,575	8,955	8,359
아동 수	15,486	14,502	14,596	14,385	13,728	12,896	11,983	11,141	10,384

출처 : 보건복지부(2020).

한편 〈표 8-4〉의 현황은 생활보호대상자 선정을 위해 정부에서 집계한 공식적인 수치이기 때문에, 선정 요건에서 탈락하기는 했지만 실질적으로는 소년소녀가장이 더 많을 것으로 예상된다.

〈표 8-4〉 소년소녀가정 현황

(단위: 명)

구분	2011	2012	2013	2014	2015	2016	2017	2018	2019
세대주 수	699	483	338	208	129	62	41	24	10
세대원 수	321	313	155	84	54	30	18	9	7

출처 : 보건복지부(2020).

한편 소년소녀가정의 발생 원인별 현황을 살펴보면, 초기에는 부모의 사망으로 인해 소년소녀가장이 되는 아동이 대부분을 차지했다. 그러나 최근에는 부모의 이혼이라든가 별거, 가출 등의 사유로 부모가 생존해 있음에도 불구하고 버려지고 방치되거나 또는 학대 등의 사유로 소년소녀가정으로 지정되는 세대가 점차 증가하고 있다.

〈표 8-5〉에 의하면, 2018년 12월 31일 총 24세대의 소년소녀가정 중 7세대(29.2%)의 발생 원인이 부모 사망으로 나타나서, 단일 원인 중에서는 가장 높은 빈도를 보인다. 그러나 이와 동시에 부모의 심신장애(6세대, 25%), 복역 및 기타(5세대, 20.8%), 가출·행방불명(4세대, 16.7%), 이혼(2세대, 8.3%) 등 가족 또는 부모의 문제로 인해 소년소녀가장이 되는 경우도 절반 이상으로 나타났다. 즉, 소년소녀가정이 발생하는 원인이 가족의 구조적 변화로 인해 불가피하게 발생하는 경우가 많다는 것을 의미한다.

〈표 8-5〉 소년소녀가정의 발생 원인별 현황

(단위 : 세대)

연도	세대 수	부모 사망	심신장애	가출·행방불명	이혼	복역 및 기타
2013	338	124	37	58	84	35
2014	208	83	26	29	51	19
2015	128	37	19	33	30	9
2016	62	18	12	16	12	4
2017	41	12	7	8	9	5
2018	24	7	6	4	2	5
2019	10	2	4	1	2	1

출처 : 보건복지부(2020).

(2) 빈곤 한부모가족 아동

저소득 한부모가족 중 한부모가족지원법 대상 가구 수를 보면, 2008년 기준 약 8만 2천 세대로 전체 저소득 한부모가족의 55%를 차지한다. 한부모가족지원법 하에서 자녀에게 지원되는 혜택이 제한적이고 한부모에게 지원되는 것도 매우 제한적이어서 이러한 가족에 대한 지원대책이 보완될 필요가 있다는 문제제기가 지속되고 있다. 특히 한부모의 경우 자녀양육 중 사교육비 부담을 가장 많이 지적하고 있는데, 교육은 빈곤탈출의 주요 경로라는 점을 염두에 두어, 공교육뿐만 아니라 사교육에 대한 현실적인 지원을 검토할 필요도 있다.

〈표 8-6〉 저소득 한부모가족 현황(한부모가족지원법 대상)

(단위 : 세대, 명)

연도별	계		모자가족		부자가족		조손가족	
	세대	세대원	세대	세대원	세대	세대원	세대	세대원
2015	192,387	482,710	147,926	370,872	43,460	109,386	1,001	2,452
2016	187,841	468,414	145,258	362,137	41,627	103,966	956	2,311
2017	181,023	449,469	141,207	350,674	38,880	96,575	936	2,220
2018	182,731	452,341	142,830	353,658	38,979	96,522	922	2,161

출처 : 여성가족부(2020).

한부모가족 아동빈곤율은 우리나라 전체 가구의 아동빈곤율보다 3배 정도 높게 나타나고 있으며, 특히 전체 가구의 아동빈곤율은 IMF 경제 위기 이후 미미하게 감소하고 있으나, 한부모가족 아동빈곤율은 2000년 이후 다시 증가하였다. IMF 이후로 우리나라 이혼율은 급격히 증가하였는데, 이러한 이혼율의 급증은 한부모가족의 증가를 의미하고 이런 현상은 아동의 빈곤율을 증가시키고 있다.

3 빈곤아동을 위한 복지사업 내용

우리나라 빈곤아동에 대한 지원은 절대빈곤층에 속하는 소년소녀가정과 빈곤 한부모가족에 대한 지원사업이 대부분이었고, 그 내용은 국민기초생활보장법에 의한 경제적 지원 중심이었다. 그런데 IMF 이후로 가족해체의 증가 및 아동빈곤율의 증가가 사회문제로 제기되면서, 국민기초생활보장사업의 수급권자는 아니지만 빈곤층인 차상위계층과 빈곤아동에 대한 사회적 관심이 급증하며 정부정책의 변화를 초래했다. 예를 들면, 2004년 아동복지법 개정에 따라 그동안 민간에서 주로 담당해 왔던 공부방을 지역사회의 빈곤아동을 위한 지역아동센터로 지정하고, 2004년 7월 청와대 빈부 격차·차별시정위원회에서 빈곤아동·청소년 종합대책을 수립하였으며, 교육부에서 빈곤아동 및 청소년을 위해서 교육복지 투자우선지역 지원사업을 실시하는 등 큰 변화를 보이고 있다. 여기에서는 빈곤아동을 위한 복지사업 내용으로 기존의 빈곤아동 지원사업의 대부분을 차지했던 소년소녀가정 지원사업과 빈곤 한부모가족에 대한 지원사업에 대해 기술하고, 아동급식 지원사업, 영유아 보육료 지원사업, 교육복지 투자우선지역 지원사업, 지역아동센터 지원사업, 사회복지관 사업, We Start 운동, 드림스타트 사업 등에 대해 제시하고자 한다.

1) 소년소녀가정 지원사업

소년소녀가정 지원사업은 1984년 '소년소녀가장세대 보호대책'으로 실시되기 시작해 2000년 9월 현재의 소년소녀가정 지원사업으로 변경되었다. 실질적으로 가정을 이끌어 가는 소년소녀가정의 아동에 대하여 생계보장과 다양한 서비스를 제공하고 있다.

(1) 지원대상

지원대상은 국민기초생활보장 수급가구 중에서 18세 미만의 아동이 실질적으로 가정을 이끌어 가고 있는 세대이다. 구체적으로 기술하면, 18세 미만의 아동으로만 구성된 세대이거나 18세 미만의 아동이 부양능력이 없는 부모와 동거하는 세대이다. 18세 미만의 아동이 국민기초생활보장법상 조부모 등의 부양의무자(부모 제외)와 동거하는 경우에는 대리양육가정으로 부양의무자가 아닌 친·인척과 동거하는 경우 가정위탁으로 선정하여 지원하고 있다. 특히 세대가 15세 미만의 아동으로만 구성된 경우에는 소년소녀가정 지정을 제한하고 가정위탁이나 시설입소를 권장하고 있다. 다만 형제자매 등 2인 이상이며 아동이 지역사회 내에서 독립적으로 오랫동안 생활해 왔고, 동거하지는 않으나 주변에 친·인척 등이 거주하여 수시로 보호를 받고 있어 가정위탁이나 시설입소가 적절하지 않다고 판단되는 때에는 예외적으로 지정한다. 그리고 지원 아동이 만

18세 이상이나 중·고등학교에 재학 중인 경우에는 졸업 시까지 연장 지원한다(아동복지사업안내, 2006).

(2) 지원대상 선정 절차 및 서비스 전달체계

소년소녀가정으로 선정될 가구를 파악하기 위해서 읍·면 및 통반장의 신고나 지역 주민의 신고를 받는다. 다음에는 발견 또는 신고된 내용이 어느 정도 사실인지 그리고 국민기초생활보장법의 선정 조건에 어느 정도 부합하는지를 면밀히 검토하여 대상 가구로 선정한다. 이 과정에서 신청조사와 직권조사의 2가지 형태를 취한다. 우선 신청조사는 본인 또는 친족 등이 소년소녀가장 보호신청서와 해당 구비서류를 읍·면·동주민센터에 제출하면 보호대상자에 대한 조사를 시작한다.

서류가 제출되면 사회복지 전문요원 혹은 사회복지 담당공무원이 직접 가정방문을 하여 가족상황, 상황 실태, 부양의무자가 있는 경우 부양능력의 유무, 소득, 자산보유 상황, 기타 보호의 실시에 필요한 사항을 조사하게 된다. 그리고 직권조사는 생활이 어려운데 보호신청을 하지 않았거나 신청서를 작성할 수 없는 경우에 사회복지 전문요원 또는 사회복지 담당공무원이 조사를 실시하는 형태이다. 이러한 조사결과 소년소녀가정 지원사업의 신규 대상자로 선정되면 다음 달부터 보호 조치된다.

소년소녀가정 지원사업의 서비스 전달체계는 정부의 행정체계를 통한 복지대책과 지역사회단체, 사회복지관 등의 민간 차원에서 이루어지는 복지대책의 2가지 방향으로 구성된다. 정부 차원에서 이루어지는 지원사업은 보건복지부에서 총괄해서 관장하지만, 실질적인 행정 실무는 지방자치기관의 수준에서 이루어진다.

시장·도지사는 매분기별로 지역 내 소년소녀가정 세대에 대한 지원 현황을 보건복지부장관에게 보고하며, 소년소녀가정에 지원하는 급여와 서비스 전달의 직접적인 책임은 일선 읍·면·동주민센터의 사회복지 전문요원이 담당한다. 사회복지 전문요원들은 지역사회 내의 소년소녀가정과 뜻있는 후원자를 연결시켜 주는 역할도 수행한다.

(3) 지원사업 내용

① 국민기초생활보장법에 의한 급여 지원

국민기초생활보장법에 의한 생계급여 및 교육급여를 제공한다. 생계급여로는 주·부식비, 연료비, 피복비, 장제비 등이 지급되고, 중·고교생의 교통비, 교복비, 영양급식비, 부교재 및 교양도서비 등이 지급된다. 교육급여로는 초·중·고교생의 학비가 지원된다. 그리고 의료급여법에 의해 의료급여가 지원되는데, 1종 보호 대상자로 선정하여 외래 및 입원진료비 전액을 국가가 부담하고 있다. 그 밖에 부가급여(2006년 기준 아동 1인 월 7만 원)를 지급하고 있다.

② 후견인 지정

소년소녀가정에 대한 정서적 지지를 위해 후견인을 지정하고 있다. 아동만으로 구성된 세대에 대해서는 가까운 이웃에 거주하는 아동위원, 종교인, 지역여성지도자, 공무원 등을 후견인으로 지정하여 고충이나 애로사항을 상시 의논·해결할 수 있도록 후견인을 지정해 주고 있다. 후견인 지정 방법은 시·군·구청장이 지역사회에서 아동을 보살필 수 있고 아동문제에 대한 관심이 있는 자를 지정한다. 후견인은 결연기관의 직원과 협조체계를 구축하여 소년소녀가정에 지급되는 후원금을 제대로 사용할 수 있도록 지도하여 후원금 사용에 따른 문제를 최소화하도록 하고 있다.

③ 한국복지재단의 결연사업

정부는 불우이웃 결연사업을 한국복지재단에 위탁하여 실시하면서 한국복지재단의 운영 및 결연사업 활성화를 위한 각종 경비를 지원하고 있다. 한국복지재단은 1981년부터 정부로부터 위탁을 받아 장애인, 무의탁노인, 소년소년가정아동을 이웃과 결연해 매월 1만 원 이상의 경제적 후원과 정서적 지원을 제공하고 있다. 한국복지재단의 결연사업 실적은 2004년 12월 소년소녀가정세대는 97.4%,

가정위탁보호세대는 92.0%의 결연율을 나타냈다.

2) 빈곤 한부모가족 지원사업

한부모가족 지원사업은 1989년 모자복지법이 제정된 이후 모자복지사업으로 시작되었는데, 2002년 모·부자복지법으로 변경된 후 다시 2007년 한부모가족지원법으로 개정되면서 모·부자가정을 한부모가족으로 변경하고 조손가족을 보호대상에 포함한다. 이 사업은 저소득 한부모가족, 미혼가족, 조손가족 등을 대상으로 한부모가족의 생활안정과 자립기반 조성 및 복지증진을 위한 지원을 수행한다. 한부모가족에 대한 정부지원은 한부모가족지원법 외에도 군사원호보상법 및 국가유공자 예우 등에 관한 법률 그리고 저소득층인 경우에는 국민기초생활보장법에 의해서 이루어지고 있다.

(1) 지원 대상

빈곤 한부모가족 지원사업의 대상은 세대주인 모 또는 부와 그에 의하여 양육되는 18세 미만의 자녀(취학한 22세 미만의 자녀 포함)로 이루어진 가정으로서 당해 연도 선정기준(국민기초생활보장제도와 동일)을 충족하는 가정이다. 지원대상 세대주인 모 또는 부를 구체적으로 보면 다음과 같다(여성가족부, 2010).

① 배우자와 사별 또는 이혼하거나 배우자로부터 유기된 자
② 정신 또는 신체장애로 인하여 장기간 근로능력을 상실한 배우자를 가진 자
③ 미혼자(사실혼 관계에 있는 자는 제외)
④ 배우자의 생사가 분명하지 아니한 자
⑤ 배우자 또는 배우자 가족과의 불화 등으로 인하여 가출한 자
⑥ 배우자의 해외 거주, 장기 복역 등으로 인하여 부양을 받을 수 없는 자

그리고 위와 같은 세대주를 가진 가정의 한부모가정지원법에 의한 선정기준을 보면 〈표 8-7〉과 같다.

〈표 8-7〉 지원대상 가구원수별 소득인정액 기준

(단위 : 원/월)

구분		2인	3인	4인	5인	6인
한부모 및 조손가족	기준 중위 소득 52%	1,555,830	2,012,700	2,469,570	2,926,441	3,383,311
	기준 중위 소득 60%	1,795,188	2,322,346	2,849,504	3,376,663	3,903,821
청소년 한부모가족	기준 중위 소득 60%	1,795,188	2,322,346	2,849,504	3,376,663	3,903,821
	기준 중위 소득 72%	2,154,226	2,786,815	3,419,405	4,051,995	4,684,585

출처 : 여성가족부(2020).

(2) 지원사업 내용

빈곤 한부모가족에 대한 정부지원은 국민기초생활보장법에 의한 생계비 지원과 양육비, 교육비 및 의료비 지원이 주된 내용이며, 국민기초생활보장법과의 중복을 배제한 한부모가족지원법에 의한 지원이 있다. 지원대상자로 결정된 저소득 한부모가족의 만 12세 미만 아동에게는 소액의 양육비(2013년 기준 아동 1인 월 7만 원)가 지급되며, 중·고등학교 또는 이에 준하는 학교와 학력인정 사회교육시설에 입학 또는 재학 중인 자녀는 수업료와 입학금 전액을 면제받고 있다.

한부모가족이 저소득층이거나 장애아동을 양육하고 있는 경우는 보건복지부에서 주관하고 있는 자녀 보육료의 전액 또는 일부 보조를 받을 수 있도록 되어 있다. 그리고 지역공부방이나 지역아동센터 및 지역사회복지관 사업, 초등학교의 방과후 교실, 초·중·고에서의 교육복지사업 및 학교사회복지 사업 등을 통해 한부모가족 자녀를 위한 급식·방과후 보호와 학습지도·문화적 경험, 심리정서적 지원 등을 제공하고 있다.

그 밖에 모자보호·자립시설 및 모자일시보호시설을 운영하고 있고, 모·부자복지 상담서비스를 제공하며, 저소득 모자가정 결연사업을 한국복지재단이 위탁받아서 시행하고 있다.

〈표 8-8〉 빈곤 한부모가족에 대한 지원 내용

국민기초생활보장의 급여 종류와 내용	
생계급여	• 의복·음식물 및 연료비와 기타 일상생활에 기본적으로 필요한 금품 지급 • 근로능력이 있는 수급자에게는 자활에 필요한 사업에 참가할 것을 조건으로 생계급여 지급 • 수급자의 소득인정액 등을 감안하여 차등 지급 가능
주거급여	• 주거안정에 필요한 임차료, 유지수선비, 기타 대통령령이 정하는 수급품 지급
의료급여	• 별도의 의료급여법에 의해 의료 제공
교육급여	• 입학금, 수업료, 학용품비 기타 수급품 지원
해산급여	• 조산, 분만 전과 분만 후의 필요한 조치와 보호 제공
장제급여	• 수급자가 사망한 경우 사체의 검안·운반·화장 또는 매장 기타 장제조치를 행하는 데 필요한 비용 지급
자활급여	• 자활에 필요한 금품의 지급 또는 대여, 자활에 필요한 기능습득의 지원, 취업알선 등 정보의 제공, 공공근로 등 자활을 위한 근로기회의 제공, 자활에 필요한 시설 및 장비의 대여, 기타 대통령령이 정하는 자활조성을 위한 각종 지원 제공 • 자활후견기관 지정 • 자활공동체 설립 운영
한부모가족지원법에 의한 지원 내용	
아동양육비·교육비 지원	• 아동양육비 : 소득인정액 기준 최저생계비 130% 이하의 한부모가족 만 12세 미만 아동에 대하여 아동양육비 월 5만 원 지원 • 고교생학비 : 소득인정액 기준 최저생계비 130% 이하의 한부모가족 고등학생 자녀에 대해 입학금 및 수업료 지원
복지자금 대여	• 사업에 필요한 자금, 아동교육비, 의료비, 주택자금, 그 밖에 대통령령이 정하는 한부모가족의 복지를 위하여 필요한 자금 대여
복지시설 기능보강 사업	• 한부모가족복지시설 신축 및 노후시설의 증·개축 등 환경개선으로 무주택 저소득 모·부자가족을 일정기간 보호하여 생계를 지원하고 퇴소 후 자립기반을 조성하도록 지원
복지시설별 지원	• 모자보호시설, 부자보호시설, 모자자립시설, 일시보호시설, 미혼모자시설, 미혼모자공동생활가정, 미혼모공동생활가정 등에 대한 일정기간 보호 및 생계지원, 주택편의 제공, 직업교육 등 자립지원, 양육교육 등의 각기 필요한 지원
미혼모·부 지원 거점기관 운영	• 서울 등 전국의 17개('10년) 거점기관(건강가정지원센터)을 통해 자녀양육 및 경제자립을 위한 포괄적이고 종합적인 지원서비스를 제공
취약가족 역량강화 사업	• 전국 17개('10년) 건강가정지원센터에서 사례관리를 통해 취약가족의 복합적인 어려움 해결 및 욕구 충족 • 취약가족의 취업, 자녀, 주거문제 등 개별 문제해결에 필요한 맞춤서비스 제공을 위하여 각종 후원단체, 한부모가족복지시설 등 지역사회 자원 연계 및 발굴 지원
자녀양육비 이행확보 무료 법률구조사업	• 한부모가족 자녀양육비 청구소송 지원(법률 상담, 소송대리 등) • 미혼부 상대 자녀인지 청구소송 지원(유전자 검사 등) • 자녀양육비 이행확보 지원(과태료, 이행명령, 감치처분 등)

출처 : 여성가족부(2010).

3) 빈곤가정 아동을 위한 지원사업

(1) 아동급식 지원사업

아동급식 지원사업은 정부에서 빈곤아동 또는 기능 결손가정의 아동에게 아동의 성장과 발달에 가장 기본적인 요소인 식사를 제공하는 것으로 기본생활보장에 해당한다. 급식지원은 1989년 도시락을 싸 오지 못하는 아동에 대한 교육부의 중식 지원으로 시작되었다. IMF 이후 대상아동이 급격히 증가하여 2000년 교육부는 학교급식법을 개정·시행하고 결식학생의 중식 지원기간을 365일로 연장하는 저소득층 지원방안을 발표하였다. 2004년부터는 방학, 토·공휴일 취학아동 중식 지원도 실시하고 있으며, 2005년 보건복지부는 아동급식표준운영지침을 규정하여 아동급식을 지원하였다.

① 지원대상

경제적 빈곤 또는 가족 기능 결손 등으로 인하여 결식하는 아동이나 결식 우려가 높은 미취학 및 취학아동으로 사회복지 전담공무원이 급식이 필요하다고 인정하는 경우에 지원대상으로 선정된다. 2005년 아동급식표준운영지침에 따른 구체적인 지원대상을 보면, 국민기초생활보장 수급자 중 희망자, 차상위 저소득계층 중 가정사정 등으로 급식 지원이 필요한 아동, 지역아동센터·사회복지관 등의 아동복지프로그램을 이용하는 모든 아동, 학기 중 학교급식비 지원대상 아동, 학교교사·민간 사회복지사·이장·통장·반장 등의 아동 관련 민간관계자가 추천하는 자 중 가정사정 등으로 급식 지원이 필요한 아동, 그 밖에 이에 준하는 자로서 시장·군수·구청장이 급식 지원이 필요하다고 판단하는 아동 등이다. 급식 지원 업무를 효율적으로 수행하기 위해서 상반기, 하반기 등 연 2회 조사를 실시하여 급식 지원 대상자 파악 및 다음 연도 소요예산 확보 등 지원계획을 수립하도록 하고 있다. 그리고 국민기초생활대상자 수급 등 이중 수급에 상관없이 빈곤아동의 경우 급식을 지원하고 있다.

② 지원사업 내용

정부에서 제공하는 급식 지원의 구체적인 내용은 아동급식위원회에서 협의 결정하도록 하고 있다(보건복지부, 2005). 미취학아동의 경우 조·중·석식을 지원하며, 취학아동의 경우 조·석식을 제공하되, 방학 및 토·공휴일에는 중식도 지원한다. 급식 기간은 연중 365일이며, 아동특성과 지역 여건에 맞는 방법으로 지원하는데 현금지급은 하지 않고 있다. 급식전달 방법은 지역실정과 아동여건에 따라 급식소 급식, 일반음식점 급식, 도시락 배달, 주·부식 지원, 식품권 등의 방법으로 지원하며, 저소득층 밀집지역 등 지역실정에 따라 학교급식시설을 급식소로 지정·운영하는 방안을 강구하고, 지역아동센터와 사회복지관은 교육 및 복지프로그램과 병행하여 급식을 제공하도록 유도하고 있다. 또한 민간 차원에서 기업이 대한적십자사와 협약을 맺고 서울지역 소년소녀가장과 결식아동에게 도시락을 지원하는 사랑의 도시락 전달사업을 하고 있다. 2005년 아동급식사업이 지방 이양됨에 따라 지방비로 급식을 지원하여 왔으나, 2009년 경제상황 악화로 방학 중 급식지원대상자 증가로 인해(47만여 명) 2009년과 2010년에 한해 국비가 지원되었다.

(2) 영유아보육료 지원

보육사업의 주무부서가 여성가족부로부터 보건복지부로 이관된 2008년 이후로 빈곤가정의 영유아보육료 지원은 보건복지부에서 주관하고 있다. 정부의 빈곤아동에 대한 보육료 지원은 기존에는 공적 부조 수급가정에 대해서는 무상지원하며, 차상위계층 이상 저소득층에 대해서는 차등적으로 지원하였으나 2013년 3월부터 전 계층 지원하고 있다. 2015년도 보건복지부 보육료 지원내역은 [그림 8-1]과 같다.

	만 0~2세	만 3~4세	만 5세
보육료	2013년 全 계층 지원 만 0세 : 39.4만 원 만 1세 : 34.7만 원 만 2세 : 28.6만 원 2015년 全 계층 지원 만 0세 : 40.6만 원 만 1세 : 35.7만 원 만 2세 : 29.5만 원	2013년 全 계층 지원 만 3세 : 22만 원 만 4세 : 22만 원 2015년 全 계층 지원 만 3세 : 22만 원 만 4세 : 22만 원	2013년 全 계층 지원 만 5세 : 22만 원 2015년 全 계층 지원 만 5세 : 22만 원
양육수당	2013년 3월부터 어린이집 이용하지 않는 취학 전 만 5세 이하 全 계층 12개월 미만: 월 20만 원 24개월 미만: 월 15만 원 만 5세 미만: 월 10만 원		

※ 2012년 기준 연령별 출생일
만 0세 : 2014.1.1. 이후 출생
만 1세 : 2013.1.1.~12.31. 출생
만 2세 : 2012.1.1.~12.31. 출생
만 3세 : 2011.1.1.~12.31. 출생
만 4세 : 2010.1.1.~12.31. 출생
만 5세 : 2009.1.1.~12.31. 출생

[그림 8-1] 어린이집 보육료 지원 체계

(3) 교육복지 투자우선지역 지원사업

빈곤아동은 열악한 환경에서 적절한 자극과 지지의 부재로 인해서 인지능력, 학습능력 및 학교적응에서 취약하고, 그 부정적인 영향은 성인기까지 영향을 미쳐서 대학진학, 취업 및 진로선택에서 더 나은 기회를 가지지 못하며, 결과적으로 빈곤의 대물림이 발생할 가능성이 크다. 따라서 빈곤아동에게 조기에 교육·문화·복지 지원을 제공할 필요가 있다.

최근 교육부에서 빈곤아동 및 청소년을 위한 중점 정책으로서 교육복지 투자우선지역 지원사업을 실시하고 있다. 이 사업은 '도시 저소득지역 교육복지 종합대책 수립계획'을 구체화한 사업으로서, 대도시 내에서 교육·문화적 환경이 상대적으로 열악한 지역을 '교육복지 투자우선지역'으로 선정하여 다른 부문보다 많은 정책적 배려와 지원을 함으로써 해당 지역의 교육·문화·복지환경과 서비스의 질을 개선하기 위한 사업이다.

① 추진배경 및 의의

교육복지 투자우선지역 지원사업은 계층 간 소득격차의 심화, 가정의 기능 약화, 급격한 도시화 등이 초래하는 사회통합 위기에 학교와 지역사회가 적극적으로 대처할 필요성이 대두되면서 추진하게 되었다. 이 사업의 의의는 저소득층 영유아 및 청소년의 출발점 평등을 통해 교육기회를 실질적으로 보장하는 국가 차원의 지원사업이며, 빈곤층의 교육·문화·복지 수준을 총체적으로 제고하기 위해 학교와 지역사회가 함께 참여한다는 점이다. 특히 학교가 중심이 되고 지역사회가 지원하는 지역사회 교육공동체 구축사업이다.

② 목표와 추진과정

이 사업의 정책목표는 우선 아동의 발달단계에 따른 기본적 욕구해결과 발생할 수 있는 문제를 사전에 예방하는 것이다. 이를 위해 취학 전 단계의 영유아에게는 양질의 취학 전 프로그램을 제공함으로써 출발점 단계의 교육·문화 접근기회의 형평성을 보장한다. 그리고 초등학생에 대해서는 학습결손 예방 및 치유, 방과후 보호 등 기본적 복지서비스 제공에 중점을 두며, 중학생에 대해서는 정서적 함양을 위해 다양한 문화활동을 지원한다. 두 번째 목표는 가정의 취약성으로 인한 정서·행동발달상의 문제를 극복할 수 있도록 학교 및 지역사회의 교육·문화환경을 조성해 주는 것이다. 또한 건강한 학교 및 일상생활을 영위할 수 있도록 신체발달을 위해 필수적인 복지서비스를 제공한다.

2003년 2월 지역별로 교육복지 투자우선지역 협의회를 개최함으로써 사업 추진을 시작하였으며, 1차 시범사업지역으로 서울에서는 4개 지역에서 33개 학교를 시범학교로 지정하였으며, 부산에서는 2개 지역에서 12개 학교를 선정하여 총 45개 학교에서 2003년부터 2년간 시범사업이 운영되고 있으며, 앞으로 전국적으로 확대 및 법제화될 계획에 있다.

(4) 지역아동센터 지원사업

지역아동센터는 1984년 서울 지역에서 시작되어 전국적으로 확산되어 오던 민간 공부방이 2004년 아동복지법 개정에 따라 명칭이 변경되어 제도화된 것이다. 공부방은 민간단체, 종교단체, 사회운동단체가 빈곤지역의 열악한 주거환경에 방치되어 있는 빈곤가정의 자녀를 보호해 주고 이들의 학습지도뿐만 아니라 가족 지원서비스, 생활교육 등 교육, 문화, 복지공간으로 운영되어 왔다. 즉, 지역아동센터는 지역사회 아동의 보호·교육, 건전한 놀이와 오락의 제공, 보호자와 지역사회의 연계 등 아동의 건전육성을 위하여 종합적인 아동복지서비스를 제공하는 목적을 가진 아동복지시설이다. 지역아동센터는 2012년 6월을 기준으로 전국에 4,003개소가 설치 운영 중에 있다. 빈곤아동에게 방과후 보호와 급식 제공, 학습 지원 및 정서 지원서비스를 제공하기 위해서 계속 확대추세에 있다.

〈표 8-9〉 지역아동센터의 서비스 내용

프로그램명	내 용
보호프로그램	빈곤위기·방임 아동보호, 일상생활지도, 급식제공, 위생지도 등
교육프로그램	숙제지도, 기초학습 부진아동 특별지도, 경제교육, 예체능교육, 독서지도 등
건전한 놀이와 오락	문화체험, 견학, 캠프, 공동체 활동, 특기적성, 예술치료 등
보호자 및 지역사회 연계	가정방문 상담·정서적 지지, 부모·가족 상담, 후원자 연계, 지역사회 내 인적·물적 자원 연계, 사례관리 등

출처 : 보건복지부(2012).

(5) 사회복지관

사회복지관이란 지역사회 내에서 일정한 시설과 전문인력을 갖추고 지역사회의 인적·물적 자원을 동원하여 지역사회문제를 해결하고 주민의 복지욕구를 충족시키기 위한 종합적인 사회복지사업을 수행하는 사회복지시설을 말한다.

사회복지관의 역할과 기능은 지역적 특성, 대상별 특성, 복지관의 규모, 담당인력 등에 따라서 사업을 선택적으로 시행하는 것이다. 대부분의 사회복지관은 지역의 빈곤가정 아동을 위해서 상담, 정서적 지원, 가사지원, 결연서비스, 방과후 공부방을 통한 학습지도 및 급식 지원 등을 제공하고 있다.

〈표 8-10〉 지역사회복지관의 빈곤아동 지원서비스

사업	빈곤가정 아동 지원서비스 내용
레츠고 교실	학습지도 및 상담, 간식 제공, 다양한 집단프로그램 및 체험활동
Key point 공부방	1:1 학습지도(멘토링), 정서적 지지, 다양한 교육정보와 진학지도
꾸러기 송년파티	공연 및 발표시간, 간식 및 오락시간
저소득 아동·청소년 결연 후원사업	한국복지재단 결연 후원금 대상자 관리, 장학금 전달, 교육지원금 후원처 개발
수능공부방	최신 기종의 컴퓨터를 통한 인터넷 정보제공, 1인 칸막이 학습 장소 제공, TV를 통한 교육방송 시청 가능
가족증진사업	가족문제상담 및 치료, 아동학대 예방교육, 부모교육
가사활동서비스	집수리/도배, ok빨래방, 무료중식/도시락/밑반찬 지원, 나눔의 빵, 이미용 서비스

출처 : 우면종합사회복지관 홈페이지 내용 재구성(2006), http://www.woomyun.or.kr.

(6) We Start운동

We Start운동은 사회구성원 모두가 나서서 빈곤가정의 아이들에게 공정한 복지와 교육의 기회를 제공해 가난 대물림을 끊고 삶의 출발(Start)을 돕자는 시민운동이다. 'We'는 복지(Welfare)와 교육(Education)의 영문 머리글자로, 이 두 부문이 운동의 핵심영역이란 의미가 들어 있다. 그리고 'Start'는 미국(Head Start), 영국(Sure Start), 캐나다(Fair Start), 호주(Best Start) 등의 여러 선진국에서 쓰고 있는 빈곤아동 지원사업의 일반 명칭이기도 하다. We Start운동은 일회성의 물질적 도움을 주기보다는 어려서부터 예방적이고 통합적인 개입이 이루어져야 빈곤으로부터의 탈피가 가능하다는 가정 하에 0~12세 빈곤층 아동들에게 교육, 문화, 복지서비스를 통합적으로 제공하는 것을 목적으로 하고 있다.

현재 운동본부는 빈곤아동들이 지역사회에서 최소한의 교육, 복지 권리를 누릴 수 있도록 학교, 사회복지관, 보건소, 지방자치단체 등이 연계해서 We Start마을 만들기, 건강지킴이 만들기, 희망의 집 꾸미기, 교육 출발선 만들기, 후견인 맺어 주기 등의 사업을 시행하고 있다. 2004년 5월에 중앙일보와 민간단체가 공동으로 시작한 We Start운동은 2004년 8월 경기도 지역 3곳을 선정해 시범사업을 시작한 이후 2013년, 서울, 경기, 강원도, 전라남도 등 4개 광역시·도에서 23개 지역이 시범마을로 지정되어 운영 중이다. We Start마을에서는 아이들을 영아(0~3세), 유아(4~6세), 학령아동(7~12세) 등 연령별로 구분해 특화된 프로그램을 제공한다. 영아와 산모에게는 집중적인 건강관리와 보육서비스가 시행되고, 유아에게는 취학 준비 및 인지능력 개발프로그램을, 학령아동에게는 기초 학력 제고 및 학교 적응프로그램 등을 제공하고 있다.

〈표 8-11〉 연령별 특성화 프로그램

연령	프로그램
0~3세	• 사회복지사, 간호사 가정방문 프로그램 • 산모, 영유아 건강문제 발생 시 협력 병원 의뢰 • 건강 유지에 필수적 식품 제공 • 포괄적 보육서비스 시행
4~6세	• 학교 준비 및 인지능력 개발프로그램 • 어린이집, 지역아동센터 등 아동시설 환경 개선 사업 • 어린이집 이용 보조금 지급
7~12세	• 기초 학력 제고, 학교적응프로그램 • 학업 부진 학생 개별 학습 지도 • 가족 단위 사례 관리로 종합적 해결책 모색 • 빈곤아동을 위한 특별 학교 운영비, 급식비 지원

출처 : 위스타트 운동본부(2010), http://westart.or.kr.

(7) 드림스타트

드림스타트 사업은 금전 지원의 확대만으로 아동의 빈곤 문제를 해결할 수 없다는 인식 하에 빈곤아동을 대상으로 집중적이고 예방적인 인적 자본 개발을 통해 공평한 출발기회를 보장해 나가자는 취지의 아동정책이다. 가난한 아이들의 전인적 발달을 지원하려는 '드림스타트 사업'은 최근 가정해체, 사회양극화 등으로 인한 아동빈곤 문제의 심각성이 대두되고 있는 상황에 대한 대응 정책이라고 할 수 있다.

드림스타트 프로젝트는 취약지역에 거주하는 저소득 임산부와 12세 이하 아동가구를 대상으로 아이들에게는 건강·복지·보육 등 맞춤형 통합서비스 제공을 통하여 아동의 전인적 발달을 지원하고 부모들에게 직업훈련·고용촉진서비스를 제공하여 가족기능을 회복시켜 공평한 양육여건을 보장하려는 프로그램들로 구성되어 있다.

특히 대상자 선정의 적정성 및 개입의 효율성을 도모하기 위해 아동의 위기수준별 상담 및 모니터링을 실시하는 일련의 사례관리체계를 확립하였으며, 2012년 181개 시·군·구에서 29,332가구, 44,651명의 아동에 대해 집중사례관리 및 통합서비스를 지원하고 있다. 또한 지역사회 내 사회복지관, 지역아동센터, 학교, 어린이집, 보건소 및 민간 의료기관 등 다양한 아동복지자원과 연계하여 경제적·정서적 후원효과를 보이고 있다.

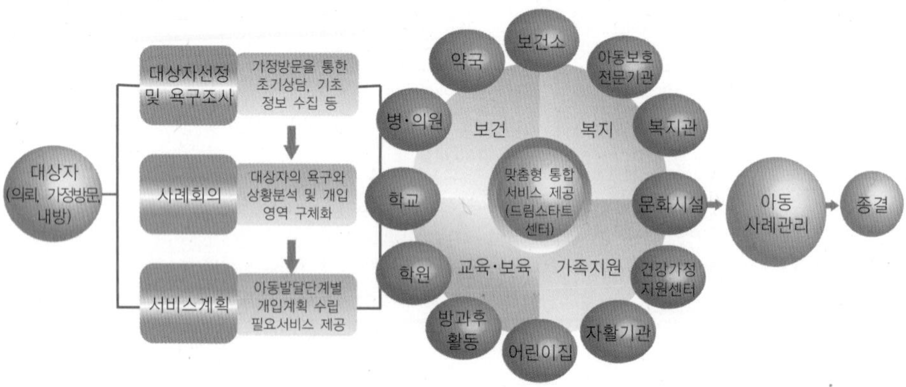

출처 : 보건복지부(2012).

[그림 8-2] 드림스타트 사업 사례관리 절차 및 지역자원 연계도

4 빈곤아동을 위한 복지사업의 개선방향

아동은 가족의 유기체적 기능에 영향을 받고 있고, 장기적인 관점에서 잠재력계발이 보다 중요하다는 점에서 복합적이고 통합적으로 지원해 줄 수 있는 빈곤가족에 대한 복지정책과 프로그램의 제공이 필요하다. 빈곤아동에 대한 지원은 장기적으로는 빈곤에 대한 예방책이기도 하므로 빈곤아동을 위한 경제적 지원 확대와 지속적인 관심이 요구된다.

1) 신체적·정신적 건강관리 지원 강화

빈곤아동은 일반아동에 비해 건강 상태가 좋지 않고 발달 정도가 부진하며, 정서 및 행동문제를 더 많이 경험하는 것으로 나타나 건강관리를 위한 다양한 지원이 보다 더 필요하다. 아동의 건강한 성장은 아동복지의 전제이므로 우선 급식지원사업을 개선해야 한다. 아동 급식 지원사업의 지방이양으로 인하여 지역별로 재정 불균형의 상황에서 지방자체단체의 급식예산 확보가 매우 절실한 과제이다. 그리고 급식전달체계와 관련하여 급식지원 방안을 결정하는 아동급식위원회의 운영이 공정하고 효과적으로 운영되도록 아동급식위원회는 아동급식에 관심을 가지는 민간단체와 아동복지 및 영양 전문가를 중심으로 구성되도록 해야 한다.

한편 빈곤가정의 경우 세대 간의 대화 부족과 갈등으로 인해 아동이 비행으로 나갈 가능성이 크고, 가족원 간의 정서적 기능도 거의 이루어지지 않아서 사회적 편견으로 인한 마음의 상처와 과도한 스트레스를 경험하는 것으로 나타난다(한국여성개발원, 2002). 그러나 빈곤아동이 경험하는 심리적·정서적 어려움에도 불구하고 경제적 지원에 초점을 맞춘 현재의 사업 방향과 인력 부족 등으로 이러한 문제를 해결하기 위한 노력은 매우 미흡하다. 앞으로의 지원사업은 경제적 도움을 제공하는 것에서 더 나아가 아동들이 학교에 잘 적응하고 학업과정을 수행하는 문제, 사춘기의 심리적 어려움을 잘 극복하는 문제 등 아동이 처한 상황에 따른 다양한 문제와 그에 따른 심리적 어려움을 극복할 수 있도록 도와주고 필요할 경우 빈곤아동의 정서적 발달을 위한 상담 및 치료서비스가 제공되어야 할 것이다.

2) 아동수당제도 도입

현재 소년소녀가정, 한부모가족 아동, 국민기초생활보장사업 수급가정의 아동에게 생계급여, 교육급여 등을 지원하고 있으나 최소한의 지원이며 현실적으로 아동의 가정양육을 보장하기에는 미흡하다. 한국여성개발원(2002)의 조사에 의하면, 빈곤가정의 가장 심각한 문제는 기초생계비 부족이었고, 빈곤아동을 지원하는 사업을 수행하는 데 필요한 예산과 인력이 부족한 것으로 나타나 경제적 지원의 확대가 절실한 실정이다. 유럽의 복지국가는 대부분 아동수당금을 지급하고 있고, 일본에서도 자산조사에 기초하여 차등적으로 아동수당이 지원되고 있다. 우리나라도 아동의 기본생활이 보장되는 현실성 있는 수준으로 빈곤가정에 대한 아동수당이 지급되어야 한다.

3) 지역아동센터의 확충과 교육·문화·복지 지원사업의 확대

개인이나 자원봉사자 중심으로 운영되던 지역아동센터는 실정에 따라 대상 아동에게 단편적이며 임의적으로 교육·복지·보건서비스를 제공해 왔다. 2004년부터 정부에서 인건비와 사업비를 지원하기 시작함에 따라 지역아동센터에서 제공되는 서비스의 질적 수준이 점차 향상될 것으로 기대되고 있으나 아직은 제도화된 기간이 짧아서 미흡한 부분이 많다. 지역사회 아동의 보호·교육, 건전한 놀이와 오락의 제공, 보호자와 지역사회의 연계 등 아동의 건전육성을 위하여 종합적인 아동복지서비스 제공이라는 시설의 목적을 달성하려면 현재의 시설 환경의 개선과 인력의 보충 및 프로그램 개발 등이 시급히 해결되어야 할 과제이다. 따라서 지원을 확대하여 전문적인 인력을 배치하고 지역아동센터의 시설환경 개선을 지원하여 아동안전시설 기준, 식품위생법 기준, 교육시설 기준 등을 충족할 수 있도록 하고, 표준프로그램을 개발하여 프로그램의 질적 수준을 향상시키고 교육·복지·보건이 연계된 통합서비스가 제공되어야 할 것이다. 그리고 빈곤아동에 대한 기존의 지역사회 복지체계와 연계하여 종합적인 서비스를 제공할 수 있도록 뒷받침해야 한다.

4) 가족기능 강화 및 빈곤아동 발생 예방 대책 마련

빈곤아동에 대한 복지대책 마련과 동시에 빈곤아동의 발생을 예방하는 정책을 실시하는 것도 중요하다. 빈곤아동은 부모의 부적절한 양육행동, 지도감독 및 가족문제로 인하여 부정적인 영향을 받는 경향이 있다. 따라서 보호자를 비롯한 빈곤아동 가족에 대한 다양한 지원서비스가 필요하며, 학교나 지역사회복지기관을 통하여 빈곤아동에 대한 사회적 지지세력과 자원을 개발하여야 할 것이다. 또한 가족해체를 발생시키는 가족기능의 부족문제를 보완해 줄 수 있도록 사회적 차원에서 건강한 가족을 만들기 위한 노력이 요구된다. 여러 가지 가족문제를 해결해 줄 수 있는 지원정책, 즉 빈곤가족에 대한 경제적 지원, 해체가족에 대한 다양한 가족상담이나 가정봉사원 서비스 등 사회복지서비스의 제공, 직장제공 등의 프로그램을 통해서 빈곤아동의 발생을 예방하고 최소화하려는 노력이 필요하다.

5) 빈곤아동을 위한 진로지도프로그램의 개발 및 실시

아동의 사회적 자립을 위해 가장 중요한 부분이라고 할 수 있는 교육 및 진로지도를 위한 프로그램 개발이 요구된다. 빈곤아동은 경제적 어려움으로 학교를 중퇴하거나, 직장에 다니며 학업을 병행하는 경우도 있다. 이들의 학교 중퇴 또는 자퇴율이 일반아동에 비해 높게 나타난다. 이는 결국 자신의 연령에 맞는 발달과정에서 도태되어 다음 단계로 진입하지 못함을 의미한다. 즉, 낮은 수준의 학업 성취는 물론, 비행과 같은 부적응 행동이라든가 또는 열등감, 무책임감, 낮은 사회성 등의 심리적 문제를 갖게 될 가능성이 많다. 따라서 빈곤아동을 위한 학업 및 진학 지도프로그램은 단순히 학습지도를 하는 수준에서 벗어나 아동의 연령에 따른 체계적인 지도가 가능할 수 있도록 전문적인 프로그램으로 개발할 필요가 있다. 특히 정서적인 안정과 성장을 위해서는 일회성의 행사를 지양하고 지지집단프로그램, 인성교육프로그램 등과 같은 장기적인 프로그램을 정기적으로 실시하는 것이 바람직하다. 그리고 고등학교 진학 전후에 직장과 학교진학 등과 관련된 진로상담을 실시하여 진로에 대한 사전준비가 될 수 있는 제도적 장치가 필요하다. 직업을 원할 때는 직업훈련을 받을 수 있도록 하고 훈련 후 직장 알선과 사후지도를 실시하여야 한다. 또한 대학의 진학을 희망할 경우에는 장학금 지급, 생계비 및 학자금의 저금리융자 혜택을 받을 수 있는 제도를 도입하는 등 빈곤의 대물림 현상을 막을 수 있도록 지지기반을 마련해야 한다.

9

CHAPTER

학대아동을 위한 아동복지실천

아동학대는 20세기 후반부터 아동권리협약의 '보호받을 권리'와 관련하여 주목받고 있다. 특히 아동이 생존과 발달을 의지하고 있는 보호자에 의한 아동학대는 발달을 저해하고 그 부작용이 성인기까지 지속됨으로써 아동의 인권을 유린하는 심각한 문제이기도 하다. 그러나 아동학대는 대부분 가정 내에서 발생하므로 노출, 사회적인 개입이 어려워 민간 복지기관을 중심으로 비공식적인 접근이 이루어져 왔고, 2000년 아동복지법이 개정되면서 법적 근거를 가지고 공식적인 접근을 할 수 있게 되었다. 본 장에서는 아동학대에 대한 전반적인 이해를 기초로 아동학대의 현황, 학대아동을 위한 아동보호사업의 내용과 개선 방향을 소개한다.

1 아동학대의 이해

1) 아동학대의 개념

아동학대의 정의는 크게 협의의 정의와 광의의 정의로 나누어진다. 협의의 정의는 학대의 범위를 신체적 학대로 제한한다. Kempe 외(1962)는 아동학대를 '피학대증후군'(the battered child syndrome)이라는 용어로 지칭하고, 부모나 양육자의 학대행위 또는 방임에 의해 초래되는 비우발적인 신체적 상해로 정의하였다. 신체적 학대에 제한된 정의는 의학적 검증과 법적 증거 제시가 용이하며, 학대에 관한 사후처리적 개입을 할 수 있으나(주영희, 1984) 상처를 남기지 않는 신체적 학대와 심리적 학대를 포괄하지 못한다는 한계를 갖는다.

광의의 정의는 아동발달상의 욕구 충족에 실패한 모든 환경을 아동학대로 보고 방임을 포함한다. Gil(1970)은 아동의 평등한 자유와 권리를 박탈하거나 아동의 적절한 발달을 저해하는 행위 그리고 방임의 조건과 제도를 모두 아동학대라고 정의하고, 가정 내, 사회나 제도, 기타 환경에서 벌어지는 것까지 아동학대에 포함시켰다. 아동의 권리를 보호하고 예방적 개입을 지지할 수 있다는 점에서 바람직한 정의라고 볼 수 있다.

우리나라에서 아동학대에 대한 공식적인 정의는 아동복지법 제3조(정의)에 명시되어 있다. 아동학대는 보호자를 포함한 성인이 아동의 건강 또는 복지를 해치거나 정상적 발달을 저해할 수 있는 신체적·정서적·성적 폭력이나 가혹행위를 하는 것과 아동의 보호자가 아동을 유기하거나 방임하는 것으로 정의된다. 따라서 법적 정의에 의하면, 아동학대는 친권자, 후견인을 포함한 성인이 자신의 보호·양육·교육 또는 감독을 받는 18세 미만의 자에게 가하는 신체적·성적·정서적 학대행위, 물리적·교육적·정서적·의료적 방임과 유기 행위이다.

2) 아동학대의 유형과 결과

아동복지법(제2조 제4호)에 근거해 아동학대는 신체학대, 정서학대, 성적 학대, 방임의 유형으로 구분된다. 이는 학대 속에 방임을 포함하지 않고 아동학대와 방임을 병렬구조로 유형화하고 있는 미국과는 차이가 있다. 아동복지법 제3조의 아동학대 정의에 기초하여 아동학대의 유형을 나누고 정의, 학대 행위, 신체적 및 행동적 징후를 정리하면 다음과 같다(아동권리보장원, 2020a). 아동학대의 유형 이해와 관련하여 기억해야 할 것은 이러한 아동학대의 유형이 상호 배타적이지 않다는 것이다. 예를 들어, 방임과 정서적 학대는 내용상 중복된다. 그러므로 아동학대의 발생도 어느 한 유형에 국한되어 일어나기보다는 중복적인 학대 유형의 사례가 많이 발견된다(보건복지부, 중앙아동보호전문기관, 2019).

〈표 9-1〉 아동학대의 유형별 정의, 학대 행위, 징후

구분	신체학대	정서학대	성 학대	방임
정의	• 보호자를 포함한 성인이 아동의 건강·복지를 해치거나 정상적 발달을 저해할 수 있는 신체적 폭력 또는 가혹행위 • 손, 발 또는 도구로 때림, 물건을 던짐, 꼬집거나 물어뜯음, 신체 일부를 강압적으로 압박하거나 아동을 던지는 행위 등이 포함됨.	• 보호자를 포함한 성인에 의하여 아동의 건강·복지를 해치거나 정상적 발달을 저해할 수 있는 정신적 폭력 또는 가혹행위 • 소리 지름, 무시 또는 모욕, 가정폭력에 노출, 아동에 대한 비현실적인 기대나 강요하는 행위가 포함됨.	• 보호자를 포함한 성인에 의하여 아동의 건강·복지를 해치거나 정상적 발달을 저해할 수 있는 성적 폭력 또는 가혹행위 • 아동을 대상으로 하는 모든 성적 행위를 뜻함. 성기노출, 신체 및 성기 추행, 성기 삽입, 음란물을 보여 주는 행위, 성매매를 시키거나 성매매를 매개하는 행위 등이 포함됨.	• 아동의 보호자가 아동을 방임하는 행위 • 기본적인 의식주를 제공하지 않거나 불결한 환경에 아동을 방치하는 행위, 아동에게 필요한 의료처리를 하지 않거나 학교에 보내지 않는 행위, 아동을 보호하지 않고 버리는 행위 등이 포함됨.
학대 행위	• 직접적으로 신체에 가해지는 행위(손, 발 등으로 때림, 꼬집고 물어뜯는 행위, 조르고 비트는 행위, 할퀴는 행위 등) • 도구를 사용하여 신체를 가해하는 행위(도구로 때림, 흉기 및 뾰족한 도구로 찌름 등) • 완력을 사용하여 신체를 위협하는 행위(강하게 흔듦, 신체부위 묶음, 벽에 밀어붙	• 원망적/거부적/적대적 또는 경멸적인 언어폭력 등 • 잠을 재우지 않는 것 • 벌거벗겨 내쫓는 행위 • 형제나 친구 등과 비교, 차별, 편애하는 행위 • 가족 내에서 왕따 시키는 행위 • 아동이 가정폭력을 목격하게 하는 행위 • 아동을 시설 등에 버리겠다고 위협하거나 짐을 싸서 쫓아내는 행위	• 자신의 성적만족을 위해 아동을 관찰하거나 아동에게 성적인 노출을 하는 행위 (옷을 벗기거나 벗겨서 관찰하는 등의 관음적 행위, 성관계 장면을 노출, 나체 및 성기 노출, 자위행위 노출 및 강요, 음란물을 노출하는 행위 등) • 아동을 성적으로 추행하는 행위(구강추행, 성기추행, 항문추행, 기타 신체부위를 성적	• 물리적 방임 - 기본 의식주를 제공하지 않는 행위, 불결한 환경이나 위험한 상태에 방치하는 행위, 아동의 출생신고를 하지 않는 행위, 보호자가 아동을 가정 내 두고 가출, 보호자가 친족에게 연락하지 않고 무작정 아동을 친족 집 근처에 두고 사라진 경우, 아동을 병원에 입원시키고 사라진 경우

구분	신체학대	정서학대	성 학대	방임
	임, 떠밀고 잡음, 아동 던짐, 거꾸로 매닮, 물에 빠트림 등) • 신체에 유해한 물질로 신체에 가해지는 행위(화학물질 혹은 약물 등으로 신체에 상해를 입히는 행위, 화상을 입힘 등)	• 미성년자 출입금지 업소에 아동을 데리고 다니는 행위 • 아동의 정서 발달 및 연령상 감당하기 어려운 것을 강요하는 행위(감금, 약취 및 유인, 노동 착취) • 다른 아동을 학대하도록 강요하는 행위	으로 추행하는 행위 등) • 아동에게 유사성행위를 하는 행위(드라이 성교 등) • 성교를 하는 행위(성기삽입, 구강성교, 항문성교) • 성매매를 시키거나 성매매를 매개하는 행위	• 교육적 방임 - 보호자가 아동을 특별한 사유 없이 학교(초·중등학교 의무교육)에 보내지 않거나 아동의 무단결석을 방치하는 행위 • 의료적 방임 - 필요한 의료적 처치 및 개입을 하지 않는 행위 • 유기 - 아동을 보호하지 않고 버리는 행위, 시설 근처에 버리고 가는 행위
징후	〈신체적 징후〉 • 상처 - 설명하기 어려운 신체적 상흔, 발생 및 회복에 시간차가 있는 상처, 비슷한 크기의 반복적으로 긁힌 상처, 사용된 도구의 모양이 그대로 나타나는 상처, 입, 입술, 치은, 눈, 외음부 상처, 긁히거나 물린 자국에 의한 상처, 성인에 의해 물린 상처, 손목이나 발목에 긁힌 상처, 영유아에게 발견된 붉게 긁힌 상처, 겨드랑이, 팔뚝 안쪽, 허벅지 안쪽 등 다치기 어려운 부위의 상처 • 화상자국 - 담배 불 자국, 뜨거운 물에 잠겨 생긴 화상자국, 회음부에 있는 화상자국, 알고 있는 물체모양(다리미 등)의 화상자국, 회복속도가 다양한 화상자국 • 대뇌 출혈, 망막출혈, 양쪽 안구 손상, 머리카락이 뜯겨나간 두	〈신체적 징후〉 • 발달지연 및 성장장애 • 신체발달 저하 〈행동적 징후〉 • 특정물건을 계속 빨고 있거나 물어뜯음 • 행동장애(반사회적, 파괴적 행동장애) • 신경성 기질 장애(놀이장애) • 정신신경성 반응(히스테리, 강박, 공포) • 언어장애 • 극단행동, 과잉행동, 자살시도 • 실수에 대한 과잉반응 • 부모와의 접촉에 대한 두려움	〈신체적 징후〉 • 신체적 지표 - 학령 전 아동의 성병감염, 임신 • 생식기의 증거 - 아동의 질에 있는 정액, 찢기거나 손실된 처녀막, 질에 생긴 상처나 긁힌 자국, 질의 홍진(紅疹), 배뇨곤란, 요도염, 생식기의 대상포진 • 항문증후 - 항문 괄약근의 손상, 항문 주변의 멍이나 찰과상, 항문 내장이 짧아지거나 뒤집힘, 항문입구에 생긴 열창, 항문이 좁아짐, 회음부의 동통과 가려움, 변비, 대변에 혈액이 나옴 • 구강증후 - 입천장의 손상, 인두(咽頭)임질 〈행동적 징후〉 • 성적 행동지표 - 나이에 맞지 않는 성적 행동, 해박하고 조숙한 성지식, 명백하게 성적인 묘사를 한 그림	〈신체적 징후〉 • 발달지연 및 성장장애 • 비위생적인 신체상태 • 예방접종과 의학적 치료 불이행으로 인한 건강상태 불량 • 아동에게 악취가 지속적으로 나는 경우 〈행동적 징후〉 • 계절에 맞지 않는 부적절한 옷차림 • 음식을 구걸하거나 훔침 • 비행 또는 도벽 • 학교에 일찍 등교하고 집에 늦게 귀가함 • 지속적인 피로 또는 불안정감 호소 • 수업 중 조는 태도 • 잦은 결석

구분	신체학대	정서학대	성 학대	방임
	피 혈종 등을 동반한 복잡한 두부 손상, 고막 천공이나 귓불이 찢겨진 상처와 같은 귀 손상 • 골격계 손상, 시간차가 있는 골절, 치유 단계가 다른 여러 부위의 골절, 복합 및 나선형 골절, 척추 손상(특히, 여러 군데의 골절), 영유아의 긴 뼈에서 나타나는 간단 골절, 회전상 골절, 걷지 못하는 아이에게서 나타나는 대퇴골절, 골막하 출혈의 방사선 사진, 골단 분리, 골막 변형, 골막 석회화 • 간혈종, 간열상, 십이지장 천공, 궤양 등과 같은 복부손상, 폐 좌상, 기흉, 흉막삼출과 같은 흉부손상 〈행동적 징후〉 • 어른과 접촉회피, 부모를 두려워함, 집에 가는 것을 두려워함 • 다른 아동이 울 때 공포를 나타냄 • 공격적이거나 위축된 극단 행동 • 위험에 대한 지속적인 경계		들, 타인과의 성적인 상호관계, 동물이나 장난감을 대상으로 하는 성적인 상호관계 • 비(非)성적인 행동지표 - 위축, 환상, 유아적 행동(퇴행행동), 자기 파괴적 또는 위험을 무릅쓴 모험적인 행동, 충동성, 산만함 및 주의집중장애, 혼자 남아 있기를 거부 또는 외톨이, 특정 유형의 사람들 또는 성에 대한 두려움, 방화/동물에게 잔혹함(주로 남아의 특징), 비행, 가출, 약물 및 알코올 남용, 자기 파괴적 행동(자살시도), 범죄행위, 우울, 불안, 사회관계의 단절, 수면장애, 유뇨증/유분증, 섭식장애(폭식증/거식증), 야뇨증, 외상 후 스트레스 장애, 저조한 학업수행	

출처: 아동권리보장원(2020a). 아동학대. http://www.korea1391.go.kr/new/page/sign.php.

이상과 같은 학대 외에 아동복지법 제17조(금지행위)에는 아동을 착취하거나 이익취득을 위한 도구로 이용하는 행위를 금지행위로 규정하고 있다.

아동복지법 제17조(금지행위)

누구든지 다음 각 호의 어느 하나에 해당하는 행위를 하여서는 아니 된다.

1. 아동을 매매하는 행위
2. 아동에게 음란한 행위를 시키거나 이를 매개하는 행위 또는 아동에게 성적 수치심을 주는 성희롱 등의 성적 학대행위
3. 아동의 신체에 손상을 주거나 신체의 건강 및 발달을 해치는 신체적 학대행위
4. 삭제 〈2014. 1. 28.〉
5. 아동의 정신건강 및 발달에 해를 끼치는 정서적 학대행위
6. 자신의 보호·감독을 받는 아동을 유기하거나 의식주를 포함한 기본적 보호·양육·치료 및 교육을 소홀히 하는 방임행위
7. 장애를 가진 아동을 공중에 관람시키는 행위
8. 아동에게 구걸을 시키거나 아동을 이용하여 구걸하는 행위
9. 공중의 오락 또는 흥행을 목적으로 아동의 건강 또는 안전에 유해한 곡예를 시키는 행위 또는 이를 위하여 아동을 제3자에게 인도하는 행위
10. 정당한 권한을 가진 알선기관 외의 자가 아동의 양육을 알선하고 금품을 취득하거나 금품을 요구 또는 약속하는 행위
11. 아동을 위하여 증여 또는 급여된 금품을 그 목적 외의 용도로 사용하는 행위

출처: 국가법령정보센터(2020). 아동복지법.

아동학대의 결과는 학대 상처가 작거나 학대가 일시적으로 고통을 주는 경우가 있는가 하면 골절, 졸도, 사망에 이르기까지 심각하거나 장기적 고통을 남길 수 있다. 어떤 경우든 아동에게는 신체적 및 심리적 상처와 고통이 발달과정에 부정적인 영향을 미칠 수 있다.

학대 피해아동은 자아존중감이 낮고 불안을 경험하며 사회적 관계에서 위축, 또래관계 어려움, 학업문제를 겪으며, 발달지체를 보인다. 장기적으로는 건강 위협 행동, 건강 악화, 만성적인 질환의 증가 등 학대의 후유증이 평생 나타날 수 있다(Dolezal et al., 2009). 성장 후에는 학대 가해자가 되는 세대 간의 악순환의 문제, 폭력 범죄와 연결되는 등 사회적 문제를 초래할 수도 있다(Thomberry & Henry, 2013). 직접 학대를 겪지 않았다 해도 가정폭력을 목격하는 것만으로도 아동은 행동적·정서적 문제를 보이게 된다(이재연 외, 2018).

3) 아동학대의 원인

아동학대의 발생 원인은 아동학대를 보는 관점, 즉 어떤 발생요인에 초점을 두느냐에 따라 달라진다. 아동이나 가해자의 개인적 특성을 강조하는 발달론적 관점과 정신병리학적 관점, 그리고 아동과 부모, 가정을 둘러싼 사회문화적 환경의 특성을 강조하는 사회심리학적 관점, 사회문화적 관점 및 생태학적 관점 등으로 나뉠 수 있다(공계순 외, 2003; 문선화 외, 2005; 아동권리보장원, 2020a; 오정수·정익중, 2008). 관점별로 아동학대 요인을 정리하면 〈표 9-2〉와 같다.

〈표 9-2〉 아동학대의 발생에 대한 관점별 발생요인*

<table>
<tr><th>관점</th><th>발생요인</th><th>참고</th></tr>
<tr><td>발달론적 관점</td><td>• 아동 자신의 특성 : 까다로운 기질, 어린 나이, 신체적 혹은 정신적 장애 등</td><td>• 아동학대가 아동과 가족을 둘러싼 사회 환경과 불안정한 애착관계와 같은 부모-자녀관계 요인과도 밀접하게 연관되어 있음을 간과함.</td></tr>
<tr><td>정신병리학적 관점</td><td>• 가해 부모의 심리적 특성 : 자녀에 대한 부정적 편견, 자녀양육 문제의 해결능력 부족, 자녀관리 능력의 부족, 부모역할 스트레스 등(주로 자신의 어린 시절 학대경험에 의함)
• 가해자의 병리적 특성 : 정신과적 문제, 분노, 우울증, 통제력 부족, 낮은 자존감, 완고성, 감정이입 능력의 결함, 약물 의존과 남용, 신체 및 건강상의 문제 등</td><td>• 학대 부모의 특성에 따라 잠재적으로 학대할 가능성이 있는 부모를 확인하는 것이 가능하며, 적절한 진단, 치료 등 사후대책을 모색하게 함.
• 정신병리적 문제가 있는 사람이 아동을 학대할 것이라고 단정하는 것은 부정적·불필요한 낙인을 가해자와 아동에게 부여한다는 점, 가해자의 외부 변인을 설명하는 데 제한적이라는 점에서 비판됨.</td></tr>
<tr><td>사회심리학적 관점</td><td>• 가정의 특징 : 세대 간의 아동학대행위, 부부 간의 불화, 가족 간의 긍정적 상호작용 부족, 가정의 경제적 스트레스</td><td rowspan="3">• 구체적인 발생요인들이 상호 연계하여 복합적으로 작용한다고 봄. 그러나 요인 간의 상호 연계성에 대한 경험적 근거가 불충분함.</td></tr>
<tr><td>사회문화적 관점</td><td>• 상황적 요인 : 낮은 사회경제적 지위, 한부모가구, 실직 혹은 불안정한 직업, 사회적 스트레스, 사회적 고립, 사회적 박탈감 등
• 문화적 요인 : 사회 전반의 폭력 묵인 분위기, 사회의 체벌허용 분위기, 아동을 소유물로 인식
• 제도적 요인 : 피해아동에 대한 법적인 보호 부재 및 미비</td></tr>
<tr><td>생태학적 관점</td><td>• 다른 모든 관점의 관련 요인 통합</td></tr>
</table>

출처 : 오정수·정익중(2008)의 p. 273-274 〈표 10-1〉을 수정 보완함.

나아가 2017년도의 아동학대 사례 보고(보건복지부, 중앙아동보호전문기관, 2018; 아동권리보장원, 2018)에서 학대가해자의 특성과 피해아동의 특성에 근거하여 학대의 원인을 추측할 수 있다. 첫째, 학대행위자의 특성을 중심으로 살펴보면, 적절한 양육태도 및 방법이 부족함에 따른 학대 발생이 22.2%로 가장 높은 비율을 차지하였다. 그다음으로 사회·경제적으로 과다한 스트레스가 있거나 고립을 경험함에 따른 건수 13.1%, 부부 및 가족 구성원 간의 갈등에 의한 건수 7.2%로 나타났다. 학대행위자의 성격 및 기질 문제, 중독문제에 의한 건수는 각각 4.4%, 2.9%였다. 학대행위자의 스트레스 및 고립, 부부갈등, 성격 및 기질, 알코올 및 약물 남용 등의 학대행위자 특성은 아동학대의 위험 요인으로 이미 보고된 바 있다(Child Welfare Information Gateway, 2013, 이재연 외, 2018 재인용).

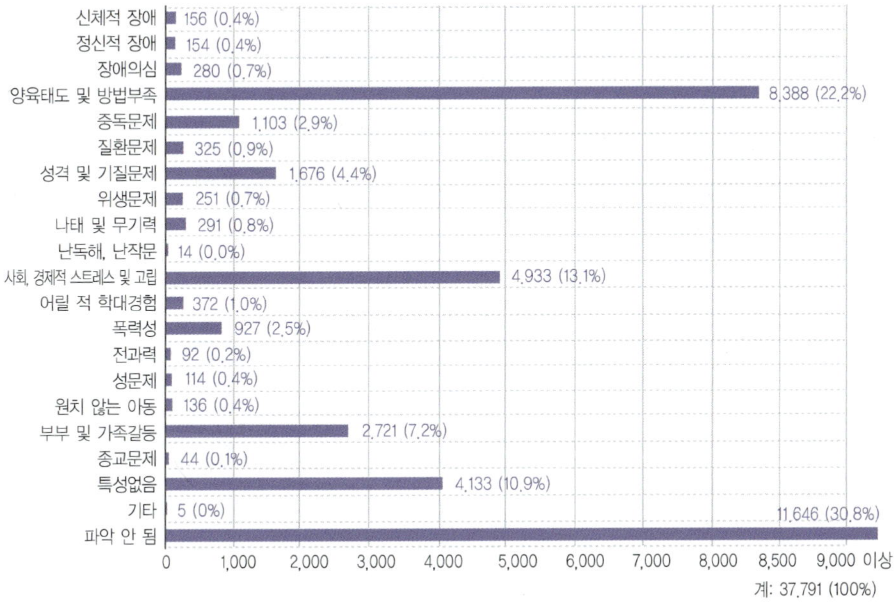

출처: 아동권리보장원(2018).

[그림 9-1] 2017년 학대행위자의 특성

둘째, 피해아동의 특성을 중심으로 발생한 학대 사례를 살펴보면, 반항·충동·공격성, 거짓말, 도벽 등과 같은 적응·행동 특성을 가진 경우가 전체 사례의 21.4%로 가장 다수를 차지하였다. 그다음으로는 정서·정신건강이 19.3%, 특성 없음이 18.3%, 발달·신체건강이 5.6%, 장애가 2.1%로 나타났다. 피해아동의 특성이 없는 경우에도 학대가 발생할 수 있음을 알 수 있다. 이와 같은 피해아동의 특성은 학대 위험 요인인 동시에 학대로 인한 후유증일 가능성이 높다. 따라서 피해아동의 특성을 파악하는 것은 아동을 학대로부터 예방적으로 안전하게 보호하고 개입하기 위해 중요하다(보건복지부, 중앙아동보호전문기관, 2018).

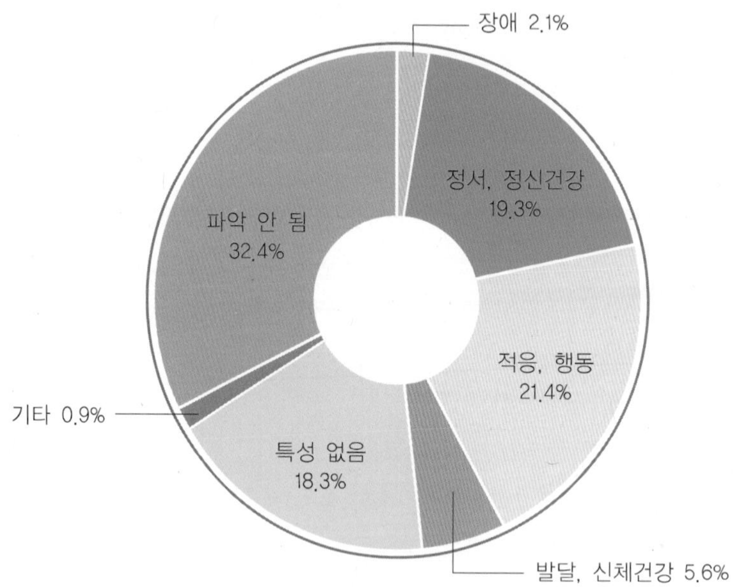

출처 : 보건복지부, 중앙아동보호전문기관(2018).

[그림 9-2] 2017년 학대 피해아동의 특성

2 아동학대 현황

아동학대의 효율적인 예방과 치료 및 대책을 마련하기 위해서는 아동학대의 정확한 실태 파악이 중요하다. 아동보호전문기관의 아동학대 사례를 분석한 보고(보건복지부, 중앙아동보호전문기관, 2015, 2019)에 근거하여 아동학대의 현황을 살펴보기로 한다.

1) 아동학대 신고건수

2018년의 아동학대 신고건수는 총 36,416건으로 2017년에 비해 약 6.6%가 증가한 것으로 나타났다. 아동학대 의심사례는 33,532건으로 전체 신고건수의 92.1%였고, 그중에서 아동학대로 판정받은 건수는 24,604(73.4%)로 나타났다.

아동학대 총 신고건수와 학대 판정건수는 계속 증가하는 추세를 보이고 있다. 이러한 경향은 2004년 아동보호전문기관의 증설, 2014년 「아동학대범죄의 처벌 등에 관한 특례법」 제정안과 「아동복지법」 개정안의 국회 통과로 아동학대 대응체계가 구축되고 신고의무가 강화됨에 따른 것으로 보인다. 또한 2015년 인천 어린이집 아동학대 사건으로 어린이집 CCTV 설치가 의무화되고 사회 전반에서 아동학대를 중대 범죄로 보는 인식의 변화 결과로 해석할 수 있다(보건복지부, 중앙아동보호전문기관, 2016).

〈표 9-3〉 아동학대 신고건수, 의심사례 건수 및 학대 판정 건수

(단위: 건수, %)

연도	총 신고건수	아동학대 의심사례 신고건수	학대 판정건수
2006	8,903	6,452(72.5)	5,202(80.6)
2010	9,199	7,406(80.5)	5,657(76.4)
2014	17,782	15,025(84.5)	10,027(66.7)
2018	36,416	33,532(92.1)[1)]	24,604(73.4)[2)]

주 1) 총 신고건수 기준 아동학대 의심사례로 신고받은 건수의 비율
주 2) 아동학대 의심사례로 신고받은 건수 기준 학대 판정건수의 비율

출처 : 보건복지부, 중앙아동보호전문기관(2015, 2019).

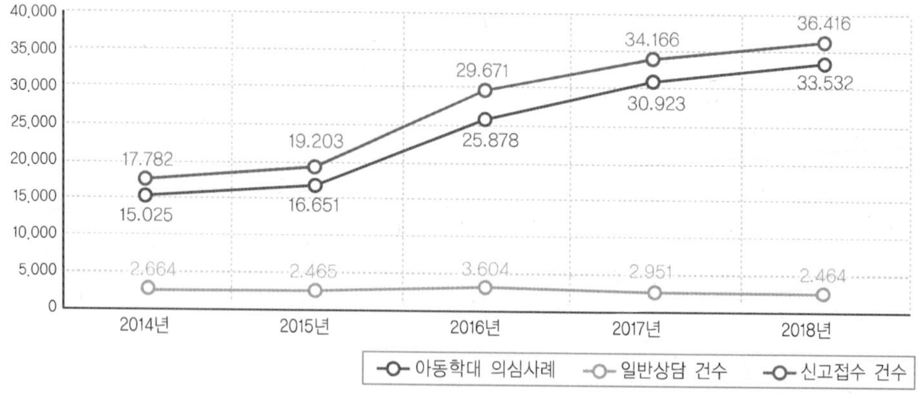

주1) 연도별 신고접수 건수 중 동일신고 건수는 미제시함.

출처 : 보건복지부, 중앙아동보호전문기관(2019).

[그림 9-3] 연도별 아동학대 신고건수

2014년 600여 건이던 신고건수가 2015년 1,500건으로 2배 이상 증가한 이래 2018년 신고의무자에 의한 신고는 27.3%, 비신고의무자에 의한 신고는 72.7%로 각각 증가하고 있다. 아동학대 신고의무 자 중에서 초·중·고교 직원은 6,406건(19.1%), 아동복지시설 종사자 411건(1.2%), 의료인·의료기사 325건(1.0%) 순으로 높은 비율로 보고되었다. 비신고의무자 중에서는 아동보호전문기관 종사자 7,756건(23.1%), 부모가 6,089건(18.2%), 아동 본인 4,512건(13.5%), 이웃·친구 1,859건(5.5%) 순으로 많은 신고건수를 보였다. 따라서 신고를 통해 적극적으로 학대받은 아동을 보호조치하려는 인식과 태도의 변화가 있다고 볼 수 있다.

〈표 9-4〉 신고의무자 및 비신고의무자의 유형별 신고건수(2018년)

신고의무자 유형	신고건수(%)
초·중·고교직원	6,406(19.1)
의료인, 의료기사	325(1.0)
아동복지시설 종사자	411(1.2)
장애인복지시설 종사자	56(0.2)
보육교직원	213(0.6)
유치원 교직원·강사	115(03)
학원 및 교습소 종사자	18(0.1)
소방구급대원	24(0.1)
한부모가족복지시설 종사자	14(0.0)
가정폭력피해자보호시설 및 상담소 종사자	283(0.8)
사회복지시설 종사자	211(0.6)
가정위탁지원센터 종사자	25(0.1)
아동복지전담공무원	72(0.2)
건강가정지원센터 종사자	31(0.1)
다문화가족지원센터 종사자	52(0.2)
정신건강복지센터 종사자	48(0.1)
성매매피해 상담소 및 지원시설 종사자	8(0.0)
성폭력피해보호시설 종사자, 성폭력피해자통합지원센터 종사자	168(0.5)
응급구조사	0(0.0)
청소년 시설 및 단체 종사자	276(0.8)
청소년보호센터 및 재활센터 종사자	121(0.4)
아이돌보미	11(0.0)
취약계층아동 통합서비스 지원 인력	255(0.8)
육아종합지원센터 종사자	4(0.0)
입양기권 종사자	4(0.0)
소계	9,151(27.3)

비신고의무자 유형	신고건수(%)
아동 본인	4,512(13.5)
부모	6,089(18.2)
형제자매	403(1.2)
친인척	607(1.8)
이웃·친구	1,859(5.5)
경찰	406(1.2)
종교인	18(0.1)
사회복지 관련 종사자	933(2.8)
아동보호전문기관 장과 종사자	7,756(23.1)
의료사회복지사	66(0.2)
낯선 사람	443(1.3)
익명	228(0.7)
법원	34(0.1)
기타	1,027(3.1)
소계	24,381(72.7)
계	33,532(100.0)

출처 : 보건복지부, 중앙아동보호전문기관(2019).

2) 아동학대 유형

아동학대 유형별로 2018년도 발생현황을 보면, 중복 학대가 47.9%로 가장 높은 발생빈도를 보였으며, 정서학대 23.8%, 신체학대 14.1%, 방임 10.6%, 성 학대 3.7%의 순으로 많이 발생한 것으로 나타났다. 중복 학대가 최다 비율을 보이며 증가하는 가운데 정서학대와 신체학대의 비율 또한 증가함을 알 수 있다.

〈표 9-5〉 아동학대 유형별·연도별 발생현황

(단위 : 건, %)

구분	계	신체학대	정서학대	성 학대	방임	유기	중복 학대
2006	5,202	439(8.4)	604(11.6)	249(4.8)	2,035(39.1)	76(1.5)	1,799(34.6)
2010	5,657	348(6.1)	773(13.7)	258(4.6)	1,870(33.1)	14(0.2)	2,394(42.3)
2014	10,027	1,453(14.5)	1,582(15.8)	308(3.1)	1,870(18.6)	–[1]	4,814(48.0)
2018	24,604	3,436(14.1)	5,862(23.8)	910(3.7)	2,604(10.6)	–	11,792(47.9)

주 1) 2012년부터 방임학대의 세부 유형으로 유기를 포함하여 집계함.

출처 : 보건복지부, 중앙아동보호전문기관(2015, 2019).

3) 피해아동과 학대행위자의 특성

피해아동의 특징을 보면, 아동의 성에 따라 여아가 남아보다 더 많지만, 성에 따른 차이가 없이 학대 피해자가 될 수 있음을 보여준다. 연령에 따라서는 초·중등학교 시기 아동의 발견 비율이 높게 나타나는데, 이 시기에는 가정 외 학교와 지역사회 환경에 노출될 상황이 많아 학대 피해자로 발견될 가능성이 높아지는 것과 관계가 있을 수 있다(이재연 외, 2018).

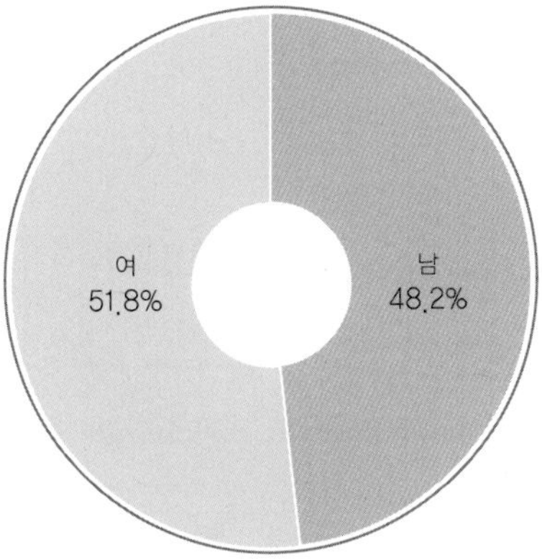

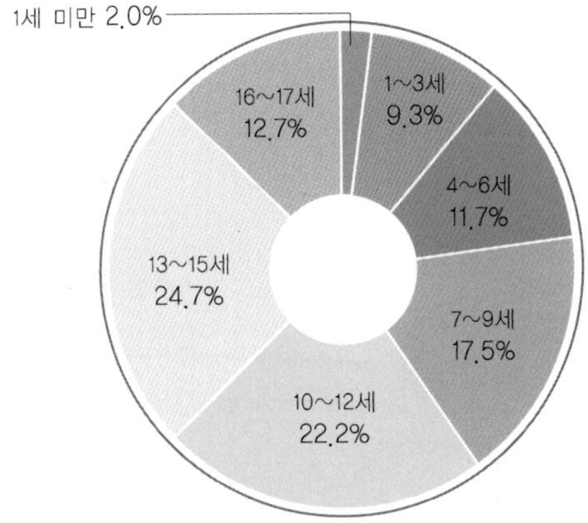

출처 : 보건복지부, 중앙아동보호전문기관(2019).

[그림 9-4] 2018년 학대 피해아동의 성별·연령별 분포

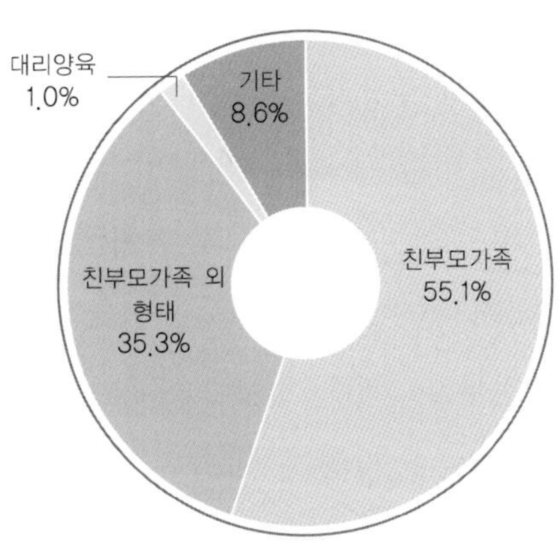

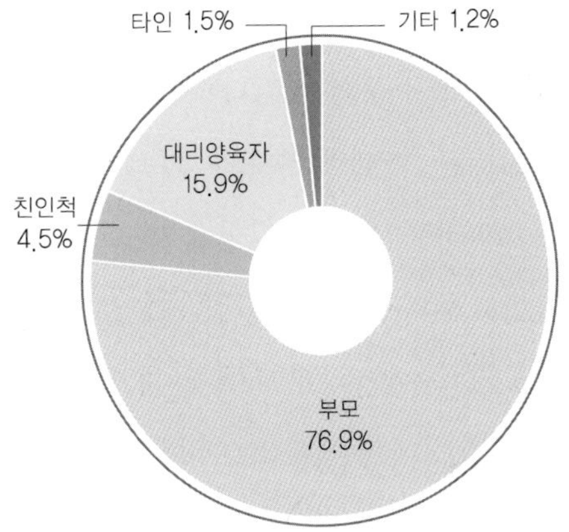

출처 : 보건복지부, 중앙아동보호전문기관(2019).

[그림 9-5] 2018년 학대 피해아동의 가족유형 및 학대행위자와의 관계

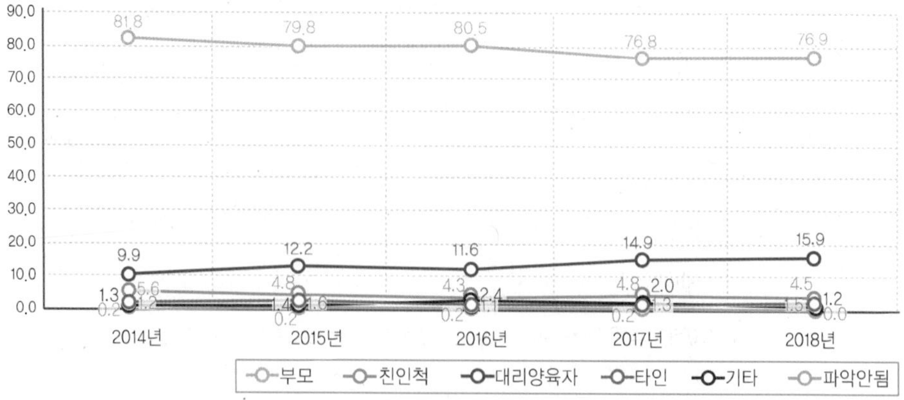

출처 : 보건복지부, 중앙아동보호전문기관(2019).

[그림 9-6] 연도별 피해아동과 학대행위자와의 관계

피해아동의 가족유형은 친부모가족이 13,546건(55.1%)으로 다수를 차지하고, 친부모가족 외 형태는 8,682건(35.3%), 대리양육 형태는 258건(1.0%), 기타는 2,118건(8.6%) 순으로 나타난다. 이는 학대행위자의 특성과도 밀접 관련이 있다.

2018년 학대행위자와 피해아동의 관계를 분석한 결과에 의하면, 부모가 18,919건(76.9%), 대리양육자 3,906건(15.9%), 친인척 1,114건(4.5%), 기타 665건(2.7%) 등의 순으로 높게 나타났고, 부모가 지속적으로 학대행위자 1순위로 나타남을 알 수 있다. 부모에 의해 발생한 사례 중 친부(43.7%)와 친모(29.8%)가 대다수를 차지하며 계부(2.0%)나 계모(1.2%)에 의한 건수는 낮았다. 친권을 중시하는 문화적 특성을 고려할 때 학대 예방을 위한 부모교육이 중요하다는 것을 시사해준다.

대리양육자 중에서는 초·중·고교 직원이 2,060건(8.4%)으로 가장 많고, 아동복지시설 종사자, 보육교직원, 부모의 동거인, 유치원교직원의 순으로 비율이 높게 나타난다. 따라서 아동의 보호와 교육을 담당하는 종사자를 대상으로 아동학대 민감성 교육을 실시하고 종사자들의 근무환경과 처우개선을 통해 학대를 예방하는 노력이 필요하다 하겠다(이재연 외, 2018).

3 학대아동을 위한 아동보호사업의 내용

미국의 경우, 국가에서 적극적으로 개입할 수 있는 공적인 아동보호사업 체계는 20세기 중반 이후에 마련되었다. 1874년 Mary Ellen 사건[2]을 계기로 민간 차원에서 아동보호사업이 시작되었으나 1974년에 이르러 '아동학대 예방 및 치료법'(Child Abuse Prevention and Treatment Act : Public Law)이 제정되면서 국가적인 개입이 시작되었다.

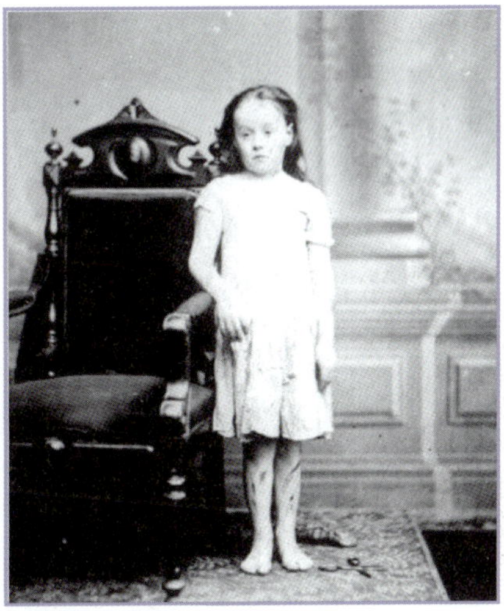

〈사진 9-1〉 1874년 발견 당시의 Mary Ellen
출처 : http://en.wikipedia.org/wiki/Mary_Ellen_Wilson

우리나라에서 아동학대 예방을 위한 최초의 법적 근거는 1981년 아동복지법에 유일하게 '금지행위'에 관해 규정한 것이었다. 그러나 이 조항으로는 금지행위의 위반 시 적극적이고 전문적인 개입을 할 수 있는 제도를 갖출 수 없었으므로 2000년에 아동복지법은 아동학대 관련 사항과 아동학대에 대한 보호체계의 마련을 보다 상세하게 포함하도록 개정되었다(김성경·김혜영·최현미, 2009).

2014년 공포된 아동학대범죄의 처벌 등에 관한 특례법(약칭 아동학대처벌법)은 아동학대 가정에 사법부가 강력하게 개입하고 학대 피해아동의 보호절차와 학대행위자의 보호처분을 하여 아동학대가 적극 발견될 수 있도록 하고 있다. 아동학대 신고제도, 신고의무자 조항은 기존 아동복지법에서 아동학대처벌법으로 이전되었다.

2) 이 사건은 당시 8세이던 Mary가 신생아 시절부터 함께 살았던 위탁부모에 의해 지속적으로 학대받아 왔음이 밝혀졌으나 구제할 법이 없어 미국 동물학대방지협회(American Society for the Prevention of Cruelty to Animals)에 의해 보호받게 된 사건이다. 이를 계기로 같은 해 아동학대예방협회(Society for the Prevention of Cruelty to Children)가 설립되었다(윤혜미 외, 2005).

이 외에 아동학대와 관련된 법은 가정폭력범죄의 처벌 등에 관한 특례법, 성폭력방지 및 피해자보호 등에 관한 법률, 형법, 아동보호심판규칙, 청소년기본법, 아동·청소년의 성 보호에 관한 특별법, 교육기본법, 초·중등교육법, 유아교육법, 영유아보육법, 장애아동복지지원법, 장애인복지법, 한부모가족지원법 등 다수가 있다(박광동, 2018; 아동권리보장원, 2020c).

본 절에서는 아동학대와 관련된 법적·제도적 기반을 제공하는 아동복지법과 아동학대처벌법에 근거하여 학대아동을 위한 보호사업의 내용을 살펴보기로 한다.

1) 아동학대의 개념과 금지행위의 규정

아동복지법에는 학대와 방임을 결합한 광의의 아동학대 개념을 규정하고 아동을 학대하는 행위를 금지행위로 명시하고 있다. 금지행위를 위반하여 아동이 사망에 이르면 무기 또는 5년 이상의 징역에, 아동의 생명 위험이 발생하거나 불구 또는 난치의 질병에 이르게 하면 3년 이상의 징역에 처한다. 상습적으로 아동학대 범죄를 범하거나 아동학대 신고의무자가 보호하는 아동에 대하여 아동학대 범죄를 범한 때에는 그 죄의 정한 형의 1/2까지 가중하도록 규정하고 있다.

2) 아동보호서비스 전달체계

학대아동 보호서비스는 아동이 현재 부딪히거나 겪고 있는 해로운 경험으로부터 아동을 지켜 주고 감독하고 안전 위협을 감소시켜 주며, 적절한 부모의 기능을 회복시켜 주며 필요하다면 아동을 가정과 격리하여 위탁보호함으로써 더 적절한 양육을 받을 수 있도록 하는 의무보호 서비스(protective service)의 하나이다(조흥식, 2016). 학대아동 보호서비스는 가족 외의 제삼자가 서비스를 요청함으로써 서비스가 시작되므로 클라이언트의 참여가 비자발적이며 아동학대 보호서비스는 복합적이고 여러 다양한 서비스 제공자 간의 협조가 필수적이기 때문에 아동보호전문기관을 중심으로 하는 사례관리 모델은 최선의 대안이 될 수 있다(조홍식, 2016). 이에 본 절에서는 아동보호전문기관을 중심으로 하는 서비스 전달체계를 살펴보기로 한다.

(1) 신고 및 접수

누구든지 아동학대 범죄를 알게 된 경우나 그 의심이 있는 경우에는 아동보호전문기관 또는 수사기관에 신고할 수 있고 신고의무자는 직무를 수행하면서 아동학대 범죄를 알게 된 경우나 그 의심이 있는 경우에는 아동보호전문기관 또는 수사기관에 신고하여야 한다. 아동학대처벌법은 신고인의 인적 사항 또는 신고자임을 미루어 알 수 있는 사실을 타인에게 알려 주거나 공개·보도해서는 안 되며 불이익 조치를 금지하며 책임감면 등을 보장하고 있다.

아울러 신고의무자의 자격취득과 관계되는 중앙행정기관의 장은 아동학대 예방 및 신고의무와 관련된 내용을 자격취득 과정이나 보수교육 과정에 포함해야 한다고 규정함으로써 아동학대를 근절하고자 노력하고 있다.

〈표 9-6〉 아동학대 신고의무자 24개 직군(아동학대처벌법 제10조)

직군	해당자	관련 법 규정
교사 직군	어린이집의 원장 등 보육교직원	「영유아보육법」 제10조
	교직원, 강사 등	「유아교육법」 제20조, 제23조
	교직원, 전문상담교사, 산학겸임교사 등	「초·중등교육법」 제19조, 제19조의 2, 제22조
	학원의 운영자·강사·직원, 교습소의 교습자·직원	「학원의 설립·운영 및 과외교습에 관한 법률」 제6조, 제14조
의료인 직군	의료기사	「의료기사 등에 관한 법률」 제1조의 2 제1호
	의료기관의 장, 의료인	「의료법」 제2조 제1항, 제3조 제1항
	응급구조사	「응급의료에 관한 법률」 제36조
	장애인복지시설의 장과 그 종사자로서 시설에서 장애아동에 대한 상담·치료·훈련 또는 요양 업무를 수행하는 사람	「장애인복지법」 제58조
	정신의료기관, 정신질환자사회복귀시설, 정신요양시설 및 정신보건센터의 장과 그 종사자	「정신보건법」 제3조 제3호, 제4호, 제5호, 제13조의 2

직군	해당자	관련 법 규정
시설종사자 및 공무원 직군	아동복지시설의 장과 그 종사자	
	아동복지전담공무원	「아동복지법」 제13조
	가정폭력 관련 상담소, 가정폭력피해자 보호시설의 장과 그 종사자	「가정폭력방지 및 피해자보호 등에 관한 법률」 제5조, 제7조의 2
	가정위탁지원센터의 장과 그 종사자	
	건강가정지원센터의 장과 그 종사자	「건강가정기본법」 제35조
	다문화가족지원센터의 장과 그 종사자	「다문화가족지원법」 제12조
	사회복지 전담공무원, 사회복지시설의 장과 그 종사자	「사회복지사업법」 제14조, 제34조
	「성매매방지 및 피해자보호 등에 관한 법률」 제5조에 따른 지원시설, 성매매피해상담소의 장과 그 종사자	「성매매방지 및 피해자보호 등에 관한 법률」 제5조, 제10조
	성폭력피해상담소, 성폭력피해자보호시설의 장과 그 종사자	「성폭력방지 및 피해자보호 등에 관한 법률」 제10조, 제12조
	구급대의 대원	「소방기본법」 제34조
	한부모가족복지시설의 장과 그 종사자	「한부모가족지원법」 제19조
	청소년시설, 청소년단체의 장과 그 종사자	「청소년기본법」 제3조 제6호, 제8호
	청소년 보호·재활센터의 장과 그 종사자	「청소년 보호법」 제35조
	아이돌보미	「아이돌봄 지원법」 제2조 제4호
	취약계층아동에 대한 통합서비스 지원 수행인력	「아동복지법」 제37조

아동학대 신고번호는 2014년부터 112로 통합 운영되고 있고 보건복지부에서 설치·운영하는 129번으로 신고하면 보건복지콜센터 상담원이 보건복지콜센터 홈페이지에 신고내용을 입력한 후 관할지역 아동보호전문기관으로 이관하도록 하고 있다. 2020년 기준 전국에 설치되어 있는 68개 아동보호전문기관을 직접 방문하여 신고하거나 아동보호전문기관에서 운영하고 있는 홈페이지 및 이메일을 통하여 신고할 수 있다.

아동학대 신고는 학대의 징후가 나타나는 경우에 하고, 아동이나 학대행위자의 정보를 명확하게 알지 못해도 신고가 가능하다. 신고할 내용은 신고자의 이름과 연락처, 아동의 이름, 성별, 나이, 주소, 학대행위자로 의심되는 사람의 이름, 성별, 나이, 주소 그리고 아동이 위험에 처해 있거나 학대를 받고 있다고 믿는 이유 등이며, 가능한 한 많은 정보를 제공하는 것이 바람직하다(아동권리보장원, 2020b).

(2) 현장출동 및 사례판정

아동학대 신고를 받은 아동보호전문기관의 직원과 사법경찰관(이하 조사자)은 지체 없이 그 현장에 출동하여 아동 또는 아동학대행위자 등 관계인들을 조사하거나 질문을 할 수 있다. 신고 접수된 아동학대 의심 사례에 대하여 학대 발생 여부와 위험 정도를 파악하고 정보를 수집하는 과정이다. 현장에 출동한 조사자는 조사 권한을 표시하는 증표를 관계인들에게 보여 주어야 하며 누구든지 조사자의 업무수행을 방해하는 행위를 해서는 안 된다고 규정함으로써 현장조사 시 조사자를 보호하고 있다.

현장에 출동한 조사자는 피해아동의 보호를 위해 즉시 아동학대범죄 행위를 제지하고, 아동학대행위자를 피해아동으로부터 격리시킨 후 피해아동을 아동학대 관련 보호시설로 인도하거나 긴급치료가 필요한 피해아동을 의료기관으로 인도하는 등의 '응급조치'를 취하여야 한다. 사법경찰관은 응급조치에도 불구하고 아동학대범죄가 재발될 우려가 있고, 긴급을 요하면 직권으로나 피해아동, 그 법정대리인(아동학대행위자를 제외한다), 변호사 또는 아동보호전문기관의 장의 신청에 따라 '긴급임시조치'를 한다. 검사는 긴급임시조치를 하였거나 응급조치가 행하여졌다는 통지를 받게 되면 가정법원에 '임시조치'를 청구하여 학대행위자에 대한 법적 처리 절차가 진행되도록 한다.

사례판정은 현장조사를 통해 수집된 아동학대 사례 관련 정보를 바탕으로 아동학대 사례, 잠재위험 사례, 일반 사례로 분류 및 결정하는 것이다. 그에 따라 응급조치, 긴급임시조치를 통해 피해아동을 아동학대행위자로부터 격리할 수 있다. 또 치료 등의 조치가 필요하다고 판단되거나 피해아동이 아동학대행위자로부터 격리 등을 원하는 경우에는 피해아동을 아동보호전문기관 또는 의료기관에 인도하거나 필요한 보호조치를 의뢰할 수 있다.

나아가 학대아동 사건을 법원이 심의하거나 수사기관이 조사하는 과정에서 피해아동을 보호할 수 있도록 보조인의 선임이 보장되고 있다. 변호사, 법정대리인(아동학대 행위자는 제외), 직계친족, 형제자매, 아동보호전문기관의 상담원이 보조인이 될 수 있다. 피해아동을 증인으로 심문할 경우 피해아동과 신뢰관계에 있는 사람의 동석도 허락된다.

〈표 9-7〉 아동학대 신고접수 및 사례판정에 따른 사례유형

신고접수		사례판정	
응급 아동학대 의심 사례	신고 접수 당시 응급한 아동학대 상황으로 의심되며, 아동의 안전을 위하여 12시간 이내에 현장조사를 실시해야 한다고 판단되는 사례	아동학대 사례	학대의 정황이 뚜렷하고 아동학대로 판단할 만한 증거 또는 진술이 뒷받침되어 아동학대로 판정된 사례
아동학대 의심 사례	신고 접수 당시 아동학대로 의심되어 현장조사가 필요하다고 판단되는 사례 가운데, 응급아동학대 의심 사례를 제외한 모든 사례를 의미하며, 신고 접수를 받은 후 72시간 이내에 현장조사를 실시해야 한다고 판단되는 사례	잠재위험 사례	아동학대가 발생하지는 않았지만 향후 학대 발생 가능성이 높아 교육 및 모니터링이 필요한 사례
일반상담 (사례)	아동보호전문기관에 신고 접수된 사례 중 아동학대 의심 사례로 보기 어려운 사례와 성인이 아닌 자에 의해 발생한 사례, 아동학대가 의심되지만 정보 부족으로 현장조사를 실시할 수 없는 사례	일반 사례	신고 접수 시 아동학대 의심 사례로 판단하였으나 현장조사 결과 아동학대가 발생하지 않은 사례

참고 : 보건복지부, 중앙아동보호전문기관(2012a).

(3) 사례개입

사례개입이란 사례판정을 근거로 피해아동의 안전과 회복, 학대행위자의 재학대 방지를 위해 피해아동과 학대행위자에 대해 취해지는 조치 결과와 그들에게 제공되는 서비스를 포함한다.

피해아동의 경우, 실제 양육을 담당하는 주 양육자가 아동을 보호하도록 하는 원가정 보호, 주 양육자로부터 분리하여 보호하는 격리 보호, 아동 일시 보호 시설이나 그룹홈에서 일시적으로 보호·양육하는 일시 보호, 아동양육시설에 입소시키는 장기 보호, 병원 입원 등의 기타 보호와 같은 조치 결정에 따라 보호될 수

있다. 학대행위자로부터 피해아동을 분리하여 안전하게 보호하면서 숙식뿐만 아니라 생활지원, 상담 및 치료, 교육 등을 제공하는 학대피해아동쉼터(2018년 현재 전국 65개 기관) 운영을 예로 들 수 있다(보건복지부, 중앙아동보호전문기관, 2019).

또한 개별적인 상담 및 치료서비스를 통해 학대 피해아동이 감정을 표현하고 심리적 갈등을 해결하며 긍정적인 자아존중감을 형성하도록 돕는다. 언어발달이 늦거나 심리적 충격에 의해 언어표현 능력이 제한된 아동의 경우는 놀이치료와 미술치료의 적용이 효과적이다. 집단치료서비스는 학대를 경험한 아동들로 집단을 구성하여 안정감과 소속감을 제공하고, 또래 간 상호작용을 통해 나이에 적합한 역할과 정체감을 갖도록 돕는다.

학대행위자에 대해서는 아동의 안전 확보와 재학대 발생 여부를 확인하기 위해 주기적으로 모니터링하는 지속 관찰, 고소, 고발, 보호 관찰·사회봉사·수강명령·치료감호 등의 보호처분, 형사처분 등이 내려질 수 있다. 상담과 치료, 교육서비스는 학대행위자의 자아존중감을 높이고 감정을 통제하는 기술과 의사소통능력의 향상을 도우며 아동발달 특성과 양육기술에 관한 정보를 제공한다. 알코올과 약물중독, 정신질환이 있는 경우에는 병원이나 지역사회 정신보건센터 등과 연계하여 필요한 서비스를 제공할 수 있다. 특히 집단프로그램은 유사한 문제를 가진 학대행위자들이 서로 정서적 지지와 유용한 정보를 교환할 수 있는 기회를 제공한다.

(4) 사례종결 및 사후관리

아동학대의 위험성 감소 정도, 아동과 해당 가족의 욕구충족 정도, 가족의 변화 등을 고려할 때 개입의 목표가 이루어졌다고 판단되면 아동보호기관의 상담원과 피해아동 및 가족과의 관계를 정리하여 사례를 종결할 수 있다. 반대로 제공된 개입이 적절한 변화를 이끌지 못했다고 판단되면 다른 기관에 의뢰하여 종결된다.

사후관리는 가족의 안정 유지 및 학대 재발의 예방을 목적으로 한다. 아동복지법 제28조(사후관리)는 아동보호전문기관의 장이 종결 후 전화상담이나 가정

방문 등을 통해 학대의 재발생 여부를 확인해야 하며, 가족과 아동에게 도움이 필요하다면 언제든지 전문상담원을 통해 서비스와 자원이 제공되도록 지원하도록 규정하고 있다. 또 2016년 개정 아동복지법에는 국가아동학대정보시스템을 구축·운영하도록 하고 있다. 피해아동, 그 가족 및 아동학대행위자에 관한 정보와 아동학대예방사업에 관한 정보를 국가아동학대정보시스템에 입력·관리함으로써 아동의 보호 및 아동학대 발생 방지를 위하여 필요한 경우 그 정보를 제공할 수 있다.

이상에서 살펴본 아동보호 서비스 전달체계의 중심에 아동보호전문기관이 있다. 국가와 지방자치단체는 아동복지법 제45조(아동보호전문기관의 설치 등)에 의거하여 지역아동보호전문기관을 설치·운영하도록 하고 있다. 지역아동보호전문기관은 피해아동, 피해아동의 가족 및 아동학대행위자를 위한 상담·치료 및 교육, 아동학대예방 교육 및 홍보, 피해아동 가정의 사후관리 등을 수행한다. 2020년 개정 아동복지법에서는 아동보호전문기관의 고유한 업무 중에서 아동학대 신고접수, 현장조사 및 응급보호, 피해아동 상담·조사를 위한 진술녹화실의 설치·운영 업무는 삭제되고 대신 아동학대처벌법에 의거하여 수사기관과 아동보호전문기관이 담당하는 것으로 규정하고 있다(아동권리보장원, 2020c).

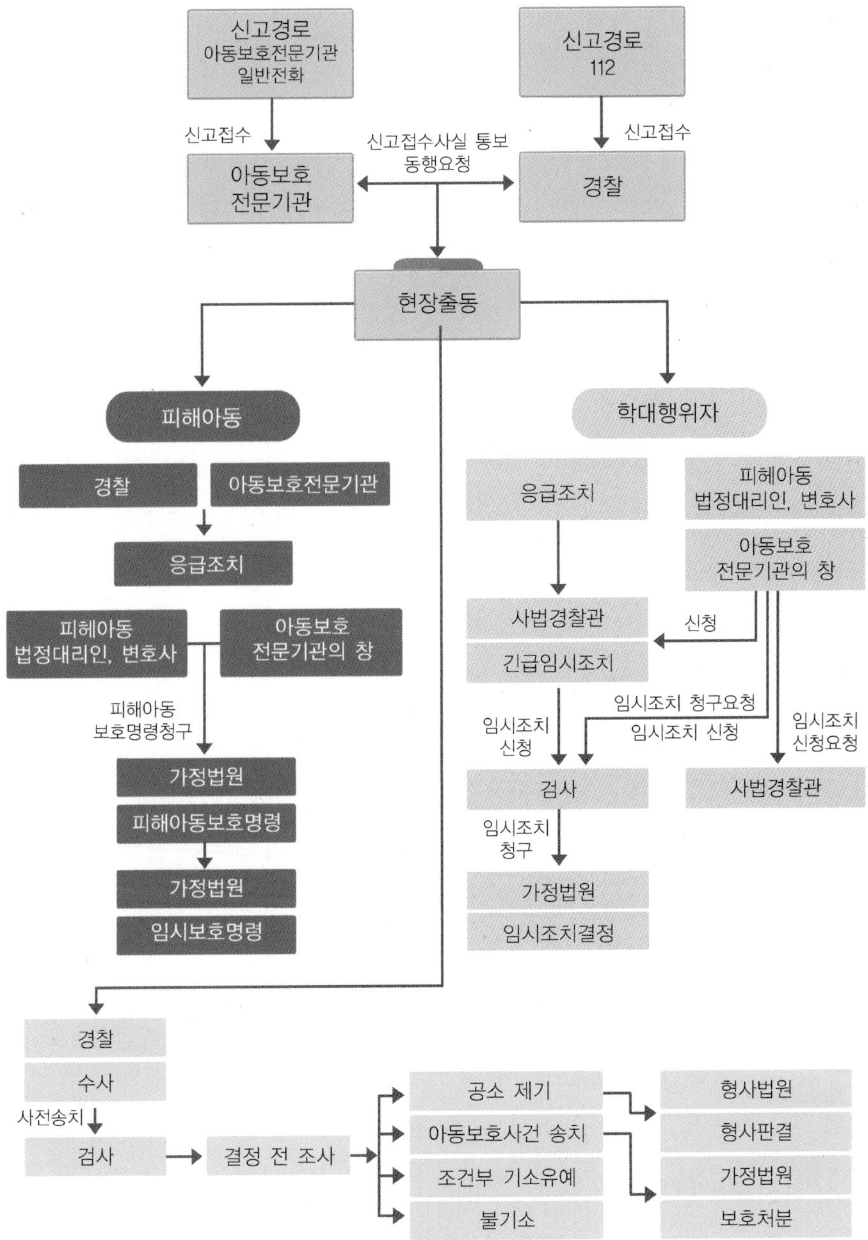

출처 : 보건복지부, 중앙아동보호전문기관(2019).

[그림 9-7] 아동학대 사례의 업무진행도

3) 아동학대 예방서비스

(1) 1차적 예방프로그램

1차적 예방프로그램은 아직 문제가 발생하지 않은 일반가정과 아동에 대해 안전·건강·복지 지원을 하고, 일반인의 아동학대 심각성에 대한 인식을 제고하는 데 목적이 있다.

첫째, 2020년 개정 아동복지법은 아동정책에 대한 종합적인 수행과 아동복지 관련 사업의 효과적인 추진을 위하여 필요한 정책의 수립을 지원하고 사업평가 등의 업무를 수행할 수 있도록 아동권리보장원의 설립 근거를 명시하고 있다. 아동권리보장원은 아동학대예방사업의 활성화를 위해 아동보호전문기관에 대한 지원, 아동학대예방사업과 관련된 연구 및 자료 발간, 효율적인 아동학대예방사업을 위한 연계체계 구축, 아동학대예방사업을 위한 프로그램 개발 및 평가, 아동보호전문기관·학대피해아동쉼터 직원 및 아동학대전담공무원 직무교육, 아동학대예방 관련 교육 및 홍보, 아동보호전문기관 전산시스템 구축 및 운영, 그리고 그 밖에 대통령령으로 정하는 아동학대예방사업과 관련된 업무를 한다.

둘째, 2012년부터 매년 11월 19일을 아동학대 예방의 날로 지정하고, 그 날로부터 1주일을 아동학대 예방 주간으로 지키고 있다. 아동의 건강한 성장을 도모하고, 범국민적으로 아동학대의 예방과 방지에 관한 관심을 높이기 위해서 이다.

셋째, 2020년부터 정부는 아동학대의 예방과 방지, 위반행위자의 계도를 위한 교육 홍보영상을 제작하여 비상업적 공익광고 편성비율의 범위에서 방송 채널별로 송출하도록 요청할 수 있고, 방송사업자가 독자적인 홍보영상을 제작하여 송출하는 것도 허용하고 있다. 전광판·무료 옥외 광고를 실시하고, SNS서비스와 기업체 프로모션 등을 활용하여 아동학대 예방에 국민의 적극적인 참여를 유도하기도 한다.

넷째, 영유아를 보육하는 모든 부모를 대상으로 양육수당, 아동수당, 보육료, 유아학비를 신청할 때 아동학대 예방 및 신고 교육 자료를 게시, 배포하여 부모교육을 강화하고, 세대주기별·가족특성별 부모교육의 인프라를 강화함으로써 가정 내 부모에 의한 아동학대의 예방에 노력한다.

다섯째, 아동복지법 시행령(제28조)은 아동복지시설에 입소한 아동, 어린이집과 유치원 및 초·중등학교의 아동을 대상으로 성폭력 및 아동학대 예방교육을 6개월에 1회 이상, 연간 8시간 이상 실시하도록 규정하고 있다.

〈표 9-8〉 성폭력 및 아동학대 예방교육 기준(아동복지법 시행령 제28조)

	초등학교 취학 전	초등학교	중·고등학교
교육 내용	1. 내 몸의 소중함 2. 내 몸의 정확한 명칭 3. 좋은 느낌과 싫은 느낌 4. 성폭력 예방법과 대처법	1. 성폭력을 포함한 아동학대 개념 2. 성폭력의 위험상황 3. 성폭력 예방법과 대처법 4. 나와 타인의 권리 인식	1. 학대 및 성폭력의 개념 2. 위험상황에 따른 대처법 및 예방법 3. 학대·성폭력 범죄 신고 요령 4. 나와 타인의 권리 존중하기
실시 주기 (총 시간)	6개월에 1회 이상(연간 8시간 이상)		
교육 방법	1. 전문가 또는 담당자 강의 3. 시청각 교육	2. 장소·상황별 역할극 실시 4. 사례 분석	

(2) 2차적 예방프로그램

2차적 예방프로그램은 아동학대의 발생 위험이 높은 집단을 파악하여 위험요인을 최소화하고 아동학대로 진전되지 않도록 하는 데 목적을 둔다. 10대 미혼모 가정, 스트레스가 많은 가족, 사회경제적 지위가 낮은 가족 중 아동학대 고위험 집단의 부모를 대상으로 실시되는 사회적응훈련, 분노조절훈련, 효과적인 의사소통훈련 등의 태도와 행동 개선프로그램이 해당된다. 아동학대 전문가가 직접 가정을 방문하여 아동학대 예방을 도모하는 가정방문서비스(outreach)를 제공하는 것도 포함된다.

정부에서 추진하는 지역아동센터, 드림스타트센터 등을 통한 학대 위험군의 발굴 노력은 아동학대의 조기발견 체계를 구축하고 사후 재학대를 모니터링 하는데도 부수적인 효과를 기대할 수 있다(보건복지부, 2012b).

(3) 3차적 예방프로그램

3차적 예방프로그램의 목적은 이미 아동학대가 발생한 가정에 개입하여 치료하고 재발을 방지하는 데 있다. 이와 관련하여, 아동복지법(제29조)에는 아동보호전문기관의 장은 아동의 안전 확보와 재학대의 방지, 건전한 가정기능의 유지를 위해 피해아동과 보호자를 포함한 가족을 대상으로 상담, 교육, 의료적·심리적 치료 등의 지원을 해야 하며, 보호자를 포함한 피해아동의 가족은 이러한 지원에 성실하게 참여해야 한다고 명시되어 있다. 예로서, 피해아동의 가정 복귀 후 가족기능의 회복 강화를 위한 '가족힐링 서비스' 운영을 들 수 있다(보건복지부, 2012b).

4 학대아동을 위한 아동보호사업의 개선방향

보건복지부와 중앙아동보호전문기관이 매년 발표하는 전국 아동학대 현황 변화 추이의 분석 결과는 학대아동을 위한 아동보호사업의 개선 방향을 제시한다(보건복지부, 중앙아동보호전문기관, 2010, 2012). 또한 우리나라의 아동보호서비스 전달체계의 문제점으로 아동학대 예방 및 조기발견을 위한 대책의 미흡, 관련 시설과 전문인력의 부족, 가족 지원 및 치료 프로그램의 부족 등이 지적되며 문제의 해결이 요구된다(조흥식, 2016). 이러한 배경에서 아동보호사업의 개선 방향을 모색해 보면 다음과 같다.

1) 아동학대의 예방과 조기발견을 위한 체계의 구축

(1) 아동권리 및 아동학대 인식의 증진을 위한 교육 체계

아동의 권리와 존엄성을 존중하는 인식의 증진을 통해 아동학대는 예방될 수 있다. 인식의 개선을 위한 교육은 학령기부터 시작하여 성인기에도 지속되어야 하므로 교육부, 보건복지부, 여성가족부 등의 정부 부처 간 협의로 적극 추진될 필요가 있다. 아동 대상으로 아동권리와 자기보호 훈련에 초점을 둔 교육을 실시하고, 중고생과 청년 대상으로 한 예비부모교육, 임산부를 대상으로 한 출산예비교육을 통해서는 바람직한 자녀 양육 및 아동학대에 대한 이해를 높이는 것이다. 장애아동 부모나 다문화가정의 부모와 같은 특정 대상을 위한 부모교육뿐만 아니라 학교에서 이루어지는 부모교육이 자녀의 발달단계별·생애주기별 양육교육으로 정착될 수 있도록 체계화된 부모교육 프로그램을 개발할 필요가 있다.

최근 국가기관, 지방자치단체, 공직유관단체, 각급학교 등은 관련 법률에 따라 4대 폭력예방교육, 즉 성희롱, 성폭력, 성매매, 가정폭력 예방교육을 의무적으로 실시해야 한다. 가정폭력 예방교육의 일부로 아동학대 예방교육이 포함되어 이루어지고 있음은 바람직하다고 볼 수 있다(여성가족부, 2020).

(2) 아동학대 고위험군의 학대 조기발견 및 가정지원 체계

영유아는 자기보호 능력이나 의사소통 능력이 부족하여 아동학대에 매우 취약하고, 학대의 피해가 가정 밖으로 드러날 가능성이 상대적으로 낮아 위험에 처할 가능성 또한 높기 때문에 아동학대 고위험군에 해당한다. 영유아가 있는 가정에서의 아동학대 발생을 예방하기 위해서는 임신기부터 방문간호서비스를 받고 영유아와 보호자의 신체·정서적 건강의 관리와 경제적·사회적 지지, 부모교육을 제공할 필요가 있다. 영유아 대상의 건강 검진 및 예방접종 미실시, 어린이집이나 유치원 장기결석, 양육수당·보육료 미신청, 기존 아동학대 신고·조사 전력과 같은 가정 내 학대 관련 정보를 지속적으로 발굴하고 연계하여 아동보호체계로 활용할 수 있어야 할 것이다.

아동학대 전체 피해아동의 보호율보다 장애 피해아동의 보호율이 매우 높게 나타나고 있으므로 장애아동 또한 아동학대의 고위험군에 속한다. 장애아동 어린이집, 장애인 복지관 등의 지역사회 기관과의 연계를 통해 학대 여부를 모니터링하고, 주 학대행위자인 부모의 사회적 소외감과 경제적 어려움을 감소시킴으로써 가족 기능을 강화하는 정책적 개입이 요구된다.

(3) 아동학대 예방업무의 부처 간 공동 추진 체계

아동학대는 아동과 학대행위자의 가정, 지역사회, 사회적인 문제가 복잡하게 얽혀서 일어나는 문제이므로 아동학대 예방사업을 주도적으로 계획·추진하는 보건복지부의 노력만으로는 효과적인 예방사업의 수행이 어렵다. 예를 들어, 아동학대 예방 공익 광고 제작과 송출이 원활하게 되도록 문화체육관광부와 협의하는 것이 필요하다. 이러한 맥락에서 2020년 개정 아동복지법에 의해 설립·운영되는 아동권리보장원은 효과적으로 아동학대 예방정책과 발생 업무를 수행하고 개선하는 역할을 할 것으로 기대된다.

(4) 지역사회 관계기관의 협력 체계

아동학대 예방과 발생 관련 업무를 아동보호전문기관 단독으로 수행하기에는 한계가 있다. 아동복지법 시행령(제23조)에는 관계기관 간의 협력체계 구축이 국가와 지방자치단체의 의무라고 규정하고 있으나 세부사항은 미규정 상태에 있다. 따라서 법적으로 필수 협력기관을 명시하거나 협력을 위한 예산이 지원되는 것이 관계기관의 적극적인 협력을 이끌어 내는 데 효과적일 것이다.

한편 아동보호전문기관은 지역사회 내 가용 자원을 발굴하고 관계기관과 연계하여 서비스를 제공하는 것이 요구된다. 이를 위해 지역사회 내 관계기관과의 협력 절차 및 내용에 관한 매뉴얼 개발이나 지침을 마련할 필요가 있다.

2) 피해아동의 보호와 안전한 성장환경을 위한 법·제도의 개선

(1) 학대행위자에 대한 보호처분 제도의 마련

아동학대처벌법은 법원이 아동학대행위자에 대하여 유죄판결을 선고하면서 200시간의 범위에서 재범 예방에 필요한 수강명령 또는 아동학대 치료프로그램의 이수명령을 동시에 내릴 수 있다고 규정한다. 수강 또는 이수해야 하는 내용은 아동학대 행동의 진단·상담, 보호자로서의 기본 소양을 갖추게 하기 위한 교육내용, 그 밖에 아동학대행위자의 재범 예방을 위하여 필요한 사항이다. 그러나 재학대 신고사례의 경우에도 부모에 의한 재학대 사례가 높게 나타나고 있으므로 학대행위자에 대해 성품과 행실을 교정·치료하여 학대 재발을 근본적으로 예방하는 방법이 실행되어야 할 것이다.

(2) 아동학대 전담 재판부 및 전담 검사의 확대

학대 피해아동을 친권자인 학대행위자로부터 격리, 보호하는 것은 친권의 일시적인 제한과 관련된 제재이다. 그러므로 아동학대를 전담하는 법원의 판결을 통해 아동 격리를 비롯한 강제적인 친권 개입과 피해아동 보호조치를 진행하는 것이 필요하여 2016년부터 아동학대 전담 재판부가 설치되었다. 또 아동학대 전담검사를 지속적으로 배치하여 수사체계의 전문성을 강화하고 있다. 그러나 아동학대의 발견율이 높아지는 추세 속에 전담 재판부와 전담 검사를 확대 배치해 나가야 할 것이다.

(3) 아동보호전문기관 상담원의 법적 신변안전 보장

2012년 개정 아동복지법에서는 학대신고 현장에 출동한 아동보호전문기관 직원의 업무수행 방해를 금지하고 이를 위반하면 처벌을 내리도록 명시하고 있다. 그러나 학대행위자가 현장조사를 제외한 사례개입 과정에서 아동보호전문기관으로 찾아와 업무를 방해하거나 상담원을 위협하고 폭행을 하거나 아동보호기관의 기물을 파손하는 행위가 빈번하다. 따라서 장소나 개입의 단계를 한정하지 않고 모든 아동학대 사업 수행 시에 상담원의 신변 안전이 보장되도록 법령을 개정할 필요가 있다.

10

CHAPTER

시설아동을 위한 아동복지실천

우리나라 아동복지는 해방 및 한국전쟁과 같은 혼란과 위기상황에서 발생한 요보호아동을 위한 복지가 근간을 이루며 발달되어 왔다. 그러나 최근에는 사회의 변화와 함께 요보호아동의 경우에도 단순한 보호 차원을 떠나 아동의 개성을 존중하고 발달시켜 주며, 가정의 분위기를 느낄 수 있는 시설서비스에 대한 욕구가 증가하게 되었다. 특히 대단위 집단시설의 보호에서 소규모 가정형태로의 전환이 강조되면서 소규모의 구성원으로 이뤄지는 공동생활가정의 비율이 점차 늘고 있다. 또한 퇴소아동의 성공적인 자립에 관심이 증대되고 있다. 본 장에서는 시설아동을 중심으로 우리나라의 현황을 살펴보고 이들의 삶의 질을 높일 수 있는 발전적 대처방안을 모색해 보고자 한다.

1 아동복지시설의 이해

아동복지시설은 사회복지시설의 한 부분이다. 사회복지사업을 행할 목적으로 설치된 시설의 종류는 다양하지만, 이를 크게 분류하면 수용시설과 이용시설로 대별할 수 있다. 수용시설은 노인복지시설, 아동복지시설, 부녀복지시설, 부랑인 선도시설, 장애인복지시설 및 정신질환자요양시설 등이 있고, 이용시설은 아동상담소, 어린이집, 아동회관, 부녀복지관, 장애인복지관, 노인복지관 및 사회복지관 등이 있다.

우리나라 아동복지시설의 설치는 아동복지법 제50조에 다음과 같이 명시되어 있다.

- 국가 또는 지방자치단체는 아동복지시설을 설치할 수 있다.
- 국가 또는 지방자치단체 외의 자는 관할 시장·군수·구청장에게 신고하고 아동복지시설을 설치할 수 있다.
- 아동복지시설의 시설 기준 및 설치 등에 필요한 사항은 보건복지부령으로 정한다.

1) 아동복지시설의 목적

아동복지시설에서 행해지는 시설보호복지서비스는 부모의 문제 혹은 아동 자신의 문제로 인해 원가정(原家庭)에서 생활하기가 불가능할 때 이들이 생활할 공간을 제공해 주어, 혈연적으로 무관한 아동이 혈연적으로 무관한 성인의 보호 아래 24시간 함께 거주함으로써 아동을 사회적으로 보호하는 아동복지서비스를 말한다. 즉, 부모가 여러 가지 사정으로 자녀를 양육, 보호할 능력을 상실하였거나 그 역할을 회피할 때, 시설에서 제공하는 대리보호서비스이다. 특히 복지서비스를 필요로 하는 아동 중 대리양육, 가정위탁 및 소년소녀가장 지원 등과 같은 가정보호서비스의 대상으로 적합하지 않은 아동을 시설에 입소시켜 건전한 사회인으로 성장·발달시키는 것을 목적으로 하는 아동복지서비스를 의미한다(김명희, 2006).

이처럼 아동의 시설보호서비스는 아동의 주거보호 외에 교육과 사회화를 제공하고, 과거 부정적 생활 경험으로 인한 정서·신체적 문제를 치유하며, 아동의 욕구에 따라 개별화된 서비스를 제공해야 한다는 목적을 가지고 있다(윤혜미 외, 2005). 또한 고아뿐만 아니라 가족해체나 부모의 이혼과 같은 가정의 붕괴로 가정에서의 가족구성원의 역할이 순기능적으로 작동되지 아니하거나 가족구성원의 욕구가 제대로 충족되기 어려운 아동에게 집단보호와 더불어 사회적 적응력을 향상시키기 위한 치료를 제공하는 것(김명희, 2006)도 시설보호서비스의 중요한 목적이다.

모든 아동은 가정에서 성장·발달하는 것이 가장 바람직하지만, 가정에서 정상적으로 성장할 수 없는 아동을 위해서는 시설보호가 필요하다. 물론 시설보호를 제공하기 전에 원가정에서 아동이 성장할 수 있도록 원가정을 지원해 주는 복지서비스가 우선되어야 하며, 원가정이 아동을 보호할 수 있는 환경으로 회복될 때까지 일정 기간 동안 타 가정에 아동을 위탁하는 것도 고려해야 한다. 즉, 원가정에서 성장하는 것이 불가능할 경우에는 대리가정인 입양을 먼저 고려하여야 하며, 입양이 불가능할 경우 마지막으로 시설에 보호하여야 한다. 시설에서는 장기간 통원이나 이용이 아닌 수용보호의 형식으로 서비스가 이루어지므로 친가정이 제1차 방어선, 대리가정이 제2차 방어선의 역할을 한다고 볼 때, 시설보호사업은 제3차 방어선의 역할을 갖는다. 이는 아동의 생존권 보장이라는 점에서 의의가 있으나 성장기의 아동을 집단으로 수용·보호한다는 점에서 아동의 인권, 발달 및 복지상의 효과성에 대한 논의가 계속 제기되고 있다(주수길·김지연, 2003).

아동을 위한 시설보호복지서비스의 개념은 크게 다음과 같이 구분해 볼 수 있다(이소희·김영희·윤재정·이용복·최진원·박은희, 2003).

- **역할론적 개념** : 부모역할을 대신하는 대리보호를 의미
- **장소적 개념** : 가정이 아닌 시설이라는 공간에서 이루어지는 시설보호작업을 의미
- **시간적 개념** : 시설에 장기간 거주함으로써 시설보호사업이 이루어짐을 의미
- **형태적 개념** : 아동에 대한 보호가 개별적으로 이루어지는 것이 아니라 집단

적으로 이루어짐을 의미

- **제도적 개념** : 아동에 대한 보호의 주체가 일반 개인이 아닌 사회 전체임을 의미

2) 아동복지시설의 기능

아동복지시설은 그 역할에 따라 다양한 기능을 가지고 있지만 크게 기초기능, 고유기능, 파생기능으로 구분해서 살펴볼 수 있다(주수길·김지연, 2003).

(1) 기초기능

기초기능은 시설이 종래부터 담당해 오던 기능으로, 생명보존활동에 필요한 의식주 서비스를 지속적으로 제공하는 일상적 보호와 이에 필요한 생활환경 정비를 수행하는 보호기능, 발달이 다른 시설아동이 각자의 발달과정에 도달할 수 있도록 지원하는 교육기능, 시설아동이 해결하거나 도달해야 할 생활과제를 설정하여 이를 해결하기 위한 치료·교육·훈련·자립지원 등의 서비스를 제공하는 전문처우적 기능을 의미한다.

(2) 고유기능

고유기능은 수용보호 중심의 시설에서 시설아동이 주체적으로 자립생활을 할 수 있도록 하기 위해 정착되어야 하는 기능이다. 시설아동의 문화생활, 사회참가, 가치 있는 삶을 추구하기 위한 문화적 생활기반 확충뿐만 아니라, 지역주민에게도 시설을 개방하여 시설과 지역의 상호교류를 촉진하여 사회복지센터로서의 역할을 수행하는 문화적 기능을 말한다. 또한 시설아동에 대한 주민과 관계기관의 차별, 편견, 소외 등에 대응하여 시설아동의 권익을 옹호하고 시설아동의 친권 대행, 후견 등을 수행하는 변호적 기능도 포함한다.

(3) 파생기능

파생기능은 기초기능과 고유기능이 상호관계를 유지하면서, 앞으로 시설이 확충·강화해 나가야 하는 기능으로, 단위 시설로는 대처하기 어려운 시설아동의 복잡하고 다양한 생활문제를 여러 사회적 지원을 개발하고 연락을 조정하며,

네트워크체제를 통해 해결해 나가는 조정개발기능과 긴급한 상황에 처한 아동에게 일시보호나 단기입소를 제공하여 응급상황을 잘 극복할 수 있도록 지원하는 긴급·단기지원기능이다.

위에서 분류한 기능과 관련지어 볼 때, 현행 우리나라의 아동복지시설은 생활기능 위주로 운영되고 있어서 시설의 역할에 따른 주요 기능을 명확히 하는 것이 필요하다. 또한 시설에 따라 가지고 있는 다양한 역할 및 주요 기능을 상호 조화롭게 수행해 나가는 노력이 요구된다(박태영, 2000).

3) 아동복지시설의 종류

아동복지법에 규정한 시설의 종류를 살펴보면, 서비스 기간에 따라 일시보호시설과 장기보호시설로 구분되고, 서비스 기능에 따라서는 양육, 보호, 교정, 치료의 기능을 수행하는 시설로 구분된다. 아동복지시설의 종류는 〈표 10-1〉과 같으며, 아동복지시설의 현황은 2018년도 12월 기준으로 〈표 10-2〉와 같다.

〈표 10-1〉 아동복지시설의 종류

종류	대상 및 서비스 내용
아동양육시설	보호대상아동을 입소시켜 보호, 양육 및 취업훈련, 자립지원 서비스 등을 제공하는 것을 목적으로 하는 시설
아동일시보호시설	보호대상아동을 일시보호하고 아동에 대한 향후의 양육대책수립 및 보호조치를 행하는 것을 목적으로 하는 시설
아동보호치료시설	가. 불량행위를 하거나 불량행위를 할 우려가 있는 아동으로서 보호자가 없거나 친권자나 후견인이 입소를 신청한 아동 또는 가정법원, 지방법원 소년부지원에서 보호위탁된 19세 미만인 사람을 입소시켜 치료와 선도를 통하여 건전한 사회인으로 육성하는 것을 목적으로 하는 시설 나. 정서적·행동적 장애로 인하여 어려움을 겪고 있는 아동 또는 학대로 인하여 부모로부터 일시 격리되어 치료받을 필요가 있는 아동을 보호·치료하는 시설
공동생활가정	보호대상아동에게 가정과 같은 주거 여건과 보호, 양육, 자립지원 서비스를 제공하는 것을 목적으로 하는 시설
자립지원시설	아동복지시설에서 퇴소한 사람에게 취업준비 기간 또는 취업 후 일정 기간 동안 보호함으로써 자립을 지원하는 것을 목적으로 하는 시설

종류	대상 및 서비스 내용
아동상담소	아동과 그 가족의 문제에 관한 상담, 치료, 예방 및 연구 등을 목적으로 하는 시설
아동전용시설	어린이공원, 어린이놀이터, 아동회관, 체육·연극·영화·과학실험전시시설·아동휴게숙박시설·야영장 등 아동에게 건전한 놀이·오락, 그 밖의 각종 편의를 제공하여 심신의 건강유지와 복지 증진에 필요한 서비스를 제공하는 것을 목적으로 하는 시설
지역아동센터	지역사회 아동의 보호·교육, 건전한 놀이와 오락의 제공, 보호자와 지역사회의 연계 등 아동의 건전육성을 위하여 종합적 아동복지서비스를 제공하는 시설
아동보호전문기관	

출처 : 아동복지법 제52조(아동복지시설의 종류)(시행 2019. 7. 16).

〈표 10-2〉 아동복지시설의 현황(2018. 12. 31. 기준)

(단위 : 개소, 명)

구분	계(현원)		양육시설		보호치료시설		자립지원시설		일시보호시설		종합시설	
	시설	인원	시설	인원	시설	인원	시설	인원	시설	인원	시설	인원
계	279	12,193	241	11,100	11	447	12	227	12	272	3	147

주) 보호시설을 갖춘 아동상담소에 대하여 종합시설로 분류함

출처 : 보건복지부(2019a).

〈표 10-1〉에 제시된 아동복지시설 중 특히 2003년 2월 개정된 아동복지법부터는 공동생활가정(그룹홈)이 아동복지시설의 하나로 명시되고 중요하게 부각되었다. 공동생활가정은 가정해체, 방임, 학대, 빈곤, 유기 등의 이유로 보호가 필요한 아동에게 가정과 같은 주거 환경에서 아동의 개별적인 특성에 맞추어 보호양육 서비스를 제공하는 소규모 아동보호시설이다. 이는 대규모 집단시설 위주의 보호를 지양하고, 소규모 가정형태 보호로서 지역사회중심의 아동보호를 위한 새로운 보호형태이다. 그룹홈은 아동에 대한 개별 서비스가 가능하며 또래관계 및 대인관계 형성이 이루어질 수 있고, 가정의 형태로 지역사회에 위치하고 있어 시설아동으로서 낙인화를 예방할 수 있다. 또한 생활 속에서 자연스럽게 인간관계를 맺음으로써 사회적응력 향상에 도움을 주며, 아동이 미래의 건강한 사회구성원으로 자라날 수 있도록 양육하는 선진국형 아동복지시설이다. 2018년 12월 기준으로 전국적으로 558개소가 있다(보건복지부, 2019a). 공동생활가정의

보호의 유형은 단기보호, 장기보호, 치료보호가 있다(표 10-3).

〈표 10-3〉 공동생활가정의 보호의 유형에 따른 분류

보호의 유형	대상 아동	입주 기간
단기보호	일시적 보호자 또는 친인척과 함께 생활할 수 없는 아동	1년 원칙, 1년 단위로 연장 가능
치료보호	시설보호에 적응하지 못하거나 약간의 정서적 문제 등으로 인하여 시설보호에 적합하지 않은 아동	
장기보호	기존의 소년소녀가정 또는 시설에서 보호 중인 아동 및 장기보호가 필요한 아동	18세 미만(출생일 기준) 아동복지법 시행령 제11조 해당 시 연장 가능

출처 : 보건복지부(2010).

공동생활가정에서의 운영프로그램은 〈표 10-4〉와 같다.

〈표 10-4〉 공동생활가정의 운영 프로그램(예시)

영역	프로그램
아동·청소년의 자립능력 향상	• 아동·청소년의 발달론적 관점에서의 특성 이해 • 아동의 특성과 능력에 맞는 개별화된 서비스 제공 – 아동의 강점을 이해하고 과제해결 중심 접근 • 아동의 학령에 맞는 개별적인 연차적 자립 계획 수립 – 매년 아동의 욕구를 점검하여 수정
원가족과의 관계 회복	• 가족 방문 또는 전화, 문자, 편지, 카드 등 지속적인 관계유지 노력 연 1회 이상 실시 • 가족참여 프로그램(예 : 가족캠프 등) 연 1회 이상 실시 • 관련 기관 및 단체 등과 연계하여 부모교육 등 연 1회 이상 실시
학교와 관계 형성	• 학교교사와 정기적이고 지속적인 상담, 정보공유, 학교행사에 참여 – 분기 1회 이상 아동생활 상황에 대해 교류한 기록 보유
지역 내 자원 활용	• 지역 내 관공서, 민간자원 등 자원 연계 • 자원봉사 및 후원기관과 관계 형성

출처 : 보건복지부(2020a).

또한, 2016년 3월 개정된 아동복지법에는 아동보호 인프라를 강화하고자 학대 피해아동을 위한 아동보호전문기관을 아동복지시설에 포함시켰다. 아동보호전문기관은 2020년 7월 기준으로 전국적으로 68개소가 있다.

아동복지법에 명시된 아동복지시설은 통합하여 설치할 수 있으며, 아동복지시설은 각 시설 고유의 목적 사업 이외에도 각 시설별 설치기준 및 운영기준을 충족하는 경우 다음 사업을 추가로 실시할 수 있다(아동복지법 제52조).

- 아동가정지원사업 : 지역사회 아동의 건전한 발달을 위하여 아동, 가정, 지역 주민에게 상담, 조언 및 정보를 제공하여 주는 사업
- 아동주간보호사업 : 부득이한 사유로 가정에서 낮 동안 보호를 받을 수 없는 아동을 대상으로 개별적인 보호와 교육을 통하여 아동의 건전한 성장을 도모하는 사업
- 아동전문상담사업 : 학교부적응아동 등을 대상으로 올바른 인격 형성을 위한 상담, 치료 및 학교폭력 예방을 실시하는 사업
- 학대아동보호사업 : 학대아동의 발견, 보호, 치료 및 아동학대의 예방 등을 전문적으로 실시하는 사업
- 공동생활가정사업 : 보호대상아동에게 가정과 같은 주거 여건과 보호를 제공하는 것을 목적으로 하는 사업
- 방과후 아동지도사업 : 저소득층 아동을 대상으로 방과후 개별적인 보호와 교육을 통하여 건전한 인격 형성을 목적으로 하는 사업

한편 아동복지시설의 표준서비스를 미국아동복지연맹(CWLA, 2004)에서는 상담서비스(counselling), 보건(health), 영양(nutrition), 교육(education), 일상생활경험(living experience), 자립생활기술(independent living skills), 옹호서비스(advocacy), 재결합서비스(reunification services), 퇴소 후 서비스(aftercare services) 등으로 제시하고 있다.

우리나라의 아동복지시설은 2018년 12월 조사결과 전국에 총 279개가 있으며 그 수의 대부분(241개)은 양육시설이 차지하고 있다(보건복지부, 2019a). 기타 시설들은 지역적으로 편중되어 있어 아동복지시설을 적절히 갖추지 못한 지역이 많음을 볼 수 있다. 즉, 법령상으로는 아동복지시설이 잘 분류되어 있으나 현실적으로는 기준과 많이 동떨어져 있고, 그나마 있는 것도 수도권과 일부 지역

에 편중되어 있다(김경희·강현아·안소영, 2009).

아동복지법상의 아동복지시설 외에도 청소년보호시설 및 재활시설은 청소년상담실, 쉼터, 미혼모시설, 대안학교, 선도보호시설, 직업훈련기관, 약물치료기관, 성폭력피해자보호시설 등이 있다. 요보호청소년 보호기관과 시설을 살펴보면 다음과 같다(박정란·서홍란, 2001).

- 보호관찰소 : 보호사건으로 1, 2호 또는 1, 3호 처분을 받은 청소년을 6개월에서 2년 동안 보호관찰 집행을 한다. 주요 업무는 보호관찰 외에도 사회봉사명령, 수강명령, 보호관찰 부과 여부를 판단하는 판결 전 조사, 환경조사와 환경개선 등이다.
- 소년원 : 소년부 판사에 의해 6호 또는 7호 처분을 받은 소년이 대상이며, 6호 처분자는 단기로 6개월간 수용하며, 7호 처분자는 1년 6개월, 최장기로 2년간 수용한다. 수용기간 중 원생은 교육과 직업훈련을 받는다.
- 치료감호소 : 사회보호법에 따라 정신질환이나 정신지체, 약물중독에 의한 범죄자를 수용하는 시설로 현재 공주치료감호소 한 곳뿐이다.
- 선도보호소 : 윤락행위방지법상 가출소녀를 대상으로 미용, 봉재 등 기술교육프로그램을 실시한다.
- 아동보호치료시설 : 법원 수탁시설로 4호 처분을 받거나 보호자의 요청에 의해 수용, 보호하는 시설로 대개 교육과 직업훈련을 실시한다.
- 청소년쉼터 : 가출한 청소년을 일시 보호하여 건전하게 사회로 복귀할 수 있도록 지원하기 위하여 설립되었으며, 어려움을 겪는 청소년 및 부모를 위한 각종 상담과 청소년문제 예방을 위한 사업을 전개한다.

2 시설아동의 현황

1) 시설아동의 발생 원인

시설아동이란 아동복지법에서 아동으로 규정하는 만 18세까지 시설에서 보호, 양육되는 아동을 말한다. 이들은 만 18세가 되면 퇴소해야 하나, 교육이나 보호가 계속 필요한 특별한 상황인 경우에는 시설보호를 연장받을 수 있다. 시설아동이 되는 발생 원인을 크게 가족의 구조적·기능적 해체에 따른 이유와 아동 자신의 문제에 따른 이유로 나누어 살펴보면 다음과 같다.

(1) 가족해체

먼저 시설보호아동은 대부분 기아, 미혼모, 이혼, 별거, 부모의 사망 등 가족의 구조적 해체와 부모의 경제적 무능력, 질병, 장애, 가족갈등에 따른 학대, 방임, 무관심 등과 같은 가족의 기능적 해체에 의해 발생한다(강복정, 2000).

과거에는 시설보호아동은 주로 부모가 사망하였거나, 아이를 기를 수 없는 미혼모의 자녀가 대부분을 차지하였다. 그러나 최근에는 빈곤가정 및 이혼가정의 자녀로서 부모가 생존해 있는 시설보호아동의 수가 늘고 있다. 이러한 경향은 1997년 IMF 경제위기 이후 실직으로 경제상황이 악화된 부모가 최소한의 가정생활이 가능할 때까지 한시적으로 자녀를 시설양육에 의뢰했던 과거의 경우와 다르게, 최근에는 이혼 후 서로 자녀양육을 맡지 않으려는 부모가 늘고 있기 때문이다. IMF 경제위기 이후 증가하였던 시설아동 수가 2003년까지 큰 변화는 없지만 그 이후 조금씩 그 수가 감소하고 있다. 이는 평균자녀수와 출산율의 감소로 인한 전체 아동수의 감소에 기인한 것과 아동에게는 가정환경이 제일 중요하므로 시설보다는 가정의 분위기를 경험해 주기 위해서 위탁, 입양 등의 비율이 점차 증가하였기 때문으로 보인다. 그렇지만 전체적인 감소율에 비해 시설아동 수의 비율은 오히려 조금씩 늘고 있는 것으로 나타났는데 이는 경제지표가 약화되면서 실업 등으로 경제난에 빠진 가족들이 자녀양육을 일시적으로 포기하였으나 회복하지 못하였기 때문이며, 그 후에도 증가하는 별거·이혼 등 가족해체에 따른 자녀양육포기가 늘어났기 때문이다.

〈표 10-5〉 연도별 보호대상아동 발생 원인

(단위 : 명)

구분	보호대상아동발생수	귀가 및 연고자 인도	보호조치 아동의 발생원인									
			계	유기/기아	미혼부모·혼외자	미아	비행, 가출, 부랑	학대	부모빈곤, 실직	부모사망	부모질병	부모이혼 등
2019	4,612	565	4,047	237	464	8	473	1,484	265	297	83	736
2018	4,538	620	3,918	320	623	18	231	1,415	198	284	92	737
2015	4,975	472	4,503	321	930	26	360	1,094	279	301	122	1,070
2013	6,834	814	6,020	285	1,534	21	512	1,117	338	545	133	1,535
2010	9,960	1,370	8,590	191	2,804	210	772	1,037	586	772	203	2,015
2008	11,672	2,388	9,284	202	2,349	151	706	891	1,036	732	274	2,943
2005	18,468	9,048	9,420	429	2,638	63	1,413	4,877				
2003	21,882	11,660	10,222	628	4,457	79	595	4,463				
2000	15,936	6,851	9,085	1,270	4,190	152	1,757	1,716				

출처 : 보건복지부(2020b).

한편 2000년 이후 가정보호정책 중심으로 아동복지정책이 변화됨에 따라 가정위탁, 입양이 증가하고 시설아동이 감소하는 추세를 보였으나, 시설아동이 해마다 50% 내외의 높은 비율을 차지하고 있어서 아직도 시설보호가 보호대상아동의 보호방법으로 중요한 비중을 차지하고 있음을 알 수 있다. 보건복지부(2013a)에 따르면, 우리나라는 매년 7천여 명의 보호대상아동이 발생하고 있으며 2012년 말 기준 34,197명의 누적 보호대상아동 중 절반가량인 15,916명(46.5%)이 아동양육시설에 보호되고 있으며, 14,502명(42.4%)은 가정위탁, 2,438명(7.1%)은 공동생활가정에서 생활하고 있다.

2019년의 경우 4,612명의 신규 발생 보호대상아동 중 귀가 및 연고자 인도 565명을 제외한 나머지 4,047명 가운데 시설입소(양육시설, 일시보호시설, 장애아동시설, 공동생활가정) 아동은 2,739명(67.7%), 가정보호(소년소녀가장, 입양, 가정위탁) 아동은 1,308명(32.3%)이었다(보건복지부, 2020b). 시설유형 중 가장 높은 비중을 차지하는 것은 아동양육시설(1,707명)로 전체의 42.2%를 차지하고 있다.

현재 보호아동이 생기면 원가정 보호를 최우선으로 하며, 원가정에서 보호가 어려울 경우 원가정으로 돌아가기 전까지 가정위탁, 공동생활가정, 아동양육시설 순으로 보호하도록 하고 있다.

〈표 10-6〉 연도별 보호대상아동 보호조치 현황

(단위 : 명)

구분	보호대상아동 발생수	귀가 및 연고자 인도	보호조치 현황										
			계	시설입소					가정보호				
				소계	양육시설 등	일시보호시설	장애아동시설	공동생활가정	소계	소년소녀가정	입양	가정위탁	입양 전 위탁
2019	4,612	565	4,047	2,739	1,707	401	6	625	1,308	5	104	1,003	196
2018	4,538	620	3,918	2,449	1,300	494	7	648	1,469	1	174	937	357
2015	4,975	472	4,503	2,682	1,412	799	13	458	1,821	–	239	1,206	376
2013	6,834	814	6,020	3,257	1,731	801	39	686	2,763	20	478	1,749	516
2010	9,960	1,370	8,590	4,842	2,445	1,751	23	623	3,748	231	1,393	2,124	
2008	11,672	2,388	9,284	4,964	2,997	1,261	39	667	4,320	178	1,304	2,838	
2005	18,468	9,048	9,420	4,818	4,769		48	1	4,602	407	1,873	2,322	–
2003	21,882	11,660	10,222	4,824	4,747		42	35	5,398	500	2,506	2,392	
2000	15,936	6,851	9,085	4,481	4,332		64	85	4,604	564	1,755	2,285	

출처 : 보건복지부(2020b).

'가정' 보호 우선이라면서 … 베이비박스 유기 아동 97%는 시설에

최근 5년간 '베이비박스'에 버려진 아동 가운데 97%가 입양이나 가정위탁이 아닌 '시설'로 보내진 것으로 나타났다. 보호아동에게는 '시설'보다는 '가정' 제공을 우선으로 한다는 기본원칙이 미흡한 절차와 규정으로 인해 지켜지고 있지 않은 탓이다. … (중략) …

감사원에 따르면, 2014~2018년 베이비박스에 유기된 아동 962명 가운데 929명(96.6%)이 시설로 보호조치 됐다. 가정보호는 33명(3.4%)에 불과했다. 시설로 보호조치된 아동 929명 중에서도 이후 가정보호로 변경된 비율은 13.8%(128명)에 그쳤다.

아동복지법 등에 따르면 국가와 지방자치단체는 태어난 가정에서 자라기 곤란한 아동에게 필요한 조치를 하게 돼 있다. 시설보다는 가정 제공이 기본원칙이다. 아동에게 영구적으로 가정을 제공하는 '입양'과 일정기간 동안만 위탁하는 '가정위탁'이 가정보호에 해당한다. 그러나 일단 시설에서 보호하게 되는 유기아동은 이후 입양이나 가정위탁으로 변경하기 위한 절차와 기준이 마련돼 있지 않다고 감사원은 지적했다.

출처 : 한국일보(2019. 11. 19.)

(2) 아동 자신의 문제

가족의 구조적·기능적 해체로 인해 시설에 입소하는 아동도 있지만, 아동 자신의 장애, 비행, 범죄로 인해서 시설에 입소하는 경우도 있다.

먼저 장애아동의 경우, 가정에서 돌볼 수 없거나, 가정보다는 시설에서 돌보는 것이 더 효과적인 경우에는 이들을 장애인복지시설이나 정신지체장애인을 대상으로 운영하는 그룹홈에 입소시킬 수 있다. 또한 불량행위를 하거나 불량행위를 할 우려가 있는 아동 및 가정법원, 지방법원 소년부 지원 등으로부터 보호위탁된 아동은 아동보호치료시설에 입소시킬 수 있다. 한편 아동복지시설에 입소되어 있는 만 15세 이상의 청소년과 생활이 어려운 가정의 청소년은 자활에 필요한 지식과 기능을 습득시키는 것을 목적으로 아동직업 훈련시설에 입소시킬 수 있다(도미향·남연희·이무영·변미희, 2011).

2) 아동복지시설 입소 대상 및 기간

시설입소대상은 크게 아동양육시설 및 일시보호시설과 자립지원시설, 그리고 보호치료시설로 구분된다. 각각의 시설에서 돌볼 수 있는 입소 대상 및 기간은 〈표 10-7〉과 같다.

〈표 10-7〉 아동복지시설 입소 대상 및 기간

시설명	입소 대상	입소 기간
아동양육시설 및 일시보호시설	• 보호자가 없거나 보호자로부터 이탈된 아동 • 보호자로부터 학대받은 아동 • 보호자의 학대로 아동보호전문기관에 신고되어 동 기관이 시·도지사 또는 시장·군수·구청장에게 보호조치를 의뢰한 아동 • 보호자의 질병, 가출 등으로 가정 내에서 보호하기 어려운 아동 • 시·도지사 또는 시장·군수·구청장이 특별히 보호가 필요하다고 인정하는 아동	• 양육시설 : 18세 미만 (대학, 직업훈련시설 등에 재학 중인 경우 연장 가능) • 일시보호시설 : 3개월 이내(1회에 한해 3개월 이내 연장 가능)
자립지원시설	• 보호종료 아동 중 취업(우선), 취업 준비 중, 기초생활보장 수급자인 24세 이하인 자	• 24세 이하 : 1년 이내 (필요시 연장 가능)
보호치료시설	• 불량행위를 하거나 불량행위를 할 우려가 있는 아동으로서 보호자가 없거나 친권자나 후견인이 입소를 신청한 아동 • 가정법원, 지방법원소년부지원에서 보호위탁된 19세 미만인 아동 • 정서적·행동적 장애로 인하여 어려움을 겪고 있는 아동 또는 학대로 인하여 부모로부터 일시 격리되어 치료받을 필요가 있는 아동	

출처 : 보건복지부(2020a).

우리나라는 혈연 중심의 가족문화로 인해서 사회적 보호가 필요한 아동이 발생 시 혈연관계가 없는 아동을 가족구성원으로 받아들여야 하는 가정위탁보호나 입양보다는 시설보호에 배치되는 비율이 상대적으로 높았다. 그러나 최근 들어 시설보다는 가정에서 아동을 양육하는 것이 바람직하다는 인식이 확산되고 있다.

3) 아동복지시설 입소 경로

아동복지시설 입소는 발견 경로(기아, 미아, 가출아, 부모의 양육포기 등)가 어떠하든지 간에 일단 각 시·도의 아동상담소를 통하여 결정된다. 기아, 미아, 가출아 등은 경찰서 등을 거쳐 아동상담소로 의뢰되고, 부모나 후견인 또는 보호자가 아동을 일시 위탁 및 양육을 의뢰할 경우에는 전화 또는 방문 상담을 하게 된다. 아동이 '기아'이거나 '미아'이면 보호와 동시에 '어린이 찾아 주기 센터'에 유선으로 통보하여 부모가 아동을 찾을 때를 대비한다. 아동은 아동상담소(서울의 경우 아동복지센터)에서 개별 상담을 통해 입소의 적합성을 결정하여 입소 판정이 되면 관련 서류를 제출하고 생활관에 입소하여 일시보호를 받게 된다.

서울 아동복지센터의 경우, 대상아동은 각종 상담, 심리검사, 건강진단, 학습지도 및 생활지도를 받게 된다. 아동의 배치는 원칙적으로 아동이 자란 지역 또는 아동이 발견된 지역이지만 해당 지역의 시설에 자리가 없어서 타 지역에 배치되는 경우도 있다. 특히 서울에서는 아동상담소를 거친 초등학교 연령의 아동들이 서울시립 소년의 집으로 전원 조치되는 등 아동의 생활에 있어서 지역사회 요인이 지나치게 무시되는 경우도 있다(윤혜미 외, 2005).

보호조치는 입양, 가정위탁, 공동생활가정, 시설 순으로 조치해야 하는 것을 엄수해야 한다. 보호대상아동의 보호체계는 [그림 10-1]과 같으며, 보호아동 발생 시 업무처리 흐름도는 [그림 10-2]와 같다.

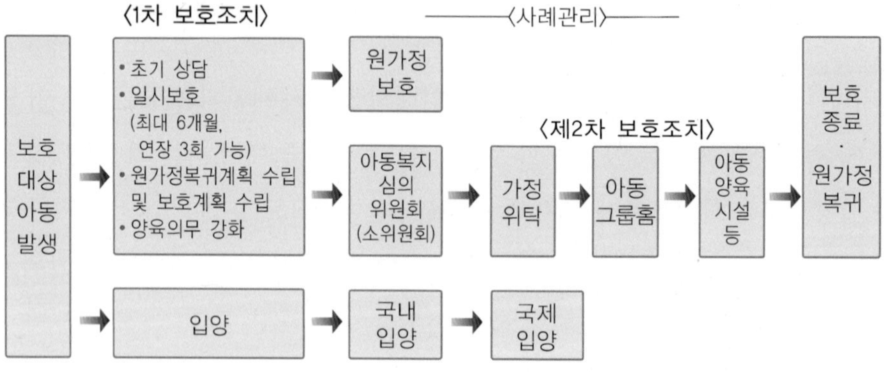

출처: 보건복지부(2020a).

[그림 10-1] 보호대상아동 보호체계

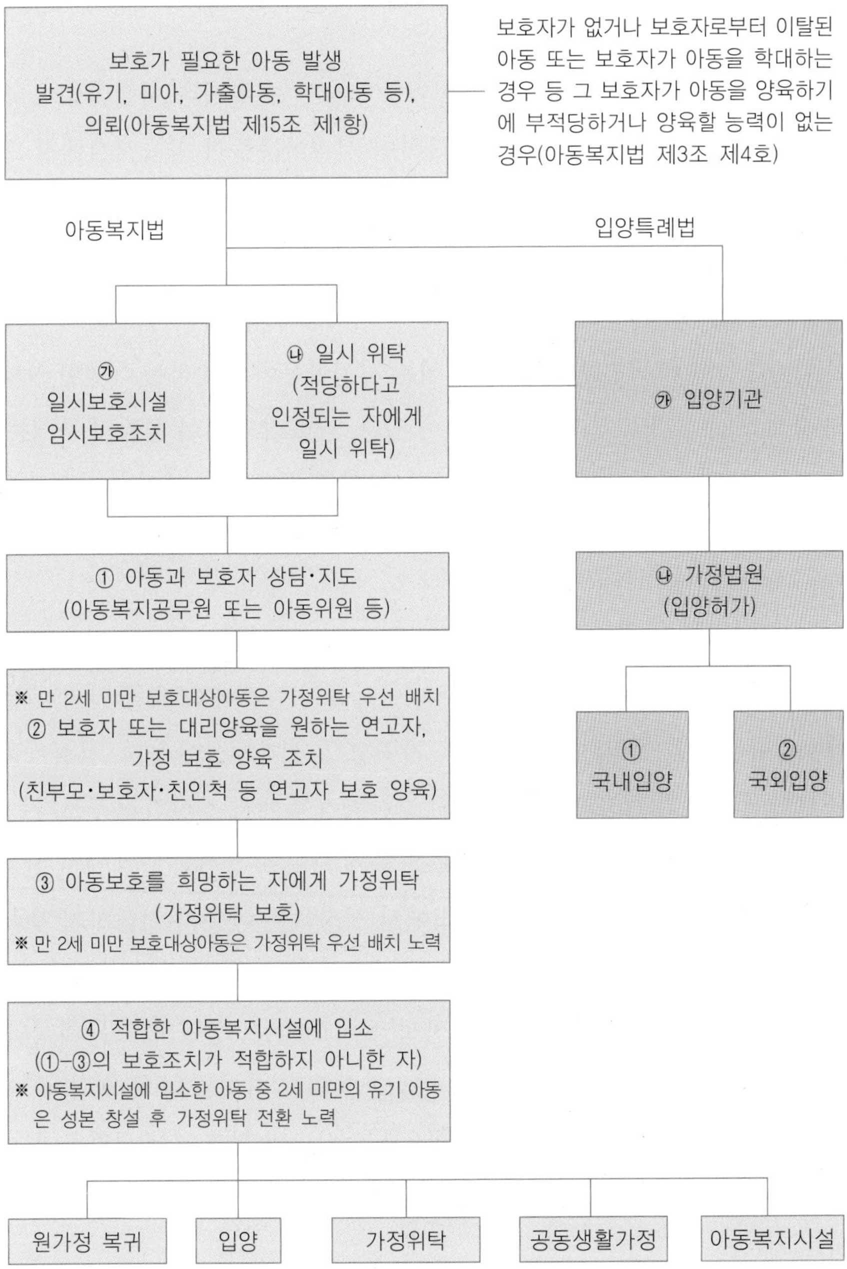

출처 : 보건복지부(2020a).

[그림 10-2] 보호아동 발생 시 업무처리 흐름도

4) 시설아동의 특성

우리나라에서는 1990년대 들어 시설아동의 발달 현황이나 시설아동이 겪는 어려움이 연구쟁점으로 부각되기 시작하여 시설아동들이 양육시설에서 오랜 기간 생활하면서 겪는 다양한 어려움이 보고되기 시작하였다(김경희·강경희·안소영, 2009).

시설아동들은 낮은 자존감, 자기주장 및 자기표현의 부족, 자아통제력 부족 등이 일반아동에 비해 많이 나타난다. 이는 시설아동이 경험하는 특별한 상황에 의해 겪게 되는 심리적 문제에 그 원인이 있다. 아울러 이러한 심리적 문제는 다양한 측면의 발달지체로 나타나기도 한다. 또한 이들은 어린 나이에 시설로부터의 독립을 강요받게 되나 현실적으로 이를 수용하기에는 어려운 점이 많다.

(1) 심리사회적 문제

시설환경은 집단거주환경으로 다수의 아동들이 동시에 보호를 받기 때문에 일반가정과는 다른 여러 가지 문제점을 가지고 있을 가능성이 높다. 시설아동은 집단 내에서 보호를 받음으로써 통제된 집단환경 속에서 자신의 욕구보다는 전체의 기준이나 목표에 맞춰서 상호작용을 하게 되므로 정서적 관계에서 친밀하고 따뜻한 관계를 맺기가 어렵고, 가정에서 성장하는 아동이 경험하지 못하는 생활을 경험하게 된다. 즉, 시설생활은 아동이 따뜻한 인간관계를 맺기에는 제약이 많으며 개인이 집단에 매몰되어 인성(personality)을 상실하거나, 개성의 발달 또는 정서적·신체적·창조적 능력의 발달에 대한 기회를 놓치기 쉽다. 또한 시설아동은 일반가정의 아동보다 문화적으로 실조된 환경에서 생활하기 때문에 아동의 심리사회적 욕구를 충족시킬 만한 인적·물적 자원과 경험이 매우 부족한 실정이다.

시설아동이 겪는 사회심리적 문제의 원인은 ① 아동의 인성 형성에 중요한 부모와의 분리, ② 시설아동이라는 낙인으로 인한 낮은 자아개념 형성, ③ 보육사 1인당 아동 수가 많아 아동의 개별적 욕구충족의 어려움, ④ 열악한 근무조건으로 보육사의 잦은 이동으로 인한 일관성 있는 보호와 양육의 어려움, ⑤ 시설아동의 집단화에 따른 유연성과 개성의 상실 등을 들 수 있다(노혜련·장정순, 1998).

이상에서 언급된 원인에 의해, 시설환경에서 오랫동안 생활한 아동은 시설병적인 성격을 보이는 경우가 많다. 즉, 방어적이고 패쇄적인 특성(유안진·한유진·김진경, 2003)이나 의타심, 이기심, 반발심, 열등감, 심적 불안감 등의 성격을 형성하게 되고, 원만한 대인관계의 형성능력, 인내심, 성취감, 사회적응력 등이 결여되기 쉽다(국립보건원, 2002; 표갑수, 2000).

(2) 발달지체 문제

시설보호아동은 신체, 정서, 인지, 사회발달에 있어서 일반아동에 비해 발달지체현상을 많이 보이는데, 구체적으로 살펴보면 다음과 같다.

첫째, 신체발달 측면에서 시설보호를 받고 있는 초등학생의 경우, 체위 측정 및 영양 섭취 상태를 조사한 결과, 대부분의 아동이 신장과 체중 면에서 한국 소아발육표준치에 뒤떨어지고 있으며, 영양소 섭취량도 권장량에 미치지 못하는 것으로 조사되었다. 그리고 이러한 발달 특징은 인지발달에도 영향을 미치는 것으로 나타났다(정혜경·장영은, 1999).

둘째, 정서발달 측면에서 시설아동은 일반아동에 비해 적절히 자신의 의견을 주장하며 자신의 감정상태를 잘 통제할 수 있는 정서조망능력이 부족한 것으로 나타났다(권세은, 2002). 또한 시설아동은 일반적으로 이중인격을 가지는 경향이 있다. 즉, 표면적으로는 규칙에 순종적이지만 내면적으로는 반항적인 경향을 갖고 있다.

셋째, 인지발달 측면에서 시설아동이 집단생활로 인해 개별적인 지적 자극을 잘 받지 못하는 경우가 많아서 인지발달지체, 학습장애, 창의성 부족, 집중력 부족, 언어발달지체 등의 발달지체가 나타났다(노동익, 1997). 그 결과 학교생활의 적응에서도 어려움을 겪는다(성미영·이순형·이강이, 2001).

넷째, 사회성 발달 측면에서 어린 시절 시설보호의 경험이 있는 아동이 보이는 사회적 관계의 특성은 성인들의 관심과 인정을 보다 많이 추구하는 성인지향적이었다. 또래관계에서도 어려움을 많이 겪고, 특별한 친구가 적어, 불안할 때 또래로부터의 정서적 지지에 의존하는 경향이 적었으며, 또래관계 양상도 부적절하고, 부정적이며, 또래관계의 질도 일반 아동에 비해 낮은 것으로 나타났다(김진경·유안진, 2003).

시설아동과 일반아동과의 비교연구(권세은, 2002)에서도 사회적 기술, 정서조망능력, 자기역량 비교에서 시설아동은 세 가지 영역 모두에서 일반아동에 비해 지체되는 결과를 보였다. 그러나 비록 시설에서 양육되는 경우라 해도 시설의 정서적 분위기, 사회적 성숙을 촉진하는 환경 여부, 지역사회와의 관계 등에서 바람직한 시설환경의 구비 등은 발달에 긍정적 영향을 미치는 것으로 나타났다.

규석이의 어떤 자립

김규석(가명) 군은 "부모님을 (태어나서 한 번도) 못 봤다"고 했다. 돌아가신 건지, 버려진 건지를 더 캐묻지는 않았다. 김 군처럼 보호자가 없거나 학대·빈곤·미혼부모 등의 문제로 보호자로부터 보호받을 수 없는 아이들(요보호아동)은 나라가 맡는다. 아동양육시설, 공동생활가정(그룹홈) 등 아동복지시설에 배치하거나 가정위탁으로 기른다. … (중략) … 김 군은 유년기를 오롯이 아동양육시설에서 보냈다. 고교 졸업 직후인 지난 2월 23일 말 그대로 '자립'했다. 서울에 있는 한 시설에서 퇴소해 1인가구 세대주가 됐다. 대학은 일찌감치 포기했고 일자리는 아직 못 구했다. 그래도 나가야 한다니 나갈 수밖에 없었다. 시설에서 함께 살던 또래들은 1월부터 하나둘 짐을 챙겨 떠났다. 김 군도 그제야 자립이란 말이 실감났지만 모든 게 막막했다. 결국 제일 마지막으로 시설을 나왔다.

자립 3주차, 김 군은 아르바이트 면접을 보고 돌아오는 길에 기자와 만났다. "(아동양육)시설이 좋았다는 걸" 새삼 느낀다고 했다. "의식주가 해결된다는 게 정말 좋은 거였습니다. 나오니까 밥값도 제가 내야 해서 하루 한 끼 먹을까 말까입니다. 집에서 먹으면 주로 라면… 퇴소할 때 고추참치(캔)랑 김치를 가지고 나와서 (반찬 삼아) 먹고 있습니다. 일을 안 하니까 애들 만나서 밤에 게임하고 낮에 자고… 생활 패턴이 망가져서 힘듭니다."

보호 종료 청소년 중 대학이나 직장에 '적'이 없고 주거·생활비·채무·대인관계의 어려움으로 곤란을 겪는 사례가 수두룩하다. 이런 청소년일수록 시설이나 지원 단체와 연락을 끊은 채 이른바 '잠수를 타는' 일이 흔하다. 수도권의 한 보호종료 청소년 지원 단체 관계자는 "구치소나 성매매 업소에 가면 그런 아이들을 많이 만날 수 있다"며 안타까운 현주소를 설명했다.

출처: 한겨레21(2019. 3. 24).

5) 시설아동의 자립지원서비스

시설에서 아동을 보호해 줄 수 있는 기간은 한정되어 있다. 아동복지법 제16조 '보호대상아동의 퇴소조치'에 의하면, 대학이나 직업훈련시설 등에 재학 중인 경우나 시설에서 계속 보호·양육할 필요가 있다고 대통령령으로 정하는 경우와 같이 보호기간을 연장할 수 있는 예외를 제외하고는, 아동의 연령이 18세에 달하였거나, 보호의 목적을 달성하였다고 인정될 때에는 당해 시설의 장은 보호 중인 아동을 퇴소시켜야 한다. 그러므로 시설아동이 퇴소 후 건강한 사회인으로 자리 잡기 위해서는 퇴소 후에 자립할 수 있도록 시설입소 기간 동안의 준비가 필요하다.

보호대상아동의 자립지원 연혁을 살펴보면, 1993년 자립지원센터 위탁사업 7개소를 운영하면서 시작되어, 2008년 퇴소청소년 자립지원실태조사를 거쳐, 2011년 자립지원 표준화 프로그램을 전면 시행하였고, 그 결과를 바탕으로 2012년 8월 아동복지법 전부개정을 통하여 자립지원의 법적 근거가 규정되었다. 2019년부터는 자립수당(매월 30만 원 현금 지급 원칙), 주거지원 통합서비스 사업, 경계성지능 자립지원 사업을 실시하고 있으며, 아동자립 관련 업무를 보건복지부로부터 위탁받아 아동권리보장원에서 운영하고 있다. 아동권리보장원은 2019년 7월에 설립되었으며, 보호가 필요한 아동에 대한 보호체계를 발생 단계부터 보호종료 단계까지 아동중심적·통합적으로 지원하는 역할을 담당하고 있다.

〈표 10-8〉 보호대상아동의 자립지원 단계

단계별		서비스 내용
1단계	입소(위탁) 상담	• 원가족 복귀계획 수립
2단계	입소(위탁) 결정 후	• 건강, 지능, 사회성, 심리, 학습 관련 통합사정 실시 • 통합사정 결과를 토대로 아동복지시설(위탁가정) 배치
3단계	시설(위탁가정) 적응 기간	• 아동복지시설(위탁가정) 적응을 위한 프로그램 운영
4단계	적응 기간 경과 후	• 아동복지시설(가정위탁센터) 내 사례관리회의 – 자립·건강·심리·학습 등 관계자 참석
5단계	사례관리회의 후	• 아동별 자립지원서비스 계획 수립 – 1, 4단계의 내용을 반영 – 원가족 유대강화 서비스 포함 – 경계성지능 등 자립취약아동에 대한 별도의 서비스 개입 계획 수립
6단계	자립지원통합관리 시스템 입력	• 5단계의 아동 자립지원서비스 계획을 사회복지시설정보시스템 [자립지원] 메뉴에 입력 * http://www.w4c.go.kr
7단계	자립지원 프로그램 운영	• 연령·수요에 맞추어 자립지원을 위한 프로그램 운영
8단계	자립준비계획 수립 및 운영 (아동복지법 제39조)	• 만 15세부터 보호종료 이후를 대비하여 매년 개인별 자립준비계획을 수립하여 운영 – 진로, 학습, 취업 계획 등 포함
9단계	보호종료 전 점검	• 보호종료가 예정된 아동에 대한 자립준비 점검 – 대학진학, 취업(예정) 유무, 등록금 조달, 주거 마련, 원가족 관계 등 • 경계성지능 등 자립취약아동의 자립준비기간이 필요할 시 아동복지법 시행령 제22조 제3호에 근거하여 연장보호 검토
10단계	보호종료	
11단계	사례관리 및 상담	• 만 18세 이상 보호종료 후 5년까지 안정적 자립정착을 위한 사례관리 및 자립수준 평가 실시 • 사후관리 및 자립수준 평가 실시를 위한 기관 내 업무지원 체계 구축 필요

출처 : 보건복지부(2020a).

한편 43개 아동양육시설에서 퇴소한 아동과 11개 자립지원시설의 거주아동 157명을 대상으로 한 시설퇴소아동 자립생활에 관한 연구에 따르면, 퇴소아동의 자립생활수준이 전반적으로 높지 않은 것으로 나타났고, 특히 돈 관리, 주택 및 지역사회 자원, 일상생활 과업 영역이 취약한 것으로 나타났다(신혜령·김성경·안혜영, 2003). 시설 등에서 자라서 사회로 나가는 보호종료 아동은 기초생활 수급 경험이 40.7%에 이르며, 월평균 소득은 123만 원 수준에 그쳐 자립에 어려움을 겪고 있다(보건복지부, 2019b).

정부는 저소득층 아동의 사회진출 시 학자금, 취업, 창업, 주거마련 등에 소요되는 초기 비용마련을 위한 자산형성을 적극적·장기적으로 지원할 필요성을 느껴, 2007년 4월부터 미래 성장의 동력인 아동에 대한 사회투자로, 빈곤의 대물림을 방지하고 건전한 사회인 육성을 위해 '아동발달지원계좌(CDA : Child Development Account)'를 추진하였다. 2009년에 '디딤씨앗통장'을 대국민브랜드로 선정하였는데, 디딤씨앗통장은 아동의 새 희망과 큰 꿈을 실현하는데 디딤이 되는 종자돈(seed money)이 됨을 의미한다. 2011년에는 기초생활수급가정 아동에 대해 아동발달지원계좌 지원을 확대하였고, 2012년에는 아동발달지원계좌 적립금 1,000억 원을 달성하였으며, 2019년에는 4,000억 원을 달성하였다. 아동이 후원자 또는 보호자의 도움 등으로 적립 시 국가(지자체)가 월 5만 원 내에서 1 : 1 매칭으로 지원해 주는 것이다. 이때, 정부 지원 금액은 2017년에 3만 원에서 4만 원으로, 2020년에 4만 원에서 5만 원으로 확대되었다. 이 사업은 만 18세 미만의 아동복지시설(아동양육시설, 공동생활가정) 보호아동, 가정위탁 보호아동, 장애인생활시설 아동, 소년소녀가정 아동을 대상으로 지원되며, 만 18세 이후 사회진출 시 학자금, 기술자격 및 취업훈련비용, 창업지원금, 주거마련 지원, 의료비 지원, 결혼 지원 등 자립을 위한 용도에 한하여 사용이 가능하다. 만 24세까지 학자금, 기술자격취득, 주거마련 등 자립 사용용도가 발생하지 않은 경우, 만 24세 도달 시 사용용도 제한 없이 아동 적립금 및 정부매칭지원금의 지급이 가능하다(그림 10-3). 디딤씨앗통장은 제도가 시행된 2007년에 31,211명으로 시작하여 2019년 10월 기준 80,963명에 이르렀다. 인출이 가능해지는 만 18세가 되었을 때 평균 사용 금액은 2018년 기준 약 403만 원 수준으로, 가장 많이 사용한 용도는 학자금으로 나타났으며 그다음은 주거마련, 기술자격 및 취업훈련, 의료비 순이었다(보건복지부, 2019c).

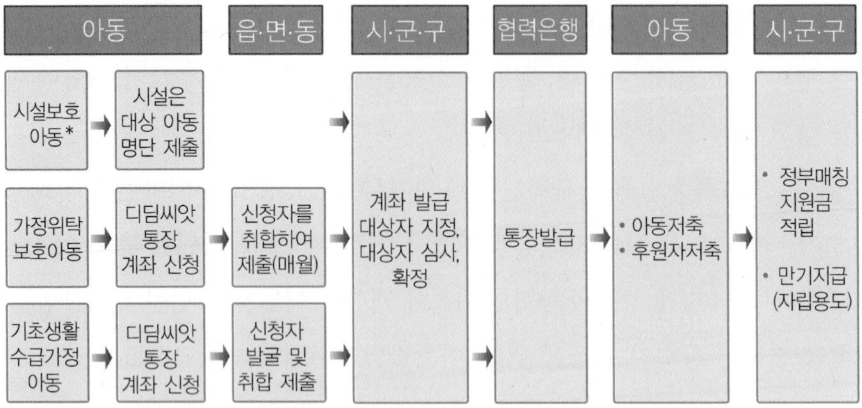

* 아동양육시설, 공동생활가정, 장애인생활시설아동 등

출처 : 보건복지부(2020a).

[그림 10-3] 디딤씨앗통장 추진 절차

시설을 나와서 다시 부모님과 사는 아동은 디딤씨앗통장을 해지해야 하나요?

재입소 예방 및 가정복귀 확대를 유도하기 위하여 가정복귀 후에도 디딤씨앗통장 지원을 계속하고 있다. 종전에는 복귀가정이 저축을 희망하지 않을 경우 디딤씨앗통장 중도해지(아동적립금만 수령)가 가능하였으나, 2011년부터 가정복귀 시에도 중도해지는 할 수 없고 만 18세 이후 자립 용도로만 아동적립금 및 정부매칭지원금을 수령할 수 있다.

출처 : 보건복지부(2020a).

3 시설아동을 위한 복지사업

1) 시설아동을 위한 복지사업의 발달과정

시설아동을 위한 복지사업의 발달과정은 크게 세 단계로 대별해 볼 수 있다(이소희·김영희·최남례·윤지영, 2004).

(1) 사회방위적 단계

사회복지시설이 억압과 격리의 원칙을 기초로 운영되던 시기였다. 요보호자가 시설에 들어가는 것을 혐오스럽게 느끼도록 열악한 사회적 서비스를 제공함으로써 수치심과 굴욕감을 주어 시설보호를 받는 요보호자를 줄이려고 한 것이다. 이때의 시설보호 형태는 대규모 수용방식을 취하여 요보호자를 효과적으로 통제하고 기득권층의 안정을 도모하기 위하여 시설에 수용하여 격리하였다. 이렇게 시설수용 보호방식을 격리주의에 둔 이유는 시설보호 비용의 절감과 요보호자의 효과적인 통제, 요보호자와 일반주민의 동시 보호 등을 꾀하기 위해서였다.

(2) 사회보장적 단계

시설보호를 최저생활의 보장 수준으로 향상시키고 시설생활자가 보다 가정적인 분위기에서 생활할 수 있도록 하기 위해 대규모 집단시설에서 소숙사(cottage) 형태의 시설로 전환하려는 노력을 기울이는 시기였다. 이 단계는 일정한 수급권을 가진 자에 대한 사후적인 수준으로 시설생활자가 자신의 문제 해결에 자발적으로 참여하는 것을 기대할 수가 없고, 지역사회 주민과는 이질적인 존재로 구분되어 지역주민과 공동의 연대감을 형성하기 어려운 상태이다. 이 시기의 시설생활자는 소수의 독지가나 자원봉사자의 관심 대상이었다.

(3) 사회복지적 단계

이 단계에서 사회복지시설은 보호의 연속체 안에서 하나의 선택적 기제로 기능하게 된다. 정상화 이념의 확산으로 인하여 시설보호는 시설생활자의 인격적인 삶의 보장 수준으로 제공되며, 시설의 형태도 소규모의 다양한 구조를 취하게 된다. 시설생활자와 주민은 상호 간에 적극적인 교류를 통해 사회적 관계를 형성·강화하게 된다.

한편 우리나라 아동복지의 역사를 살펴보면, 1981년 아동복지법이 제정되어 아동복지의 대상이 일반아동까지 확대되기 이전까지는 주로 절대적 빈곤아동과 요보호아동을 중심으로 아동복지가 행해져 왔으며, 이에 따라 시설아동을 위한 복지가 아동복지의 근간을 이루었다. 해방 이후 6·25를 거쳐 1970년대 말까지 우리나라의 사회·정치적 혼란 상황 및 어려웠던 경제상황은 많은 고아, 미아, 기아를 낳았고 이들을 수용하여 보호하고 가르칠 시설의 역할이 매우 중요한 시기였다. 80년대에 들어서면서 상대적 빈곤아동과 보편적 아동을 위한 복지가 강조되었고, 90년대 중반부터 오늘날에 이르러서는 국제화에 따른 아동복지 시대로서 심리적·사회적 만족을 위한 아동복지에 관심이 집중되기 시작하였다. 이에 따라 종래의 시설보호(institution care)에서 지역사회보호(community care)를 지향하는 변화가 나타나기 시작하였다.

특히 이러한 변화과정에 주요한 영향을 미친 것으로 노멀리제이션(normalization)과 탈시설화 사상을 꼽을 수 있다(박정란·서홍란, 2001).

- **노멀리제이션** : 정상화, 통상화 등으로 번역되는 노멀리제이션은 1952년 덴마크에서 창립한 '정신지체아 부모모임', 1971년 유엔에서 채택한 '정신지체자권리선언', 1975년 '장애인권리선언' 등의 과정에서 확대되어 온 개념으로, 현재는 아동, 노인, 장애인, 여성 할 것 없이 모든 대상에 있어 정책과 서비스의 기본이념이 되었다. 즉, 장애인도, 노인도, 아동도 같은 사회의 일원으로서 존재하는 사회가 정상(normal)이며, 일상생활에 있어 이들의 욕구가 보통 사람들의 욕구와 마찬가지로 자연스럽게 충족되는 것이 당연하다는 의미이다. 즉, 아동의 경우에는 부모와 함께(주택) 교육을 받으며(일과) 여가생활을 즐기는 것이 기본적 욕구이므로 모든 아동에게 이러한 기본 욕구가 보장되어야 하며, 부득이 부모의 보호 아래 가정생활을 하지 못하게 되는 아

이들이라도 가능한 가족적 분위기에서 양육되어야 함을 강조한다.

- **탈시설화** : 아동의 시설보호를 부정하고 지역사회보호를 더욱 구체화한 것이다. 탈시설화는 기존의 거대 관리시설에서 기본적 권리인 자유, 인권, 프라이버시가 침해되기 쉬우며, 비민주적 운영으로 시설이용자의 주체성을 잃기 쉽다고 강조하고 무엇을 위한, 누구를 위한 관리인가를 묻고 있다. 이에 따라 보다 규제가 적은 생활, 시설의 소규모화, 생활단위의 세분화, 개인생활의 중시, 지역사회 안에서의 생활, 자립생활 등을 강조하였다. 따라서 시설보호는 지역사회보호의 한 부분으로 이해되며, 이때 시설은 주민의 주체적 참여가 보장되는 열린, 개방적인 시설이어야 한다.

2) 시설아동을 위한 복지사업 내용

아동복지서비스 사업의 지침서로 보건복지부에서 매년 발간되는 『아동복지사업안내』에서 제시하고 있는 우리나라 시설보호사업의 내용은 다음과 같다(도미향 외, 2011; 보건복지부, 2006, 2013; 정무성, 2007). 먼저 시설보호사업의 기본방향을 살펴보면, 첫째, 시설 내에서 소숙사제도 등 소규모 가정단위의 보호방식으로 전환하여 가정적인 분위기에서의 성장을 유도한다. 둘째, 조기자립유도를 위한 시설아동 자립지원시책을 추진한다. 셋째, 기존 아동양육시설의 성격에 아동상담, 일시보호, 가정위탁, 입양, 급식프로그램 제공 등을 추가하는 아동복지시설 기능의 다양화를 추진한다. 넷째, 인건비와 운영비를 지원하되 기준인건비를 제외한 직접경비, 공통경비, 간접경비를 통합, 총액 기준으로 지원하여 예산집행의 탄력성을 확보한다. 다섯째, 시설운영자의 자율성을 보장하고 예산집행의 효율성과 투명성 제고를 위한 행정지도를 강화한다. 여섯째, 시설종사자들의 이직을 방지하고 전문성을 강화하기 위한 처우개선과 지속적 교육 및 탄력적인 시설운영 등을 실시한다. 일곱째, 시설 평가지표의 보완 및 표준화와 아동의 인권관련 지표를 포함한 매뉴얼의 완성이 요구된다.

이상의 기본 방향을 바탕으로 아동복지시설 운영의 내실화를 위해 아동일시보호시설 운영, 자립지원시설 운영, 아동보호치료시설과 아동직업훈련시설 운영 활성화, 자립프로그램 운영 확대, 아동복지시설 기능 다양화 등을 실천하고 있다. 각각을 다시 구체적으로 살펴보면 다음과 같다(보건복지부, 2010).

(1) 아동일시보호시설 운영

일시보호시설이 없는 시·도는 지역 내에 아동복지시설 중에서 지역실정과 시설여건이 적합한 시설을 일시보호시설로 전환하거나 일시보호시설을 추가하여 아동의 특성과 자립에 적합한 보호 양육 방안을 강구한다.

(2) 자립지원시설 운영

- 자립지원시설 운영이 미흡한 시·도는 시설환경을 개선하고 취업상담 지원 프로그램을 운영하는 등의 활성화 방안을 마련하여 추진한다.
- 자립지원시설이 없는 시·도는 지역실정과 시설여건이 적합한 아동복지시설 등에서 운영하는 방안을 추진한다.
- 자립지원시설은 법정인원, 즉 상담지도원 1명(아동 10인 이상)을 반드시 배치한다.

(3) 아동보호치료시설, 아동직업훈련시설 운영 활성화

① 아동보호치료시설

지자체는 보육사 2교대 실시, 임상심리상담원 등 법정인원 배치, 시간 외 근로수당 지원 등을 적극 실시하여 종사자의 처우개선을 추진한다. 생활아동에 대한 보호·치료를 통한 자립지원이 이루어질 수 있도록 효과적인 보호치료계획을 마련하여 추진한다. 아동보호치료시설 운영 내실화를 위해 관리운영비 권고 기준(2020년 권고 기준 금액 : 208,210원/인·월) 이상의 예산을 지원한다(보건복지부, 2020a).

② 아동직업훈련시설

지자체는 보육사 2교대 실시, 생활복지사 등 법정인원 배치, 시간 외 근로수당 지원 등을 적극 실시하여 종사자의 처우개선을 추진한다. 자활에 필요한 지식과 기능 습득을 통한 자립지원이 이루어질 수 있도록 효과적인 직업훈련계획을 마련하여 추진한다.

(4) 자립지원 표준화 프로그램(Ready? Action!)

Ready? Action! 프로그램은 2007~2010년간의 시범사업 결과를 바탕으로 아동의 연령별·시설별 상황 등을 고려하여 자립준비를 할 수 있도록 개발한 자립지원 표준화 프로그램이다. 이는 미취학부터 보호종료 전까지 아동의 단계·학년·수준별로 적정한 교육을 실행하여 보호종료 후 안정적인 자립생활을 할 수 있도록 사례관리 및 필요 서비스를 지원하는 프로그램이다. 이 프로그램은 기본 4단계(미취학~초등 2년, 초등 3~6년, 중학생, 고 1년~보호종료 전)로 구분하여 연령·수준별로 적정 프로그램을 운영한다(보건복지부, 2020a).

Ready? 프로그램

단계별 / 구분	Level 1	Level 2	Level 3	Level 4
대상자	미취학~초 2	초 3~6	중 1~3	고 1~보호종료 전
해당 영역[1]	1,2,3,5	1,2,4,5,6	1,2,3,4,5,6	8개 전 영역
중점 프로그램	기초학습·독서지도, 원가족 유대강화 집단프로그램	심리·정서지지체계, 학습지도, 경제교육	진로적성검사, 자립예비사정 및 계획, 체크리스트	자립사정, 취업 및 진학 상담, 체크리스트

주 1) 보호아동 자립준비 프로그램 매뉴얼의 8대 자립기술 영역을 말함.

Action! 프로그램

대상자	보호종료 후 ~ 자립생활 정착까지	
서비스 지원	• 취업형과 진학형으로 구분 • 상담 및 사후관리 • 긴급생활자금 지원 및 의료지원	• 사회초기적응 및 자립기반구축 • 진로지도 및 인턴십 프로그램 • 심리정서지원

출처 : 보건복지부(2020a).

[그림 10-4] Ready? Action! 프로그램

자립지원 표준화 프로그램에서 제시하고 있는 자립기술은 〈표 10-9〉와 같이 일상생활기술, 자기보호기술, 지역사회 자원활용 기술, 돈 관리 기술, 사회적 기술, 진로탐색 및 취업기술, 직장생활 기술, 다시 집 떠나기 등의 8대 영역을 포함한다.

〈표 10-9〉 자립기술의 8대 영역 내용

영역	내용
1. 일상생활기술	일상생활에 필요한 세탁, 청소, 예의범절, 요리하기 등 기술 습득
2. 자기보호기술	개인위생관리, 응급처치방법, 성교육, 스트레스 다스리기 등
3. 지역사회 자원활용 기술	지역 내 활용 가능한 서비스, 사회자원 방문조사 및 활용
4. 돈 관리 기술	교육을 통한 올바른 경제관념을 형성, 효율적인 용돈 관리기술 습득
5. 사회적 기술	긍정적인 대인관계 기술, 효과적인 의사소통 기술 습득
6. 진로탐색 및 취업기술	적성검사를 통한 상급학교 진학 및 직업탐색
7. 직장생활 기술	이력서 작성법, 면접방법, 대처방법 등 직장생활 기술 습득
8. 다시 집 떠나기	집 구하기, 계약, 이사 등의 거주지 마련방법 습득

출처 : 보건복지부(2020a).

(5) 아동복지시설 기능 다양화

기존 아동양육시설의 성격에 아동상담, 일시보호, 가정위탁, 입양, 급식, 프로그램 제공 등의 기능을 추가하는 등 아동복지시설의 기능을 다양화한다.

지자체는 아동복지시설의 특성과 여건에 따라 보호아동 보호·양육기능에서 지역사회 아동을 위한 종합서비스시설로 운영할 필요가 있거나 운영이 가능한 경우에는 서로가 협의하여 적극 추진하고자 한다.

3) 시설 종사자

아동복지시설에서 아동을 양육하는 종사자는 부모와 같은 역할을 하기 때문에 종사자의 자질과 아동을 돌보는 종사자의 수는 양육의 질을 결정짓는 중요한 요인이 된다(이소희 외, 2004).

보건복지부는 아동복지시설의 여러 불미스러운 문제점의 발생을 막고자 2012년 8월 5일부터 시설 종사자의 자격기준을 한 단계 올림으로써 좀 더 엄격한 자격요건을 요구하고 있다(아동복지법 시행령 [별표 15] 참조).

〈표 10-10〉 개정 전·후 종사자 자격 비교표(2012년 8월 5일부터 시행)

직 종	현행	개정	적용시기	
			기존 종사자	신규 종사자
시설장	• 사회복지사 3급 이상 자격을 가진 사람	• 사회복지사 2급 이상 자격 취득 후 아동과 관련된 사회복지사업에 3년 이상 또는 사회복지사업에 5년 이상 종사한 경력이 있는 사람	'18. 9. 1.	'12. 8. 5.
보육사	• 고등학교 또는 이와 동등 이상의 학력이 있다고 인정되는 사람	• 사회복지사 3급 이상 자격이 있는 사람	'18. 9. 1.	'12. 8. 5.
임상심리 상담원	• 「고등교육법」에 따른 대학 또는 이와 같은 수준 이상의 학력이 있다고 교육부장관이 인정하는 학교에서 심리학을 전공하여 졸업한 사람	• 「고등교육법」에 따른 대학 또는 이와 같은 수준 이상의 학력이 있다고 교육부장관이 인정하는 학교의 심리 관련 학과를 졸업한 사람 • 「국가기술자격법」 시행령 제12조의 2 제1항 및 별표 10에 따른 임상심리사 2급 이상의 자격이 있는 사람	–	'16. 7. 1.

출처 : 보건복지부(2020a).

특히 아동복지시설 종사자는 수용자에 대한 정상화와 인권존중의 이념을 기반으로 전문적인 서비스를 제공할 의무를 가지고 있으며 공평하고 공정한 서비스 실현을 위해 노력해야 할 사명이 있다. 아동복지시설의 종사자 배치기준은 〈표 10-11〉과 같다(아동복지법 시행령 [별표 14] 참조).

〈표 10-11〉 아동복지시설 종사자 배치기준

직종별	법정 기준
시설장	- 시설당 1명
사무국장	- 아동 30명 이상 시설당 1명(자립지원시설은 10명 이상 1명) * 공동생활가정, 아동전용시설, 지역아동센터 해당 없음
상담지도원	- 양육, 일시보호, 상담소는 필요인원 - 자립지원시설은 아동 10명 미만-1명, 아동 10명 이상~30명 미만-2명, 아동 30명 이상-3명
임상심리상담원	- 양육, 일시보호, 상담소는 30명 이상 1명 - 보호치료시설은 시설당 1명
보육사	- 0~2세까지 아동 2명당 1명 - 3~6세까지 아동 5명당 1명 - 7세 이상 아동 7명당 1명 * 자립지원시설, 아동상담소, 아동전용시설, 지역아동센터 해당 없음
생활복지사	- 양육, 일시보호, 보호치료는 30명 이상 1명 * 양육시설, 일시보호시설은 30명 초과 시 1명 추가 - 10명 이상 전용시설은 필요인원 - 지역아동센터는 30명 이상 2명(50명 초과 시 1명 추가), 10명 이상 1명
간호사 (간호조무사)	- 양육, 일시보호, 보호치료, 상담소 30명 이상 1명
직업훈련교사	- 양육, 보호치료시설은 필요인원
조리원	- 양육, 일시보호, 보호치료시설은 10명 이상 1명(30명 초과 시 1명 추가)
위생원	- 양육, 일시보호시설은 30명 이상 1명
안전관리원	- 보호치료시설은 30명 이상 2명(40명 이상 4명), 전용시설은 30명 이상 1명
영양사	- 양육, 일시보호, 보호치료시설은 30명 이상 1명 - 지역아동센터는 50명 이상 1명
사무원	- 양육, 일시보호, 보호치료는 10명 이상 1명 - 자립, 상담소, 전용시설은 30명 이상 1명
자립지원 전담요원	- 양육, 보호치료시설은 10명 이상 1명, 자립지원시설은 30명 이상 1명 * 양육시설은 100명 초과 시 1명 추가 - 공동생활가정은 필요인원

출처 : 보건복지부(2020a).

4 아동시설복지사업의 문제점 및 과제

아동시설복지사업의 개선을 위해 직면하고 있는 문제점을 중심으로 몇 가지 대안을 제시하면 다음과 같다(강복정, 2001; 김경희 외, 2009; 김명희, 2006; 박정란 외, 2001; 이용교·이명묵·안경수·정경은·정민기, 2006; 정무성, 2007).

첫째, 수용중심의 일반 아동복지시설은 정서장애 아동, 행동교정이 필요한 아동, 정서에 문제가 있는 아동을 위한 전문치료 중심의 시설로 전환되어야 한다. 아동의 입소 이유가 복잡해지고, 입소 이전에 심리적 외상(trauma)을 입은 아동이 들어오는 경우도 많으므로 단순한 보호 차원을 넘어서서 전문적이고 체계적인 도움을 제공해 줄 수 있어야 한다. 전문적이고 특수한 치료와 재활이 필요한 아동에게 전문가에 의한 전문적이고 집중적인 치료는 절대 필요하기 때문이다.

둘째, 아동 수용시설을 해당 지역사회 아동을 위한 이용시설로의 전환이 요구된다. 대부분의 아동복지시설이 갖고 있는 독서실, 회의실, 상담실, 숙식시설, 운동장, 체육시설과 같은 훌륭한 시설을 활용하여 그 시설이 지역사회 아동복지센터가 되게 하는 것이다. 이렇게 되면 지역사회의 소년소녀가장을 비롯한 아동들을 위한 상담 등 다양한 프로그램을 제공할 수 있게 될 것이고, 아동학대 예방센터의 역할도 할 수 있을 것이다. 그리하여 일반아동의 생존보호·발달 등 아동의 인권과 복지권을 향상시키는 제도적 접근에 중점을 두는 지역사회 아동복지센터의 역할을 할 수 있게 된다. 또한 비행청소년, 가출청소년을 위해 긴급수용을 위한 쉼터의 역할도 할 수 있도록 한다.

셋째, 아동의 보호시설의 가정위탁시설과 공동생활가정으로의 전환이 요구된다. 아동 수용시설을 부모의 역할을 대신하는 체계에서 확대하여 가정위탁보호와 공동생활가정의 시설로 전환해 보자는 것이다. 특히 거대시설의 기본 재산적 가치를 공동생활가정시설로 세분화하여 정부의 적극적인 행정·재정 지원을 활용하여 이러한 사업을 시행하게 한다.

넷째, 아동양육시설의 지원이 요구된다. 최근 아동양육시설에 대한 지원은 기초적 생계를 유지할 수 있을 정도로 개선되었으나 아동의 적성이나 능력, 자활에 필요한 지원은 아직 미약한 편이다. 인건비와 운영관리비 등 시설 소요 비용의 약 90%를 정부가 지원하는 것으로 되어 있으나 정부 지원금은 실제 시설 수입의 90%에 미치지 못하는 실정으로 충분하지 못하므로 정부의 재정 지원 확대가 필요하다. 특히 영·유아를 위한 전문적 프로그램을 통한 체계적 양육이 이뤄지도록 양육을 지원하는 프로그램 소요 비용 등 재정 지원을 확대하는 것은 이후의 사회적 비용을 줄이는 효과가 있을 것이다.

다섯째, 퇴소아동을 위한 자립지원 정책 강화가 요구된다. 시설아동의 대부분이 독립생활의 준비가 충분히 된 상태에서 시설을 떠나야만 하는 실정이고 이에 따라 시설을 떠난 후 상당히 어려운 상황에 직면하는 경우가 대부분이다. 그러므로 2011년도에 구축된 자립지원 통합관리시스템이 충분한 효과를 발휘할 수 있도록 해야 한다. 즉, 아동특성에 따라 자립계획을 세운 후 보육사와 시설아동이 함께 대처능력을 개발하고 자립준비 기술을 익히기 위한 프로그램에 적극적으로 참여하여 장기적 자립을 준비하도록 도와야 한다. 자립프로그램에서 강조하는 자립기술의 8대 영역을 충분히 통합적으로 익히게 하여, 퇴소 후 경제적인 부분뿐만 아니라 건강한 가정을 형성하여 가정적으로도 안정될 수 있도록 도와주어야 한다.

여섯째, 시설 평가지표의 보완 및 표준화가 요구된다. 매번 새로운 평가지표에 의한 평가실시에 따른 문제점을 최소화하기 위해서 아동복지시설 운영 매뉴얼의 완성이 요구된다. 또한 평가지표에서 현재는 시설 및 환경, 재정 및 조직운영, 인적 자원관리, 프로그램 및 서비스, 아동의 권리, 지역사회관계의 6개 항목으로 평가하고 있는데, 아동의 인권상황을 보다 구체적으로 파악할 수 있도록 아동의 생존권, 보호권, 발달권, 자유권, 참여권 관련 지표들을 개발하여 시설 평가지표에 포함시키는 것이 필요하다.

11

CHAPTER

입양 및 가정위탁보호 아동을 위한 아동복지실천

가정이 정상적으로 기능하지 못할 경우 가정의 역할을 대신해 줄 수 있는 보호의 장이 필요하며 이때 제공되는 아동복지서비스가 입양과 가정위탁보호이다. 보호가 필요한 아동에게 시설보다는 가정에서 양육하는 것이 바람직해짐에 따라 입양과 가정위탁보호사업이 아동복지 실현을 위한 중요한 방법으로 등장하고 있다. 본 장에서는 입양과 가정위탁보호사업의 개념과 목적, 서비스 제공 절차 및 현황을 살펴보고 각 사업의 내용과 문제점 및 과제에 대해 검토한다.

1 입양아동을 위한 아동복지실천

1) 입양의 이해

(1) 입양의 정의

입양은 생물학적 과정에 의해서가 아니라 법적·사회적 과정에 의해서 친자관계가 형성되는 행위를 말한다. 즉, 혈연관계가 아닌 사람과 법적 절차를 거쳐 부모-자녀관계를 형성하는 것으로서 친부모가 아동을 키울 능력이 없을 때 또는 양육하려 하지 않을 때 그 아동에게 대체 가정을 제공하는 것이다. Fredericksen (1948)은 입양이란, 양부모가 법적 절차를 밟아 아동을 자신의 아이로 삼는 것을 말하며, 입양되는 아동은 친부모와 자녀 사이에 가졌던 권리와 의무를 갖게 되는 것을 의미한다고 하였다.

최근 경제적인 어려움과 이혼이나 별거로 인한 가족해체, 아동학대와 방임 등으로 가정의 자녀양육 기능이 약화되어 부모로부터 적절한 보호와 지도를 받지 못하는 아동이 증가하고 있다. 그리고 성윤리 및 가치관의 변화 등으로 십대 미혼모 아동이 늘어나고 있어 아동복지가 심각하게 위협받고 있다. 과거 전통사회에서는 부모가 자녀를 양육하고 보호할 수 없는 경우, 이웃이나 친척이 그 역할을 대신 수행해 줄 수 있는 자연적인 보호망이 존재하였지만, 현대사회에서는 이전과 같은 이웃과 확대가족의 도움을 받을 수 없게 되었다. 이 경우에 사회와 정부는 친부모를 대신하여 아동을 양육하고 보호해 줄 다른 가정을 제공해 줄 의무와 책임이 있다. 이것은 현대의 민주사회가 그 사회의 모든 아동에 대한 부모적인 책임을 지고 있기 때문이다.

입양은 아동의 복지실현을 위한 중요한 실천방법으로서 수행되고 있으며, 다음과 같이 몇 가지 가정이나 가치에 근거하여 이루어져야 한다고 한다(Adamec & Pierce, 2000; Cole & Donley, 1990).

- 아동은 안전하고 양육적인 가정환경에서 성장할 권리를 가진다.
- 생물학적 가정이 아동의 필요를 제공할 수 없을 경우 아동은 대리가정에 대

한 권리를 가진다.

- 입양은 법적으로 인정되고 영구적인 관계를 제공하기 때문에 위탁보호에서 우선시된다.
- 아동에게 더 많은 일관성을 제공하기 위해 가능한 일찍 입양되어야 한다.
- 입양은 모든 참여자에게 평생에 걸쳐 지속되는 경험이다.
- 입양된 아동은 자신의 출생, 친가정, 유전적 정보 그리고 입양에 관한 특별한 사항에 대한 권리를 가진다.

(2) 입양의 목적

입양제도는 고대 함무라비 법전에도 언급되어 있을 만큼 역사가 긴 제도이다. 입양의 역사를 볼 때 입양의 출발은 아동복지적 관점보다는 가문계승, 재산관리, 노후봉양, 사후제사 등을 위한 수단으로 사용되어 왔다. 입양제도의 변천은 가(家)를 위한, 어버이를 위한, 자(子)를 위한 목적의 입양으로 진화해 왔다(이순형 외, 2006).

국내입양 부모들의 입양 동기는 불임이 주된 원인이다. 아동입양 시 입양 부모는 혈액형과 나이를 중요시하는데, 이는 친자식인 양 가장하여 비밀입양을 하고 있음을 반영해 준다. 친자식처럼 가장하기 어려운 장애가 있는 아동이나 연장아동은 국내입양이 불가능하게 되어서 가정에서 성장할 권리를 누리지 못하게 된다. 그러나 최근 국내입양이 증가하면서 유자녀 입양이 증가하고 있어 아동복지를 우선으로 고려하는 방향으로 입양동기 및 태도가 서서히 변화하고 있음을 알 수 있다. 친자식을 둔 부모들이 입양 사실을 주위에 알리고 입양하는 바람직한 입양문화를 확산시키고 있다. 2000년도 초에 공개입양 부모 모임인 한인입양홍보회가 생겼다. 이 모임에 가입한 입양 부모들은 주변이나 친지, 입양아에게 입양사실을 공개하고 수시로 지역별 모임을 통해 입양생활의 고민과 정보를 교환하고 있다. 이처럼 국내 공개입양이 점차로 증가하는 경향을 통해 입양문화가 바뀌고 있음을 알 수 있다.

이처럼 입양에 대한 목적이나 동기는 시대와 함께 변화됐으며, 오늘날 입양의 목적은 자녀를 원하는 입양 부모의 욕구를 충족시키기보다는 요보호아동의 권익과 복지를 강화하는 방향으로 변화하고 있다.

(3) 입양의 유형

입양은 입양 부모의 친족 여부에 따라 친족입양과 비친족입양, 입양의 성립을 주관하는 주체에 따라 독립입양과 기관입양, 입양 공개 여부에 따라 공개입양과 비밀입양, 아동이 입양되는 장소에 따라 국내입양과 국외입양으로 분류된다. 각 입양 유형의 특징을 구체적으로 살펴보면 다음과 같다.

① 친족입양과 비친족입양

친족입양은 아동이 혈연관계가 있는 가정에 입양되는 경우이다. 즉, 계부가 부인의 자녀를 입양하거나 큰아버지나 작은아버지 등의 출생부모의 친인척이 아동을 입양하는 것을 말한다. 친족입양은 혈통을 중요시하는 우리나라에서 대를 잇기 위한 수단으로 행해져 왔으며 많은 이점이 있다고 한다. 즉, 확대가족의 의미로 친인척의 혈연관계 자원 속에서 아동이 양육될 수 있고, 아동은 생물학적, 가족문화적 동질성과 정서적 유대감으로 어려움을 덜 겪을 수 있다(김명희, 2006). 한편 비친족입양은 아동이 입양가족과 가족관계나 혈연관계를 갖지 않는 부모에게 입양되는 경우를 말한다.

② 독립입양과 기관입양

입양의 성립을 주도하는 주체에 따라 구분하는 유형으로서 독립입양과 기관입양이 있다. 독립입양은 기관을 통하지 않고 친부모와 입양 부모 간의 협의에 의해 입양이 성립되는 형태를 말하며, 직접입양, 회색시장 입양(gray market adoption), 암시장 입양(black market adoption)의 세 가지 형태가 있다(Downs, Moore, McFadden, & Costin, 2000).

직접입양은 친부모가 잘 아는 사람에게 입양을 시키는 것으로, 부모의 동의와 호적법의 절차를 거쳐 입양이 성립되며 합법적이다. 직접입양은 친부모가 직접 입양가정을 선정하여 아동을 그 가정에 맡기고 친권을 포기하는 경우로서, 우리나라의 전통적인 양자제도와 같은 것이다. 회색시장 입양은 금전을 목적으로 하지 않고 선의의 중개로 입양을 원하는 친부모와 양부모 혹은 아는 사람을 통해 이루어지는 입양이다. 친부모와 입양 부모 간에 오가는 금전은 단지 친어머니의 의료비나 법적 서비스를 위해 사용된다. 반면 암시장 입양은 이익을 목적으로 아동을 매매하는 경우이며 이러한 입양은 불법이다. 독립입양은 아동의 입장보다는 입양 부모의 요구에 기초하여 입양이 이루어질 가능성이 매우 크다. 친부모는 입양에 관한 교육이나 심리적·법적 사후서비스를 받을 수 없고, 적절한 의료적 서비스나 경제적이고 사회적인 도움도 받지 못하는 경우가 많다(이소희, 2005). 독립입양은 기관을 통한 입양보다 비용이 많이 드는데, 일부 부모는 기관입양의 공식적 절차를 피하는 것이 비용이 많이 드는 만큼의 가치가 있다고 느낀다. 기관입양은 입양기관에 의하여 입양이 이루어지는 경우를 말하는데, 입양기관에서 전문가에 의해 친부모가 친권을 포기하게 하고 기관이 모든 법정대리인이 되어 입양을 성립시키는 형태를 말한다. 이러한 입양형태는 입양기관이 양쪽 가정을 조사하여 가장 적절한 가정과 연결해 주기 때문에 입양 후 발생하는 문제가 적은 편이다. 다만 서류상의 절차가 약간 복잡하여 입양을 기다리는 기간이 길다는 단점이 있다.

③ 공개입양과 비밀입양

입양 시 공개 여부에 따라 공개입양과 비밀입양으로 구분된다. 비밀입양은 입양한 부모가 입양한 사실을 입양아동과 주위에 알리지 않고 아동을 입양하는 것이다. 마치 친자식처럼 직접 출산한 것으로 유지하는 것을 말한다. 따라서 비밀입양은 가족에게 아동이 유전적으로 자신의 아이라는 거짓을 유지할 수 있도록 하였다. 이는 부모를 불임의 낙인에서 보호하면서 아동을 입양가족 내의 상속권에 대항하는 도전들로부터 보호하도록 하였다.

공개입양은 입양아동과 주위의 모든 사람에게 자녀를 입양한 사실을 밝히는 형태를 말한다. 미국이나 유럽에서의 공개입양은 우리나라의 공개입양과는 아주 다른 의미로 사용되는데, 이는 아동과 친부모 그리고 입양 부모가 협의로 어느 정도의 접촉을 하는 것을 말한다(문선화 외, 2005). 우리나라에서는 공개입양을 서구와는 달리 입양 사실을 입양 자녀와 주변 사람들에게 공개적으로 알리는 방식으로 간주한다. 그러므로 친부모가 자신의 자녀를 입양할 양부모를 선택하거나 입양 전과 후에 친부모와 양부모가 서로에 대한 정보를 공개한다거나 서로 직접 만나는 공개입양의 본래 의미와는 다르다고 볼 수 있다(오정수·정익중, 2013). 우리나라에서는 공개입양이 꾸준히 늘어가고 있기는 하나, 혈연을 중요시하는 가치와 입양에 대한 편견 때문에 비밀입양이 선호되고 있다.

④ 국내입양과 국외입양

국내입양은 아동이 태어난 그 나라에서 입양하는 형태를 말하며, 국외입양은 아동이 태어난 나라가 아닌 다른 나라로 입양되는 것을 말한다. '국가 간 입양에 관한 아동보호 및 협력에 관한 헤이그협약'은 아동의 최선의 이익을 가장 중요한 것으로 생각한다. 따라서 아동의 출신국은 먼저 아동이 친부모와 함께 살 수 있도록 최대한 보장해 주어야 하며 그것이 쉽지 않을 때는 아동이 태어난 그 나라에서 입양될 수 있도록 한다. 만약 국내입양이 가능하지 않을 때 국외입양은 아동에게 행복하고 영구적인 가정을 찾아 준다는 전제하에서 아동을 위한 대안으로 강구될 수 있다고 규정하고 있다.

2) 입양의 구성요소와 방법

(1) 입양의 구성요소

입양은 입양되는 입양아동과 입양아동을 입양하는 입양 부모 그리고 이 입양아동을 포기하는 입양아동의 친부모의 3자로 구성된다. 입양사업은 세 구성요소 모두의 권익이 균형 있게 반영되어야 한다.

① 입양대상 아동

입양대상 아동은 첫째, 입양대상 아동의 가정이 건전한 가족으로 구성될 수 없는 미혼모의 아동이나 미아 등을 말한다. 둘째, 부모가 아동을 돌볼 수 없는 경우로, 부모가 사망하였거나 앞으로도 돌볼 수 있는 능력이 없을 경우의 아동이다. 셋째, 친부모가 판명되지 않거나 아동양육을 거절하거나 싫어하는 경우이다. 넷째, 부모가 자발적으로 아동에 대한 권리를 포기하는 경우이다.

보건복지부 통계에 의하면, 입양대상이 되는 아동은 1970년대까지 주로 경제적인 곤란으로 인한 기아의 경우가 많았으나 점차 미혼모의 자녀인 경우가 증가하여 입양대상이 되는 아동 중에 미혼모의 자녀인 경우가 대부분이다(표 11-1). 우리나라 「입양특례법」에서 입양대상 아동은 다음과 같이 규정하고 있다. 입양대상 아동은 요보호 아동으로서 다음 어느 하나에 해당하는 아동으로 규정한다.

- 보호자로부터 이탈된 자로서 특별시장·광역시장·도지사 및 특별자치도지사(이하 '도지사'라 한다) 또는 시장·군수·구청장(자치구의 구청장을 말한다. 이하 같다)이 부양의무자를 확인할 수 없어 「국민기초생활보장법」에 따른 보장시설(이하 '보장시설'이라 한다)에 보호 의뢰한 사람
- 부모(부모가 사망 또는 기타 사유로 동의할 수 없는 경우에는 다른 직계 존속을 말한다) 또는 후견인이 입양에 동의하여 보장시설 또는 입양기관에 보호 의뢰한 사람
- 법원에 의해 친권상실의 선고를 받은 사람의 자녀로서 시·도지사 또는 시장·군수·구청장이 보장시설에 보호 의뢰한 사람
- 기타 부양의무자를 알 수 없는 경우로서 시·도지사 또는 시장·군수·구청장이 보장시설에 보호 의뢰한 사람

〈표 11-1〉 국내 입양아동 발생 유형(2019. 1. 1. ~ 12. 31.)

계	입양아동 유형			
	미혼모(부) 아동 (혼외자 포함)	유기 아동	빈곤가정 아동	한부모가정 아동
387명	329명	51명 (85.0%)	5명 (13.2%)	7명 (1.8%)

출처 : 보건복지부(2020a).

② 친부모

친부모란 출생으로 혈연적으로 맺어지는 친자관계로 부모는 출생한 아동에 대한 친권을 가지게 된다. 그러나 친부모가 친권을 포기하고 입양을 의뢰하는 경우는 대체로 경제적인 빈곤으로 생활이 궁핍하거나, 부모의 사망 및 이혼 등으로 인한 가정해체로 더는 아동을 보호하고 양육할 수 없을 때이다. 또한, 친부모가 아동을 심각하게 학대하거나 유기하여 법적으로 친권을 상실하였을 때도 아동은 입양대상이 된다. 그리고 미혼부모가 아동을 양육할 의사가 없거나 양육할 능력이 없을 때 입양을 의뢰한다. 우리나라 경우 십대를 전후한 미혼부모들이 자녀를 양육하는 것이 불가능하거나 양육할 의사가 없어 친권을 포기하고 있으며, 친부모의 나이가 점차 낮아지고 있다.

③ 입양 부모

아동을 입양하고자 하는 부모의 동기는 다양하다. 전통적으로 입양을 하는 부모들은 자신의 친자녀를 가질 수 없거나 자녀를 더 원하는 경우, 혹은 자신의 자녀와는 다른 성별의 자녀를 가지기를 희망하여 입양하기도 한다. 국내입양 부모들의 입양 동기에 관한 연구에 의하면, 불임이 주된 원인이고, 최근 유자녀 입양이 증가하고 있어서 아동복지를 우선하여 고려하는 방향으로 입양 동기 및 태도가 서서히 변화하고 있음을 알 수 있다.

Kadushin(1980)은 입양 부모의 자격요건을 다음과 같이 제시하고 있다. 입양에 적합한 부모 및 가정환경의 조건은 부부의 신체가 건강하고 부부 및 가족관계가 원만하며 경제적으로 안정된 것이다. 2012년 8월에 개정된 우리나라 입양특례법에 의하면, 양친이 될 자는 다음의 요건을 갖춘 자로 규정되어 있다.

- 양자를 부양함에 충분한 재산이 있을 것
- 양자에 대하여 종교의 자유를 인정하고 사회의 일원으로서 그에 상응한 양육과 교육을 할 수 있어야 함
- 양친이 될 사람이 아동학대, 가정폭력, 성폭력 마약 등의 범죄나 알코올 등 약물중독의 경력이 없어야 함

- 양자가 될 아동의 복리에 반하는 직업이나 그밖에 인권침해의 우려가 있는 직업에 종사하지 아니하도록 하여야 함
- 대한민국 국민인 경우, 양친이 될 사람의 나이 범위는 25세 이상으로서 양자가 될 사람과의 나이 차이가 60세 이내여야 함. 대한민국 국민이 아닌 경우에는 25세 이상 45세 미만인 자이어야 함(다만, 보건복지부 장관이 양친이 될 사람의 가정환경이 양자를 양육하기에 적합하다고 인정하는 경우 상기 양친 나이의 범위가 달리 적용될 수 있음)
- 양친이 되려는 사람은 입양의 성립 전에 입양기관 등으로부터 보건복지부령으로 정하는 소정의 교육을 마쳐야 함

(2) 입양의 방법

우리나라 입양기관의 대부분은 다음과 같은 입양 절차를 거치게 된다.

① 입양상담 및 신청

입양을 원하는 입양 부모가 입양기관을 방문하여 입양 상담을 받고 신청을 한다. 입양기관에서는 입양을 원하는 입양 부모를 대상으로 입양 동기, 경제여건, 가족사항, 원하는 아동의 특성 등에 대한 최초의 면접을 하고, 입양의 요건, 절차, 입양아동의 심리정서에 관한 교육을 한다. 그리고 입양 부모는 양친가정조사신청서를 제출한다.

② 가정조사 및 가정방문

입양기관의 사회복지사는 입양 부모가 제출한 양친가정조사서에 따라 가정조사를 한다. 가정조사는 직장, 이웃, 가정 등을 2회 이상 직접 방문하여 실시하되 적어도 1회 이상은 미리 알리지 않고 방문한다. 이 과정을 통하여 입양담당 사회복지사는 가족구성 모두가 입양을 원하고 있는지, 입양을 위해 갖추어야 할 법률적인 조건들을 충족하고 있는지, 입양 부모로서 적합한 조건과 가정환경을 갖추고 있는지를 확인한다. 그리고 입양 부모가 아동학대나 범죄경력이 없는지 범죄경력 조회를 하고 아동양육과 관련한 소정의 교육을 한 후 양친교육 이수 증

명서를 발급한다.

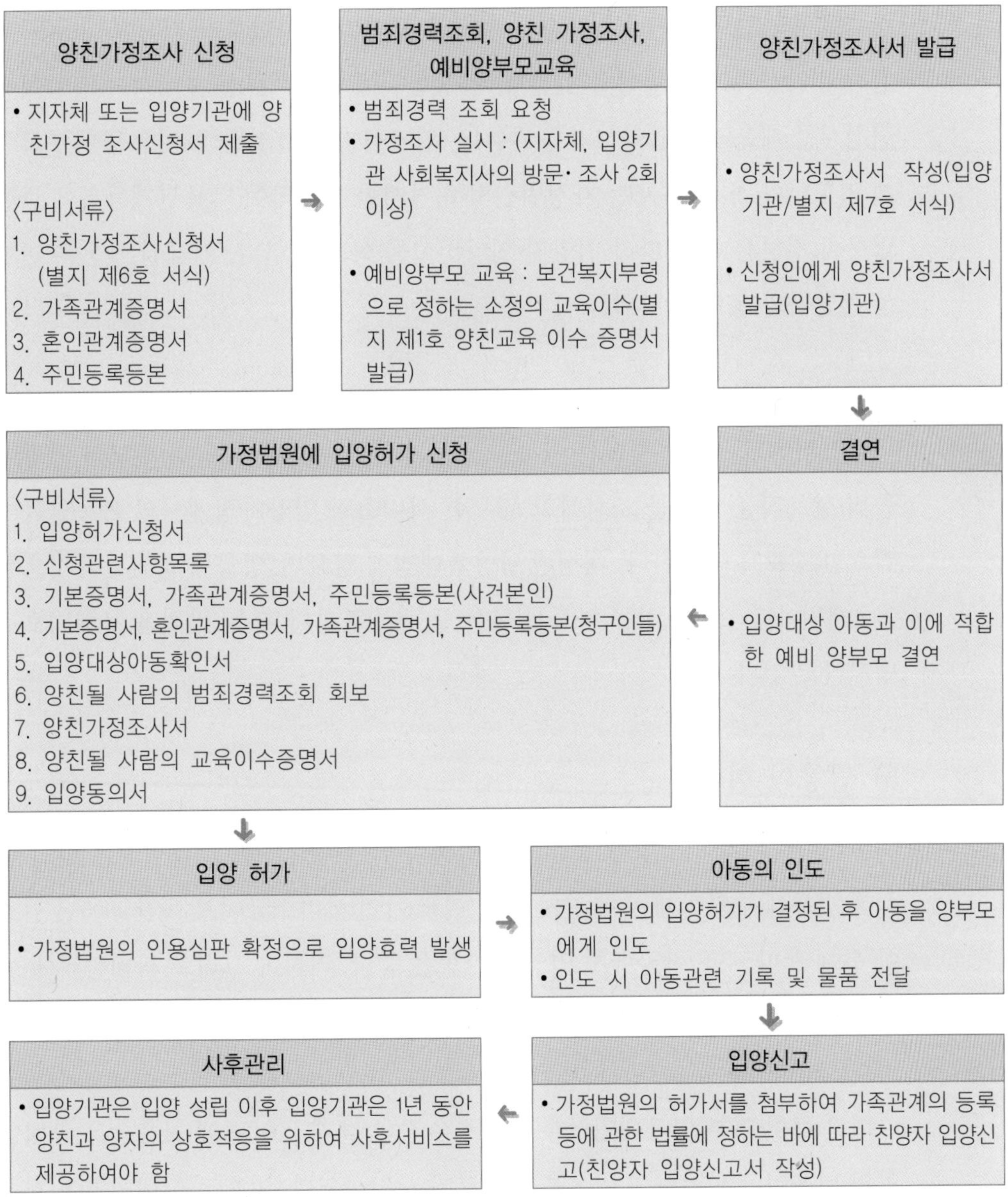

출처: 보건복지부(2020a).

[그림 11-1] 입양 절차

③ 입양의 성립

입양을 원하는 가정의 가정조사를 거친 후에 입양기관에 의해 적절한 입양가정으로서 판단이 되면 입양기관은 입양 부모의 희망사항을 고려하여 아동을 추천하고 입양 부모는 아동을 선본다. 가정법원에 입양서류를 구비하여 입양허가 신청서를 제출하여 입양허가를 받는다. 입양허가가 결정된 후 아동을 양부모에게 인도한다. 입양 부모는 가정법원의 허가서를 첨부하여 가족관계등록에 관한 법률이 정하는 바에 따라 친양자 입양신고를 하여야 한다. 입양된 아동은 민법상 친양자와 동일한 지위를 가지게 된다.

④ 사후관리

입양기관의 사회복지사는 아동이 입양가정에 배치된 후 입양 부모와 입양아동의 상호적응 상태를 조사하고 필요한 서비스와 입양가정에서의 아동양육에 필요한 정보를 제공한다. 개정된 입양특례법에 의하면, 입양이 성립된 후 1년 동안 3개월마다 가정조사를 하도록 하는 등 사후관리의 횟수, 방법을 구체적으로 명시하고 있다.

3) 입양의 현황

우리나라는 국외입양을 중심으로 입양이 발달하였으며, 국내입양은 혈연 중심적 전통에 부딪혀 매우 부진하였다. 미국 이민 서비스국이 발표한 2005년 입양아 통계에 따르면, 한국에서 입양된 아동은 중국, 러시아 그리고 과테말라에 이어 네 번째로 많은 숫자로서 한국은 한때 아동수출국이라는 오명을 입은 적이 있었다(MBC TV뉴스, 2006. 11. 15).

최근 들어 정부가 국내입양우선제를 추진한 결과, 2007년에 처음으로 국내입양의 비율이 국외입양의 비율을 앞지르기 시작하였다. 이후로 국내입양이 계속 증가하였고, 2019년 통계에 의하면, 2019년 한 해 동안 입양된 아동은 총 704명으로 2018년(681명) 대비 23명이 증가했다. 전체 입양아동 중 국내입양 아동은 387명(55.0%), 국외입양 아동은 317명(45.0%)이다(표 11-2). 2014년 국내입양은 조금 감소했고 해외입양은 증가했으나, 입양신청 기준으로 보면 2013년에 1,185명에서 2014년에는 1,134명(국내 729명, 국외 405명)으로 국내·국외 모두 감소하였다. 2014년 국외입양 허가가 증가한 것은 법원의 국외입양허가 절차가 2013년 하반기부터 본격화되어 2013년 허가 신청한 417건 중 181건(43%)이 2014년으로 이월 허가되었기 때문으로 판단된다(보건복지부, 2015). 이후 2015년을 기점으로 국내·국외 모두 2018년까지 계속 감소하다가 2019년 각각 국내 9명, 국외 14명으로 증가하였다(보건복지부, 2020a).

〈표 11-2〉 국내외 입양아동 현황

(단위 : 명, %)

구분	계	2009년 이전	2010	2011	2012	2013	2014	2015	2016	2017	2018	2019
국내	80,864 (32.5)	72,947 (31.0)	1,462 (59.1)	1,548 (62.8)	1,125 (59.8)	686 (74.4)	637 (54.4)	683 (64.6)	546 (62.0)	465 (53.9)	378 (55.5)	387 (55.0)
국외	167,864 (67.5)	162,683 (69.0)	1,013 (40.9)	916 (37.2)	755 (40.2)	236 (25.6)	535 (45.6)	374 (35.4)	334 (38.0)	398 (46.1)	303 (44.5)	317 (45.0)
계	248,728	235,630	2,475	2,464	1,880	922	1,172	1,057	880	863	681	704

출처 : 보건복지부(2020a).

국외입양 대상 국가별 현황을 보면, 미국(232명)의 비율이 압도적으로 높았으며 다음으로 캐나다(23명), 이탈리아(15명) 순으로 높았다(표 11-3). 사실 국외입양은 국내외적으로 비난이 제기되고 있으나 당장 전면 중단할 수 없는 어려움이 있다고 한다. 왜냐하면, 매년 발생하는 요보호아동을 시설보호나 국내입양 등으로 수용하는 데는 한계가 있기 때문이다.

〈표 11-3〉 해외입양 대상 국가별 현황

(단위 : 명)

연도	계	미국	프랑스	스웨덴	덴마크	노르웨이	호주	캐나다	룩셈부르크	이탈리아
2008	1,250	988	8	76	20	45	18	78	16	1
2009	1,125	850	8	84	21	40	34	67	17	4
2010	1,013	775	6	74	21	43	18	60	12	4
2011	916	707	4	60	16	33	21	54	15	6
2012	755	592	4	49	10	26	13	45	9	7
2013	236	181	2	19	5	7	–	15	3	4
2014	535	412	4	33	7	20	7	38	9	5
2016	334	222	3	31	5	19	10	23	3	14
2017	398	274	5	25	6	20	24	28	5	11
2018	303	188	7	28	7	19	14	22	5	12
2019	317	232	5	13	3	12	10	23	3	15

출처 : 보건복지부(2020a).

우리나라 입양 경향의 특징을 살펴보면, 우선 입양이 신생아 위주로 이루어지고 있다는 것이다. 2019년 아동의 건강상태에 따른 입양 현황을 살펴보면, 국내입양의 경우 건강 이상 아동이 전체 13.2%인데 비해서 국외입양은 전체의 35.3% 정도가 건강 이상 아동으로 전년에 비해 23명 감소하였다. 입양대기 아동 중 건강한 아이가 먼저 국내입양이 됨에 따라 상대적으로 국외입양은 건강 이상 아동이 국내입양보다도 높게 나타났다(보건복지부, 2020a).

건강 이상은 미숙아, 저체중아 등 다양한 유형으로 진단되며, 나이가 너무 어려 장애 등록으로 이어지는 경우는 전체 입양아동의 0.1%(1명) 정도이다. 참고로 2013년을 기점으로 2013년 이전에는 장애/비장애로 분류하였으나 2013년 이후부터는 건강양호, 건강이상으로 구분하여 현황을 제시하고 있다.

2019년 국내에 입양된 387명 가운데 1세 미만 영아는 270명으로, 전체의 69.8%를 차지한다(보건복지부, 2020a). 〈표 11-4〉에서 보듯이, 국내에서는 건강이상 아동의 입양은 거의 이루어지지 않고 있다. 최근 2001년부터 2019년까지 통계를 보더라도 입양된 아동 중에 건강 이상 아동은 국내보다는 해외로 입양되는 비율이 높다. 이처럼 국내입양 아동 중 건강이상 아동의 비중이 매우 낮은 사실은 아동복지 중심의 입양문화가 아니라 부모의 필요에 맞춰져 있기 때문으로 볼 수 있다. 국내입양의 다른 특성 중의 하나는 입양대상 아동으로 남아보다 여아를 선호하고 있다는 것이다(표 11-5). 최근 3년간 국내입양과 국외입양 현황을 비교해 보면, 우리나라 부모들은 입양아동으로 여아를 선호하는 경향이 높음을 알 수 있다. 그뿐만 아니라 친자녀가 없는 가정에서 아동을 입양하는 비율이 더 많았다(표 11-6). 그리고 2019년 입양가정의 소득분포 현황을 보면 입양가구의 소득 수준은 월 714만 원(전년도 도시근로자 가구당 월평균 소득 120%, 4인 가구 기준) 이상인 가구가 절반 수준이며, 2019년 전체의 약 34.4%, 2018년 36.8%, 2017년 33.1%가 기준 중위소득 50% 초과~전년도 도시근로자 가구당 월평균 소득 이하의 가정으로 나타났다(표 11-7).

〈표 11-4〉 아동의 건강상태에 따른 입양 현황

(단위 : 명)

구분 / 연도	전체			국내입양			국외입양		
	계	건강양호 (비장애)	건강이상 (장애)	계	건강양호 (비장애)	건강이상 (장애)	계	건강양호 (비장애)	건강이상 (장애)
2019	704	541	163	387	336	51	317	205	112
2018	681	373	158	378	355	23	303	168	135
2017	863	726	137	465	439	26	398	287	111
2016	880	737	143	546	526	20	334	211	123
2015	1,057	934	123	683	659	24	374	275	99
2014	1,172	982	190	637	614	23	535	368	167
2013	922	–	–	686	–[1]	–[1]	236	177	59
2012	1,880	1,680	200	1,125	1,073	52	755	607	148
2011	2,464	2,489	275	1,548	1,483	65	96	706	210
2010	2,475	2,223	252	1,462	1,415	47	1,013	808	205
2009	2,439	2,306	133	1,314	1,278	36	1,125	1,028	97
2008	2,556	2,403	153	1,306	1,277	29	1,250	1,126	124
2007	2,652	2,112	540	1,388	1,348	40	1,264	764	500
2006	3,231	2,506	725	1,332	1,320	12	1,899	1,186	713
2005	3,562	2,798	764	1,461	1,434	27	2,101	1,364	737
2004	3,899	3,187	712	1,641	1,634	7	2,258	1,553	705
2003	3,851	3,182	669	1,564	1,544	20	2,287	1,638	649
2002	4,059	3,216	843	1,694	1,678	16	2,365	1,538	827
2001	4,206	3,449	757	1,770	1,756	14	2,436	1,693	743

주 1) 2013년 이전 장애/비장애 분류, 2013년 이후 건강양호/건강이상으로 분류

출처 : 보건복지부(2015, 2020a).

〈표 11-5〉 국내외 입양아동 성별 현황

(단위 : 명)

구분 연도	국내입양			국외입양		
	계	남	여	계	남	여
2019	387	125	262	317	233	84
2018	378	110	268	303	221	82
2017	465	150	315	398	302	96

출처 : 보건복지부(2020a).

〈표 11-6〉 국내입양 친자 유무 현황(2019. 1. 1. ~ 12. 31.)

(단위 : 명, %)

계	친자 유무	
	친자 유	친자 무
387 (100)	155 (40.1)	232 (59.9)

출처 : 보건복지부(2020a).

〈표 11-7〉 국내입양 가정소득 현황

(단위 : 명, %)

구분 연도	계	기준 중위소득 30% 이하	기준 중위소득 30% 초과 ~ 50% 이하	기준 중위소득 50% 초과~ 전년도 도시근로자 가구당 월평균소득 이하	전년도 도시근로자 가구당 월평균소득 120% 이하	전년도 도시근로자 가구당 월평균소득 120% 초과
2019	387	–	5 (1.3)	128 (33.1)	52 (13.4)	202 (52.2)
2018	378	–	8 (2.1)	131 (34.7)	51 (13.5)	188 (49.7)
2017	465	–	14 (3.0)	140 (30.1)	70 (15.1)	241 (51.8)

출처 : 보건복지부(2020a).

4) 입양아동을 위한 복지사업 내용

입양은 생물학적 부모가 양육하기 곤란한 아동들에게 영구적으로 새로운 가정과 부모를 제공해 주는 과정으로 법적·사회적 관계 때문에 친자관계를 맺는 것이다. 입양은 시대에 따라 입양의 의미가 변화됐으며 최근에는 입양에 있어서 아동의 복지를 최우선으로 고려하는 견해를 취하고 있다. 입양아동이 바람직하게 성장하도록 돕고 입양가정이 성공적으로 기능하도록 지원하는 입양 복지서비스는 아동복지와 가족복지 차원에서 매우 중요하다. 현재 우리 정부가 입양가정과 아동을 위해 추진하는 정책 및 제도와 서비스를 구체적으로 살펴보면 다음과 같다.

(1) 입양 관련법 및 제도

우리나라 입양 관련법의 역사에서 입양과 관련된 법률의 시초는 1952년에 수립된 「후생시설운영요령」이다. 이 「후생시설운영요령」은 한국전쟁 때의 고아들을 수용한 시설을 지도하고 감독하기 위한 규정이었다. 그 후 1961년에 「고아입양특별법」이 공포되었는데, 이는 외국인이 우리나라 고아를 입양하는 절차를 간소화하기 위함이었다. 1966년에 「고아입양특별법」을 개정하여 국외입양을 규제하였다.

1976년, 국내입양을 권장하기 위하여 입양절차를 간소화한 「입양특례법」을 만들고 이때부터 고아라는 말 대신에 '보호시설에 보호받고 있는 자'라는 표현을 사용함으로써 고아가 아닌 아동도 입양될 수 있도록 하였다.

「입양특례법」은 1995년에 「입양촉진 및 절차에 관한 특례법」으로 명칭을 변경하고 전문 개정되었다. 개정된 「입양촉진 특례법」에서는 입양 알선기관의 해외입양 사후관리를 의무화했다. 1999년에 정부는 국내입양을 증가시키기 위해 동법을 개정하고 입양가정에 대해 주택융자, 의료비, 교육비, 생활비 등을 보조해 주는 방안을 마련하였으나 혈연을 중시하는 전통적인 사고와 비밀입양을 원칙으로 하는 현실에서 입양가정에 대한 다소의 경제적인 지원이 국내입양 활성화에 특별한 변수가 되지는 못하였다.

2000년에 현행 「입양촉진 및 절차에 관한 특례법」에서 해외입양을 줄이기 위해 미혼부·모 또는 혼인 외 관계에서 태어난 아동들만 해외로 입양하도록 제한했다. 고아는 해외입양 대상에서 제외했다. 2004년에 「입양촉진 및 절차에 관한 특례법」을 다시 개정하여 장애아동의 범위를 장애인복지법의 장애아동과 일치시키고 의료비의 범위에 상담과 재활치료를 포함해 장애아동의 국내입양을 촉진하기 위한 제도가 보완되었다.

2005년 개정된 「입양특례법」에는 건전한 입양문화의 정착과 국내입양의 활성화를 위하여 5월 11일을 입양의 날로 제정하고 입양의 날로부터 1주일을 입양주간으로 하는 내용을 신설하였다. 입양취소 청구소송 제기 기한을 1년에서 6개월로 단축하였는데 이는 양부모가 법적 보호를 받고, 안심하고 입양아를 양육할 수 있도록 한 조치이다. 그리고 국가 및 지방자치단체가 가정에서 양육이 곤란한 아동에게 다른 가정을 제공하기 데 필요한 조치와 지원을 하고, 지방자치단체가 양친이 될 자에게 입양 알선에 실제 드는 비용의 전부 또는 일부를 지원하도록 하였다.

2006년 12월 보건복지부는 「입양촉진 및 절차에 관한 특례법 시행규칙」 중에 입양요건을 개정하였다. 입양 부모의 자격조건 중에서 독신자가정의 입양수요가 증가함에 따라 독신자가정도 입양할 수 있도록 양친될 자격요건에 '혼인 중일 것'의 조항을 삭제하였다. 그리고 입양 부모와 아동의 나이 차이를 45세에서 60세 미만으로 완화하고 입양가정의 아동 수도 5명 이내의 제한 규정을 없애는 등 입양 부모의 법적 자격요건을 완화하였다.

2007년부터 정부는 국내입양을 우선으로 하며 국외입양을 차선책으로 추진하고 아동 인수 후 5개월간 국내입양만을 추진하였다. 그리고 입양가정에 대한 사후관리를 강화하겠다는 입양사업의 기본 방향을 설정하여 모국방문 해외입양인에 대한 한국어 교육 및 체류 쉼터를 지원하고 뿌리 찾기를 위한 해외입양인 모국방문단 및 고충상담 등의 사업을 수행하고 있다. 또한, 입양가정에 대한 경제적·제도적 지원을 통한 국내입양 활성화를 추진하고 혈연 중심의 가족문화, 비밀입양 위주의 입양인식 개선을 위한 대국민 홍보를 강화하겠다는 의지를 표명하였다.

민법이 일부 개정(2005년)되면서 2008년 1월 1일부터 친양자제도가 시행되었다. 친양자제도는 양자와 친생부모의 관계를 완전히 단절시키고 입양아동이 양친의 친자와 같게 입양가족의 구성원이 될 수 있도록 하는 제도이다. 양자는 양친의 친생자와 같게 양친의 성을 따르며 등록부에도 양친의 친생자로 기록된다.

이러한 친양자제도는 대부분 서구국가에서 채택하고 있는 입양제도로서, 이를 완전양자(full-adoption)라고 한다(안재진, 2011).

2009년 7월, 보건복지부는 국내입양관리와 입양인 사후서비스를 통해 입양을 활성화하기 위하여 중앙입양정보원을 설립하였고 2012년에 중앙입양원으로 명칭을 변경하였다. 중앙입양원은 입양특례법 제26조에 따라 아동의 권익을 보장하고 입양에 대한 사회적 책임을 완수하기 위하여 입양 관련 업무를 지원하고 조정 기능을 수행한다. 중앙입양원은 국민의 복지 증진에 이바지함을 목적으로 다양한 사업을 하였다.

2011년, 입양촉진 및 절차에 관한 특례법은 입양특례법으로 법명을 변경하여 2012년 8부터 시행되고 있는데, 입양아동 및 가정에 대한 사후관리를 강화하는 내용을 포함했다. 아동의 친가족 보호를 최우선으로 하고 입양절차 전반에 국가의 관리 감독 의무를 강화하기 위해 '입양숙려제', '가정법원 허가제', 양부모 자격 강화와 입양아동에 대한 친생자 지위 부여 등이 새로이 도입됨에 따라 입양제도가 근본적으로 변화되었다. 요보호아동에 대해 5개월간 국내입양을 우선 추진하고 이후에 국외입양을 추진할 수 있도록 하였다. 미혼모가 심리적으로 불안한 상태에서 출산도 하기 전에 입양을 결정해 버렸던 문제점을 개선하기 위해 친생부모에 대해서는 입양 숙려기간(7일) 동안 직접양육에 대한 지원내용 등을 포함한 충분한 상담을 제공할 것을 의무화하였다. 개정된 입양특례법의 주요 내용을 살펴보면 다음과 같다(보건복지부, 2012).

- 요보호아동에 대해 국내입양을 우선 추진할 것을 명시하고, 친생부모에 대해서는 입양숙려기간(7일) 동안 직접 양육에 대한 지원내용 등을 포함한 충분한 상담을 제공할 것을 의무화하였다. 특히 입양될 아동이 13세 이상인 경우, 아동에 대해서는 입양의 효과 등에 대해 자세한 상담을 반드시 제공해야 한다.
- 입양기관에서는 양친될 사람에 대해 아동학대, 성폭력 등 범죄경력을 의무적으로 조회해야 하고, 입양 전 아동 양육에 대한 교육을 반드시 이수토록

하여야 한다. 또한, 입양이 성립한 후에도 1년간은 입양아동과 양친의 적응 상태를 확인하고 상담·교육 등 사후서비스를 제공하여야 한다. 이 경우, 양친의 의사에 반하여 입양사실이 공개되지 않도록 비밀유지 의무도 명시하였다. 이러한 서비스를 충실히 제공하기 위해 입양기관 종사자 자질향상을 위한 보수교육 의무도 도입하였다.

- 입양인에게 자신의 입양정보에 대한 접근권을 보장하기 위하여 입양정보공개 청구대상이 되는 정보의 범위, 신청방법과 절차 등에 대한 세부 기준을 마련하였다.
- 국내외 입양의 성립에 대해 가정법원 허가제가 도입됨에 따라 입양허가심리를 위해 법원에 제출해야 하는 서류의 종류를 명시하였다. 단 법원의 입양허가 절차는 대법원(법원행정처)에서 예규를 통해 확정하도록 되어 있다.

2013년 5월 24일, 보건복지부 장관은 「헤이그국제아동입양협약」에 서명하였다. 헤이그국제아동입양협약은 국제 입양되는 아동의 안전과 권리 보호를 위하여 국제 입양의 절차와 요건을 규정한 국제 조약으로 1993년에 체결되고 1995년에 발효되어 전 세계적으로 90개국이 가입한 상태이며 국외입양과 관련하여 가장 구속력을 갖는 국제협약이다. 특히 한국과 국제입양을 진행하는 미국, 캐나다, 호주 및 유럽 6개국이 모두 협약에 가입하였으며, 그간 우리나라는 주요 입양국 중 유일하게 협약에 가입하지 않아 유엔 등 국제사회와 국회가 협약가입을 촉구해 왔다.

보건복지부는 2015년 4월 입양특례법을 개정하여, 국외입양의 경우에도 1년의 사후관리를 의무화하였다. 앞으로 아동을 해외로 입양시키는 입양기관은 아동이 해외에 입양된 뒤에도 아동의 적응상태와 양육 상황을 관찰하는 등 의무적으로 사후관리를 해야 한다.

〈표 11-8〉 입양특례법상 입양제도의 주요 변천과정

구분	입양의 목적	부모-자녀관계	평가
1961년 고아입양 특례법	혼혈 전쟁고아 보호(국가의 보호책임 회피)	입양국의 법체계에 따름.	아동의 복리를 위한 입양이기보다는 혼혈 전쟁고아의 국외입양을 촉진시키기 위한 방편임.
1976년 입양특례법	요보호아동의 보호	양친이 원할 경우 양친의 성과 본을 따를 수 있으나, 양자로 입적하는 경우 호적에 입양사실이 명시됨.	가(家)를 위한 입양제도로 기능하고 있었던 당시 민법상 입양제도에 비해 한층 진일보한 것.
1995년 입양촉진 및 절차에 관한 특례법	요보호아동의 복리증진	양친이 원할 경우 양친의 성과 본을 따를 수 있으나, 양자로 입적하는 경우 호적에 입양사실이 명시됨.	아동에 대한 국가 책임과 입양기관 서비스의 의무를 명시했다는 점에서 입양특례법에 의해 한층 진일보한 것.
2011년 개정 입양특례법	요보호아동의 복리증진	민법상의 친생자와 동일한 지위를 지님.	국가기관(법원)의 개입을 명시하고, 입양아동에게 민법상의 친생자와 동일한 지위를 부여하고 있다는 점에서 완전양자제도에 가까움.

출처 : 안재진(2011).

	친생부모 입양동의	양부모 결연	입양의 성립	입양의 효과
종전	제한 없음 →	입양기관의 양부모에 대한 가정조사 →	입양신고 (시·군·구) →	명시적 규정 없음
변경	입양숙려제 (아동의 출생일로부터 1주일이 지난 후에 한 입양동의만 허용) →	양부모 자격심사 강화 (양친될 자에 대한 아동학대·성폭력 등 범죄경력 조회, 입양 전 아동양육에 대한 교육이수 의무화)	입양허가 (가정법원) ↓ 가족관계등록 신고	입양아동에게 친양자 지위 부여

출처 : 보건복지부(2012).

[그림 11-2] 입양특례법 개정 전·후 국내입양 절차

아동 출신국(입양 보내는 국가)	수령국(입양받는 국가)
① 국내에서 보호하는 것이 적합한지 여부 판단 (협약 제4조 보충성 원칙) ② 아동의 입양적합성을 고려하여 아동보고서 준비(제4조 및 제16조)	① 예비양부모가 입양신청서 제출(제14조 및 제5조 a항) ② 수령국은 예비양부모에 대한 보고서 준비하여 출신국에 전달(제15조)

↓

아동 출신국(입양 보내는 국가)

① (매칭) 입양이 아동에게 최선의 이익이 되는 경우 수령국 보고서를 기초로 아동과 양부모 매칭 실시(제16조)
② (입양결정) 입양결정과 아동에 대한 정보를 담은 보고서를 수령국에 송부(제16조)
③ (입양의 조건) 다음의 조건이 충족될 때에만 입양을 승인
- 양부모와 양 국가가 입양절차 진행에 동의
- 예비 양부모가 입양 가능·적합하고 아동이 수령국에 입국하여 영구적으로 거주할 수 있을 경우(제17조)

↓

물리적 위탁	아동을 양부모에게 물리적으로 위탁(제17조)

↓

최종 결정	출신국 또는 수령국이 최종 입양 결정

↓

아동의 이동	아동이 수령국으로 이동(제19조)

↓

효력 인정	다른 모든 체약국에서 효력 자동 인정(제23조)

출처 : 보건복지부(2013).

[그림 11-3] 헤이그협약에 따른 국가 간 입양절차

2016년에 입양특례법을 일부 개정하였으며 주요 개정 내용을 요약하면 다음과 같다.

- 국내입양우선추진제의 도입(법 제7조, 제8조)
  - 입양의뢰 된 아동은 국내입양을 우선으로 하며, 국외입양을 차선책으로 추진
  - 국가는 국외입양을 줄여나가는 노력을 해야 함
- 양친될 자의 자격 강화(법 제10조)
  - '아동학대·가정폭력·성폭력·마약 등의 범죄나 알코올 등 약물중독의 경력이 없을 것' 조항 신설

– 입양 성립 전, 보건복지부령으로 정하는 소정의 교육 이수 조항 신설

- 입양허가제 및 친양자제도 도입(법 제11조, 제14조, 제15조)
  – 국내외 입양 모두 가정법원의 허가를 받아 입양을 진행해야 하며, 입양의 효력은 가정법원의 인용심판 확정 시로 변경됨
  – 입양이 확정되면 입양아동은 입양 전 친생부모와의 관계 단절 및 양부모의 혼인 출생자로서의 효력을 갖게 됨
- 입양동의 관련 규정 정비(법 제12조, 제13조)
  – 친생부모의 입양동의는 아동의 출생일로부터 1주일이 지난 후 가능하며, 입양동의와 관련한 어떠한 금전, 재산상의 이익, 그 밖에 반대급부를 주고받거나 주고받을 것을 약속해서는 안 됨
  – 입양기관은 친생부모의 입양동의 전에 아동양육에 따라 지원되는 사항 및 입양의 법률적 효력에 대한 충분한 상담을 해야 함
  – 입양될 아동 본인의 동의가 필요한 연령을 15세에서 13세로 하향조정함
  – 입양동의의 철회시기 및 방법 등에 관한 규정 신설
- 입양정보공개제도의 도입(법 제36조)
  – 입양정보공개청구제도가 새롭게 도입되어, 양자가 된 자는 아동권리보장원 또는 입양 기관이 보유하고 있는 입양정보의 공개를 요청할 수 있음
  – 이때, 공개청구 대상이 되는 입양정보가 친생부모의 인적사항에 관한 것일 때에는 친생부모의 동의가 있어야만 정보를 공개할 수 있음
- 입양기관의 의무 강화(법 제20조)
  – 국내입양우선추진제 시행, 양친될 자 및 친생부모 등에 대한 교육과 상담 의무화, 입양 정보공개청구권 제도 도입 등 입양기관 의무규정 신설
  – 사후관리 강화를 통한 아동 복리실현을 위해 보건복지부 장관에게의 국적취득보고 의무, 국외입양 시 아동을 국내에서 인도 의무, 입양기관 종사자 보수교육 의무에 관한 규정 신설
- 양육보조금 확대(법 제35조)
  – 국가 또는 지방자치단체가 법에 따라 입양된 아동의 가정에 지급할 수 있

는 양육보조금 대상 아동 연령을 만 16세 미만에서 만 17세 미만까지로 지원대상 확대

- 아동권리보장원의 설립(아동복지법 제10조의2, 시행 2019. 7. 16.)
  - 보건복지부 장관이 아동정책에 대한 종합적인 수행과 아동복지 관련 사업의 효과적인 추진을 위하여 아동권리보장원을 설립 및 운영하도록 함
  - 아동권리보장원은 입양아동·가족정보 및 친가족 찾기에 필요한 통합데이터베이스를 운영하고, 입양아동의 데이터베이스 구축 및 연계, 국내외 입양정책 및 서비스에 관한 조사·연구, 입양관련 국제협력 업무 등 사업을 수행함

(2) 입양아동과 가정을 위한 서비스

① 입양아동 양육수당 지원

2007년 이전까지 입양아동을 위한 양육수당은 지급되지 않았으나, 2007년부터 정부는 국내입양 활성화를 도모하기 위해 입양가정에 경제적 지원을 하였다. 입양아동 양육수당 월 10만 원을 지급하다가 2020년 현재는 월 15만 원을 주고 있으며 입양특례법상 허가를 받은 입양기관을 통해 법에서 정한 요건과 절차를 갖추어 국내에 입양한 가정에 '입양아동 양육수당'을 지원한다. 입양아동이 만 17세가 될 때까지 지원한다.

1996년부터 장애아동의 국내입양 활성화를 위하여 장애아동을 입양한 가정에 양육보조 수당과 의료비를 지급하고 있다. 현재 경증 장애아동에게는 월 55만 1천 원, 중증 장애아동에게는 월 62만 7천 원의 양육보조금을 지원하고 있다. 기타 입양가정의 주거비 지원 주택분양 및 전세자금 지원을 하며, 입양축하금도 지방자치단체별로 상이하게 지급한다.

② 입양아동의 교육비 및 의료비 지원

1994년부터 정부는 입양된 아동의 중·고등학교 재학생 또는 입학생 수업료와 입학금을 면제해 주고 있다. 해당 학교에 입양사실 확인서를 제출하면 교육비를

면제해 주고 있으나 입양 부모들은 아동을 입양한 사실이 밝혀질 것을 두려워하여 이를 꺼려하고 있다.

입양아동은 만 18세 전까지 의료급여 1종 혜택을 부여하고 있으며, 과잉행동장애(ADHD), 정서불안 장애 등으로 인해 상담, 치료가 필요한 국내 입양아동의 심리정서 검사, 치료비를 지원하고 있다. 심리검사비는 1회 20만 원, 놀이치료, 미술치료, 음악치료, 집단치료, 인지치료, 기타 아동의 심리 정서 회복을 위한 치료비는 월 4회 이상(1회당 50분 내외 원칙) 월 20만 원 이내로 지원한다. 장애아동의 의료비는 만 18세 전까지 연간 260만 원 한도 내에서 본인이 부담한 진료, 상담, 재활 및 치료에 드는 비용을 지원하고 있다.

③ 입양휴가제 실시

정부는 2007년부터 입양아동과 부모의 심리적 적응(안정애착 형성)을 위한 공무원 입양휴가제를 시행하여 공무원이 입양할 경우 현재 20일간 유급휴가를 받을 수 있다. 입양휴가제는 출산 못지않게 아동이 처음 새로운 가정에 입양됐을 때에도 새로운 환경에 적응하기까지 충분한 기간이 필요하다는 취지에서 마련된 것이다. 안재진(2011)은 아동이 생후 바로 입양되지 않는 경우, 이전의 위탁가정이나 보호시설에서 그곳의 보육사와 애착관계를 이미 형성한 후이기 때문에 아동이 입양가정에 적응하는 데에는 오히려 더 많은 시간과 입양 부모들의 노력이 있어야 하는 경우가 많다고 지적하며 입양휴가의 필요성을 강조하였다.

입양휴가 기간은 국내의 경우 공무원만 20일이지만 외국의 경우, 덴마크는 47주, 독일 및 일본은 14주, 벨기에 15주, 미국은 12주에 이르고 있다. 스웨덴, 노르웨이 등 입양 선진국의 경우 입양 시 출산휴가와 동일한 입양휴가를 주고 있다.

④ 입양비용 지급

국내입양 수수료로 인해 아동을 금전으로 매매한다는 부정적 인식을 개선하고 입양가정의 경제적 부담을 경감하기 위해 2007년 1월 1일 이후 입양가정에 대해 입양비용을 정부와 지방자치단체에서 지원해 주고 있다. 이를 구체적으로 살펴보면, 아동양육비(위탁모 비용 포함), 입양 알선 절차에 드는 비용, 입양기관의 운영비 및 홍보비, 사후관리 등 입양 알선에 드는 비용 등이다. 또한, 입양대상 아동 인수부터 철회 시까지 아동을 보호하는 동안 소요된 비용(입양철회비용)을 아동보호 기간에 따라 지원한다. 그리고 입양숙려기간 동안 미혼·이혼 한 부모를 대상으로 출산 후 가정 내 보호지원, 미혼모복지시설 내 입소자 지원, 산후조리원 보호지원을 하고 있다. 이 입양숙려기간 모자지원은 부모가 정서적으로 불안정한 상황에서 양육에 대한 충분한 고려 없이 입양에 동의하는 것을 방지하기 위해 입양 동의를 아동 출생일로부터 1주일이 지난 후에 할 수 있도록 시간을 주기 위한 목적으로 도입되었다.

5) 입양사업의 문제점과 과제

입양사업은 보호가 필요한 아동을 국내의 건전가정에서 양육시킬 수 있는 최선의 보호시책으로 인식되어 지난 30여 년에 걸쳐 꾸준히 추진됐다. 최근 들어 국내입양이 국외입양보다 높아지기는 했으나 여전히 국외입양의 비중이 크다. 지금까지 국내입양이 활성화되지 못한 이유는 혈연 중심 가족관 때문이기도 하지만, 법률, 제도, 정부의 지원 등이 미흡한 탓도 있다. 우리 사회가 가지는 입양사업의 문제점을 짚어 보고 국내입양을 활성화하는 방안에 대해 살펴보기로 한다.

(1) 입양사업의 문제점

① 비밀 위주의 선별적 입양

국내입양은 건강한 신생아 중심으로 비밀리에 이루어지고 있는 것이 큰 문제점이다. 이러한 현상은 혈통 중심의 가족을 중시하는 가치관과 입양대상 아동에 대한 부정적인 인식 때문에 입양한 사실을 주변에 알리지 않고 입양하기를 원하기 때문이다. 입양 부모들은 입양아동이 자신의 친자인 것처럼 가장하기 위하여 입양한 후 즉시 이사를 하거나 자신이 임신한 것처럼 주변에 알리고 미혼모가 낳은 신생아를 입양해 왔다. 이러한 비밀입양은 한국의 문화적 요소인 강한 혈연의식에도 기인하며, 입양사실을 감추는 것이 사회의 편견으로부터 입양아동을 보호할 수 있게 되어 오히려 입양아의 복지를 증진한다는 논리 때문이다. 이와 같은 비밀입양은 입양 후 입양아동이나 입양 부모에 대한 사후관리를 어렵게 한다.

따라서 국내입양은 가정이 없는 아동에게 가정을 제공해 주는 아동 중심이 아닌 아동이 없는 가정에 아동을 제공해 주는 입양 부모 중심적인 입양실무가 되어 왔다. 그리하여 나이 든 아동이나 특별한 장애나 문제를 지닌 아동은 아동보호시설에서 계속해서 생활하거나 국외로 입양되고 있다.

② 입양제도상의 문제

입양가정의 입양아동에 대한 양육, 의료, 교육 등 모든 면에서 정부의 지원정책이 미흡하다. 2007년부터 입양가정에 대해 양육수당을 지급하기 시작하였으나, 양육비를 현실화할 필요가 있다. 특히 장애아동을 입양하는 경우에는 장애 정도나 종류와 관계없이 일률적인 의료비와 양육비 지원이 이루어짐으로써 장애아입양을 활성화하는 데 도움이 되지 못하고 있다.

정부가 입양기관에 보조하고 있는 운영비가 미흡하며, 특히 입양기관의 규모 및 운영실적과는 관계없이 정액으로 지급되고 있다. 입양기관의 운영비를 수수료에 주로 의존하다 보니 운영상의 어려움 때문에 입양 이전부터 입양 이후까지 입양아동과 입양가정에게 전문적인 서비스를 시행하지 못하는 실정이다.

(2) 입양사업의 과제

우리나라 입양은 입양 현황에서도 살펴보았듯이, 최근 들어 국내입양이 국외입양을 앞지르기는 했으나 여전히 국외입양의 비중이 크다. 다음에서 국내입양을 활성화하는 방안에 대해 살펴보기로 한다.

① 입양대상 아동의 발생 예방

보호해야 하는 아동이 발생하면 아동의 이익을 최선으로 하는 입양서비스도 중요하지만, 무엇보다도 입양대상 아동이 발생하지 않도록 미연에 방지하는 것이 더욱 중요하다. 가정해체로 인하여 자신이 태어난 가정에서 보호받지 못하는 아동이 발생하지 않도록 가정의 복지를 위한 정책과 서비스가 강화되어야 한다.

특히 1980년 이래 사회가 급격하게 발전하면서 미혼모 아동이 늘어나서 입양대상 아동의 발생을 증가시켰다. 근래 미혼모의 나이가 낮아져 십대 미혼모가 늘어나는 추세이다. 10대 미혼모의 발생을 예방하기 위해서는 청소년기에 올바른 성교육이 이루어져야 할 것이다. 성교육은 일회성이나 형식적인 교육에 그치지 않고 실제로 필요한 교육을 전문가가 정기적으로 실시해야 한다.

한편 미혼모가 자녀를 직접 양육하려는 경향이 늘어가고 있지만, 사회적 편견과 지원 미흡으로 양육을 포기한다. 따라서 미혼모가 자신의 자녀를 스스로 양육할 수 있도록 미혼모 가구를 지원하는 정책도 필요하겠다.

② 입양문화 개선

국내입양을 활성화하려면 무엇보다도 입양에 대한 국민의 의식과 태도가 전환되어야 한다. 입양했다는 것을 자랑스럽게 이야기하는 사회가 되어야 하는데, 입양이 무슨 잘못을 한 것처럼 되어 국내입양 활성화에 걸림돌이 되었다.

국내입양 활성화를 위해서는 국민인식 개선이 중요하므로 TV, 인터넷, 신문 등의 다양한 매체를 통한 홍보활동이 적극적으로 전개되어야 한다. 최근 입양가족과 방송, 언론 등의 홍보에 힘입어서 우리 사회에서 입양에 대한 인식이 개선되고 입양가족도 어엿한 가족의 종류라는 것을 자연스럽게 받아들이는 중이다. 입양에 대한 편견을 불식시키려면 유아들이 보는 동화책이나 초등학교 교과서에서부터 입양이 논의되어야 한다는 지적이 있다. 이렇듯 입양의 문제는 의식의 문제일 수 있으며 국내입양을 활성화하려면 우리의 입양문화가 바뀌어야 한다.

③ 정부 지원의 강화

2007년부터 정부는 입양 부모가 입양수속기관에 납부하는 수수료를 전액 지원해 주어 입양 부모의 부담은 줄어들었으나, 국내입양을 활성화하기 위해서는 입양기관에 대한 정부의 재정적인 지원이 있어야 한다. 현재 입양아동에게 양육수당을 지급하기 시작하였으나 입양가정에 필요한 실질적인 금액으로 지원해 주어 입양 부모들의 재정적 부담을 덜어 주어야 한다. 특히 연장아처럼 입양이 어려운 아동을 입양하는 경우는 더욱더 전폭적인 지원을 해야 한다. 만약 이들이 시설에서 성년이 될 때까지 자랄 시 그 비용을 국가가 책임진다는 점을 감안할 때 이들에 대한 지원은 그리 큰 부담은 아닐 것이다. 또한, 현재 공무원을 대상으로 20일간의 입양휴가제를 시행하고 있으나, 점차 일반기업체의 근로자에게까지 확대하고 휴가 기간도 출산 자녀와 같게 확대할 필요가 있다.

④ 사후관리서비스 강화

우선 입양을 희망하는 부모에게 입양에 대한 구체적인 정보를 제공하여 입양에 관한 신중한 결정을 하게 함으로써 입양 후 아동과 부모가 가정에서 안정된 적응을 하도록 도모해야 할 것이다.

그런데 입양은 아동을 입양함으로써 끝나는 것이 아니라 입양하는 순간부터 시작된다. 아동이 입양된 가정에서 잘 적응할 수 있도록 지원과 서비스가 필요하다. 전문가들은 입양이 성공적으로 이루어지기 위해서는 기관의 사후관리가 매우 중요하다고 강조한다. 입양기관은 입양 부모와 입양아동이 친밀감을 형성하도록 돕고 갑작스러운 생활의 변화로 일어나는 불가피한 문제들을 도와주는 지지적인 기능을 해야 한다. 실제로 입양이 어떻다는 것을 알게 되는 것은 입양 이후부터이므로 입양 후 발생하는 여러 문제에 잘 대처할 수 있도록 지속적인 서비스가 제공되어야 한다.

사후서비스의 중요한 목적은 양부모가 아동을 더 잘 이해하도록 돕고 가족을 강화하는 데 있으므로 부모상담, 치료, 교육, 입양 부모 지지집단 등의 지속적인 지원이 필요하다. 특히 나이 든 아동의 입양에서는 더욱 필수적이다. 최근 입양특례법을 개정하여 입양기관에 1년간의 사후관리를 의무화하고 있고 입양기간의 실무자 자질향상을 위한 보수교육 의무도 도입되었다. 그러나 앞으로 입양가정에 대해 사후관리 기간을 확대하고 전문적인 서비스를 제공하기 위해서 추가적인 노력이 요구된다.

⑤ 가정위탁보호 서비스의 활성화

가정위탁보호는 아동이 자신의 가정에서 양육될 수 없을 때 대리가정에서 계획된 일정 기간 주어지는 아동복지서비스의 하나이다. 가정위탁보호 서비스는 입양이라는 부담감을 가지지 않고 혈연과 상관없이 아동을 사랑할 수 있다는 인식을 가질 수 있게 한다. 이러한 인식은 일반인들이 자연스럽게 입양을 수용할 수 있도록 도울 수 있으며, 공개입양이 활성화되는 방안도 된다(배태순, 2000). 미국 통계에 의하면, 2003년에 공적 입양기관을 통해서 입양된 아동의 62%가 위탁부모에 의해서 이루어졌다(AFCARS, 2005). 가정위탁보호 서비스를 활성화하고 정착될 수 있도록 위탁가정에 지급되는 양육보조금도 현실화할 필요가 있다.

2 가정위탁보호아동을 위한 아동복지실천

1) 가정위탁보호의 이해

(1) 가정위탁보호의 개념 및 목적

모든 아동은 자신이 태어난 가정에서 친부모의 보호와 양육을 받으며 성장하는 것이 가장 바람직하다. 아동권리협약에서도 모든 자녀는 누구보다도 자신의 부모에 의해 보호받고 교육받을 권리를 가지고 있다고 명시하고 있다. 그러나 아동의 가정환경이 부적절하거나, 부모가 아동을 보살필 능력이 없거나, 이혼, 유기, 사망 등으로 가정이 해체될 경우 부득이 대리가정을 마련해 줄 수밖에 없다. 이렇게 친가정에서 친부모의 양육을 받을 수 없는 아동을 친가정과 유사한 환경인 친인척가정 또는 타인의 가정에서 계획된 기간 동안 대리보호를 받을 수 있도록 제공되는 서비스가 가정위탁보호이다. 우리나라 아동복지법 제3조 제6호에 의하면, '가정위탁'이란 보호 대상 아동의 보호를 위하여 성범죄, 가정폭력, 아동학대, 정신질환 등의 전력이 없는 보건복지부령으로 정하는 기준에 적합한 가정에 보호대상 아동을 일정 기간 위탁하는 것을 말한다. 가정위탁보호는 요보호아동이 누려야 할 당연한 권리이며, 국가는 이를 보호해 줄 책임을 가지고 있음이 아동권리협약에 분명하게 명시되어 있다.

가정위탁보호는 아동이 자신의 가정을 떠나 대리가정에서 보호된다는 면에서 입양과 같으나 그 기간이 일시적이라는 점에서 입양과는 구별된다. 위탁기간은 위탁아동의 가족 사정에 따라 달라지는데, 짧게는 몇 개월이 될 수도 있고 길게는 아동이 자립할 수 있을 때까지 장기간이 될 수도 있다. 그리고 가정위탁은 입양과는 달리 위탁아동에 대한 법적인 권리나 책임이 없다.

가정위탁보호의 목적은 현대사회에서 발생되고 있는 다양한 문제로 인한 아동의 시설입소, 해외입양과 가족해체를 예방하고, 친부모 상담 및 지원을 통해 본가정에 복귀하도록 하거나 대리가정에서 바르게 성장할 수 있도록 돕는 데 있다. 즉, 위탁아동이 안정된 가정에서 개별 보호를 받고 또 부모와 영구적으로 분리되는 것을 방지함으로써 아동의 성장과 발달에 미칠 수 있는 손상을 경감시킬 수 있다. 아동이 위탁보호를 받고 있는 동안에 부모가 양육능력을 회복하거나 안정을 되찾을 수 있으며, 따라서 가족의 해체를 방지할 수 있는 데에 그 의미가 있다. 가정위탁제도는 외국의 경우 이미 100년 전에 시작한 제도로서 일시적인 보호가 필요한 아동을 위해 가장 바람직한 제도로 인정받고 있다. 문선화 외(2005)는 가정위탁보호가 아동복지 분야에서 점차로 수용되고 있는 다음과 같은 원리를 반영한다고 하였다.

- 가정위탁보호는 복합적 가족지원서비스로 개념화되며 가족은 관심의 핵심적인 것이다.
- 가정위탁보호는 아동과 가족을 돕기 위한 전달수단으로서 그들의 가능성을 최대화시키기 위해 주의 깊게 계획되는 것이다. 즉, 중점 목적은 과거와 같이 단순히 아동에게 대리적 보호를 제공하는 것이 아니라 가족이 복원되고 아동이 성장하고 발달할 수 있게 서비스와 기회를 제공하는 것이다.
- 가정위탁보호는 아동이 여기저기 떠돌아다니면서 보호받는 것을 방지하고 모든 아동에 대한 영구계획을 촉진시키기 위해 소수의 아동뿐만이 아니라 모든 아동에 대한 시간 제한적 보호를 의미한다.

우리나라 중앙가정위탁지원센터에서도 가정위탁보호사업의 목적을 다음과 같이 명시하고 있다.

- 아동보호의 극대화 : 아동의 권리를 보호하고 아동이 사랑과 욕구를 충족시킬 수 있는 적합한 환경에서 성장할 수 있도록 돕는다.
- 아동과 친부모의 재결합을 통한 가정해체 방지 : 아동이 보호를 받는 동안 아동과 친가정 사이의 연결고리를 유지해 주므로 안전한 접촉을 유지하고 위기에 처한 애착관계를 강화하기 위해서 위탁보호 아동과 친부모의 방문을 지원하여 위탁보호 아동이 조속한 시일 내에 친부모와 재결합할 수 있도록 하는 것이다.

(2) 가정위탁보호의 유형

가정위탁 유형은 위탁가정의 형태에 따라 일반 가정위탁과 친인척 가정위탁으로 나누어진다. 서비스 비용의 지불 여부에 따라 유료위탁과 무료위탁으로 분류되는데, 무료위탁은 위탁가정이 보수를 전혀 받지 않고 아동을 위탁받아 보호하는 경우를 말한다. 반면 유료위탁은 위탁받은 가정이 아동을 보호하고 그 대가로 원가정이나 사회복지기관으로부터 보수를 받는 것을 말하며 가장 보편적인 형태이다. 그 외에도 노동 여부에 따라 고용위탁이 있으며 입양 수속 중인 아동을 일시적으로 보호하는 입양위탁도 있다.

우리나라 아동복지법에서는 가정위탁 유형을 위탁가정과 위탁아동의 관계에 따라 대리양육가정위탁, 친인척가정위탁, 일반가정위탁으로 분류한다.

- 대리양육가정위탁은 생활능력이 없는 부양의무자인 친조부모나 외조부모가 아동을 양육하는 경우이다.
- 친인척가정위탁은 친조부모나 외조부모를 제외한 친인척에 의한 양육(민법에 의한 8촌 이내의 혈족에 의한 양육)을 의미한다. 최근 들어 보호를 필요로 하는 아동들을 양육할 수 있는 적합한 가정을 발굴하는 것이 어려운 문제로 대두되자 과거에는 무시되고 있던 친인척에 의한 가정위탁이 대안으

로 거론되고 있다(허남순, 2004).

- 일반가정위탁은 아동과 관련이 없는 일반가정에 아동을 위탁하는 것을 말한다. 위탁받은 가정이 아동의 보호를 위탁하는 부모나 사회기관으로부터 보수를 받으며 일정기간 동안 아동을 보호하는 경우를 말한다.

2) 가정위탁보호의 현황

국내에서 18세 미만의 요보호아동의 현황을 보면, 2018년 한 해 동안 11,111명이 발생했다. 가정위탁 의뢰 사유 현황을 보면, 이혼으로 인한 사유가 30.6%로 가장 높은 비율을 차지하였고 별거 또는 가출이 25.6%, 부 혹은 모의 사망이 24.3%이었다(표 11-9). 이런 아동들의 대부분은 부모 품으로 돌아가기보다는 단체생활을 하는 보호시설 등으로 보내지고 있다. 요보호아동에 대한 조처는 2019년 아동시설보호가 2,108명으로 가장 많았다(표 11-10). 위탁보호가 1,196명이며, 입양은 104명이었다. 전체적으로 한 해에 발생하는 요보호아동은 시설보호와 가정보호에 절반씩 나뉘어 보호를 받는 실정이다.

우리나라에서 2003년에 전국적으로 17개의 가정위탁지원센터가 설치됨으로써 가정위탁사업이 적극적으로 수행되기 시작하였다. 2014년 기준으로 보면, 전체 위탁가정 아동은 전국적으로 11,043세대에 14,340명이었다. 위탁 아동은 2003년 7,565명에서 2009년 16,608명으로 2배 이상 증가하였다가 2010년부터 감소했다.

〈표 11-9〉 가정위탁 의뢰사유 현황(2018년)

(단위 : %)

계	부모 모두 사망	부 혹은 모의 사망	별거/가출	부모 질병	부모 수감	이혼	부모 실직/빈곤	학대/방임	미혼모(부)/혼외출생	시설의 의뢰	부모 장애	기타
11,111 (100)	599 (5.4)	2,698 (24.3)	2,841 (25.6)	175 (1.6)	396 (3.6)	3,407 (30.6)	113 (1.0)	249 (2.2)	323 (2.9)	99 (0.9)	69 (0.6)	142 (1.3)

출처 : 중앙가정위탁지원센터(2019).

〈표 11-10〉 요보호아동의 보호유형 현황

(단위 : 명)

보호 내용 연도	시설보호			가정보호			계
	아동시설	장애아 시설	공동생활 가정	소년소녀 가정 책정	입양	위탁보호	
2019	2,108	6	625	5	104	1,196	4,044
2018	1,794	7	648	1	174	1,294	3,918
2017	1,777	19	625	2	285	1,417	4,125
2016	2,284	11	592	6	243	1,447	4,583
2015	2,211	13	458	–	239	1,582	4,503
2014	2,384	10	506	13	393	1,688	4,994
2013	2,532	39	686	20	478	2,265	6,020
2012	2,948	25	775	117	772	2,289	6,926
2011	3,108	32	612	128	1,253	2,350	7,483
2010	4,196	23	623	231	1,393	2,124	8,590
2009	4,046	35	686	213	1,314	2,734	9,028
2008	4,258	39	667	178	1,304	2,838	9,284
2007	3,189	39	17	247	1,991	3,378	8,861
2006	4,313	53	–	308	1,259	3,101	9,034
2005	4,769	48	1	407	1,873	2,322	9,420
2004	4,680	38	64	299	2,100	2,212	9,393
2003	4,747	42	35	500	2,506	2,392	10,222
2002	4,547	57	59	673	2,544	2,177	10,057
2001	4,671	41	62	874	1,848	3,090	10,586

출처 : 보건복지부(2019), 보호대상아동 현황보고.

위탁가정 유형 연도별 위탁가정 현황을 살펴보면, 2018년 위탁가정은 총 8,965세대로 2017년 9,570세대와 비교했을 때, 605세대(6.3%) 감소했다. 유형별 현황을 살펴보면, 2018년 한 해 동안에 친인척이 아닌 일반가정에 위탁된 아동이 764세대에 913명(8.5%)이고, 부양의무자인 조부모가 양육하는 대리양육 가정위탁은 5,847세대에 7,412명(65.2%), 친인척가정위탁의 아동은 2,354세대에 2,786명(26.3%) 순으로 나타났다(표 11-11). 우리나라 가정위탁은 부양의무자인 조부모가 손자녀를 양육하고 있는 대리양육 가정위탁이 가장 많으며, 다음으로 친인척가정위탁이 차지하는 비율이 높고 일반가정위탁은 전체 가정위탁의 약 7%에 불과한 것으로 나타났다. 이러한 현황을 통해서 아직 우리나라 가정위탁보호사업은 친인척 및 대리양육 가정에 치중되어 있으며, 일반가정위탁은 낮은 비율을 보임을 알 수 있다. 과거와 비교하면 가정위탁에 대한 일반인의 인식이 변화되고 있기는 하나 일반가정위탁은 더 적극적으로 추진되어야 할 것이다.

〈표 11-11〉 위탁가정 유형별 세대 수 및 아동 수 현황(2018년)

위탁유형 연도	일반가정위탁		친인척가정위탁		대리양육가정위탁		전체	
	세대 수	아동 수	세대 수	아동 수	세대 수	아동 수	세대 수	아동 수
2018	764	913	2,354	2,786	5,847	7,412	8,965	11,111
2017	768	937	2,591	3,096	6,211	7,942	9,570	11,975
2016	782	974	2,765	3,339	6,636	8,594	10,183	12,907
2015	797	990	2,949	3,590	6,959	9,141	10,705	13,721
2014	790	996	3,036	3,752	7,217	9,592	11,043	14,340
2011	816	1,021	3,351	4,260	7,463	10,205	11,630	15,486
2010	906	1,123	3,365	4,371	7,849	10,865	12,120	16,359
2009	923	1,158	3,438	4,503	7,809	10,947	12,170	16,608
2008	990	1,226	3,436	4,519	74,88	10,709	11,914	16,454
2007	996	1,238	3,651	4,850	6,975	10,112	11,622	16,200
2006	1,004	1,243	3,097	4,160	6,152	9,062	10,253	14,465

출처 : 중앙가정위탁지원센터(2019).

〈표 11-12〉에 제시된 바와 같이, 중앙건강가정위탁지원센터의 2019년 현황에 의하면, 가정위탁 종결사유가 아동이 18세가 되어서 보호가 중단된 경우가 33.4%, 보호연장종결 32.6%, 친가정 복귀 17.3%로 나타났다. 실제 친가정으로 복귀한 아동의 비율이 매우 낮은 것을 알 수 있는데 이는 가정위탁보호의 본래 목적에 어긋나는 것이라 할 수 있다.

〈표 11-12〉 가정위탁 종결 사유 현황(2018년)

(단위 : %)

계	친가정 복귀	위탁 가정의 환경 변화	위탁 가정과 친가정의 문제	아동과 위탁 가정의 부적응	아동의 문제 행동	만 18세 이상으로 종결	보호 연장 종결	입양	기타
1,795 (100)	310 (17.3)	39 (2.2)	5 (0.3)	10 (0.5)	8 (0.4)	599 (33.4)	585 (32.6)	16 (0.9)	223 (12.4)

출처 : 중앙가정위탁지원센터(2019).

3) 가정위탁보호의 구성요소와 방법

(1) 가정위탁보호의 구성요소

① 가정위탁보호 대상

아동복지법 제3조에 의하면, 가정위탁 대상 아동은 만 18세 미만의 아동으로서 보호자가 없거나 보호자로부터 이탈된 아동 또는 보호자가 아동을 학대하는 경우 등 그 보호자가 아동을 양육하기에 적당하지 아니하거나 양육할 능력이 없는 경우의 아동을 말한다. 만 18세 이상 아동 중 대학 이하의 학교에 재학 중인 경우, 직업능력개발 훈련시설에서 직업 관련 교육·훈련을 받고 있는 경우, 20세 미만인 사람으로서 등록된 학원에서 교육을 받고 있는 경우에는 위탁보호기간의 연장이 가능하다.

위탁보호 대상은 크게 부모와 아동과 관련된 여러 가지 어려움이 발생하는 경우로 나누어진다. 먼저 부모양육의 부적절함으로 인해 가정위탁보호가 필요한 경우이다. 부모의 신체적, 정신적 질병(알코올중독, 약물중독, 정신질환) 등으로 인해 가정 전체가 문제의 상황에 놓이게 되고 자녀양육이 제대로 이루어지지 않거나 방임 혹은 유기가 되는 경우이다. 그리고 부모 자신의 질병이나 배우자의 질병으로 인한 스트레스가 자녀학대로 나타나게 되는 경우, 가족붕괴나 결손가정(이혼, 사망, 별거, 투옥 등)으로 인해 경제적 어려움을 겪고 있어 자녀양육이 제대로 이루어지지 못하거나 아동유기나 학대의 위험이 있는 경우이다. 다음으로 아동 자신의 문제로 인해 가정위탁보호가 필요한 아동이다. 아동자신의 문제, 가령 신체적 장애, 정서장애, 지적 발달의 지체, 사회적 일탈행동 등의 문제가 있는 경우 가정위탁보호가 필요하다. 부모가 이러한 아동의 문제에 적절하게 대처하는 것은 매우 어려운 일이며, 전문가의 도움이 없이는 아동양육이 제대로 이루어질 수 없다. 따라서 위탁가정의 도움으로 부모의 심리적 부담을 줄여 주고, 관련 기관 전문가들의 서비스를 통해 아동의 문제를 해결하도록 함으로써 부모의 양육이 더욱 잘 이루어질 수 있도록 하는 기회를 제공할 수 있다.

② 위탁가정 선정

훌륭한 위탁가정이란 아동의 안전과 인정의 욕구를 잘 충족시켜 주는 가정이다. 따라서 위탁부모들은 이러한 욕구를 충족해 주기 위한 충분한 자격을 지니고 있어야 한다. Fredericksen(1948)은 위탁부모의 자질로 다음과 같은 내용을 들고 있다. 우선 확고한 인생관과 도덕적·윤리적·가치평가적 기준을 갖고 있어야 한다. 둘째, 아동의 개인적·정서적 결함을 보충해 줄 정도의 민감성과 이해력을 지니고 있어야 한다. 셋째, 아동에 관한 과거의 기록 등을 참작하여 아동의 수준에 맞게 보살펴야 한다. 넷째, 아동의 요구와 문제를 도와주기 위해 기관의 협조체계를 잘 받아들여야 한다. 다섯째, 아동의 활동과 진전에 관심을 두고 필요할 때 언제나 도움과 지지를 해 줄 용의가 있어야 한다(장인협·오정수, 2001). 아동복지법 시행규칙 제2조에 제시된 우리나라 위탁가정 선정기준을 살펴보면 다음과 같다.

- 위탁아동을 양육하기에 적합한 수준의 소득이 있는 가정
- 위탁아동에 대하여 종교의 자유를 인정하고 건전한 사회구성원으로 자랄 수 있도록 양육과 교육환경을 갖춘 가정
- 위탁부모의 나이가 25세 이상(부부의 경우 부부 모두 해당)으로서 위탁아동과의 나이 차이가 60세 미만인 가정
  - 다만 시·도지사, 시장·군수·구청장이 위탁아동을 건전하게 양육하기에 위탁가정의 환경이 적합하다고 인정하는 경우에는 가능
- 자녀가 없거나 자녀의 수가 위탁아동을 포함하여 4명 이내인 가정(18세 이상 자녀 제외)
- 가정에 성범죄, 가정폭력, 아동학대, 정신질환 등의 전력이 있는 사람이 없는 가정

위탁가정 선정 시 추가 검토사항

- 위탁아동을 친자녀처럼 양육하기에 필요한 성품·경험·지식을 갖춘 자를 위탁부모로 선정
  - 혼인관계를 유지하고 자신의 아이를 키워 본 경험이 있는 자를 우선하되, 시장·군수·구청장, 가정위탁지원센터의 장이 위탁아동을 건강하게 양육하기에 적합하다고 인정하는 경우에는 양육 경험이 없는 자도 선정 가능
- 가정이 화목하고 정신적·신체적으로 위탁아동을 양육함에 현저한 장애가 없을 것
- 위탁아동과 동거할 것(위탁부모의 주소지에서 동거할 것)
- 위탁아동을 건강하게 부양하기에 어려움이 없을 정도의 재산이 있을 것
  - 경제적인 목적이 아닌 선의의 동기로 위탁아동 양육을 결정한 것에 대한 확인이 필요함
  - 기초생활수급자(생계급여·의료급여수급자)는 적합한 수준의 소득이 있다고 볼 수 없음
- 위탁가정으로 적합한지 여부를 가정조사 시 이웃 등을 통해 확인
  - 드림스타트 등 지역사회복지기관 또는 이웃 주민의 추천 등
- 위탁부모가 될 자가 대한민국 국민이 아닌 경우, 「아동복지법 시행규칙」 제2조(위탁가정의 선정기준)에 따라 위탁부모가 될 자격이 있을 것

(2) 가정위탁보호의 성립과정

가정위탁보호는 정해진 절차를 통해 이루어지며 이를 구체적으로 살펴보면 다음과 같다(그림 11-4).

① 위탁아동 선정

- **위탁보호 대상 아동의 선정** : 요보호아동을 시설에서 보호하는 것보다 가정에 위탁하여 보호하는 것이 바람직하다고 판단할 경우 요보호아동을 보호하고 있는 시설의 장과 협의하여 위탁보호 대상 아동으로 선정한다. 또한 위탁보호가 필요한 아동이 발견될 경우에는 시·군·구나 가정위탁지원센터에 아동보호를 신청한다.
- **보호아동의 위탁결정** : 시·군·구는 보호를 필요로 하는 아동이 발생하면 가정과 그 아동을 조사하여 가정위탁보호아동으로 결정과 동시에 기초생활수급자로 책정하고 해당 가정위탁지원센터로 통보하여 적합한 위탁가정을 연계하도록 한다. 시·군·구는 아동을 가정에 위탁하기 전에 건강진단을 실

시하고 아동에 대한 개별 특성을 정확히 판단하여 아동카드를 작성 비치하여야 하며 동 카드의 내용을 위탁가정에 알려 주도록 한다.

구분	읍·면·동	시·군·구	가정위탁지원센터
가정위탁보호신청	• 보호대상아동의 발생 • 가정위탁보호의 신청·접수·상담 • 수급권 신청	• 가정위탁 보호의 신청·접수 • 위탁가정범죄경력조회 • 아동학대정보시스템 정보 조회 • 가정위탁지원센터 일반위탁가정 연계 의뢰	• 가정위탁 아동 상담 • 위탁부모 발굴 및 교육
가정위탁보호결정	• 일반위탁 – 보호대상아동 조사서, 가정위탁보호동의서, 아동카드를 작성하여 시·군·구에 제출 • 친인척 / 대리 양육 – 가정위탁보호(대리양육) 신청서, 아동카드, 가정위탁보호(대리양육) 신청인 가정조사서, 보호대상아동 조사서, 가정위탁보호동의서, 가정위탁가족동의서, 범죄경력조회동의서, 국가아동학대정보시스템 정보조회 동의서를 작성하여 시·군·구에 제출 →	• 가정위탁 보호 결정 • 가정위탁지원센터에 책정 통보, 관련 서류 발송 • 수급자 책정	← • 일반위탁 – 위탁가정을 상담하여 적합한 가정 연계 후 가정위탁보호(대리양육) 신청서, 가정위탁보호(대리양육) 신청인 가정조사서, 가정위탁 가족동의서, 국가아동학대정보시스템 정보조회 동의서, 일반위탁 부모 추천서를 작성하여 시·군·구에 제출
사례관리	• 사례관리 및 복지 서비스 제공 등 업무 지원 – 위탁보호 연장 및 위탁가정 변경신청 – 부모교육이수안내 및 CDA 계좌 신청 – 연장보호 일시중지 시 지원 중단 요청 등	• 사례관리 및 복지서비스 제공 – 위탁아동, 위탁가정, 친가정 상담, 방문, 적응·양육실태 파악 등 – 후속보호조치 마련 – 심리치료 지원 등	• 사례관리 등 업무지원 – 위탁아동, 위탁가정, 친가정 관리 – 위탁 부모 교육 – 위탁아동 및 위탁가정 상담 지원 – 지원서비스 연계
가정위탁보호종결		• 위탁 종결 – 귀가조치(친가정 복귀 등) – 가정위탁 종결(해지), 가정위탁 지원센터 통보	• 재배치 사정 • 아동 보호조치의 종결(퇴소) 신청서 제출(친가정복귀 시에는 아동 가정 복귀 신청서 제출) • 사후 관리

출처 : 아동분야사업안내(2020년).

[그림 11-4] 가정위탁보호 절차

② 위탁가정 선정

- **아동보호 신청서 제출** : 요보호아동을 양육하기 원하는 가정은 아동보호신청서를 작성하여 아동의 거주지를 담당하는 시·도 및 시·군·구 또는 가정위탁지원센터에 접수하여야 한다. 요보호아동의 보호를 희망하는 가정의 아동보호 신청서를 접수한 가정위탁지원센터는 이 신청서를 시장·군수·구청장에게 제출하여 위탁가정으로 선정하기를 의뢰한다.
- **가정조사서 작성** : 가정위탁지원센터는 위탁 희망가정을 직접 방문하여 가정조사를 하고 시·군·구에 위탁가정 승인을 요청한다. 시장·군수·구청장은 가정조사서를 검토한 후에 위탁가정의 적합여부를 결정하고 그 사실을 가정위탁지원센터에 통보한다.
- **위탁가정의 교육 실시** : 가정위탁지원센터는 위탁가정으로 선정된 가정에 아동을 배치하기 전에 가정위탁보호사업의 이해와 위탁보호자의 역할과 의무 등의 가정위탁보호사업의 취지를 설명하고 위탁양육의 실제나 문제행동의 원인과 대처방법 등의 아동양육에 필요한 지식에 대해 교육한다. 위탁가정은 가정위탁에 필요한 교육을 이수해야 한다. 다만 대리양육가정위탁과 친인척가정위탁의 경우에는 가정위탁 후 6개월 이내에 교육을 이수해야 한다.
- **위탁아동 배치 및 사후관리** : 위탁의뢰 아동과 친부모의 특성을 고려하여 적절한 위탁가정을 선정한다. 가정위탁지원센터는 위탁보호 초기(3~6월)에는 매월 위탁가정을 방문하고, 이후 분기별 1회 이상 방문 또는 전화를 통하여 아동의 적응상태 및 양육실태를 파악한다. 한편 가정위탁 중인 아동의 보호자가 아동을 양육하고자 하는 경우 센터장의 의견을 들어 아동을 귀가하게 할 수 있다.

4) 가정위탁보호아동을 위한 복지사업 내용

(1) 가정위탁보호 관련법 및 제도

우리나라에서 현대적 의미의 가정위탁제도는 1950년 이후 추진되어 왔다. 정부가 직접 관여하기가 적합하지 않아 민간사회복지기관을 중심으로 가정위탁사업이 실시되었다(공계순·박현선·오승환·이상균·이현주, 2006). 이때의 가정위탁은 입양아동을 대상으로 이루어져 왔는데, 입양대상 아동을 위탁가정에 의뢰하고 아동이 입양 가기 전까지 일시적으로 위탁 보호하였다.

1990년대 후반에 들어와서 유엔의 아동권리위원회에서 우리나라 소년소녀가정제도와 시설보호 중심의 요보호아동 보호방법의 불합리성을 지적하여 정부는 2000년 1월에 아동복지법을 개정하면서 가정위탁제도에 대한 내용을 보다 구체화하였다(허남순, 2005). 그 결과 가정위탁보호사업에 대한 법적 근거가 마련되었고, 정부는 보호가 필요한 아동을 시설보호나 소년소녀가정세대의 보호형태에서 그룹홈이나 가정위탁보호 형태의 보호방식으로 전환하는 방향으로 추진하였다. 2002년 소년소녀가정 보호제도를 보완하면서 소년소녀가정의 아동들을 대리양육 가정위탁이나 친인척가정위탁으로 전환하여 가정위탁보호의 하위 유형으로 규정하고 지원하기 시작하였다.

2003년부터 전국에 가정위탁지원센터를 설치하기 시작하여 중앙가정위탁지원센터 1개소와 17개 지역가정위탁지원센터가 운영되고 있다. 지역가정위탁센터는 위탁가정을 선발하고 위탁부모교육, 아동배치 후 아동이 위탁가정에 잘 적응하도록 지원하고, 조속한 시일 내에 아동이 친가정으로 복귀하도록 돕는 업무를 한다. 2020년 1월에 아동권리보장원(2019년 7월 출범)으로 업무가 이관된 중앙가정위탁센터는 가정위탁지원센터를 지원하고 각종 프로그램을 개발하여 보급하고 있으며, 가정위탁사업과 관련된 연구 및 자료발간 등을 담당하고 있다. 그리고 보건복지부가 내 아이·남의 아이(2아이)를 행복한 가정에서 잘 키우자는 취지에서 가정위탁을 활성화하고 가정위탁제도를 적극적으로 홍보하고자 매년 5월 22일을 '가정위탁의 날'로 제정하였다.

현재 가정위탁보호사업은 별도로 제정된 가정위탁보호법이 없어서 아동복지법, 국민기초생활보장법, 의료급여법 등에 명시된 조항에 근거한다. 2005년 7월 13일자로 공포된 개정 아동복지법에 가정위탁보호사업에 대한 근거 조항이 신설 및 개정되기 전까지는 가정위탁의 법적 용어가 명확히 규정되어 있지 않았다. 이렇듯 아동복지법에 가정위탁 관련 조항이 새로 추가되었지만 가정위탁보호사업을 제도적으로 뒷받침해 줄 만한 법적 근거가 약하여 가정위탁보호사업을 활성화하는 데 여전히 어려움이 있다.

2011년 개정된 아동복지법은 가정위탁아동에게 안전한 보호기반을 제공하기 위해 위탁가정의 선정기준을 신설하고, 가정위탁지원센터 장의 친권제한 및 상실 청구 권한, 후견인 선임(변경)청구 권한, 임시 후견인 역할 등을 통해 아동의 이익을 우선하고, 아동의 보호 공백을 예방할 수 있도록 하였다. 또한, 자립지원, 센터 설치, 법정 인력 배치기준, 가정위탁사업의 확대 등은 위탁아동에게 양질의 양육환경을 보장하기 위한 서비스를 제공할 수 있도록 하였다.

(2) 가정위탁보호아동을 위한 서비스

현재 우리 정부와 지방자치단체가 위탁아동과 가정에 제공하고 있는 여러 지원책을 살펴보면 다음과 같다.

① 양육보조금 및 국민기초생활보장법에 의한 생계비 지원

2020년에는 위탁아동에게 월 20만 원 이상으로 일괄 지원했던 양육보조금도 연령대에 따라 만 7세 미만 30만 원 이상, 만 7~13세 미만 40만 원 이상, 만 13세 이상 50만 원 이상 등으로 차등 지원할 수 있도록 기준을 강화했다. 이는 위탁 아동이 상급학년으로 진학할 경우 필요한 교육비, 의류비, 식비 등 추가 요구되는 양육비가 발생하는 것을 고려한 것이다. 위탁아동이 만 18세 이상인 경우에도 중·고등학교에 재학 중이면 졸업 때까지 지원받을 수 있다. 양육보조금은 지방 이양사업으로 지방자치단체에 따라 지원내용에 차이가 있다. 보건복지부는 각 위탁가정에 아동용품을 살 수 있는 비용 100만 원을 지급하도록 기준을 신설했다.

그리고 정부는 2007년부터 보호를 필요로 하는 아동이 발생하면 가정위탁보호아동으로 결정함과 동시에 국민기초생활보장법에 의하여 기초생활수급자로 책정되면 생계급여, 의료급여, 교육급여를 받을 수 있도록 하였다.

② 상해보험료 및 심리치료비 지원

아동의 안전과 위탁가정의 심리적·경제적 부담을 덜어 주기 위해 위탁아동 1인당 연 68,500원 이내의 상해보험료를 지원해 주고 있다. 위탁아동 중 과잉행동장애, 정서불안 장애 등으로 상담치료가 필요한 경우, 심리정서 치료비 월 20만 원 이내와 심리검사비 20만 원(1회), 교통비를 지원한다. 그리고 치료를 요하는 정도가 심한 아동의 위탁부모에 대해서도 양육상담비 월 20만 원 이내를 지원한다.

③ 전세자금 지원

위탁가정의 양육자가 무주택세대 구성원으로서 월평균 소득이 전년도 도시근로자 가구당 월평균 소득 이하인 소년소녀가정, 대리양육가정, 친·인척위탁가정, 일반가정위탁을 대상으로 주거안정을 위한 전세주택을 지원해 준다. 주택대출 대상 주택은 임차전용 면적이 85㎡ 이하이고 일반주택 전세자금 및 공공임대주택 임대보증금을 지원한다.

④ 가정위탁보호 종료 아동 지원

만 18세 이상 가정위탁보호 및 보호가 종결되는 아동으로 자립지원 대상 아동에게 자립정착금으로 아동 1인당 5백만 원 이상, 대학진학자금으로 5백만 원 이상 지원하도록 권고하였다. 이는 지방 이양사업으로 지방자치단체별 사정에 따라 지원내용에는 차이가 있다.

5) 가정위탁보호사업의 문제점과 과제

정부는 '선 가정 후 보호시설'이라 하여 요보호아동을 위한 시설보호 중심으로부터 가정위탁보호 중심으로 정책을 전환한 바 있으나, 관습적으로 혈통을 중요시하는 가족제도와 정부의 지원 미흡, 전문기관의 재원 부족 등으로 가정위탁보호사업이 활성화되지 못하고 있다. 우리나라 가정위탁보호 사업의 문제점을 살펴보고 이를 위한 개선점을 모색하고자 한다.

(1) 가정위탁보호사업의 문제점

① 가정위탁에 관한 법 및 제도의 문제

이제까지 보호가 필요한 아동에 대한 시설보호 중심의 아동복지사업을 전개해 옴에 따라 보호가 필요한 아동이 의뢰되면 우선하여 아동을 시설에 입소시켜 왔다. 개정된 아동복지법에 가정위탁에 대한 내용이 보다 구체화되었다고는 하지만 아직도 가정위탁보호가 시설보호에 앞서 고려되어야 할 보호방법으로 강조되고 있지 않다. 그리고 아동을 다른 가정에 위탁한 부모의 책임이나 권리 및 의무에 대한 내용이 아동복지법에 명시되어 있지 않다. 가령 아동을 가정위탁한 후 부모의 면접권 등이 법으로 규정되어 있지 않아 해당 기관의 정책에 따라 아동을 위탁한 후 아동과 친부모와의 만남을 제한하는 기관이 있는가 하면 정기적으로 만나도록 지도하는 기관도 있다(허남순·이혜원, 2006).

국가가 아동의 안전과 위탁가정의 심리적·경제적 부담 경감을 위해 위탁아동 상해보험료를 지원하게 되어 다행이지만 위탁아동의 질병 및 안전사고 발생 시 책임소재가 명확하지 않은 등 위탁아동에 대한 법적 후견인에 대한 규정이 없다는 것이 문제이다.

② 다양한 위탁가정 확보의 어려움

가정위탁보호에 대한 국민의 인식이 부족하여 위탁대상 아동의 요구에 부합하는 다양한 위탁가정을 확보하지 못하고 있다. 가령 부모가 단기간 치료나 요양을 필요로 하는 부모의 아동을 위해, 혹은 유기 아동의 부모를 찾을 때까지 잠시 동안 보호해 줄 응급(긴급)위탁가정이 필요할 수가 있다. 그리고 장애아동이나 특별한 문제를 가진 아동을 위탁하는 데 어려움과 제한이 있어서 이들을 위한 가정위탁보호를 제공하지 못하고 있다.

③ 위탁가정의 전문적인 서비스 부재

위탁가정의 부모나 아동을 위한 심리사회적 적응 지원프로그램이 미흡하다. 가정위탁보호의 경우 중도 포기로 인한 아동의 잦은 이동, 아동에 대한 방임 및 학대, 부적절한 보호, 아동의 위탁가정 부적응으로 인한 여러 문제가 발생할 수 있다(문선화 외, 2005). 현재 전국에 17개의 지역가정위탁지원센터가 운영되고 있으나 사회복지사가 담당하는 위탁아동의 비율이 높아 사후관리가 적극적으로 이루어지지 않고 있다. 2009년 자료를 보면, 가정위탁지원센터의 상담원 1인당 237명의 아동을 담당하고 있으며 이는 영국 50~60명, 네덜란드 25명, 미국(메릴랜드 주) 20명, 호주 10명에 비해 상당히 많은 실정이다(헬스코리아, 2010년 10월 5일자). 부족한 인력으로 전문적인 서비스를 실시하고 사례를 제대로 관리하기에는 어려움이 많을 것으로 예상한다. 따라서 가정위탁사업의 목적인, 아동의 친가정 복귀의 업무가 상담인력 부족으로 제대로 수행되지 못하고 있는 것이 큰 문제이다.

(2) 가정위탁보호사업의 과제

① 가정위탁에 관한 법·제도 개선

아동을 양육하는 최선의 장소가 가정이라는 것을 고려할 때 보호를 필요로 하는 아동이 발생하면 가정위탁제도가 시설보호에 우선하여 고려되도록 아동복지법에 명시되어야 한다. 구체적으로 7세 미만의 아동과 부모의 질병이나 한부모의 가출, 수감 또는 아동학대 등으로 인하여 단기간 아동을 위탁하여야 하는 경우는 가정위탁을 우선으로 고려하도록 법으로 규정하는 것이 필요하다. 그리고 아동을 위탁한 친부모의 의무와 권리를 분명하게 제시하여 아동의 권리를 보장해야 한다. 이와 더불어 가정위탁보호사업의 후견인 등에 대한 법체계를 명확히 할 필요가 있다. 위탁아동에게 사고가 났을 때 책임은 누가 져야 하는지, 법적 후견인은 누가 될 것인지와 같은 후견인에 대한 규정이 만들어져야 한다.

② 친가정 복귀를 위한 지원 강화

가정위탁사업은 아동을 일정 기간 위탁하다 친가정에 돌려보내는 것을 궁극적인 목표로 삼고 있다. 아무리 위탁가정 환경이 좋아도 친부모 밑에서 자란 아이들과 비교하면 부족한 부분이 있을 수밖에 없다는 뜻에서다. 그런데 앞에서 제시한 가정위탁 종결사유를 보면 친가정 복귀는 매우 저조한 수준으로 나타난다. 전문가들은 우리나라에서는 가정위탁이 본래 일시보호 기능을 해야 함에도 영구적인 일이 되는 경우가 대부분이라고 지적하고 있다. 이는 서비스가 주로 위탁가정과 위탁아동에게만 집중되고 친가정이 배제되기 때문이다. 따라서 빠른 시일 내 친가정 복귀가 이루어지도록 하기 위해서는 친부모의 역량강화, 친부모와 아동의 재결합을 위한 프로그램 등 친부모를 지원하는 정책이 적극적으로 있어야 한다(오정수·정익중, 2013).

③ 위탁가정에 대한 지원 확대

더욱 나은 위탁가정을 확보하고 수준을 향상하며 위탁가정의 수를 늘리기 위해서는 양육비 지급을 현실화할 필요가 있다. 또한, 위탁가정에 대한 인가나 위탁가정에 보호되고 있는 아동들에 대한 학비 면제, 의료보험 혜택, 위탁가정에 대한 세제상의 혜택 등 위탁보호사업을 위한 제도적 보안이 필요하다. 그리하여 위탁가정을 하는 부모들이 재정적인 부담 없이 아동들을 위탁할 수 있도록 해야 한다. 아동양육을 위한 위탁비용의 현실화는 일반가정의 위탁부모를 늘어나게 하고 아동이 원가정으로 복귀할 수 없는 경우 아동과 애착관계가 형성된 위탁부모에 의해 입양으로 연결되면 자동으로 국내입양 활성화도 도모할 수 있게 된다(조흥식, 2006).

④ 다양한 위탁가정 확보

아동이 위탁보호를 받게 되는 경위는 다양하다. 가정위탁이 다른 시설보다 아동보호를 위해 더 적합한 서비스를 제공하려면 보호가 필요한 아동의 욕구에 적합한 다양한 위탁가정이 있어야 한다. 즉, 응급한 경우에 이용할 수 있는 응급위탁가정, 학대 등으로 인한 정서장애 아동을 위한 치료위탁가정, 신체장애 아동을 위한 특수위탁가정, 단기 일일보호 또는 휴식 위탁보호 등 다양한 형태의 위탁보호서비스에 대한 욕구를 지원해 줄 다양한 위탁가정을 확보하는 것이 필요하다(허남순, 2000).

⑤ 가정위탁지원센터의 확대 및 서비스의 전문화

위탁아동의 최선의 이익을 도모하고 위탁부모 및 친부모에게 포괄적이고 전문적인 서비스를 제공하고 관리하기 위해서 정부는 가정위탁지원센터를 더 확대하고 적절한 수의 인력을 충원해야 한다. 위탁아동이 위탁가정에 잘 적응하는지를 파악하기 위하여 지속적이고 체계적인 관리를 하고 친부모가 아동을 다시 양육할 수 있도록 돕는 데 가정위탁지원센터의 역할은 매우 중요하다. 그리고 위탁아동과 위탁부모 및 친부모에게 포괄적이고 전문적인 서비스를 제공하고 관리하기 위해서는 적합한 프로그램이 개발되어야 하고 가정위탁지원센터 담당자의 전문성이 강화되어야 한다.

⑥ 대중매체를 통한 가정위탁보호사업의 홍보 강화

아동복지의 중요한 서비스인 가정위탁보호에 대한 국민의 인식을 제고하여 가정위탁보호를 활성화하기 위해 정부 주도 하의 적극적이고 지속적인 홍보가 필요하다. 입양 전 위탁보호와 소년소녀가정 보호제도를 대신한 친인척위탁가정을 제외하면 위탁가정의 수가 극히 적은 실정이다. 특히 보호가 필요한 아동의 욕구에 적합한 서비스를 제공하려면 다양한 위탁가정을 확보하는 것이 필요하며 이를 위해 위탁가정에 대한 홍보가 적극적으로 필요하다.

보건복지부, 2020년 제17회 가정위탁의 날,
가정위탁 보호율을 높이기 위해 6대 과제 중점 추진
"6대 과제 주요 내용"

① (예비위탁부모 발굴·홍보 강화) 기존 친족위탁 탈피를 위해 일반위탁부모를 늘리고, 민·관 합동 공공캠페인 전개 및 지방자치단체 공무원 교육 신설 추진

② (위탁가정의 지원 현실화) 아동용품구입비 지급 기준 신설(100만 원, 1회), 일괄적으로 지원하는 양육보조금을 연령별 차등 지급 기준으로 변경[20만 원(2019년) → 연령별 30만~50만 원(2020년)]

③ (전문가정위탁제도 본격 도입·위탁유형 다양화) 학대피해아동 등 특성을 고려한 보호를 위해 전문가정위탁제도 법제화, '전문가정위탁위원회' 구성·운영, 선진국 수준 예산지원 기준 권고 및 일시위탁 도입 추진

④ (후견인제도 활성화) 친권자 친권상실 사유 구체화, 후견인 선임 신청에 대한 지방자치단체 역할 강화, 한국가정법률상담소 연계 법률구조지원 활성화

⑤ (원가정 조기복귀 지원) 아동의 원가정 복귀 지원을 위해 부모의 면접교섭권을 형제자매 등 가족까지 확대하는 근거 마련

⑥ (가정위탁 기반(인프라) 확대) 서비스 이용의 접근성 등을 고려하여 전국 17개 가정위탁지원센터 인력 충원 및 분소 설치 등 추진

출처: 보건복지부(2020년).

/PART/ 3

아동권리와 복지의 미래

12

CHAPTER

아동권리와 복지의 과제와 전망

본 장에서는 각 장에서 살펴본 아동복지의 문제점을 개선하기 위한 정책 방향의 개선점과 구체적 실천에서의 개선점을 제안함으로써 아동권리와 복지의 과제를 제시하였다. 다음으로 앞으로의 아동권리와 복지의 발전방향을 전망하고, 아동복지실천의 중요한 기반인 아동복지사가 갖추어야 할 자질과 책임, 훈련 등을 다루었다.

1 아동권리와 복지의 과제

1) 아동권리의 과제

아동권리는 아동복지의 이념적 근간을 이루므로 이후 아동복지정책과 구체적 실천의 바탕이 된다. 여기에서는 2017년에 제출된 아동권리협약 국가보고서와 2018년에 제출된 아동권리협약 민간보고서 및 2019년의 유엔 아동권리위원회의 권고사항을 중심으로 아동권리의 과제를 제시하고자 한다.

(1) 아동권리협약 일반 원칙의 구체적 실천

무차별의 원칙, 생명 존중과 발달 보장의 원칙, 아동의 의사 존중의 원칙과 같은 아동권리협약의 일반 원칙이 실현되도록 실질적인 법적, 제도적 해결책을 강구해야 한다. 우리나라가 아동권리협약에 가입한 지도 30년이 되었으나, 여전히 우리나라의 아동은 성적에 근거한 심각한 경쟁에 내몰리며, 체벌을 포함한 아동에 대한 폭력, 성적 학대와 착취 등에 노출되어 있다(유엔아동권리위원회, 2019). 이를 해결하기 위해 아동관련 기본법인 아동복지법과 영유아보육법, 장애아동복지지원법, 입양특례법 등의 특별법의 관계를 아동권리협약의 일반원칙을 실현할 수 있도록 규정(최윤영, 2013)하거나 아동권리를 중심으로 한 새로운 법의 제정 등이 필요할 것이다. 또한 아동복지 서비스를 직접 제공하는 지방자치단체의 경우에도 아동권리협약의 일반 원칙을 기반으로 한 조례 제정을 통해 구체적 실천이 가능할 것이다. 또한 아동권리협약은 국내법과 동일한 효과가 있으나, 실제 법원 판결에서 원용된 경우는 많지 않다. 따라서 아동권리에 관한 법관의 전문성 향상을 위한 정기교육 프로그램이 제공되어야 할 것이다(아동권리협약 한국NPO연대, 2018).

(2) 통합과 조정

아동권리의 구체적 실천이 가능하기 위해서는 정부가 아동에게 영향을 주는 정책 결정이나 실천에서 다양한 체계를 통합, 조정하는 역할이 필수적이다. 그

럼에도 불구하고 아동정책조정위원회가 2008년 이래 실질적으로 운영되고 있지 않았고, 2013년에 재구성된 위원회도 예산 등의 실질적 지원이 없는 상태에서 대부분 서면심의로 진행된 바 있어 유명무실한 상태이다. 따라서 협약이행의 효과적 조정을 위해 권한과 자원이 뒷받침되는 상설정책조정기구를 구성해야 할 것이다(대한민국정부, 2017; 아동권리협약 한국NPO연대, 2018; 유엔아동권리위원회, 2019).

(3) 홍보 및 교육의 확대

아동권리 당사자인 아동 등 일반 국민의 아동권리에 대한 인식수준을 높이기 위한 아동권리 홍보 및 교육에 대한 종합적이고 장기적인 계획과 실천이 필요하다. 그를 위해 아동권리교육 현황에 대한 기초 조사를 시행하고 아동전문가 집단 등을 대상으로 하는 교육을 우선 실시할 필요가 있겠다. 또한 협약의 대중적 인지도를 높이는 방안을 구체화해야 할 것이다.

이 외에도 유엔 아동권리위원회는 우리나라에 OECD 수준에 부응하는 협약이행에 필요한 재원의 배분과 할당, 아동 관련 자료를 종합적으로 수집할 수 있는 체계의 구축과 그에 따른 연구에 대해서도 권고하고 있다.

2) 아동복지정책의 과제

다음에서는 아동복지정책의 개선을 위한 방향을 제시하고자 한다.

(1) 아동중심적 관점의 강화

최근 서구의 복지정책은 아동의 권리 강화와 더불어 가족을 강화함으로써 부모가 아동양육 등의 책임을 다하도록 하는 경향을 보인다(Cannan & Warren, 1997). 이처럼 가족에게 복지의 책임을 지우는 경향은 우리나라에서도 환영받고 있다. 그러나 복지국가의 역사가 길고 아동중심적 제도가 법과 실제적 정책에 의해 보장되어 온 복지 선진국의 입장과 우리나라의 입장은 다를 수밖에 없다.

실제로 우리나라의 아동복지정책은 다른 사회정책의 결정이나 이해집단에 의해 수시로 변화되어 왔다. 예를 들어서 해방 이후의 보육제도의 변천을 살펴보면, 아동중심적 사고는 허울뿐이고 여러 이해집단이 근시안적인 이해 표출에 급급하고 있다. 또한 현재의 보육정책도 아동의 보호받을 권리와 교육받을 권리를 보장해 주는 것과 같은 아동중심적 입장보다는 노동력 감소에 따른 여성 노동력의 공급을 위해서나, 고령사회 진입을 앞두고 출산율 제고를 위해서 시행되는 경향이 크다(이옥, 2004). 또한 우리 사회에서 아동은 독립된 인격체로 권리의 주체로 여겨지기보다는 성인에 비해 열등하여 보호받아야 하는 존재이거나 부모에 의해 마음대로 할 수 있는 존재로 여겨지는 경향이 높다(공계순 외, 2003).

따라서 아동복지정책이 올바른 방향성을 갖고 나아가기 위해서는 사회구성원이 아동권리의 중요성을 알고, 제도, 정책, 법적 장치 등에서 아동중심적 관점을 강화시켜야 한다. 즉, 아동은 잘 자랄 기회를 평등하게 누릴 권리가 있다는 것이다. 따라서 아동복지정책도 모든 아동이 부모의 성별, 연령, 종교, 사회적 출신, 재산, 태어난 곳 등 어떠한 종류의 차별을 받지 않고 잘 자랄 권리가 있다는 관점에서 출발하여야 할 것이다(강남식·신은주·정재훈·이윤경·정병호·이은애, 2003).

더구나 우리나라는 1991년 이후 유엔(국제연합)의 아동권리협약 국가이므로, 아동에게 영향을 미치는 모든 법적, 정책적, 실천적 측면에 대한 재평가를 해야만 한다. 그에 따라 매 5년마다 우리나라 정부는 아동의 권리에 관한 보고서를 제출하고 있는데, 2017년에 제5·6차 유엔 아동권리협약 통합국가보고서를 제출한 바 있다. 2019년에 유엔 아동권리위원회는 우리나라의 국가보고서를 검토한 후, 아동의 의사 청취가 성적과 같은 조건에 따라 특정 영역에 한 해 이루어진다는 점을 지적하며, 아동 의사존중의 원칙이 아동이 영향을 받는 전 분야에서 무조건적으로 이루어지도록 한국정부에 권고하고 있다. 이처럼 유엔 아동권리위원회는 우리나라 아동정책에서 아동중심적 관점을 강화할 것을 지속적으로 요청하고 있다.

(2) 실질적 아동복지의 강화

아동중심적 관점은 법과 공공정책 및 사회적 합의에 의해 뒷받침될 때에야 비로소 실질적인 아동복지의 증진을 가져올 수 있을 것이다.

① 아동 관련 예산

우리나라의 아동 관련 예산을 아동 1인당 지출 비용으로 살펴보면 2012년에 430만 원 정도에서 2016년에 540만 원 정도로 지속적으로 증가하고 있다. 이는 아동 예산이 증가하고 있는 것으로 여겨지지만, GDP 대비 아동 관련 예산을 살펴보면 2012년 3.1%에서 2016년 2.9%로 감소하고 있다. 아동인구의 감소 추세를 감안하더라도 아동이 아직도 열악한 환경에 처해 있는 경우가 많기 때문에 아동 예산의 감소는 바람직하지 않다. 특히 아동지원·보호 인프라의 지역 간 격차는 아동권리 실현에 문제가 된다. 예를 들어 2017년 중앙부처 교부액 대비 지방자치단체 초등 돌봄교실 예산 편성 비율은 최대 113.4%와 최저 46.4%로 지역 간 격차가 매우 크다는 것을 알 수 있다. 따라서 아동 각자가 거주 지역에 관계없이 기본적인 권리를 누리기 위해서는 지역 간 격차 예방을 위한 재원 배정이 필요하다(대한민국정부, 2017; 아동권리협약 한국NPO연대, 2018).

② 육아휴직제도의 보장

우리나라의 경우 1987년에 남녀고용평등법에 의해 육아휴직제도가 도입되었다. 즉, 남녀고용평등법 제19조에 의해 180일 이상 재직한 근로자가 만 8세 이하 또는 초등학교 2학년 이하의 자녀를 양육하기 위해 1년 이내의 육아휴직이 가능하다. 2013년의 경우, 육아휴직 시 근로자에게는 통상 임금의 40%를 지급하는데 월 50만~100만 원의 육아휴직급여가 지급되며, 사업주에게는 근로자 1인당 월 20만 원의 육아휴직장려금과 월 20만~30만 원의 대체인력채용지원금을 추가 지원하고 있다.

그러나 육아휴직에 따른 업무 공백이나 동료 근로자의 업무부담 가중 등을 기피하는 한국의 직장 문화나 관례는 영유아를 가진 가족에게 불리한 영향을 미치고 있다. 그러나 다음의 기사 내용에서 보듯이 직장에서 육아휴직이나 유연 근무제를 시행함으로써 장기적으로 숙련된 인력을 확보하는 등의 긍정적 효과가 더 크게 나타난다. 따라서 영유아를 둔 가정의 요구와 대치되어 있는 직장 문화와 실천 사항을 재검토함으로써 실질적인 보장이 되어야 할 것이다. 또한 남성 육아휴직은 2017년 기준 남성 근로자 전체의 12.4%에 불과하며, 휴직기간에 사실상 이직을 준비하는 등 제도의 목적과 다르게 사용되는 경우도 있다. 따라서 남성 육아제도 활성화를 위한 실태조사와 이에 기초한 제도 개선이 필요하다(아동권리협약 한국NPO연대, 2018).

육아휴직 관련 기사의 예 ▸ "출산·육아휴가 맘 놓고 갔다 오시죠"

서울 강남구 테헤란로의 한독약품 사옥 20층에는 엄마방이 있다. 침실 2개와 모유를 짜내는 방, 휴식용 소파가 비치돼 있다. 임신부나 산모가 근무 시간에 쉬는 공간이다. …(중략)… 한독약품은 '여성들의 천국'으로 불린다. 직원 727명 중 272명(37.4%)이 여성이며 118명이 기혼여성이다. 일·가정 양립을 위한 유연근무제에 앞장선다. 이 회사는 현재 13명이 출산휴가, 7명은 육아휴직, 14명은 시차출퇴근제, 2명은 재택근무를 활용하고 있다. …(중략)… 기업들이 유연근무를 활용하지 않는 이유는 인력 운용 차질 때문이다. 하지만 김 회장의 생각은 다르다. 그는 "대체인력을 활용하면 된다"며 "좀 불편하고 다소 손실이 생길 수 있지만 일시적일 뿐, 장기적으로는 득이 훨씬 많다"고 강조한다. …(중략)… 유연근무를 한다고 불이익도 없다. 최근 3년 육아휴직을 다녀온 14명의 직원이 100% 제자리로 돌아왔다. …(중략)… 이 회사 이주현 홍보실장은 2008년 임신 5개월에 채용돼 출산·육아 휴가를 다녀온 뒤에 승진도 했다. …(중략)… 그는 "2000년부터 유연근무제를 하나씩 도입할 때마다 '생산성이 떨어지지 않을까' 걱정이 앞섰다. 중역들도 말렸다. 하지만 해보니까 전혀 문제없었다"고 말했다.

출처: 중앙일보(2010. 11. 3).

(3) 행정 및 전달체계의 정비와 강화

아동복지의 증진을 위해서는 재정의 확보나 프로그램의 구성 등도 중요하지만 아동복지서비스를 능률적이고 효과적으로 전달하는 체계의 정비와 개선이 중요하다. 왜냐하면 복지 관련 기관이나 시설은 물론, 중앙에서부터 지방 일선에 이르기까지 모든 공적·사적 조직을 비롯하여 이들 조직 간의 연계와 변화, 조직과 수혜자 간의 상호 관계는 서비스 전달체계와 밀접한 관련이 있으며, 서비스 전달체계가 잘 마련되어 있을 때 서비스의 효율성과 효과성을 높일 수 있고, 대상자의 욕구에 맞는 적절한 서비스가 제공될 수 있기 때문이다(서문희, 1998).

그런데 우리나라의 아동복지서비스 전달체계는 공적으로 아동복지를 담당하는 보건복지부, 여성가족부, 교육부, 노동부, 법무부 등으로 분리된 체제와 문화로 인해 부서 간 협력이 이루어지지 않으므로, 그에 따라 정책이 편중되거나 누락되는 문제점을 보인다. 또한 정책과 관련된 위원회도 통합 운영함으로써 중요 정책이 심의, 조정될 필요가 있다(곽노의, 2006). 따라서 아동복지행정과 전달체계를 통합적으로 접근하여 추진하는 체계를 정비할 필요가 있다.

3) 아동복지실천의 과제

(1) 아동권리에 입각한 실천

흔히 아동복지사는 아래 내용과 같은 상황에서 어떤 행동을 해야 하는 것인가라는 문제에 직면하게 된다. 아동복지실천은 본질적으로 위험 평가와 위험 감수의 과정(Downs et al., 2000)이므로, 이때 가장 기본으로 생각해야 하는 부분은 '과연 이런 조치가 아동의 권리와 행복에 도움이 되는가'일 것이다.

아동복지사의 업무 사례

김영희는 아동복지기관에서 근무하는 아동복지사이다. 김영희는 2년 전 아동복지학과를 졸업하였으며, 취업 후 수차례 연수에 참가하였다.

지난주에 접수된 사례는 다음과 같다.

▸ 일반 현황

- 피해아동 : 이순희(가명·10세 : 초등학교 4학년 재학)
- 학대행위자 : 이철수(가명·39세 : 이순희의 생부)
- 이철수는 알코올중독으로, 술에 취할 때마다 이순희에게 신체적 학대를 가하고 제대로 돌보지 않음. 이순희는 방임과 신체적 학대로 인하여 가정 내에서도 적응하지 못하여 잦은 가출, 도벽, 거짓말 등의 문제 행동을 보임.
- 이철수는 간경화로 지속적 치료를 요하고 있음.
- 이순희의 조모는 고령으로 이순희를 양육할 능력이 부족함.

▸▸ 진행과정

김영희는 이순희의 사례를 다루기 위해,

1. 읍사무소에서 주민등록등본을 발급받아 인적 사항을 파악하였음.
2. 이순희의 담임선생님, 이웃, 지역여성상담센터 상담원과 함께 현장조사 실시함.
3. 병원에 입원 중인 이철수를 방문하여 이순희의 문제행동에 대해 상담하고 치료가 필요함을 주지시킴.
4. 이철수는 이순희의 문제행동을 치료하기 위해 시설 입소에 동의함.

▸▸▸ 현재 상황

본 사례는 이순희의 어머니가 가출한 후, 이철수가 매일 술에 취해 이순희를 신체적으로 학대하고 양육에 관심을 보이지 않아 방임되어 있는 아동학대 사례임. 이철수는 현재 간경화로 인하여 입원 치료를 받고 있으며, 이순희를 돌봐주는 사람은 이순희의 조모임.

그러나 이순희의 문제행동이 심각해지고 있어, 고령인 조모가 이순희를 양육하는 데 어려움이 예상됨. 이철수는 이순희의 문제행동의 심각성을 이해하고, 이순희를 시설에 입소시킬 것에 동의하였으나 김영희는 이순희가 원가정이 아닌 시설에서 양육되는 것이 바람직한지 판단이 서지 않음. 따라서 김영희는 원가정 분리에 대한 전문가 집단의 조언을 듣기 위하여 사례판정위원회에 본 사례를 상정하였음. 또한 이순희와의 면담을 통해 아동의 의사를 확인하려고 함.

출처 : 개인소장자료, 〈ㅇㅇ아동보호전문기관 사례판정위원회〉

(2) 보편적 서비스의 실천

아동복지서비스의 실천에서 가장 큰 문제점은 보편성이 부족하다는 점이다. 지금까지 아동복지서비스는 주로 저소득층이나 사회적 약자를 위한 사회적 서비스 차원에서 전개되었다. 물론 취약 계층의 아동을 위한 아동복지서비스가 우선되어야 하지만, 아동의 생활의 질 향상을 위한 서비스를 통해 보편성을 확보해야 할 필요가 있다.

구체적으로 보편적 서비스는 부모교육, 학교사회사업, 영유아보육서비스의 정비 및 다양화, 아동가정상담지원사업, 아동문화·아동전용시설의 정비 및 지역복지의 강화, 보건소 및 건강보건지원센터 사업 등이 있겠다(도미향 외, 2006).

2 아동권리 및 복지의 전망

1) 아동권리와 복지의 발전방향

(1) 아동권리에 대한 인식 제고 및 협약 이행

아동을 적극적인 권리 주체로 인식하는 유엔 아동권리협약위원회는 2017년에 제출한 우리나라의 5·6차 보고서를 심의하고 우리나라의 입양 상황과 관련하여 다음과 같은 평가를 하였다. 우선 아동을 입양할 때 가정법원의 허가를 받도록 입양특례법과 민법을 개정한 것에 대해 긍정적으로 평가하였다. 그러나 아동 입양에서 아동 최선의 이익의 원칙과 친모의 자유의사 표현을 필수화할 것을 권고하고 있다. 또한 모든 입양인에게 친부모를 찾고, 적합한 정보에 접근할 수 있는 권리인 정보공개권이 있다는 것을 알릴 것을 지적하고 있다.

이처럼 우리나라의 아동 관련 사업이나 결정은 국제연합아동권리협약의 권고를 실천하는 방향으로 나아가야 할 것이다. 그런데 우리나라 아동권리 신장에서 가장 부족한 영역은 아동의 의사존중 원칙 부분라고 하겠다. 이를 위하여 유아 대상 복지기관에서는 간식이나 급식에 대한 유아의 욕구 조사 결과를 반영하거나 일상생활의 규칙을 유아와 함께 만들고 지키는 것과 같은 실천이 가능할 것이다. 또한 청소년의 경우는 옴부즈키드(OmbudsKids)와 같은 조직에 직접 참여함으로써 아동권리 모니터링 등을 통해 협약 이행이 가능할 것이다.

또한 아동과 일반국민, 아동 관련 전문가들이 협약과 협약이 보장하고 있는 아동의 권리를 잘 알고 있지 못한 점을 우려하여 일반국민, 특히 아동을 대상으로 어린이 권리 홍보 캠페인을 실시하기를 권고했다. 이러한 지적은 우리 사회의 아동권리의 인식이 미약하므로 아동의 권리를 법제화하여 그를 실천할 필요가 있음을 반영한다(이순형 외, 2006).

(2) 지역사회중심의 아동복지 강화

지역사회란 하나의 법체계 아래에서 도시나 마을 혹은 이웃에서 같이 살고 있는 사람들의 무리 그 이상이라고 할 수 있다. 즉, 지역적 근접성과 함께, 사회문화적 동질성과 사람과 사람 간의 관계 그리고 그 집단으로서의 소속감과 의무감, 자발적인 참여가 지역사회의 중요한 특징이다(황혜정·김경회·이혜경·어주경·나유미, 2003). 근래의 아동복지의 방향은 생태학적 관점에 의해 지역사회의 중요성과 참여를 강조하는 방향으로 나아가고 있다. 즉, 생태학적 관점은 예방적·수동적 존재가 아닌 상호작용자로서의 아동, 전체적 접근이 가능하다는 점에서 장점이 있다.

따라서 아동의 건전한 발달을 지원하는 지역사회 환경을 만드는 것이 아동복지에 긍정적 영향을 준다. 예를 들어, 영국의 코비 지역에서 1983년에 개원한 펜그린센터는 지역사회가 아동복지시설에 기여한 좋은 예이다. 당시에 코비 지역은 주 산업인 철광업의 사양화로 인하여 남성 실업률이 43%에 달하였고, 영양·주거 상황이 극도로 열악했으며, 영아 사망률도 높은 상태였다. 1983년에 6명의 교직원과 50명의 유아로 시작한 센터는 보육서비스 외에 지역사회 주민을 대상으로 하는 성인교육활동과 가족지원서비스, 건강 및 사회복지서비스를 한 번에 제공하는 원스톱센터로 발전하여 현재는 지역사회의 구심점 역할을 하고 있다(Whalley & the Pen Green Centre Team, 2001). 이처럼 지역사회중심의 아동복지시설은 한편으로는 지역사회의 자원을 이용하면서 다른 한편으로는 지역사회를 변화·발전시키는 데 기여함으로써 다시 아동복지에 긍정적 영향을 준다.

우리나라의 경우에도 2004년 이후 보육원 등의 아동복지시설이 지역아동센터로 변화하고 있으나, 지역 빈곤아동의 실제 요구를 해결하지 못하며, 지원대상도 일부에 그치거나 지나친 난립 양상을 보이고 있다. 따라서 지역아동센터의 더욱 효율적 지원을 위한 행정전달체계의 정비를 도모하고, 이러한 행정전달을 효율적으로 이끌 수 있는 지역아동센터 업무를 전담하거나 조정할 수 있는 기구가 필요하다.

(3) 보편적·예방적 아동복지사업의 확대

아동을 위한 복지사업은 현재 아동이 직면하고 있는 문제의 해결은 물론, 아동이 더 좋은 환경에서 자라날 수 있도록 다양한 기회를 제공함으로써 아동의 잠재력을 개발하는 것이 되어야 한다. 그를 위해 아동생활에 최초의 영향을 미치는 가정의 자녀양육기능, 교육기능, 사회화기능 등 부모의 역할을 지원·강화하고 가정이 자녀에게 바람직한 환경이 되도록 지원하는 예방적 아동복지사업을 확대하는 방향으로 나아가는 것이 바람직한 아동복지의 방향이 될 것이다(윤혜미 외, 2005).

다음으로 오늘날 많은 아동이 대중매체의 영향에 직접적으로 노출되어 있으며, 활발한 신체활동을 할 수 있는 여건이 갖추어지지 않았다는 점을 고려하여 아동의 건강한 발달을 위한 문화 공간, 놀이 공간의 확보와 가족이 함께 즐길 수 있는 문화프로그램의 확대가 필요하다. 또한 건전하지 못한 영상물이나 불량 독서물 등을 추방하여 지역사회 환경을 개선해야 한다. 즉, TV프로그램의 모니터링과 같은 활동 외에도 컴퓨터나 인터넷 중독을 막기 위해 안전한 컴퓨터 사용환경을 조성하는 작업 등이 보편적 아동복지사업에서 중요할 것이다.

(4) 재원의 확보

질적인 아동복지의 실현을 위해서는 충분한 재정적 뒷받침이 필요하다. 아동복지 영역은 우리나라의 복지 분야 중에서 관심과 예산이 가장 적다고 볼 수 있다. 실제로 우리나라는 OECD 국가 중 아동복지 예산이 최하위에 머물러 있으며, 아동보호시설의 국가 지원금은 낮게 책정되어 현실과 맞지 않는 수준이다(안혜진, 2018). 따라서 아동복지예산을 확충하기 위한 재원의 확보가 우선적으로 이루어져야 할 것이다.

게다가 참여정부 때 사회복지사업이 지방으로 이양되면서, 지방이양 복지사업예산은 행정자치부의 분권교부세와 지방세로 구성되었다. 그런데 지방에 이양된 사회복지사업을 추진하면서 부족한 예산을 지방비로 충당해야 하는데, 각 지방자치단체는 재정 확보에 어려움을 겪고 있으며, 대표성을 지니지 못한 아동복지사업이나 기관은 예산 분배에서 제 목소리를 내지 못해 더 큰 어려움을 겪게 된다(윤혜미 외, 2005).

2) 직업으로서의 아동복지

(1) 윤리적 딜레마 다루기

아동복지사가 다루는 사례는 흔히 동시에 여러 사람이 관련되며, 다양한 조직환경이 연결되어 있다. 앞의 사례에서도 아동복지사는 아동과 아버지, 할머니와 학교, 병원, 타 아동복지기관, 경찰서, 법원 등과 함께 작업하거나 협조를 받아야 했다. 이처럼 다양한 사람과 기관이 연관되는 상황에서 아동복지사는 윤리적 딜레마에 빠지기 쉽다. 사실 윤리적 딜레마 상황에서 해결책에 대한 왕도는 없으나 아래와 같은 과정을 통해서 어느 정도 해결이 가능할 것이다(Reamer, 1995).

- 윤리적 문제와 갈등의 명료화
- 결정의 영향을 받는 개인, 집단, 조직의 명료화
- 각각에게 영향을 미치는 행동 과정, 이익, 손해의 명료화
- 특정한 행동 과정이 필요하거나 그렇지 않은 이유 검토
- 수퍼바이저, 관리자, 법률전문가와 상의
- 결정 후에는 결정 과정에 대한 기록
- 결정의 영향을 모니터함

(2) 비밀보장의 준수

아동복지사는 아동의 상황을 다루면서 알게 된 정보에 대해 비밀을 보장할 의무가 있다. 그러나 비밀을 보장한 내용이 위험이나 자살과 같은 상황을 방조할 위험이 있다면, 위험을 방지할 책무가 비밀보장보다 앞설 것이다. 이 같은 내용은 한국사회복지사 윤리강령 7조에 규정되어 있다.

사회복지사는 복지대상자의 사생활을 존중하고 직무상 취득한 정보를 전문적 업무 이외에는 공개하지 않는다.

(3) 다른 전문가와의 협력

아동복지사는 여러 분야의 전문가와 함께 작업해야 하는 경우가 많다. 따라서 배경이 다른 전문가 간에 의견이 생기게 된다. 이때 다른 전문가가 자신과 다른 견해를 갖고 있다고 해서 비방해서는 안 된다. 이 같은 내용은 한국사회복지사 윤리강령 8조에 규정되어 있다.

사회복지사는 동료 간에 존중과 신뢰로 대하며, 동료 간에 전문적 지위의 인격을 훼손하는 언행을 하지 않는다.

(4) 아동의 옹호

현재 복지의 방향이 보다 개인적인 것에 관심이 높아지는 경향이 있지만, 역사적으로 복지는 사회 경제적 정의를 향상하기 위한 사회 개혁적 성격을 지니고 있다. 따라서 여러 수준에서 아동복지사는 아동의 권익을 보호하고 증진하기 위한 활동을 해야 한다. 예를 들어, 입법체계를 변화시키기 위해서는 다음과 같은 전략이 필요하다.

① 대상 정하기

국회와 지방자치단체의 의회 외에 법원이나 중앙과 지방의 행정기관 등이 주요 대상이 된다. 특히 최근에는 중앙부처가 지방정부나 의회로 사회적 서비스 책임을 이전하는 경향이 많으므로 지역사회 차원의 입법 변화를 통해 정책이나 입법 과정에 영향을 미치는 전략에 초점을 둘 필요가 있다.

② 입법을 위한 접촉 개발

미리 정보제공 등을 통해 의원이나 보좌관과 관계를 형성해 둘 필요가 있다. 한편 의회 내부의 절차에 관한 정보를 획득하도록 노력함으로써 더욱 효율적인 전략을 개발하는 것이 가능할 것이다.

③ 연합 형성과 지원 동원

의원은 선거구민의 이익을 대표하는 입장이므로 종사자가 선거구민이나 중요한 이익집단의 지원을 받는다는 것을 알려야 한다. 이를 위해서는 지원을 동원하고 연합을 형성하는 것이 필요하다. 특히 특정 법안에 광범위한 지지를 표하는 연합 형성을 통하여 의원의 태도를 변화시킬 수 있다.

④ 교육, 상담 제공

자료 수집을 통하여 지역구민의 욕구에 부응하는 방법을 교육하거나, 비형식적 상담 역할을 하거나, 의원에게 기술적 조력을 제공하는 것도 법적 변화를 촉진하기 위한 활동이 될 수 있다.

⑤ 증언 제공

위원회는 법안을 검토하며 광범위한 문제를 고려한다. 흔히 공청회를 통하여 정보를 획득하므로 공청회에서 증언하는 것은 공적 관심을 환기하고 의원을 설득하는 효과적인 기회가 된다. 증언을 할 때는 여러 가지 준비(자격 규정 등)를 철저히 할 필요가 있다.

⑥ 로비활동

대부분의 아동복지사가 신분 규정 때문에 실제 로비에 참여하기 어려우나, 시민이나 전문가의 입장으로 위원회나 시민집단을 통하여 로비 활동에 참여할 수 있다. 주도적인 역할 외에 인터넷, 편지, 전화 등을 통한 활동이나 탄원과 같은 방법도 효과적이다.

(5) 소진 다루기

흔히 아동복지사는 위축, 활력 저하, 정서적 단절과 같은 특징을 보이는 소진 현상을 경험하기 쉽다. 이때 스트레스 관리나 휴식과 같은 개인적 차원에서의 해결책과 함께 기관이나 정책 차원의 해결을 시도해야 한다. 예를 들어, 기관 차원에서 아동복지사는 재배치되거나 동료의 지원이 필요하다는 것을 기관에 알려야 한다.

(6) 전문성 개발

현대사회의 아동양육 조건의 변화, 아동권리 의식의 확장, 아동문제의 다양화는 아동복지 영역의 개발과 인력의 전문성 향상을 요구하고 있다(윤혜미 외, 2005). 즉, 기존의 시설보호, 보육사업, 아동학대 예방사업 외에 인터넷 중독이나 학교 폭력 등의 문제를 다룰 수 있는 전문성을 개발해야 할 것이다. 이 같은 내용은 한국사회복지사 윤리강령 2조에도 다음과 같이 규정되어 있다.

사회복지사는 전문직의 가치를 견지하면서 관련 지식과 기술을 습득, 개발, 전달하는 데 최선의 노력을 기울인다.

부 록

유엔 아동권리협약의 전문

〈유엔 아동권리협약의 전문〉

이 협약의 당사국은, 국제연합헌장에 선언된 원칙에 따라, 인류사회의 모든 구성원 고유의 존엄성 및 평등하고 양도할 수 없는 권리를 인정하는 것이 세계의 자유, 정의 및 평화의 기초가 됨을 고려하고, 국제연합체제 하의 모든 국민은 기본적인 인권과 인간의 존엄성 및 가치에 신념을 현장에서 재확인하였고, 확대된 자유 속에서 사회진보와 생활수준의 향상을 촉진하기로 결의하였음에 유념하며, 국제연합이 세계인권선언과 국제인권규약에서 모든 사람은 인종, 피부색, 성별, 언어, 종교, 정치적 또는 기타 의견, 민족적 또는 사회적 출신, 재산, 출생 또는 기타 신분 등 어떠한 종류 구분에 의한 차별 없이 동 선언 및 규약에 규정된 모든 권리와 자유를 향유할 자격이 있음을 선언하고 동의하였음을 인정하고, 국제연합이 세계인권선언을 아동시절에 특별한 보호와 원조를 받을 권리가 있다고 선언하였음을 상기하며, 사회의 기초 집단이며 모든 구성원, 특히 아동의 성장과 복지를 위한 자연적 환경으로서의 가족에게는 공동체 내에서 그 책임을 충분히 감당할 수 있도록 필요한 보호와 원조가 부여되어야 함을 확신하며, 아동은 완전하고 조화로운 인격발달을 위하여, 가족적 환경과 행복, 사랑 및 이해의 분위기 속에서 성장하여야 함을 인정하고 아동은 사회에서 한 개인으로서의 삶을 영위할 수 있도록 충분히 준비되어야 하며, 국제연합헌장에서 선언된 이상의 정신과, 특히 평화, 존엄, 관용, 자유, 평등, 연대의 정신 속에서 양육되어야 함을 고려하고, 아동에게 각별한 보호를 제외하여야 할 필요성은 1924년 아동권리에 관한 제네바 선언과 1959년 11월 20일 총회에 의하여 채택된 아동권리선언에 명시되어 있으며, 세계인권 선언, 시민적 및 정치적 권리에 관한 국제규약(특히 제23조와 제24조), 경제적, 사회적 및 문화적 권리에 관한 국제협약(특히 제10조) 및 아동의 복지와 관련된 전문기구와 국제기구의 규정 및 관련 문서에서 인정되었음을 유념하고, 아동권리에 나타나 있는 바와 같이, “아동은 신체적, 정신적 미성숙으로 인하여 출생 전후를 막론하고 적절한 법적 보호를 포함한 특별한 보호와 배려를 필요로 한다”는 점에 유념하고, “국내적 또는 국제적 양육위탁과 입양을 별도로 규정하는 아동의 보호와 복지에 관한 사회적 및 법적 원칙에 관한 선언”의 제 규정, “소년법 운영을 위한 국제연합 최소표준규격”(베이징규칙) 및 “비상 시 및 무력충돌 시 부녀자와 아동의 보호에 관한 선언”을 상기하고, 세계 모든 국가에 예외적으로 어려운 여건 하에 생활하고 있는 아동들이 있으며, 이 아동들은 특별한 고려를 필요로 함을 인정하고, 아동의 보호와 조화로운 발전을 위하여 각 민족의 전통과 문화적 가치의 중요성을 충분히 고려하고, 모든 국가, 특히 개발도상국가 아동의 생활여건을 향상시키기 위한 국제협력을 향상시키기 위한 국제협력의 중요성을 인정하면서, 다음과 같이 합의하였다.

1부

제 1 조 이 협약의 목적상, 아동은 아동에게 적용되는 법에 의하여 보다 조기에 성인연령에 달하지 아니하는 한 18세 미만의 모든 사람을 의미한다.

제 2 조 1. 당사국은 자국의 관할권 내에서 아동 또는 그의 부모나 법정 후견인의 인종, 피부색, 성별, 언어, 종교, 정치적 또는 기타의 의견, 민족적, 인종적 또는 사회적 출신, 재산, 무능력, 출생 또는 기타의 신분에 관계없이 그리고 어떠한 종류의 차별함이 없이 이 협약에 규정된 권리를 존중하고, 각 아동에게 보장하여야 한다.

2. 당사국은 아동이 그의 부모나 법정 후견인 또는 가족구성원의 신분, 활동, 표명된 의견 또는 신분을 이유로 하는 모든 형태의 차별이나 처벌로부터 보호되도록 보장하는 모든 적절한 조치를 취하여야 한다.

제 3 조 1. 공공 또는 민간 사회복지기관, 법원, 행정당국, 또는 입법기관 등에 의하여 실시되는 아동에 관한 모든 활동에 있어서 아동의 최상의 이익이 최우선적으로 고려되어야 한다.

2. 당사국은 아동의 부모, 법정 후견인 또는 여타 아동에 대하여 법적 책임이 있는 자의 권리와 의무를 고려하여 아동복지에 필요한 보호와 배려를 아동에게 보장하고, 이를 위하여 모든 적절한 입법적·행정적 조치를 취해야 한다.

3. 당사국은 아동에 대한 배려와 보호에 책임이 있는 기관, 평의 및 시설이 관계당국이 설정한 기준, 특히 안전과 위생 분야 그리고 직원의 수 및 적격성은 물론 충분한 감독 면에서의 기준에 따를 것을 보장하여야 한다.

제 4 조 당사국은 이 협약에서 인정된 권리를 실현하기 위한 모든 적절한 입법적, 행정적 및 여타의 조치를 취하여야 한다. 경제적, 사회적 및 문화적 권리에 관하여 당사국은 가용자원의 최대한도까지 그리고 필요한 경우에는 국제협력의 테두리 내에서 이러한 조치를 취하여야 한다.

제 5 조 아동이 이 협약에서 인정된 권리를 행사함에 있어서 당사국은 부모 또는 적용가능한 경우, 현지 관습에 의하여 인정되는 확대가족이나 공동체의 구성원, 법

정 후견인 또는 기타 아동에 대한 법적 책임자들이 아동의 능력발달에 상응하는 방법으로 적절한 감독과 지도를 행할 책임과 권리 및 의무를 가지고 있음을 존중하여야 한다.

제 6 조 1. 당사국은 모든 아동이 고유의 생명권을 가지고 있음을 인정한다.

2. 당사국은 가능한 최대한도로 아동의 생존과 발달을 보장하여야 한다.

제 7 조 1. 아동은 출생 후 즉시 등록되어야 하며, 출생 시부터 성명권과 국적취득권을 가지며, 가능한 한 자신의 부모를 알고 부모에 의하여 양육받을 권리를 가진다.

2. 당사국은 이 분야의 국내법 및 관련 국제문서상의 의무에 따라 이러한 권리가 실행되도록 보장되어야 하며, 권리가 실행되지 아니하여 아동이 무국적으로 되는 경우에는 특히 그러하다.

제 8 조 1. 당사국은 위법한 간섭을 받음이 없이 국적, 성명 및 가족관계를 포함하여 법률에 의하여 안정된 신분을 보존할 수 있는 권리를 존중한다.

2. 아동이 그의 신분요소 중 일부를 또는 전부를 불법적으로 박탈당한 경우, 당사국은 그의 신분을 신속하게 회복하기 위하여 적절한 원조와 보호를 제공해야 한다.

제 9 조 1. 당사국은 사법적 심사의 구속을 받는 관계당국이 적용 가능한 법률 및 절차에 따라서 분리가 아동의 최상의 이익을 위하여 필요하다고 결정하는 경우 이외에는 아동이 그의 의사에 반하여 부모로부터 분리되지 아니하도록 보장하여야 한다.

위의 결정은 부모에 의한 아동학대 또는 유기의 경우나 부모의 별거로 인하여 아동의 거소에 관한 결정이 내려져야 하는 등 특별한 경우에 필요할 수 있다.

2. 제1항에 따른 어떠한 절차에서도 모든 이해당사자는 그 절차에 참가하여 자신의 견해를 표기할 기회가 부여되어야 한다.

3. 당사국은 아동의 최상의 이익에 반하는 경우 이외에는 부모의 일방 또는 쌍방으로부터 분리된 아동이 정기적으로 부모와 개인적 관계 및 직접적인 면접교섭을 유지할 권리를 가짐을 존중하여야 한다.

4. 그러한 분리가 부모의 일방이나 쌍방 또는 아동의 감금, 투옥, 망명, 강제퇴거 또는 사망(국가가 억류하고 있는 동안 어떠한 원인에 기인한 사망을 포

함하여) 등과 같이 당사국에 의해 취해진 어떠한 조치의 결과인 경우에는, 당사국은 그 정보의 제공이 당사국에 의해 취해진 어떠한 조치의 결과인 경우에는, 당사국은 그 정보의 제공이 아동의 복지에 해롭지 아니하는 한 요청이 있는 경우 부모, 아동 또는 적절한 경우 여타 가족구성원에게 부재중인 가족구성원의 소재에 관한 필수적인 정보를 제공하여야 한다. 또는 당사국은 그러한 요청의 제출이 그 자체로 관계인에게 불리한 결과를 초래하지 아니하도록 보장하여야 한다.

제10조 1. 제9조 제1항에 규정된 당사국의 의무에 따라서, 가족의 재결합을 위하여 아동 또는 그 부모가 당사국에 입국하거나 출국하기 위한 신청은 당사국에 의하여 긍정적이며 인도적인 방법으로 그리고 신속하게 취급되어야 한다. 또한 당사국은 이러한 요청의 제출이 신청자와 그의 가족구성원들에게 불리한 결과를 수반하지 아니하도록 보장하여야 한다.

2. 부모가 타국에 거주하는 아동은 예외적 상황 이외에는 정기적으로 부모와 개인적 관계 및 직접적인 면접교섭을 유지할 권리를 갖는다. 이러한 목적에 비추어, 그리고 제9조 제2항에 규정된 당사국의 의무에 따라서 당사국은 아동과 그의 부모가 본국을 포함하여 어떠한 국가로부터 출국할 수 있고 또한 본국으로 입국할 수 있는 권리를 존중하여야 한다. 어떠한 국가로부터 출국할 수 있는 권리는 자유를 보호하기 위하여 필요하며 이 협약에서 인정된 여타 권리에 부합하는 제한에 의해서만 구속된다.

제11조 1. 당사국은 아동의 불법 해외이송 및 미귀환을 퇴치하기 위한 조치를 취하여야 한다.

2. 이 목적을 당사국은 양자 또는 다자협정의 체결이나 기존협정의 가입을 촉진하여야 한다.

제12조 1. 당사국은 자신의 견해를 형성할 능력이 있는 아동에 대하여 본인에게 영향을 미치는 모든 문제에 있어서 자신의 견해를 자유스럽게 표시할 권리를 보장하며, 아동의 견해에 대하여는 아동의 연령과 성숙 정도에 따라 정당한 비중이 부여되어야 한다.

2. 이러한 목적을 위하여 아동에게는, 특히 아동에게 영향을 키치는 어떠한 사법적·행정적 절차에 있어서도 직접 또는 대표자나 적절한 기관을 통하여 진술할 기회가 국내법상 절차 규칙에 합치되는 방법으로 주어져야 한다.

제13조 1. 아동은 표현의 자유를 갖는다. 이 권리는 구두, 필기 또는 인쇄, 예술의 형태 또는 아동이 선택하는 기타의 매체를 통하여 모든 종류의 정보와 사상을 국경에 관계없이 추구하고 접수하며 전달하는 자유를 포함한다.

2. 이 권리의 행사는 일정한 제한을 받을 수 있다. 다만, 이 제한은 오직 법률에 의하여 규정이 되고 또한 다음 사항을 위하여 필요한 것이어야 한다.

가. 타인의 권리 또는 신망의 존중

나. 국가안보, 공공질서, 공중보건 또는 도덕의 보호

제14조 1. 당사국은 아동의 사상, 양심 및 종교의 자유에 대한 권리를 존중해야 한다.

2. 당사국은 아동이 권리를 행사함에 있어 부모 및 경우에 따라서는 법정 후견인이 아동의 능력발달에 부합하는 방식으로 그를 감독할 수 있는 권리와 의무를 존중하여야 한다.

3. 종교와 신념을 표현하는 자유는 오직 법률에 의하여 규정되고 공공의 안정, 질서, 보건이나 도덕 또는 타인의 기본권적 권리와 자유를 보호하기 위하여 필요한 경우에만 제한될 수 있다.

제15조 1. 당사국은 아동의 결사를 자유와 평화적 집회의 자유에 대한 권리를 인정한다.

2. 이 권리의 행사에 대하여는 법률에 따라 부과되고 국가안보 또는 공공의 안정, 공공질서, 공중보건이나 도덕의 보호 또는 타인의 권리와 자유의 보호를 위하여 민주사회에서 필요한 것 이외에는 어떠한 제한도 부과하여서는 안 된다.

제16조 1. 어떠한 아동도 사생활, 가족, 가정 또는 통신에 대하여 자의적이거나 위법적인 간섭을 받지 아니하며 또한 명예나 신망에 대한 위법적인 공격을 받지 아니한다.

2. 아동은 이러한 간섭 또는 비난으로부터 법률의 보호를 받을 권리를 갖는다.

제17조 당사국은 대중매체가 수행하는 중요한 기능을 인정하며, 아동이 다양한 국내적 및 국제적 정보원으로부터의 정보와 자료, 특히 아동의 사회적, 정신적, 도덕적 복지와 신체적, 정신적 건강의 향상을 목적으로 하는 정보와 자료에 대한 접근권을 가짐을 보장하여야 한다. 이 목적을 위하여 당사국은,

가. 대중매체가 아동에게 사회적, 문화적으로 유익하고 제29조의 정신에 부합되는 정보와 자료를 보급하도록 장려하여야 한다.

나. 다양한 문화적, 국내적 및 국제적 정보원으로부터의 정보와 자료를 제작,

교환 및 보급하는 데 있어서의 국제협력을 장려하여야 한다.

다. 아동도서의 보급과 제작을 장려하여야 한다.

라. 대중매체로 하여금 소수집단에 속하거나 원주민인 아동의 언어상의 곤란에 특별한 관심을 기울이도록 장려하여야 한다.

마. 제13조와 제18조의 규정을 유념하며 아동복지에 해로운 정보와 자료로부터 아동을 보호하기 위한 적절한 지침의 개발을 장려하여야 한다.

제18조 1. 당사국은 부모 쌍방이 아동의 양육과 발전에 공동책임을 진다는 원칙이 인정받을 수 있도록 최선의 노력을 기울여야 한다. 부모 또는 경우에 따라서 법정 후견인은 아동의 양육과 발전에 일차적 책임을 진다. 아동의 최상의 이익이 그들의 기본적 관심이 된다.

2. 이 협약에 규정된 권리를 보장하고 촉진시키기 위하여 당사국은 아동의 양육책임 이행에 있어서 부모와 법정 후견인에게 적절한 지원을 제공하여야 하며, 아동보호를 위한 기관, 시설 및 편의의 개발을 보장하여야 한다.

3. 당사국은 취업부모의 아동들이 이용할 자격이 있는 아동보호를 위한 편의 및 시설로부터 향유할 수 있는 권리가 있음을 보장하기 위하여 모든 적절한 조치를 취하여야 한다.

제19조 1. 당사국은 아동이 부모, 법정 후견인 또는 기타 아동양육자의 양육을 받고 있는 동안 모든 형태의 신체적, 정신적 폭력 상해나 학대, 유기나 유기적 대우, 성적 학대를 포함한 혹사나 착취로부터 아동을 보호하기 위하여 모든 적절한 입법적, 행정적, 사회적 및 교육적 조치를 취하여야 한다.

2. 이러한 보호조치는 아동 및 아동양육자에게 필요한 지원을 제공하기 위한 사회 계획의 수립은 물론, 상기된 바와 같은 아동학대 사례를 여타 형태로 방지하거나 확인, 보고, 조회, 조사, 처리 및 추적하고 또한 적절한 경우에는 사법적 개입을 가능하게 하는 효과적 절차를 적절히 포함하여야 한다.

제20조 1. 일시적 또는 항구적으로 가족환경을 박탈당하거나 가족환경에 있는 것이 스스로의 최상의 이익을 위하여 허용될 수 없는 아동은 국가로부터 특별한 보호와 원조를 받을 권리가 있다.

2. 당사국은 자국의 국내법에 따라 이러한 아동을 위한 대체적 보호를 확보하여야 한다.

3. 이러한 보호는, 특히 양육위탁, 회교법의 카팔라, 입양 또는 필요한 경우 적

절한 아동 양육기관에 두는 것을 포함한다. 해결책을 모색하는 경우에는 아동양육에 있어 계속성 보장이 바람직하다는 점과 아동의 인종적, 종교적, 문화적 및 언어적 배경에 대하여 정당한 고려가 베풀어져야 한다.

제21조 입양제도를 인정하거나 허용하는 당사국은 아동의 최상의 이익이 최우선적으로 고려되도록 보장하여야 하며, 또한 당사국은,

가. 아동의 입양은 적용 가능한 법률과 절차를 따라서, 그리고 적절하고 신빙성 있는 모든 정보에 기초하여, 입양이 부모, 친척 및 법정 후견인에 대한 아동의 신분에 비추어 허용될 수 있음을, 그리고 요구되는 경우 관계자들이 필요한 협의에 기하여 입양에 대한 분별 있는 승낙을 하였음을 결정하는 관계당국에 의해서만 허가되도록 보장하여야 한다.

나. 국제입양은 아동의 위탁 양육자나 입양가족에 두어질 수 없거나 또는 어떠한 적절한 방법으로도 출신국에서 양육될 수 없는 경우, 아동양육의 대체수단으로서 고려될 수 있음을 인정하여야 한다.

다. 국제입양대상 아동에게 국내입양의 경우와 대등한 보호조치와 기준이 적용되도록 보장하여야 한다.

라. 국제입양에 있어서 양육지정이 관계자들에게 부당한 재정적 이익을 주는 결과가 되지 아니하도록 모든 적절한 조치를 취하여야 한다.

마. 적절한 경우에는 양자 또는 다자 약정이나 협정을 체결함으로써 본 조의 목적을 촉진시키며, 이러한 테두리 내에서 아동의 타국 내 양육지정이 관계당국이나 기관에 의하여 실시되는 것을 확보하기 위하여 노력하여야 한다.

제22조 1. 당사국은 난민으로서의 지위를 구하거나 또는 적용 가능한 국제법 및 국내법과 절차에 따라 난민으로 취급되는 아동이 부모나 기타 다른 사람과의 동반 여부에 관계없이 이 협약 및 당해 국가가 당사국인 다른 국제 인권 또는 인도주의 관련 문서에 규정된 적용 가능한 권리를 향유함에 있어서 적절한 보호와 인도적 지원을 받을 수 있도록 하기 위하여 적절한 조치를 취하여야 한다.

2. 이 목적을 위하여 당사국은 국제연합 및 국제연합과 협력하는 여타의 권한 있는 정부 간 또는 비정부 간 기구들이 그러한 아동을 보호, 원조하고 가족재결합에 필요한 정보를 획득하기 위하여 난민 아동의 부모나 다른 가족구성원을 추적하는 데 기울이는 어떠한 노력에 대하여도 적절하다고 판단되

는 협조를 제공하여야 한다. 부모나 다른 가족구성원을 발견할 수 없는 경우, 그 아동은 어떠한 이유로 인하여 영구적 또는 일시적으로 가족환경을 박탈당한 다른 아동과 마찬가지로 이 협약에 규정된 바와 같은 보호를 받아야 한다.

第23조 1. 당사국은 정신적 또는 신체적 장애아동이 존엄성이 보장되고 자립이 촉진되며 적극적 사회참여가 조장되는 여건 속에서 충분히 품위 있는 생활을 누려야 함을 인정한다.

2. 당사국은 장애아동의 특별한 보호를 받을 권리를 인정하며, 신청에 기하여 그리고 아동의 여건과 부모나 다른 아동양육자의 사정에 적합한 지원이 활용 가능한 재원의 범위 내에서 이를 받을 만한 아동과 그 양육책임자에게 제공될 것을 장려하고 보장하여야 한다.

3. 장애아동의 특별한 곤란을 인식하며, 본조 2항에 따라 제공된 지원은 부모나 다른 아동양육자의 재원을 고려하여 가능한 한 무상으로 제공되어야 하며, 장애 아동의 가능한 한 전면적인 사회동참과 문화적, 정신적 발전을 포함한 대인적 발전의 달성에 공헌하는 방법으로 그 아동이 교육, 훈련, 건강관리지원, 재활지원, 취업준비 및 오락기회를 효과적으로 이용하고 제공받을 수 있도록 계획되어야 한다.

4. 당사국은 국제협력의 정신에 입각하여, 그리고 다음 분야에서의 능력과 기술을 향상시키고 경험을 확대하기 위하여 재활, 교육 및 직업보도방법에 관한 정보의 보급 및 이용을 포함하여 예방의학 분야 및 장애아동에 대한 의학적, 심리적, 기능적 처치 분야에 있어서의 적절한 정보의 교환을 촉진하여야 한다. 이 문제에 있어서 개발도상국의 필요에 대하여 특별한 고려가 베풀어져야 한다.

第24조 1. 당사국은 도달 가능한 최상의 건강수준을 향유하고, 질병의 치료와 건강의 회복을 위한 시설을 사용할 수 있는 아동의 권리를 인정한다. 당사국은 건강관리 지원의 이용에 관한 아동의 권리가 박탈되지 아니하도록 노력하여야 한다.

2. 당사국은 이 권리의 완전한 이행을 추구하여야 하며, 특히 다음과 같은 적절한 조치를 취하여야 한다.

가. 유아와 아동의 사망률을 감소시키기 위한 조치

나. 기초건강관리의 발전에 중점을 두면서 모든 아동에게 필요한 의료지원과 건강관리의 제공을 보장하는 조치

다. 환경오염의 위험과 손해를 감안하면서 기초건강관리체계 내에서 무엇보다도 용이하게 이용 가능한 기술의 적용과 충분한 영양식 및 깨끗한 음료수의 제공 등을 통하여 질병과 영양실조를 퇴치하기 위한 조치

라. 산모를 위하여 출산 전후의 적절한 건강관리를 보장하는 조치

마. 모든 사회구성원, 특히 부모와 아동은 아동의 건강과 영양, 모유 수유의 이익, 위생 및 환경정화 그리고 사고예방에 관한 기초지식의 활용에 있어서 정보를 제공받고 교육을 받으며 지원을 받을 것을 확보하는 조치

바. 예방적 건강관리, 부모를 위한 지도 및 가족계획에 관한 교육과 편의를 발전시키는 조치

3. 당사국은 아동의 건강을 해치는 전통관습을 폐지하기 위하여 모든 효과적이고 적절한 조치를 취하여야 한다.

4. 당사국은 본 조에서 인정된 권리의 완전한 실현을 점진적으로 달성하기 위하여 국제협력을 촉진하고 장려하여야 한다. 이 문제에 있어서 개발도상국의 필요에 대한 특별한 고려가 베풀어져야 한다.

제25조 당사국은 신체적, 정신적 건강의 관리, 보호 또는 치료의 목적으로 관계당국에 의하여 양육지정 조치된 아동이 제공되는 치료 및 양육지정과 관련된 여타 모든 사정을 정기적으로 심사받을 권리를 가짐을 인정한다.

제26조 1. 당사국은 모든 아동이 사회보험을 포함한 사회보장제도의 혜택을 받을 권리를 가짐을 인정하며, 자국 국내법에 따라 이 권리의 완전한 실현을 달성하기 위하여 필요한 조치를 취하여야 한다.

2. 이러한 혜택은 아동 및 아동에 대한 부양책임자의 재력과 상황은 물론 아동에 의하여 직접 행해지거나 또는 아동을 대신하여 행해지는 혜택의 신청과 관련된 여타의 사정을 참작하여 적절한 경우에 부여되어야 한다.

제27조 1. 당사국은 모든 아동이 신체적, 지적, 정신적, 도덕적 및 사회적 발달에 적합한 생활수준을 누릴 권리를 가짐을 인정한다.

2. 부모 또는 기타 아동에 대하여 책임 있는 자는 능력과 재정의 범위 내에서 아동발달에 필요한 생활여건을 확보할 일차적 책임을 진다.

3. 당사국은 국내 여건과 재원의 범위 내에서 부모 또는 기타 아동에 대하여

책임 있는 자가 이 권리를 실현하는 것을 지원하기 위한 적절한 조치를 취하여야 하며, 필요한 경우에는, 특히 영양, 의복 및 주거에 대하여 물질적 보조 및 지원 계획을 제공하여야 한다.

4. 당사국은 국내외에 거주하는 부모 또는 기타 아동에 대하여 재정적으로 책임 있는 자로부터 아동양육비의 회수를 확보하기 위한 모든 적절한 조치를 취하여야 한다. 특히, 아동에 대하여 재정적으로 책임 있는 자가 아동이 거주하는 국가와 다른 국가에 거주하는 경우, 당사국은 국제협약의 가입이나 그러한 협약의 체결은 물론 다른 적절한 조치의 강구를 촉진하여야 한다.

제28조 1. 당사국은 아동의 교육에 대한 권리를 인정하며, 점진적으로 그리고 기회균등의 기초 위에서 이 권리를 달성하기 위하여, 특히 다음의 조치를 취하여야 한다.

가. 초등교육은 의무적이며, 모든 사람에게 무료로 제공되어야 한다.

나. 일반교육 및 직업교육을 포함한 여러 형태의 중등교육의 발전을 장려하고, 이에 대한 모든 아동의 이용 및 접근이 가능하도록 하며, 무료교육의 도입 및 필요한 경우 재정적 지원을 제공하는 등의 적절한 조치를 취하여야 한다.

다. 고등교육의 기회가 모든 사람에게 능력에 입각하여 개방될 수 있도록 모든 적절한 조치를 취하여야 한다.

라. 교육 및 직업에 관한 정보와 지도를 모든 아동이 이용하고 접근할 수 있도록 모든 적절한 조치를 취하여야 한다.

마. 학교에의 정기적인 출석과 탈락률 감소를 장려하기 위한 조치를 취하여야 한다.

2. 당사국은 학교 규율이 아동의 인간적 존엄성과 합치하고 이 협약에 부합하도록 운영되는 것을 보장하기 위한 모든 적절한 조치를 취하여야 한다.

3. 당사국은 특히 전 세계의 무지와 문맹의 퇴치에 기여하고, 과학적, 기술적 지식과 현대적 교육방법에의 접근을 용이하게 하기 위하여 교육에 관련되는 사항에 있어서 국제협력을 촉진하고 장려하여야 한다. 이 문제에 있어서 개발도상국의 필요에 대하여 특별한 고려가 베풀어져야 한다.

제29조 1. 당사국은 아동교육이 다음의 목표를 지향하여야 한다는 데 동의한다.

가. 아동의 인격, 재능 및 정신적, 신체적 능력을 최대한 계발한다.

나. 인권과 기본 자유 및 유엔 헌장에 내포된 원칙을 존중한다.

다. 자신의 부모, 문화적 주체성, 언어 및 가치 그리고 현 거주국과 출신국의 국가적 가치 및 이질문화를 존중한다.

라. 아동이 인종적, 민족적, 종교적 집단 및 원주민 등 모든 사람과의 관계에 있어서 이해, 평화, 관용, 남녀평등 및 우정의 정신에 입각하여, 자유사회에서 책임 있는 삶을 영위하도록 준비시킨다.

마. 자연환경을 존중한다.

2. 본 조 또는 28조의 어떠한 부분도 개인이나 단체가 교육기관을 설립하여 운영할 수 있는 자유를 침해하는 것으로 해석되어서는 안 된다. 이는 본 조 제1항에 규정된 원칙들을 준수하고 당해 교육기관에서 실시되는 교육이 국가에 의하여 설정된 최소한의 기준에 부합하여야 한다는 조건을 따른다.

제30조 인종적, 종교적 또는 언어적 소수집단 혹은 원주민이 존재하는 국가에서 이러한 소수민족의 아동 혹은 원주민 아동은 자기 집단의 다른 구성원들과 함께 고유문화를 향유하고 고유의 종교를 신앙하고 실천하며 고유의 언어를 사용할 권리를 거부당하지 아니한다.

제31조 1. 당사국은 휴식과 여가를 즐기고 자신의 연령에 적합한 놀이와 오락 활동에 참여하며 문화생활과 예술에 자유롭게 참여할 수 있는 권리를 인정한다.

2. 당사국은 문화적, 예술적 생활에 완전하게 참여할 수 있는 아동의 권리를 존중하고 촉진하며, 문화, 예술, 오락 및 여가활동을 위한 적절하고 균등한 기회를 제공하도록 권장해야 한다.

제32조 1. 당사국은 아동에 대한 경제적 착취 그리고 아동의 교육에 위험하거나 방해되는 일, 아동의 건강이나 신체적, 지적, 정신적, 도덕적 또는 사회적 발전에 유해한 노동의 수행으로부터 보호받을 수 있는 아동의 권리를 인정한다.

2. 당사국은 본 조의 이행을 보장하기 위한 입법적 행정적 사회적 교육적 조치를 강구하여야 한다. 이 목적을 위하여 그리고 여타 국제문서의 관련 규정을 고려하여 당사국은 특히 다음의 조치를 취하여야 한다.

가. 최저 고용연령의 규정

나. 고용시간과 조건에 관한 적절한 규정의 수립

다. 본 조의 효과적인 실시를 위한 적절한 처벌 또는 기타 제재수단의 규정

第33조 당사국은 관련 국제조약에서 규정하고 있는 마약과 향정신성 물질의 불법적 사용으로부터 아동을 보호하고 이러한 물질의 불법적 생산과 거래에 아동이 이용되는 것을 방지하기 위하여 입법적, 행정적, 사회적, 교육적 조치를 포함한 모든 적절한 조치를 취하여야 한다.

第34조 당사국은 모든 형태의 성적 착취와 성적 학대로부터 아동을 보호할 의무를 진다. 이 목적을 달성하기 위하여, 당사국은 특히 다음의 사항을 방지하기 위한 모든 적절한 조치를 국내적으로, 양국 간, 다국 간으로 취해야 한다.

가. 아동을 불법적·성적 활동에 종사하도록 유인하거나 강제하는 행위

나. 아동을 매음이나 기타 불법적·성적 활동에 착취적으로 이용하는 행위

다. 아동을 외설적인 공연 및 자료에 착취적으로 이용하는 행위

第35조 당사국은 모든 목적과 형태의 아동의 약취 유인이나 인신매매 또는 거래를 방지하기 위한 모든 적절한 국내적, 양국 간, 다국 간 조치를 취하여야 한다.

第36조 당사국은 아동복지의 모든 측면에 해가 되는 기타 모든 형태의 착취로부터 아동을 보호하여야 한다.

第37조 당사국은 다음의 사항을 보장하여야 한다.

가. 어떠한 아동도 고문 또는 기타 잔혹하거나 비인간적이거나 굴욕적인 대우나 처벌을 받지 아니한다. 18세 미만의 아동이 범한 범죄에 대하여 사형 또는 석방의 가능성이 없는 종신형을 부과해서는 안 된다.

나. 어떠한 아동도 불법적 또는 전횡적으로 자유를 박탈당하지 아니한다. 아동의 체포, 억류 또는 구금은 법률에 따라 행해야 하며, 오직 최후의 수단으로서 또한 적절한 최단기간 동안만 사용되어야 한다.

다. 자유를 박탈당한 모든 아동은 인도주의와 인간 고유의 존엄성에 대한 존중에 입각하여 그리고 그들의 연령상의 필요를 고려하여 처우되어야 한다. 특히 자유를 박탈당한 모든 아동은 성인으로부터 격리되지 아니하는 것이 아동의 최상의 이익에 합치한다고 생각되는 경우를 제외하고는 서신과 방문을 통하여 자기 가족과의 접촉을 유지할 권리를 갖는다.

라. 자유를 박탈당한 모든 아동은 법률적, 기타 적절한 구조를 신속하게 받을 수 있는 권리를 가지며, 법원 혹은 독립적이고 공정한 소관당국에게 자신이 당하고 있는 자유박탈의 적법성에 대해 이의를 제기하고 이러한 소송에 대하여 신속한 결정을 받을 권리를 갖는다.

第38조 1. 당사국은 아동에게 관련이 있는 무력분쟁에 있어서 당사국에 적용 가능한 국제인도법의 규칙을 존중하고 동 존중의 보장 의무를 진다.

2. 당사국은 15세에 달하지 아니한 자가 적대행위에 직접 참여하지 아니할 것을 보장하기 위하여 실행 가능한 조치를 취하여야 한다.

3. 당사국은 15세에 달하지 아니한 자의 징병을 삼가야 한다. 15세에 달하였으나 18세에 달하지 아니한 자 중에서 징병하는 경우, 당사국은 최고 연장자에게 우선순위를 두도록 노력하여야 한다.

4. 무력분쟁에 있어서 민간인 보호를 위한 국제인도법상의 의무에 따라서 당사국은 무력분쟁의 영향을 받는 아동의 보호 및 배려를 확보하기 위하여 실행 가능한 모든 조치를 취하여야 한다.

第39조 당사국은 어떠한 형태의 유기, 착취, 학대 또는 고문이나 기타 어떠한 형태의 잔혹하거나 비인간적이거나 굴욕적인 대우나 처벌 또는 무력분쟁으로 인하여 희생이 된 아동의 신체적·심리적 회복 및 사회복귀를 촉진시키기 위한 모든 적절한 조치를 취하여야 한다.

第40조 1. 당사국은 형사피의자나 형사피고인 또는 유죄로 인정받은 모든 아동에 대하여 아동의 연령 그리고 아동의 사회복귀 및 사회에서의 건설적 역할 담당을 촉진하는 것이 바람직스럽다는 점을 고려하고, 인권과 타인의 기본적 자유에 대한 아동의 존중심을 강화시키며, 존엄과 가치에 대한 아동의 자각을 촉진시키는 데 부합하도록 처우받을 권리를 가짐을 인정한다.

2. 이 목적을 위하여, 그리고 국제문서의 관련 규정을 고려하며, 당사국은 특히 다음 사항을 보장하여야 한다.

가. 모든 아동은 행위 시의 국내법 또는 국제법에 의하여 금지되지 아니한 작위 또는 부작위를 이유로 하여 형사피의자가 되거나 형사기소되거나 유죄로 인정받지 아니한다.

나. 형사피의자 또는 형사 피고인인 모든 아동은 최소한 다음 사항을 보장받는다.

1) 법률에 따라 유죄가 입증될 때까지는 무죄로 추정받는다.

2) 피의 사실을 신속하게, 그리고 직접 또는 적절한 경우 부모나 법정후견인을 통하여 통지받으며, 변론의 준비 및 또는 제출 시 법률적 또는 기타 적절한 지원을 받는다.

3) 권한 있고 독립적이며 공평한 기관 또는 사법기관에 의하여 법률적 또는 기타 적당한 지원 하에 법률에 따른 공정한 심리를 받아 지체 없이 사건이 판결되어야 하며, 특히 그의 연령이나 주변 환경, 부모 또는 법정후견인 등을 고려하여야 한다.

4) 증언이나 유죄의 자백을 강요당하지 아니하며, 자신에게 불리한 증인을 신문하거나 또는 신문받도록 하며, 대등한 조건 하에 자신을 위한 증인의 출석과 신문을 확보한다.

5) 형법 위반으로 간주되는 경우 그 결정 및 그에 따라 부과된 어떠한 조치는 법률에 따라 권위 있고 독립적이며 공정한 상급당국이나 사법기관에 의하여 심사되어야 한다.

6) 아동이 사용되는 언어를 이해하지 못하거나 말하지 못하는 경우 무료로 통역원의 지원을 받는다.

7) 사법절차의 모든 단계에서 아동의 사생활은 충분히 존중되어야 한다.

3. 당사국은 형사피의자, 형사피고인 또는 유죄로 인정받은 아동에게 특별히 적용될 수 있는 법률, 절차, 기관 및 기구의 설립을 촉진하도록 조력하며, 특히 다음 사항에 노력하여야 한다.

가. 형법 위반능력이 없다고 추정되는 최저 연령의 설정

나. 적절하고 바람직스러운 경우, 인권과 법적 보장이 완전히 존중된다는 조건 하에서 이러한 아동을 사법절차에 의하지 아니하고 다루기 위한 조치

4. 아동이 그들의 복지에 적절하고 그들의 여건 및 범행에 비례하여 취급될 것을 보장하기 위하여 보호 지도 및 감독명령, 상담, 보호관찰, 보호 양육, 교육과 직업훈련계획 및 제도적 보호에 대한 여타 대체방안 등 여러 가지 처분이 이용 가능하여야 한다.

제41조 이 협약의 규정은 다음 사항에 포함되어 있는 아동권리의 실현에 보다 공헌할 수 있는 어떠한 규정에도 영향을 미치지 아니한다.

가. 당사국의 법

나. 당사국에 대하여 효력을 갖는 국제법

2부

제42조 당사국은 이 협약의 원칙과 규정을 적절하고 적극적인 수단을 통하여 성인과 아동 모두에게 널리 알릴 의무를 진다.

제43조 1. 이 협약의 의무이행을 달성함에 있어서 당사국이 이룩한 진전 상황을 심사하기 위하여 이하에 규정된 기능을 수행하는 아동권리위원회를 설립한다.

2. 위원회는 고매한 인격을 가지고 이 협약이 대상으로 하는 분야에서 능력이 인정된 10명의 전문가로 구성된다. 위원회의 위원은 형평한 지리적 배분과 주요 법체계를 고려하여 당사국의 국민 중에서 선출되며, 개인적 자격으로 임무를 수행한다.

3. 위원회의 의원은 당사국에 의하여 지명된 자의 명단 중에서 비밀투표에 의하여 선출된다. 각 당사국은 자국민 중에서 1인을 지명할 수 있다.

4. 위원회의 최초의 선거는 이 협약 발효일로부터 6월 이내에 실시되며, 그 이후는 매 2년마다 실시된다. 각 선거일의 최소 4월 이전에 국제연합 사무총장은 당사국에 대하여 2개월 이내에 후보자 지명을 제출하라는 서한을 발송하여야 한다. 사무총장은 지명한 당사국의 표시와 함께 알파벳 순으로 지명된 후보자들의 명단을 작성하여 이를 이 협약의 당사국에서 제시하여야 한다.

5. 선거는 국제연합본부에서 사무총장에 의하여 소집된 당사국 회의에서 실시된다. 이 회의는 당사국의 3 분의 2를 의사정족수로 하고, 출석하고 투표한 당사국 대표의 최대 다수표 및 절대 다수표를 획득하는 자가 위원으로 선출된다.

6. 위원회의 위원은 4년 임기로 선출된다. 위원은 4년 선출된다. 위원은 재지명된 경우에 재선될 수 있다. 최초의 선거에서 선출된 위원 중 5인의 임기는 2년 후에 종료된다. 이들 5인 위원의 명단은 최초 선거 후 즉시 동 회의의 의장에 의하여 추첨으로 선정된다.

7. 위원회 위원이 사망, 사퇴, 또는 본인이 어떠한 이유로 인하여 위원회의 임무를 더 이상 수행할 수 없다고 선언하는 경우, 그 위원을 지명한 당사국은 위원회의 승인을 조건으로 자국민 중에서 잔여 임기를 수행할 다른 전문가를 임명한다.

8. 위원회는 자체의 절차규정을 제정한다.

9. 위원회는 2년 임기의 임원을 선출한다.
10. 위원회의 회의는 통상 국제연합본부나 위원회가 결정하는 여타의 편리한 장소에서 개최된다. 위원회는 통상 매년 회의를 한다. 위원회 회의기간은 필요한 경우 총회의 승인을 조건으로 이 협약 당사국 회의에 의하여 결정되고 재검토된다.
11. 국제연합 사무총장은 이 협약에 설립된 위원회의 효과적인 기능수행을 위하여 필요한 직원과 편의를 제공한다.
12. 이 협약에 따라 설립된 위원회의 위원은 총회의 승인을 얻고, 총회가 결정하는 기간과 조건에 따라 국제연합의 재원으로부터 보수를 받는다.

제44조 1. 당사국은 이 협약에서 인정된 권리를 실행하기 위하여 그들이 채택한 조치와 동 권리의 향유와 관련하여 이룩한 진전 상황에 관한 보고서를 다음과 같이 국제연합 사무총장을 통하여 위원회에 제출한다.
가. 관계당사국에 대하여 이 협약이 발효한 후 2년 이내
나. 그 후 매 2년마다
2. 본 조에 따라 제출되는 보고서는 이 협약상의 의무의 이행 정도에 영향을 미치는 요소와 장애가 있을 경우 이를 적시하여야 한다. 보고서는 또한 관계국에서의 협약 이행에 관한 포괄적인 이해를 위원회에 제공하기 위한 충분한 정보를 포함하여야 한다.
3. 위원회의 포괄적인 최초의 보고서를 제출한 당사국은 본 조 제1항 "나"호에 따라서 제출하는 후속 부서에 이미 제출된 기초적 정보를 반복할 필요는 없다.
4. 위원회는 당사국으로부터 이 협약의 이행과 관련이 있는 추가정보를 요청할 수 있다.
5. 위원회는 위원회의 활동에 관한 보고서를 매 2년마다 경제사회이사회를 통하여 총회에 제출한다.
6. 당사국은 자국의 활동에 관한 보고서를 자국 내 일반에게 널리 활용 가능하도록 하여야 한다.

제45조 이 협약의 효과적인 이행을 촉진하고 이 협약이 대상으로 하는 분야에서의 가능하도록 하여야 한다.
가. 전문기구, 국제연합 아동기금 및 국제연합의 여타 기관은 이 협약 중 그들의 권한 범위 내에 속하는 규정의 이행에 관한 논의에 대표를 파견할 권리

를 갖는다. 위원회는 전문기구, 국제연합 아동기금 및 위원회가 적절하다고 판단하는 여타의 권한 있는 기구에 대하여 각 기구의 권한 범위에 속하는 분야에 있어서 이 협약의 이행에 관한 전문적인 자문을 제공해 줄 것을 요청할 수 있다. 위원회는 전문기구, 국제연합 아동기금 및 국제연합의 여타 기관에게 그들의 활동 범위에 속하는 분야에서의 이 협약의 이행에 관한 보고서를 제출할 것을 요청할 수 있다.

나. 위원회는 적절하다고 판단되는 경우 기술적 자문이나 지원을 요청하거나 그 필요성을 지적하고 있는 당사국의 모든 보고서를 그러한 요청이나 지적에 대한 위원회의 의견이나 제안이 있으면 동 의견이나 제안과 함께 전문기구, 국제연합 아동기금 및 여타 권한이 있는 기구에 전달하여야 한다.

다. 위원회는 유엔사무총장이 위원회를 대신하여 아동의 권리와 관계된 구체적인 사안에 대해 연구를 실시하도록 유엔총회에 요청할 수 있다.

라. 위원회는 이 협약 제44조와 제45조에 따라 접수한 정보에 기초하여 제안과 일반적 권고를 할 수 있다. 이러한 제안과 일반적 권고는 당사국의 논평이 있으면 그 논평과 함께 모든 관계 당사국에 전달되고 총회에 보고되어야 한다.

3부

제46조 이 협약은 모든 국가에 의한 서명을 위하여 개방된다.

제47조 이 협약은 비준되어야 한다. 비준서는 국제연합 사무총장에게 기탁되어야 한다.

제48조 이 협약은 모든 국가에 의한 가입을 위하여 개방된다. 가입서는 국제연합 사무총장에게 기탁되어야 한다.

제49조 1. 이 협약은 20번째 비준서 또는 가입서가 국제연합 사무총장에게 기탁되는 날로부터 30일째 되는 날 발효한다.

2. 20번째의 비준서 또는 가입서의 기탁 이후에 이 협약을 비준하거나 가입하는 각 국가에 대하여 이 협약은 그 국가의 비준서 또는 가입서 기탁 후 30일째 되는 날 발효한다.

제50조 1. 모든 당사국은 개정안을 제안하고 이를 국제연합 사무총장에게 제출할 수 있다. 동 제출에 기하여 사무총장은 당사국에게 동 제안을 심의하고 표결에 붙이기 위한 당사국회의 개최에 대한 찬성 여부에 관한 의견을 표시하여 줄

것을 요청하는 것과 함께 개정안을 당사국에게 송부하여야 한다. 이러한 통보일로부터 4월 이내에 당사국 중 최소 3 분의 1이 회의 개최에 찬성하는 경우 사무총장은 국제연합 주관 하에 동 회의를 소집하여야 한다. 동 회의에 출석하고 표결한 당사국의 과반수에 의하여 채택된 개정안은 그 승인을 위하여 국제연합 총회를 제출된다.

2. 본 조 제1항에 따라서 채택된 개정안은 국제연합 총회에 의하여 승인되고, 당사국의 3 분의 2의 다수가 수락하는 때에 발효한다.
3. 개정안은 발효한 때에 이를 수락한 당사국을 구속하며, 여타의 당사국은 계속하여 이 협약의 규정 및 이미 수락한 그 이전의 모든 개정에 의하여 구속된다.

제51조 1. 국제연합 사무총장은 비준 또는 가입 시 각국이 행한 유보문을 접수하고 모든 국가에게 이를 배포하여야 한다.

2. 이 협약의 대상 및 목적과 양립할 수 없는 유보는 허용되지 아니한다.
3. 유보는 국제연합 사무총장에게 발송된 통고를 통하여 언제든지 철회될 수 있으며, 사무총장은 이를 모든 국가에게 통보하여야 한다. 그러한 통보는 사무총장에게 접수된 날로부터 발효된다.

제52조 당사국은 국제연합 사무총장에 대한 서면통고를 통하여 이 협약을 폐기할 수 있다. 폐기는 사무총장이 통고를 접수한 날로부터 1년 후에 발효한다.

제53조 국제연합 사무총장은 이 협약의 수탁자로 지명된다.

제54조 아랍어, 중국어, 영어, 불어, 러시아어 및 서반아어본이 동등히 정본인 이 협약의 원본은 국제연합 사무총장에게 기탁된다. 이상의 증거로 아래의 서명 전권대표들은 각국 정부에 의하여 정당히 권한을 위임받아 이 협약에 서명하였다.

참고 문헌

대한민국정부(2017). 제5·6차 유엔아동권리협약 통합국가보고서.

강남식·신은주·정재훈·이윤경·정병호·이은애(2003). 보육정책의 새로운 관점 정립 및 개선방안연구. 여성부 보고, 2003-11.

강복정(2000). 시설아동을 위한 퇴소준비교육프로그램의 효과에 관한 연구. 동국대학교 대학원 박사학위논문.

강상경(2012). 전환기 한국 사회복지실천의 방향-보편주의적 증진모델에 기반한 선별주의적 문제중심모델-. 한국사회복지학회 추계학술대회 자료집, 1-21.

공계순·박현선·오승환·이상균·이현주(2003). 아동복지론. 서울: 학지사.

공계순·박현선·오승환·이상균·이현주(2006). 아동복지론. 서울: 학지사.

곽금주(2002). 아동심리평가와 검사. 서울: 학지사.

곽노의(2006). 유아교육학에서 기대하는 보육과 육아정책. 한국보육지원학회 춘계학술대회 자료집, 보육은 국가의 핵심과제입니다: 21세기 한국의 보육발전정책, 43-63.

곽인숙(2003). 주말부부의 거주유형에 따른 심리적 비용과 보상에 관한 연구. 한국가정관리학회지, 21(2), 187-199.

교육부(2014), 특수교육연차보고서, 2014 정기국회 보고자료.

교육인적자원부(2004). 2004년 특수교육실태조사서.

교육인적자원부·한국교육개발원(2004). 교육복지 투자우선지역 지원사업 편람.

구인회(2003). 가족배경이 청소년의 교육성취에 미치는 영향: 가족구조와 가족소득, 빈곤의 영향을 중심으로. 사회복지연구, 22, 5-32.

구인회(2003). 경제적 상실과 소득수준이 청소년의 교육성취에 미치는 영향. 한국사회복지학, 53, 7-29.

구자헌(1972). 사회복지. 한국사회복지연구소.

국가법령정보센터 홈페이지. http://law.go.kr/main.html.

국립보건원(2002). 시설보호아동의 자립지원정책 개선방안 최종보고서. 서울: 보건복지부.

권세은(2002). 시설보호아동과 일반아동의 사회적 기술, 정서조망능력과 자기역량 지각의 비교. 서울대학교 대학원 석사학위논문.

권순원(1998). 빈곤퇴치 노력과 실패. 빈곤퇴치: 한국의 경험과 교훈. UNDP 한국대표부.

김경은·정옥분(1998). 주말부부 어머니의 결혼적응과 아동의 사회적 적응과의 관계. 대한가정학회지, 36(1), 35-50.

김경회·문혁준·김선영·김신영·김지은·김혜금·서소정·안선희·안효진·이희경·정선아·황혜원(2016). 보육학개론(제3판). 서울: 창지사.

김경희·강현아·안소영(2009). 시설아동의 현황 및 쟁점에 관한 연구. 아동학회지, 30(6), 406- 416.

김동배·이윤로(2004). 집단사회사업의 실천과 평가. 서울: 21세기사.

김명희(2006). 아동복지론. 서울: 교문사.

김미숙·양심영(2007). 위기의 한국아동실태와 정책적 대응방안. 보건복지포럼, 통권 128호, 5-20. 서울: 한국보건사회연구원.

김상균·최일섭·최성재·조흥식·김혜란(2002). 사회복지개론. 서울: 나남출판.

김성경·김혜영·최현미(2005). 아동복지론. 서울: 양서원.

김성경·김혜영·최현미(2009). 아동복지론(2판). 서울: 양서원.

김성희·변용찬·손창균·이연희·이민경·이송희·강동욱·권선진·오혜경·윤상용·이선우(2011). 2011년 장애인 실태조사. 서울: 보건복지부·한국보건사회연구원.

김수민(2004). 시설아동이 지각하는 보육사의 양육태도와 정서 사회적 발달. 인천대학교 행정대학원 석사학위논문.

김승권(2007). 한국 아동권리의 현황과 권리수준 제고방안. 보건복지포럼, 통권 128호, 21-36. 서울: 한국보건사회연구원.

김승권·박종서·김유경·김연우·최영준·손창균·윤아름(2013). 2012년 전국 결혼 및 출산동향 조사. 보건복지부·한국보건사회연구원.

김승훈(2009). 아동권리협약 채택 29주년의 의미와 과제. 인도법 논총, 29, 133-136.

김양임(1995). 우리나라 국내입양 활성화 방안을 위한 국민의식에 관한 연구. 숭실대학교 대학원 석사학위논문.

김양희·장은정(2004). 장기 분거가족에 관한 탐색적 연구: 기러기 가족에 초점을 맞추어. 한국가족관계학회지, 9(2), 1-23.

김연옥(2004). 재혼가정의 가족기능 향상 프로그램 개발을 위한 시론적 연구. 한국사회복지학, 56(2), 215-235.

김연우(2011). 유엔아동권리위원회의 동향 및 한국에의 시사점. 보건복지포럼, 통권 171호, 100-113.

김연진·이상희(2006). 아동복지의 이해. 서울: 태양출판사.

김영종(2006). 사회복지행정. 서울: 학지사.

김은경(1999). 맞벌이 주말부부의 역할갈등과 결혼만족도. 한국가족관계학회지, 4(1), 25- 43.

김은경(2001). 사회적 지원이 주말부부의 역할갈등과 결혼만족도에 미치는 영향에 관한 연구. 한국가정관리학회지, 19(3), 1-16.

김종해·백선희·이미정·이원영·임재택(2005). 한국 유아교육·보육 관련법과 제도의 역사와 미래. 한국 유아교육과 보육의 자리매김. 한국유아교육학회 정기학술대회 자료집, 39-85.

김진경·유안진(2003). 시설 거주 여부, 성별 및 연령에 따른 초기청소년의 의사소통 기술과 또래관계 질. 아동학회지, 23(2), 121-135.

김태성·손병돈(2002). 빈곤과 사회복지정책. 서울: 청목출판사.

김현용(1998). 요보호아동을 위한 시설보호의 개선방안. 한국아동복지학, 2, 61-86.

김현용·윤현숙·노혜련·김연옥·최균·이배근(1997). 현대사회와 아동. 서울: 소화.

김현용·윤현숙·노혜련·김연옥·최균·이배근(2001). 현대사회와 아동: 아동복지의 시각에서. 서울: 소화.

김형모(2001). 입양후 복지서비스의 현황과 활성화를 위한 정책방향. 보건복지포럼, 51, 1-10.

김호년·김성재·김현정·박윤·양진희(2011). 아동복지론. 서울: 양서원.

남기민(2004). 사회복지정책론. 서울: 학지사.

남일재(2005). 한국사회복지법제의 이해. 서울: 학현사.

노동익(1997). 아동복지수용시설의 운영 개선방안에 관한 연구. 중앙대학교 대학원 석사학위논문.

노혁(2002). 청소년복지론. 서울: 대학출판사.

노혜련·장정순(1998). 육아시설아동의 심리사회적 문제에 관한 연구. 한국사회복지학, 34, 45-67.
대한민국정부(2008). 제3·4차 유엔아동권리협약 통합국가보고서.
대한민국정부(2009). 유엔 아동권리협약 제3차 통합국가보고서.
대한민국정부(2017). 제5·6차 유엔아동권리협약 국가보고서.
도미향·남연희·이무영·변미희(2006). 아동복지론. 서울: 공동체.
도미향·남연희·이무영·변미희(2011). 아동복지론. 서울: 공동체.
동아일보(1923. 5. 1). 오늘, 어린이날.
류연규·최연수(2003). 우리나라 아동빈곤율 수준과 변화 경향: 1982~2002년 도시근로자 가구를 중심으로. 한국아동복지학, 16, 135-165.
문선화·구차순·박미정·김현옥(2005). 한국사회와 아동복지. 서울: 양서원.
문화일보(2013. 5. 9.). 양육수당 고갈… 보육료로 돌려막기.
박경자·황옥경·문혁준(2013). 우리나라의 보육정책. 한국보육지원학회지, 9(5), 513-538.
박민자·이경아(2004). 가족의 의미: 가족가치와 규범을 중심으로. 사회과학연구, 10, 107-123.
박광동(2018). 아동학대 관련 법제 개선방안에 관한 연구. http://dl.nanet.go.kr/SearchDetailView.do.
박석돈(2002). 사회보장론. 서울: 양서원.
박숙자(1991). 가족과 사회문제: 가족과 직업. 가족학논집, 3, 143-160.
박은경(1998). 아동학대의 실태와 대책에 관한 연구. 국민대학교 대학원 석사학위논문.
박은미(2005). 일반가정위탁보호사업의 아동권리 증진방안. 제1회 중앙가정위탁지원센타 세미나 아동권리와 가정위탁. 중앙가정위탁지원센터.
박정란·서홍란(2001). 아동복지론. 서울: 양서원.
박종삼·유수현·노혜련·배임호·박태영·허준수·김교성·김규수·김인·노혁·손광훈·송성자·이영실·전석균·정무성·정은·조휘일(2002). 사회복지학개론. 서울: 학지사.
박주영·조복희(2000). 주말 부모 어머니의 자녀양육실태, 격리불안과 죄책감. 대한가정학회지, 38(1), 77-88.
박태영(2000). 사회복지시설론. 서울: 양서원.
배태순(1998). 현대사회에서의 입양의 이해와 입양의 성공. 경남: 경남대학교 출판부.
배태순(2000). 한국의 국내입양 현황과 활성화를 위한 입양법 개정 및 제도개선 방안. 국내입양 활성화를 위한 국제세미나, 169-187. 서울: 홀트아동복지회.
배태순(2000). 현대사회에서의 입양의 이해와 입양의 성공. 경남대학교 출판부.
배화옥·심창학·김미옥·양영자(2015). 인권과 사회복지. 경기:나남
법제처(2013). 아동복지법.
법제처종합법령정보센터 홈페이지. http://www.klaw.go.kr.
변화순·조은희(2003). 다양한 가족 출현에 따른 쟁점과 가족관련법의 방향정립에 관한 연구. 한국여성개발원 연구보고서, 240-21.
변화순·최윤정(2004). 가족정책 방향정립 및 통합적 시행방향 연구. 한국여성개발원 연구보고서, 240-16.
보건복지가족부(2009). 아동권리협약 이행 핸드북.
보건복지가족부(2009a). 2009 아동·청소년 백서. 서울: 보건복지가족부.
보건복지가족부(2009b). 2009 아동청소년사업 안내. 서울: 보건복지가족부.

보건복지가족부·서울대학교 산학협력단(2009). 2009 아동청소년 종합실태조사. 서울: 보건복지가족부.

보건복지부 홈페이지. http://www.mohw.go.kr.

보건복지부(2001). 2000년대 장애인 실태조사. 서울: 한국보건사회연구원.

보건복지부(2002). 아동복지사업지침.

보건복지부(2002). 장애인복지법령집. 서울: 한국보건사회연구원.

보건복지부(2004). 영유아보육법 개정안 국회 통과(http://www.mohw.go.kr). 2004. 1. 9.

보건복지부(2005). 2005년 아동복지사업안내.

보건복지부(2005). 장애인복지사업안내. 서울: 한국보건사회연구원.

보건복지부(2006). 2006년 아동복지사업안내.

보건복지부(2008). 2008 아동복지사업안내. 서울: 보건복지부.

보건복지부(2009). 아동복지시설현황 2009.

보건복지부(2010). 2010 아동청소년사업 안내. 서울: 보건복지부.

보건복지부(2012). 2012년도 아동분야 사업안내.

보건복지부(2012a). 아동학대의 대부분 가정(86%)에서, 부모(83%)에 의해 발생. 보도자료(2012. 6. 4).

보건복지부(2012b). 부모가 먼저, 모두가 함께 아동학대 없는 세상을 만든다. 보도자료(2012. 11. 19).

보건복지부(2013a). 아동은 가정에서 자라날 권리가 있다. 보도자료(2013.5.16).

보건복지부(2013b). 아동복지법.

보건복지부(2015). 요보호아동현황보고.

보건복지부(2019a). 2019 아동복지시설 및 공동생활가정 현황.

보건복지부(2019b). 아동에 대한 국가 책임을 확대합니다. 보도자료(2019.5.23).

보건복지부(2019c). 보건복지부, 디딤씨앗통장 이야기공모전 우수작 31편 선정·수상. 보도참고자료(2019.11.29).

보건복지부(2020a). 2020 아동분야 사업안내.

보건복지부(2020b). 2019년 보호대상아동 현황보고.

보건복지부·중앙아동보호전문기관(2010). 2009년 전국 아동학대 현황 보고서. 보건복지부.

보건복지부·중앙아동보호전문기관(2012a). 2011년 전국 아동학대 현황 보고서. 보건복지부.

보건복지부·중앙아동보호전문기관(2012b). 아동학대 신고의무자 설명서. 중앙아동보호전문기관.

보건복지부·중앙아동보호전문기관(2014). 2013년 전국아동학대현황보고서.

보건복지부·중앙아동보호전문기관(2015). 2014 전국아동학대현황보고서. 서울: 보건복지부 아동권리과·중앙아동보호전문기관.

보건복지부·중앙아동보호전문기관(2016). 2015 전국 아동학대 현황보고서.

보건복지부·중앙아동보호전문기관(2018). 2017 전국 아동학대 현황보고서. http://www.korea1391.go.kr/new/bbs/board.php?bo_table=report&wr_id=9870.

보건복지부·중앙아동보호전문기관(2019). 2018 아동학대 주요통계. http://www.korea1391.go.kr/new/bbs/board.php?bo_table=report&wr_id=9882.

보건복지부·한국보건사회연구원(2014). 2014년 장애인실태조사.

보육통계(2015년 12월).

브리태니커 온라인 홈페이지. http://www.britannica.co.kr.

빈부격차·차별시정위원회(2004). 빈곤대물림 차단을 위한 희망투자전략: 빈곤아동·청소년 종합대책, 제49회 국정과제회의자료.

서문희(1998). 보육서비스 전달체계 평가. 한국보육사업의 평가와 그 대안. 한국영유아보육학회 추계학술대회 자료집, 3-17.

서영숙·황은숙(2003). 한부모가정과 이혼 이해교육 프로그램. 한국유아교육·보육행정학회 추계전국학술대회 자료집, 33-61.

성미영·이순형·이강이(2001). 시설아동과 일반아동의 초기학교적응의 비교. 대한가정학회지, 39(1), 53-64.

성영혜·김연진(2002). 아동복지의 이론과 실제. 서울: 동문사.

송근원·김태성(1995). 사회복지개론. 서울: 나남출판.

신혜령·김성경·안혜영(2003). 시설퇴소아동 자립생활의 영향요인에 관한 연구. 한국아동복지학, 16, 167-193.

신혜령·박은미·강현아(2008). 아동복지시설 퇴소청소년 자립지원을 위한 정책프로그램 개발 연구보고서. 서울: 보건복지가족부.

아동권리보장원(2018). 2017 학대행위자 특성. http://www.korea1391.go.kr/new/page/sts_attacker.php.아동권리보장원(2020a). 아동학대. http://www.korea1391.go.kr/new/page/sign.php.

아동권리보장원(2020b). 아동학대 예방 및 보호: 아동학대 개념 및 신고절차. http://www.ncrc.or.kr/ncrc/cm/cntnts/cntntsView.do?mi=1030&cntntsId=1029.

아동권리보장원(2020c). 아동학대 예방 및 보호: 아동학대 개입절차. http://www.ncrc.or.kr/ncrc/cm/cntnts/cntntsView.do?mi=1030&cntntsId=1033.

아동권리협약 한국NPO연대(2010). 제3·4차 유엔아동권리협약 민간보고서.

아동복지법(2010). 서울: 보건복지부.

안동현(2000). 아동학대의 실태 및 후유증 연구. 보건복지부.

안재진(2004). 출산하지 않았으므로, 입양휴가는 필요없다? 홀트소식, 3·4, 16-17.

안재진(2011). 국내법에 나타난 입양제도의 변천과정 분석: 아동권리의 관점에서. 한국가족복지학, 16(4), 71-95.

안혜진(2018). 아동권리협약으로 본 국내 아동복지 발전 방향에 관한 연구. 건국대학교 석사학위논문.

양옥경(2000). 한국 가족개념에 관한 질적 연구. 한국가족복지학, 6, 69-99.

어린이집정보공개포털. 보건복지부(2015)

여성가족부 홈페이지. http://www.mogef.go.kr.

여성가족부(2006). 2006년 보육사업안내.

예방교육통합관리(2020). 교육자료실: 2018년 가정폭력예방교육 표준강의안(2.0). https://shp.mogef.go.kr/shp/front/main.do.

오승환(2000). 소년소녀가장의 심리사회적 특성에 관한 비교 연구: 일반 아동과의 비교를 중심으로. 한국아동복지학, 9, 99-126.

오승환(2001). 저소득 편부모가족의 가족기능과 자녀의 심리사회적 특성 비교연구. 한국아동복지학, 12, 77-107.

오영림·김봉석·신나리·배은경(역)(2005). 아동을 위한 사회사업실천. 서울: 하나의학사.

오정수·정익중(2008). 아동복지론. 서울: 학지사.

오정수·정익중(2013). 아동복지론. 서울: 학지사.

오혜경(2002). 장애 아동복지 정책의 문제점과 개선 방안. 한국아동학회 추계학술대회 자료집, 63-89.

옥경희(1999). 맞벌이 주말부부의 부모역할 갈등. 한국가족관계학회지, 4(1), 45-66.

옥경희(2001). 분거가족의 아동문제와 대책, 한국가족복지학회 추계학술대회 자료집, 57-68.

우면종합사회복지관 홈페이지. http://www.woomyun.or.kr.

원석조(2006). 사회복지정책론. 서울: 공동체.

위스타트 운동본부 홈페이지. http://www.westart.or.kr.

위키백과 홈페이지. http://ko.wikipedia.org/wiki.

유니세프한국위원회 홈페이지. http://www.unicef.or.kr.

유안진·한유진·김진경(2002). 시설보호아동의 또래관계 증진을 위한 사회적 역량 프로그램의 효과. 아동학회지, 24(2), 109-121.

유엔아동권리위원회(2019). 유엔아동권리협약 제 5·6차 국가보고서 심의결과 유엔아동권리위원회 권고사항.

유엔아동권리협약 한국 NPO연대(2018). 제 5·6차 유엔아동권리협약 민간보고서.

유영주·김순옥·김경신(2000). 가족관계학. 서울: 교문사.

윤미현·이재연(2001). 10대 미혼모의 유아입양 관련요인들에 관한 연구. 아동학회지, 22(1). 67-82.

윤현숙·김기환·김성천·이영분·이은주·최현미·홍금자(2002). 사회복지실천기술론. 서울: 동인.

윤혜미·김혜래·신영화(2005). 아동복지론. 서울: 청목출판사.

윤희숙·김인경·권형준(2013). 보육·유아교육 지원에 관한 9가지 사실과 그 정책적 함의. KDI FOCUS.

이기숙(1999). 맞벌이 주말가족의 성격분석을 위한 시론. 한국가족관계학회지, 4(1), 1-23.

이배근(2004). 아동학대의 이론과 실제. 서울: 신흥메드싸이언스.

이상균·박현선(2000). 사회복지 면접의 길잡이. 서울: 나눔의집.

이소희(1999). 영유아복지론. 서울: 양서원.

이소희(2005). 아동보육론. 서울: 대왕사.

이소희(2005). 아동복지론. 서울: 학현사.

이소희·김영희·윤재정·이용복·최진원·박은희(2003). 현대영유아복지론. 서울: 양서원.

이소희·김영희·최남례·윤지영(2004). 영·유아복지론. 서울: 학현사.

이순형·민하영·이소은·이완정·황혜신·이강이·이영미·이혜승·한유진·권혜진·성미영(2003). 아동복지: 이론과 실천. 서울: 학지사.

이순형·민하영·이소은·이완정·황혜신·이강이·이영미·이혜승·한유진·권혜진·성미영(2004). 아동복지: 이론과 실천(3판). 서울: 학지사.

이순형·민하영·이소은·이완정·황혜신·이강이·이영미·이혜승·한유진·권혜진·성미영(2006). 아동복지: 이론과 실천(3판). 서울: 학지사.

이양희(2004). 유엔 아동권리위원회의 활동과 아동권리 쟁점. 아동권리학회 학술대회자료집.

이양희(2012). 장애아동의 권리와 보호. 장애아동인권연구, 3(2), 1-13.

이영분·김유숙·정혜정·최선령·박정희 역(2005). 가계도. McGoldrick, M., Gerson, R. & Shellenberger, S. (저). 서울: 학지사.

이옥(2004). 아동을 위한 육아지원정책의 방향과 과제, 보육, 우리 아동이 그 중심에 있는가?. 2004년 보육지원교수협의회 포럼 자료집, 5-14.

이용교(2008). 아동복지법 개정 전망과 과제. 복지동향(2008, 3), 47-50.

이용교·이명묵·안경수·정경은·정민기(2006). 아동복지시설 인권평가지표 개발연구. 청소년복지연구, 8(2), 5-24.

이은정(2006). 발달장애 자녀를 둔 어머니의 양육경험탐색: 학령전기 및 초기학령기를 중심으로. 인하대학교 심리치료상담 대학원 석사학위 논문.

이은주(2012). 아동권리 증진을 위한 국가인권정책기본계획 추진 방향. 아동과 권리. 16(3), 433-448.

이재연(1999). 소파 방정환과 한국아동의 권리. 아동권리연구, 3(2), 107-119.

이재연·박은미·황옥경·김형모·이은주·강현아(2008). 아동복지론. 서울:학지사

이혜경(1993). 경제성장과 아동복지정책의 변용: 한국의 경험. 한국아동복지학, 창간호, 199-223.

임춘희(1996). 재혼가족내 계모의 스트레스와 적응에 관한 질적 연구. 고려대학교 대학원 박사학위논문.

임춘희·정옥분(1997). 초혼계모의 재혼가족생활 스트레스와 적응에 관한 경험적 연구. 대한가정학회지, 35(5), 73-102.

장동일(1996). 사회복지법의 이해. 서울: 학문사.

장애복지법시행령(2013).

장애아동복지지원법(2012).

장인협·오정수(1999). 아동·청소년복지론. 서울: 서울대출판부.

장인협·오정수(2001). 아동·청소년복지론(개정판). 서울: 서울대출판부.

장인협·오정수(2002). 아동·청소년복지론(개정판). 서울: 서울대출판부.

전국대학사회복지협의회(1999). 사회복지론. 서울: 유풍출판사.

전국지역아동센터공부방협의회 홈페이지. http://www.kaccc.org.

정무성(2007). 사회복지시설평가 2007. 서울: 숭실대학교.

정문자·제경숙·이혜란·신숙재·박진아(2013). 아동심리상담 유아기에서 학령기까지. 서울: 양서원.

정영숙(2003). 발달장애아동과 가족 복지의 실제. 서울: 현학사.

정옥분(2005). 아동발달의 이해. 서울: 학지사.

정익중(2003). 빈곤아동의 문화생활과 박탈. 2003년 아동복지학회 학술대회 자료집.

정현숙·유계숙·임춘희·전춘애·천혜정(2000). 재혼가족의 실태 및 재혼생활의 질에 대한 연구. 대한가정학회지, 38(4), 1-20.

정혜경·장영은(1999). 사회복지시설아동의 신체발육 및 영양상태. 대한지역사회영양학회지, 4(1), 3-11.

조복희(2008). (개정)아동발달. 서울: 교육과학사.

조선일보(2008. 12. 1). 경제난에 '부모 있는 고아' 늘어난다

조성연·이정희·천희영·심미경·황혜정·나종혜(2005). 아동발달의 이해. 서울: 신정.

조옥라(1996). 재혼, 그 또 다른 시작. 한국가정 법률 상담소 창립40주년 심포지엄자료집.

조흥식(1998). 가족복지학. 서울: 학지사.

조흥식(2006). 가족복지학. 서울: 학지사.

조흥식(2006). 한국가정위탁보호사업의 현황과 과제. 2006 아시아대회 아동권리와 가정위탁. 한국수양부모협회.

주수길·김지연(2003). 아동복지강론. 서울: 양성원.

주영희(1984). 가출 아동을 통한 학대에 관한 조사연구. 사회복지, 80, 71-135.

주지은, 이병인(2016). 비장애 형제 심리적 지원 서비스에 대한 장애아동 부모의 요구. 유아특수교육연구, 16(1), 187~210.

중앙가정위탁지원센터 홈페이지. http://www. forstercare.or.kr.

중앙가정위탁지원센터(2015).

중앙아동보호전문기관(2010). 아동학대. http://www.korea1391.org에서 2010년 10월 15일 인출.

중앙아동보호전문기관(2015). 아동학대 관련 법률조항. http://korea1391.org/new/page/rel_law.php.

중앙일보(2006. 10. 27). 롯데칠성, 결식아동에 도시락 지원.

중앙일보(2010. 11. 3). 출산·육아휴가 맘놓고 갔다 오시죠.

채옥희(1998). Commuter Marriage 가정 경영 실태와 문제. 대한가정학회지, 36(9), 153-166.

천성문·송재홍·윤치연·윤호열·이영순·박천식·김경일·하영자·김상희·원요한 역(2001). 아동상담의 이론과 실제. C. L. Thomson & L. B. Rudolph (저). 서울: 시그마프레스.

초록우산 어린이재단(한국복지재단) 홈페이지. http://www.kwf.or.kr.

최규련(2008). 가족상담 및 치료. 경기도: 공동체.

최선희(2003). 교육복지투자 우선지역 아동·청소년 실태 조사. 강북·노원지역사업담당자 워크숍. 서울특별시성북교육청·강북지역복지협의회·노원교육복지협의회.

최성재·남기민(2001). 사회복지행정론. 서울: 나남출판.

최옥채(2010). 사회복지실천론. 서울: 양서원.

최윤영(2013). 아동복지법제의 개선에 관한 연구. 이화여자대학교 대학원 박사학위논문.

최정혜(2002). 주말부부의 가족스트레스, 대처전략 및 가족건강성 연구. 한국가정관리학회지, 22(2), 69-83.

통계청(2005). 출산을 위해 필요한 사회적 지원.

통계청(2010). 지역별 인구 및 인구밀도.

통계청(2012). 인구동향, 2012. 10.

통계청(2012). 장래인구 특별추계 결과, 2012. 10.

통계청(2013). 이혼통계결과.

통계청(2013). 청소년통계.

통계청(2013). 한국의 사회지표.

통계청. 2015년 출생사망통계(2016. 2.).

통계청. 장래인구추계 시도편.

특수교육통계(2012). 특수교육통계. 서울: 교육과학기술부.

표갑수(2000). 아동청소년복지론. 서울: 나남.

하상락(1989). 한국사회복지사론. 서울: 박영사.

학지사 인싸이트 홈페이지. http://inpsyt.co.kr.

한겨레21(2019. 3. 24). 규석이의 어떤 자립.

한국보건사회연구소(2004). 다양한 가족의 출현과 사회적 지원체계 구축방안. 한국보건사회연구원 연구보고서, 2004-13.

한국보건사회연구원(2011). OECD 국가 아동복지수준 비교. 보건복지 Issue & Focus, 제106호.

한국보건사회연구원(2012). 남녀의 경제활동 특성별 가사노동시간의 차이. 보건·복지 Issue & Focus, 제 156호(2012-37).

한국여성개발원(1984). 편부모가족의 지원방안에 관한 연구. 한국여성개발원 연구보고서.

한국여성개발원(2001). 재혼가족의 적응실태와 지원방안에 관한 연구. 한국여성개발원 연구보고서, 240-11.

한국여성개발원(2002). 가족유형에 따른 생활실태와 복지욕구에 관한 연구. 2001 연구보고서, 240-10. 한국여성개발원.

한국여성복지연구회(2005). 가족복지론. 서울: 청목출판사.

한국유아교육학회 편(1996). 유아교육사전. 한국사전연구사.

한국일보(2019. 11. 19). '가정' 보호 우선이라면서… 베이비박스 유기 아동 97%는 시설에.

한성심·송주미(2003). 아동복지론. 서울: 창지사.

한유미(2003). 주말부부와 일반부부의 자녀양육 비교 연구: 유아기와 학령초기 자녀를 둔 부부를 중심으로. 한국가정관리학회지, 21(2), 175-185.

허남순(2000). 가정위탁보호제도의 활성화 방안에 관한 연구. 한국아동복지학, 9, 263-286.

허남순(2000). 소년소녀가장세대와 가정위탁제도. 한국아동복지학, 9, 263-287.

허남순(2004). 친인척가정위탁과 일반가정위탁아동의 심리 사회적 특성 및 위탁가정의 서비스 욕구에 대한 비교연구. 한국아동복지학, 18, 243-268.

허남순(2005). 한국 가정위탁의 역사와 현황. 수양부모협회 6차 가정위탁국제교육세미나 자료.

허남순·이혜원(2006). 유엔 아동권리협약의 원칙과 국내 가정위탁보호의 현황 분석. 한국아동복지학, 22, 95-126.

허명숙(2003). 공개입양 활성화를 위한 국내입양제도 개선 방안: 민법과 입양촉진 및 절차에 관한 특례법을 중심으로. 부산대학교 행정대학원 석사학위논문.

허영숙(1993). 주말에 남편을 만나는 맞벌이 여교사의 역할 갈등과 결혼만족도. 한국교원대학교 대학원 석사학위논문.

헬스코리아뉴스(2010. 10. 5). 가정위탁아동수 6년 새 '두 배' 이상 증가.

현외성(2001). 한국사회복지법제론. 서울: 양서원.

현외성(2006). 한국사회복지법제론. 서울: 양서원.

현은민(2003). 재혼가족의 아동: 가족적·사회적 측면에서 경험하는 문제와 대책 고찰. 한국가족관계학회지, 8(2), 101-126.

황성기(1994). 아동인권에 대한 연구. 서울대학교 대학원 석사학위논문.

황성원(2013). 프랑스 보육정책의 육아지원 공공성 연구. 2013년 한국아동학회 춘계학술대회 자료집, 창의적인 인재육성을 위한 세계 주요 국가와 우리나라의 보육지원 체제, 7-31.

황옥경(2009). 보육시설 평가인증추진 방안에 대한 토론회 자료집. 서울: 한국보육진흥원.

황옥경(2012). 영유아기 권리에 대한 유엔의 권고 분석. 아동과 권리, 16(1), 27-49.

황옥경(2013). 영아 무상보육정책 분석. 한국보육지원학회지, 9(1), 81-100.

황옥경(2013). 유엔아동권리협약 이행사항 점검. 유엔인권권고 분야별 이행사항 점검 심포지엄 자료집. 대한변호사협회, 유엔인권정책센터.

황혜정·김경희·이혜경·어주경·나유미(2003). 아동과 환경. 서울: 학지사.

Adamec, C. A., & Pierce, W. L. (2000). *The encyclopedia of adoption*. NY: Facts on file, Inc.

Adoption and Foster Care Analysis and Reporting System (AFCARS). (2005). AFCARS Report #10. www.acf.hhs.gov/rograms/cb/publications/afcars/report10.htm.

Axline, V. (1947). *Play therapy*. Boston, MA: Houghton Mifflin.

Bernstein, B. (1961). Social class and linguistic development: A theory of social learning. In A. Halsey & C. Anderson(Eds.), *Education, economy and society*. NY: The Free Press.

Bray, J. H. (1992). Family relationships and children's adjustment in clinical nonclinical stepfather families. *Journal of Family Psychology*, *6*(1), 60-68.

Brooks-Gunn, J., & Duncan, G. J. (1997). The effects of poverty on children and youth. *The Future of Children, 7*, 55-71.

Caldwell, B. (1991). Educare: New product, new future. *Developmental and Behavioral Pediatrics*, *12*(3), 199-205.

Cannan, C., & Warren, C. (1997). *Social action with children and families*. NY: Routledge.

Child Maltreatment(2005). Children's Bureau.

Child Welfare Information Gateway. (2003). A coordinated response to child abuse and neglect: The foundation for practice. Washington, DC: U.S. Department of Health and Human Services, Children's Bureau.

Cole, E. S., & Donley, K. S. (1990). History, values & placement policy issues in adoption. In D. M. Brodzinsky & M. D. Schechter(Ed.), *The psychology of adoption*. NY: Oxford University Press.

Conger Conger, R. D., Ge, X., Elder, G. H., Lorenz, F. O., & Simons, R. L. (1994). Economic stress, coercive family process and developmental problems of adolescents. *Child Development*, *65*, 541-561.

Conger, R. D., Ge, X., Elder, G. H., Lorenz, F. O., & Simons, R. L. (1994). Economic stress, coercive family process, and developmental problems of adolescents. *Child Development*, *65*(2), 541-561.

CWLA (2004). *CWLA standards of excellence for residential group care services*. Washington: The Child Welfare League of America.

Daniel, P., & Ivatts, J. (1998). *Children and social policy*. NY: Macmillan.

Demo, D. H., & Acock, A. C. (1996). Family structure, family process, and adolescent well-being. *Journal of Research on Adolescence*, *6*(4), 457-488.

Despert, J. L. (1965). *The emotionally disturbed child - Then and now*. NY: Robert Brunner.

Dolezal, T., McCollum, D., Callahan, M., & Eden, P. (2009). *Hidden costs in health care: The economic impact of violence and abuse*. MN: Academy on Violence and Abuse.

Down, S. W., Moore, E., McFadden, E. J., Michaud, S. M., & Costin, L. B. (2004). *Child welfare and family services: Policies and practice*. NY: Longman.

Downs, S. W., Moore, E., McFadden, E. J., & Costin, L. B. (2000). *Child welfare and family services*. Boston: Allyn and Bacon.

Duncan, G. J., & Brooks-Gunn, J. (2000). Family poverty, welfare reform, and child development. *Child Development*, *71*(1), 188-197.

Eamon, M. K. (2001). The effects of poverty on childen's socioemotional development: An ecological systems analysis. *Social Work, 46*(3), 256-266.

Fredericksen, H. (1948). *The child and his welfare.* San Francisco: Freeman.

Garmezy, N. (1991). Resiliency and vulnerability to adverse developmental outcomes associated with poverty. *American Behavioral Scientist, 34*, 416-430.

Gil, D. G. (1970). *Violence against children: Physical child abuse in the United States.* Cambridge, MA: Harvard University Press.

Gilbert, N., & Terrell, P. (1998). *Dimensions of social policy(4th ed.).* Boston: Allyn & Bacon.

Glick, P. C. (1989). Remarriage families, stepfamilies and stepchildren: A brief demographic profiles. *Family Relations, 38*, 24-27.

Hall, L. A., Rayens, M. K., & Peden, A. R. (2008). Maternal factors associated with child behavior. *Journal of Nurse Scholarship, 40*(2), 124-130.

Hunt, D. (1969). *Parents and children in seventeenth-century france.* NY: Basic Books.

ICIDH (1980). International classification of impairments, disabilities, and handicaps. http://www.who.ch/icidh.

Kadushin, A. (1964). *Child welfare services.* NY: Macmillan.

Kadushin, A. (1980). *Child welfare services.* NY: Macmillan Publishing Co.

Kadushin, A., & Martin, J. A. (1988). *Child welfare services(4th ed.).* NY: Macmillan Publishing Co.

Kahn, A. J. (1979). *Social policy and social services(2nd ed.).* NY: Random House.

Kempe, C. H., Silverman, F. N., Steele, B., Droegemueller, F. W., & Silver, H. K. (1962). The battered child syndrome. *Journal of the American Medical Association, 181,* 17-24.

Konopka, G. (1983). *Social group work: A helping process(3rd Ed.).* Englewood Cliffs, NJ: Prentice Hall.

Kosher, H. Ben-Arieh, A., & Hendelsman(2016). *Children's rights and Social Work.* Cham, Switzerland: Springer.

Lewis, O. (1968). *La Vida.* NY: Panther Books.

Mather, J. H., & Lager, P. B. (2000). *Child welfare: A unifying model of practice.* Brooks/Cole. USA.

McLoyd, V. C., & Wilson, L. (1992). The strain of living poor: Parenting, social support, and child mental health, In A. C. Huston(ed.), *Child in poverty: Child development and public policy*(pp.105-134). Cambridge, UK: Cambridge University Press.

Miller, W. H. (1969). Home reading experiences and first-grade reading achievement. *Reading Teacher, 22*, 641-645.

Murdock, G. P. (1949). *Social structure.* NY: Macmillan.

OECD. http://stats.oecd.org.

Pecora, P., Barth, R. P., Whittaker, J. K., Maluccio, A. N., & Plotnick, R. D. (2000). *The child welfare challenge: Policy, practice and research.* NY: Aldine De Gruyter.

Reamer, F. G. (1995). *Social work values and ethics.* NY: Columbia University Press.

Rose, S. R., & Fatout, M. F. (2003). *Social work practice with children and adolescents.* Boston, MA: Allyn & Bacon.

Smith, A. B. (1996). Early childhood educare: Quality programmes which care and educate. (ERIC Document Reproduction Service No. ED 403 053).

Statistics Korea (2010). 통계청.

Thomberry, T. P., & Henry, K. L. (2013). Intergenerational continuity in maltreatment. *J Abnorm Child Psychol, 41*, 555-569.

Thompson, C. L., & Rudolph, L. B. (1992). *Counseling children(3rd ed.).* Pacific Grove, CA: Brooks/Cole.

United Nations (1989). Convention on the rights of the child.

Visher, E. B., & Visher, J. S. (1996). Treating families with problems associated with remarriage and step relationships. In C. S. Chilman, E. W. Nunnally, & F. M. Cox (Eds.), *Variant family forms: Families in trouble.* Series 5. Newbury Park: Sage Pub.

Walker, L. O., & Cheng, C. Y. (2007). Maternal empathy, self-confidence, and stress as antecedents of preschool children's behavior problems. *Journal of Pediatry Nurse, 12*(2), 93-104.

Warren, D. H. (1994). *Blindness and children: An individual differences approach.* Cambridge: Cambridge University Press.

Werner, E. E. (1990). Protective factors and individual resilience. In S. J. Meisels & J. P. Shonkoff(Eds.), *Handbook of early childhood intervention*(pp. 97-116). Cambridge: Cambridge University Press.

Whalley, M., & The Pen Green Centre Team (2001). *Involving parents in their children's learning.* London: Paul Chapman Publishing.

WHO (1998). The world health report.

Wilensky, H., & Lebeaux, C. N. (1958). *Industrial society and social welfare.* NY: Free Press.

Zastrow, C. H. (1999). *The practice of social work(6th ed.).* Pacific Grove, CA: Brooks/Cole.

저자 소개

한 미 현　백석대학교 사회복지학부 교수
문 혁 준　가톨릭대학교 아동학전공 교수
강 희 경　서일대학교 사회복지학과 교수
공 인 숙　(전) 순천대학교 사회복지학부 교수
박 보 경　충북대학교 아동복지학과 교수
안 선 희　경희대학교 아동가족학과 교수
안 효 진　인천대학교 유아교육과 교수
양 성 은　인하대학교 아동심리학과 교수
이 경 열　포항대학교 유아교육과 교수
이 경 옥　덕성여자대학교 유아교육과 교수
이 진 숙　전북대학교 아동학전공 교수
천 희 영　고신대학교 아동복지학과 교수
조 한 숙　칼빈대학교 아동보육과 교수

2판
아동권리와 복지

초 판 1쇄 발행　2016년　8월　5일
초 판 3쇄 발행　2019년　1월　10일
제2판 3쇄 발행　2023년　8월　29일

지 은 이 | 한미현 · 문혁준 · 강희경 · 공인숙 · 박보경 · 안선희 · 안효진
양성은 · 이경열 · 이경옥 · 이진숙 · 천희영 · 조한숙
펴 낸 이 | 김기섭
편 집 인 | 김민수
펴 낸 곳 | 창지사 www.changjisa.com
08589 서울시 금천구 가산디지털 1로 83 파트너스타워 1차 9층
전화 (02)719-2211~3
팩스 (02)701-9386
등　　록 | 1977년 4월 28일 · 제1-421호

ISBN 978-89-426-1377-9 (93370)

값 25,000원